Manfred Franke
Schinderhannes

2702

EXLIBRIS

Johannes Bückler,

genannt
Schinderhannes,

wurde zu Mühlen bei Naſtädten geboren, wuchs auf dem linken Rheinufer auf, erhielt eine ſchlechte Erziehung, begieng bis in ſein 23tes Jahr mehrere und ſchwere Verbrechen, wurde im Monat Brümaire 12ten Jahrs wegen 52 Verbrechen, die er mit 67 Mit-verhafteten in Zeit 7 Jahr begangen hatte, angeklagt, und den 29ten Brümaire als Räuber-Auführer zu Mainz in ſeinem 24ten Jahre mit 20 ſeiner Mitſchuldigen guillotinirt.

Manfred Franke
Schinder-
-hannes

Das kurze, wilde Leben
des Johannes Bückler,
neu erzählt nach alten
Protokollen, Briefen
und Zeitungsberichten

Claassen

»Von diesem Räuber ist so viel geschrieben und so viel gelogen worden, ja man hat sich in der Entfernung die abentheuerlichsten Vorstellungen von ihm gemacht. Wer das wenigste von ihm glaubte, meinte doch, daß er ein gefürchteter Räuberhauptmann sey und eine ordentlich organisierte Bande unter seinen Befehlen habe.«

Anonym, 1805

»Solche Gestalten, die sich allmählich aus der historischen Wirklichkeit lösen, legendär und unsterblich werden, verkörpern immer die Sehnsucht, die Liebe, die heimlichen Wunschträume und das innerste Wesen eines Volkes ... Der Schinderhannes, auf den die Frauen fliegen und der mit seinem Elan, seiner Jugend, seiner wilden Grazie und seiner stählernen Energie die Bande wüster Krakeeler und Marodeure beherrscht und zwingt: so ein Kerl möchte jeder gern sein, und selbst wer bei Tag bis über beide Ohren in Ehrbarkeit steckt, nachts regt sich auch in ihm zuweilen der Drang zum verteufelten Burschen.«

Carl Zuckmayer, 1928

Die Deutsche Bibliothek – CIP-Einheitsaufnahme

Franke, Manfred:
Schinderhannes: das kurze, wilde Leben des Johannes Bückler, neu erzählt nach alten Protokollen, Briefen und Zeitungsberichten / Manfred Franke. – Hildesheim: Claassen, 1993 (Claassen extra)
ISBN 3-546-00041-2

Claassen extra
Copyright © 1993 Claassen Verlag GmbH, Hildesheim
Copyright © 1984 claassen Verlag GmbH, Düsseldorf
Alle Rechte vorbehalten
Umschlagmotiv: Enrico Pellegrino
Satz: Dörlemann-Satz, Lemförde
Druck und Bindung: Ebner Ulm
Papier: Steinbeis-Temming, Glückstadt
Printed in Germany
ISBN 3-546-00041-2

Gedruckt auf säurefreiem Papier

Inhalt

Vorwort

Schinderhannes – das ist eine alte Geschichte. Ist sie nicht längst vergangen und vergessen? So unbestimmbar ihr Anfang geworden ist, ihr Ende steht fest: Am 21. November 1803, einem nebligen, nassen Herbsttag, wurde Johannes Bückler, der berühmte und berüchtigte Räuberhauptmann Schinderhannes, als erster von zwanzig Männern, die das »Peinliche Specialgericht« am Tag zuvor schuldig gesprochen und zum Tod unter der Guillotine verurteilt hatte, auf dem Blutgerüst festgeschnallt. Massenweise waren die Fremden nach Mainz gekommen. Zu Tausenden sahen sie dem Spektakel zu.

Mit diesem Ende wollen wir beginnen. Die öffentliche Hinrichtung, das Sterben im Angesicht des Publikums, beendete ein Leben, das seit langem zur Sensation geworden war. In Furcht und Hoffnung, mit Haß, Respekt und heimlicher Sympathie hatten viele Menschen das Treiben des Vielgenannten Jahre hindurch verfolgt. Wäre er sang- und klanglos irgendwo verschwunden, er hätte alle enttäuscht: Seine Verfolger wären um den Lohn ihrer Strapazen, seine Feinde um ihren Triumph, die Nation um einen ihrer Helden gebracht worden.

Wir nehmen den Mund nicht zu voll. In ungezählten Liedern und Balladen, Romanen und Schauspielen, Anekdoten und Dokumentationen, Filmen und Hörspielen tritt Schinderhannes auf – und natürlich in Biographien. Wir scheuen uns nicht, der Flut von Büchern und Flugschriften eine neue Lebensbeschreibung hinzuzufügen, und wir sind fast sicher, sie wird nicht die letzte sein.

Den Einwand, das Leben Johannes Bücklers sei nichts als eine langweilige Abfolge banaler Diebstähle, primitiver Überfälle und brutaler Körperverletzungen, lassen wir nicht gelten. Der Leser wird erfahren, gegen wen diese Taten sich richteten. Ebensowenig berührt uns der Vorwurf, über die Geschichte des Schinderhannes sei längst Gras gewachsen. Wir halten dagegen: Das ist ihr Vorteil. Erst wenn die Verhältnisse überschaubar geworden sind, die Aufgeregtheiten sich gelegt haben, wenn die Zeit sich zu »den Zeiten« gemausert hat, können wir über sie sprechen, über Zeiten zumal, an deren Beginn ein weithin bekanntes Ereignis steht: Als am 20. September 1792 der Herzog von Braunschweig seinen Truppen den Befehl zum Rückzug gab, geriet das Ancien régime ins Wanken. »Von hier und heute«, ließ der Augenzeuge Goethe später verlauten, »geht eine neue Epoche der Weltgeschichte aus ...« – eine Epoche, welche der Herrschaft der Geistlichen und der hundert kleinen Fürsten das Ende bereitete. Sieben Jahre später wird ein neuer Herrscher über Europa auf den Plan treten.

Wir brechen hier ab, wollten nur kurz andeuten, in welcher Zeit unsere Geschichte spielt, und wir bitten den Leser, den Schneisen zu folgen, die wir durch das Gestrüpp der Ereignisse geschlagen haben.

Eines scheint uns noch wichtig zu sein: *Wir* bedeutet nicht, daß hier einer sich anmaßt, alles zu wissen, das Ganze durchschaut zu haben und erklären zu können. Kein Pluralis majestatis also. *Wir* heißt: Alle, die ausgiebig zitiert werden, und der, welcher zitiert, bilden eine Einheit. Jeder von uns trägt seine Kenntnisse und Einsichten bei, schildert Vorfälle, legt Geständnisse ab, äußert Vermutungen, zieht Schlüsse. Der Verfasser hat sich nur der Mühe unterzogen, alles zu ordnen und in eine Richtung zu lenken, die zu erkennen sich nach seinem Verständnis lohnt. Er arrangierte die neue Inszenierung einer alten Geschichte, die nichts dadurch verliert, daß manches in ihr schon bekannt ist. Denn freilich ist alles schon einmal dagewesen. Es kommt nur darauf an, den Staub von den Kulissen zu wischen und sie wieder und wieder neu aufzubauen.

Wir berufen uns auf die Aussagen der Täter und der Opfer, auf die Antworten, die sie den Polizeibeamten und Friedensrichtern gegeben haben. Wir ziehen die Briefe und Eingaben nüchterner Juristen, die Berichte aktualitätsbewußter und zensurgewohnter Journalisten, die Verse marktschreierischer oder frömmelnder Volksdichter, die Prosa und Dialoge erfolgshungriger Schriftsteller und die Pamphlete engagierter Propagandisten heran. Alle diese Personen redeten und schrieben von ihrem Standpunkt aus, verfolgten öffentliche wie eigene Interessen. Wir wissen das, kennen die Nöte und Ängste, den Zorn, die Herablassung und die Anmaßung unserer Gewährsleute, aber auch die Späße, die einige von ihnen getrieben haben. Mit allem müssen wir uns abfinden. Wir tun das um so leichter, als wir sehen werden, daß sie Kinder ihrer Zeit waren, die aus rasch wechselnden Situationen und Moden heraus sprachen und urteilten. Wo könnten wir diese Zeit besser finden, wie sie unverstellter erscheinen lassen als in dieser Sprache . . .

So ziehen wir denn den Vorhang auf über dem angekündigten Spektakel.

Eintragung im standesamtlichen Register der Stadt Mainz, No. 122 von 1803, den Tod Bücklers betreffend

1
Das Schauspiel unter dem Blutgerüst

Frankfurt am Main, 20. November 1803

»Schinderhannes sterben, ohne daß ich dieses Genie gesehen, war mir ein unerträglicher Gedanke ... Ich hatte erfahren, daß den Tag vor der Hinrichtung außer dem jeden Morgen abgehenden Marktschiff noch eine Extrajacht von Frankfurt nach Mainz fahren würde, ich machte mich deshalb in aller Frühe auf die Beine, kam nach sechs Uhr in Frankfurt an, eilte sofort an die Ufer des Mains und schiffte mich auf der Jacht ein, wo ich nicht eher ruhig war, als bis sie ... die Seile, die sie am Ufer hielten, losgebunden ... Das Schiff war mit Passagieren jeder Gattung bis zum Erdrücken angefüllt. Greise und Jünglinge, alte Weiber und blühende Mädchen, wichtigtuende Beamte und sorglose Bänkelsänger, alles war in buntem Gemisch durcheinander und vertrug sich bestens. Daß fast nur von dem berühmten Räuberhauptmann und seiner Bande die Rede und das dritte Wort Schinderhannes war, von dem man sich die wunderlichsten Abenteuer und Anekdoten, wahr oder erfunden, erzählte, kann man sich denken, sowie daß ich jedes Wort und jede Meinung mit Begierde aufschnappte und das Gesicht verzog, wenn sie mit meinem Ideal nicht übereinstimmten. Indessen war die Fahrt lustig und unterhaltend genug, man sang, spielte, schmauste und zechte, ich naschte Kuchen und Backwerk, was man zum Verkauf ausbot, und verschenkte manch

Stückchen an ein hübsches Mädchen. Aber jedermann wunderte sich, daß ich so allein, ohne alle Kopfbedeckung, im bloßen Hals, in dieser Jahreszeit, es war im Winter, und ohne alle Aufsicht zu einer solchen Feierlichkeit nach Mainz reise. Aber unbekümmert stimmte ich in das originelle Lied, das einige lustige Brüder sangen: ›So geht es in Schnutzel-Putz-Häusel, da tanzen die Ratzen und Mäusel‹, mit ein und fuhr heiter den Strom hinab. Erst gegen Abend bekamen wir das alte, ehrwürdige, ehemals goldene Mainz mit seinen Türmen, Kirchen und Klöstern zu Gesicht. Nach fünf Uhr wurde gelandet, und während sich alle Passagiere nach Gasthöfen und einem Nachtlager umsahen, war, als ich ausgestiegen, meine erste Frage, ob ein Theater in Mainz sei und ob man diesen Abend spiele, worauf mir eine bejahende Antwort wurde, und zwar, daß man französische Komödie spiele. ... Ich ließ mir sogleich den Weg zeigen, der nach dem Theater führte, nahm ein Parkettbillett und sah den ›Kalif von Bagdad‹ und noch ein paar französische Lustspiele aufführen. Als gegen zehn Uhr das Schauspiel beendigt war und ich das Haus verließ, ergoß sich der Regen in Strömen, ich hatte noch an kein Nachtquartier gedacht, befand mich zum erstenmal in einer mir ganz fremden und ziemlich großen Stadt, fragte nun erst nach Gast- und Wirtshäusern, lief, in allen abgewiesen, von einem zum andern, denn niemand wollte sich mit dem seltsamen Gast, der ohne Mantel, Binde und Hut, schon wie ein Pudel durchnäßt, kein großes Vertrauen einflößte, befassen, und zudem waren ja alle Wirtshäuser vom ersten bis zum letzten überfüllt. So rannte ich nun umher, ohne zu wissen wohin, und schon ging es auf Mitternacht zu, als, zähneklappernd und vor Frost zitternd und schaudernd, durch die schon längst menschenleeren Straßen irrend, mich der Zufall an das Judenplätzchen führte, wo ich eine vor dem dortigen Wachthaus stehende französische Schildwache anredete und ihr meine Verlegenheit klagte. Sie hieß mich in die Wache eintreten, wo ich mich bei einem guten Feuer trocknen und erwärmen könne, und da ich diesem Rat nicht sogleich Folge leistete, so öffnete mir der Soldat selbst die

Tür, rief den wachehabenden Sergeanten, dem er mein Abenteuer mitteilte, der mich nun in das Wachtzimmer nötigte, wo
er und seine Leute warmen Anteil an meinem Schicksal nahmen, mich scherzend bedauerten, nach französischer Weise
Witze und Bonmonts über mein Malheur machten, sonst aber
sehr artig waren. Sie halfen mir, die nassen, triefenden Kleider
auszuziehen, mich einstweilen in eine ihrer Kapotten hüllend,
und mir, während sie meine Effekten am Feuer trockneten, ein
Nachtlager auf der Pritsche mit Soldatenmänteln und einem
Tornister, der mir statt Kopfkissen diente, bereitend, auf dem
ich auch bald nach Herzenslust schnarchte. Als ich am anderen
Morgen erwachte, waren meine Kleidungsstücke getrocknet
und sogar gereinigt und ausgebürstet, man war mir beim An-
kleiden behilflich, und ich eilte, nachdem ich Teil an dem militärischen Frühstück und Abschied von meinen gefälligen
Schlafkameraden genommen, mit fast ganz leerer Tasche, denn
ich hatte nur wenige Gulden, nach dem zur Exekution be-
stimmten Platz . . .«*   *Johann Conrad Friedrich*

Mainz, 21. November 1803

»Der Richtplatz war außen vor den Festungswerken nahe am
Rhein, in der Gegend, wo vor dem Kriege die Favorite gestanden hat. Ich war mit meinen Freunden schon nach 7 Uhr auf
dem Platze, um die Vorbereitungen zu diesem blutigen Tage zu
sehen. Die Guillotine wurde auf einem erhöheten Orte aufgestellt, daß die zahllose Menge von Zuschauern, welche sich
nach und nach einfand, von allen Seiten gemächlich auf sie
hinsehen konnte. Man hatte überhaupt von hier eine weite
Aussicht auf den Rhein und auf den Mayn, und die große
Anzahl von Gondeln, welche, mit Menschen angefüllt, den leztern herabkamen, ertheilte dem Grunde der Landschaft vieles
Leben.

* Wegen des besseren Verständnisses wurde in den Zitaten die Interpunktion
  den heute üblichen Regeln angeglichen.

Es vergiengen einige Stunden, ehe die Guillotine fertig und das Beil aufgezogen war. Unterdessen wurden auf drei Wagen zwanzig Särge gebracht; sie waren in gewöhnlicher Form von rohen Bretern zusammengeschlagen. Um 10 Uhr wurde der Platz um die Guillotine ungefähr von 300 Mann Infanterie im Kreise besezt. Zugleich strömten die Einwohner von Mainz in gewaltiger Menge heraus. Bis das her waren es meistentheils nur Fremde, die man gesehen hatte. Die Menschen waren mehrere Meilen weit aus der Gegend und von beiden Ufern des Rheins herbeigekommen . . .«   *Anonym*

»Die Wälle und benachbarten Anhöhen wimmelten von Neugierigen. Ueber die Hälfte gehörten sie zum weichen, zärtlichen Geschlechte, von denen sogar ein großer Theil die Metzeley von 20 Menschen ohne sonderliche Anfälle von Weichheit mit ansehen konnte.«   *Mainzer Zeitung*

»Als Schinderhannes aus dem Gefängnisse gebracht wurde, ersah er den Frankfurter Offizier, der ihn den französischen Kommissarien übergeben hatte, und sagte zu ihm: ›Dir wollt' ich ein Paar Ohrfeigen geben, wenn ich nicht gebunden wäre. Da sieht man, was ihr Deutschen für Kerls seyd. Ihr hättet warten können, eh' mich die Franzosen Euch ausgeliefert hätten. Und ich hätte den Frankfurtern etwas verrathen (entdekken) wollen, was sie für den ganzen Krieg schadlos gehalten hätte.‹«   *Anonym*

»Ehe er zum Tode geführt wurde, besuchte ihn, nach dem Gebrauche, ein Geistlicher seiner Religion . . . ›Sie wollen mir Trost bringen‹, sagte er, ›gehen Sie zu diesen da neben mir (seinen Mitschuldigen), die haben ihn nöthiger. Ich bin gefaßt. Dem Geistlichen äusserte er den Wunsch, das Abendmahl, welches er so viele Jahre nicht genossen, aus seinen Händen zu empfangen. Auf dem Wege nach dem Richtplatz begleitete ihn derselbe Geistliche. Da sie den Wagen bestiegen hatten und der Zug sich in Bewegung setzte, sagte Schinderhannes zu ihm: ›Nun will ich Ihnen auch erzählen, wie ich zu diesem Leben gekommen bin, das ein solches Ende nimmt.‹

Auf dem Wege nach dem Richtplatze sagte er einem Bekannten gute Nacht und trug ihm Grüße an seine Julie auf.«

Mainzer Zeitung

»Es schlug 12 Uhr. Ich drängte mich nicht sehr zur Guillotine, mir war das meiste darum zu thun, den Zug zu sehen. Endlich erschien er. Voran ritten zwei Huissiers in schwarzen Kleidern mit schwarzen Stäben. Darauf folgte ein Kommando Gensdarmen, ungefähr 20 Mann, in neuer Uniform, mit einem Brigadier an der Spitze. Hierauf kam eine starke Abtheilung Infanterie, voran 3 Tambours mit einem Tambour Major. Dann kamen die fünf Leiter Wagen mit den Verbrechern. Auf den ersten Wagen saßen fünfe, Schinderhannes in einem rothen Hemde oben an. Zur Auszeichnung hatte man ihn eine weiße Kappe aufgesetzt. Mit rothen Hemden, dem Zeichen des Mörders, waren überhaupt sieben bekleidet. Er war, wie die übrigen, mit

Die Hinrichtung der Räuber. Schematische Darstellung auf einem zeitgenössischen Extrablatt: »Schinderhannes . . . legte das Haupt auf den Block, den das zentnerschwere Messer mit einem ringsum widerhallenden Schlag vom Rumpf trennte, wobei mir ein tiefer Seufzer entfuhr, und ich lispelte: ›Rinaldo Rinaldini lebt nicht mehr!‹«

den Händen auf den Rücken an die Wagenleitern angebunden. Sein Gesicht zeigte sehr von innerer Angst, dabei sprach er jedoch mit ziemlicher Fassung mit dem Geistlichen. Auf dem zweiten Wagen saßen viere, Protestanten, wie die ersten fünfe, mit einem Geistlichen. Dann kamen die Katholiken, auf zwei Wagen viere, und auf dem letzten drei mit ihren Geistlichen. Sie waren alle in bloßen Hemden, die erwähnten ausgenommen, und in bloßen Köpfen. Es war ein höchst niederschlagender Anblick für den Menschen von Gefühl, diese zwanzig Schlachtopfer der Gerechtigkeit dahin schleppen zu sehen. Fast auf allen den krampfhaft verzogenen, starren Gesichtern lag bereits der Tod, aus einigen leuchtete Verzweiflung. Neben den Wagen her gieng Infanterie, ein starker Zug derselben folgte hintennach, dann wieder einige Tambours. Ein Kommando Gensdarmen, so stark wie das erstere, machte den Beschluß.

Schinderhannes wurde zuerst hingerichtet. Als er auf die Guillotine kam, betrachtete er einige Augenblicke das Beil, dann sagte er mit ziemlicher Fassung: ›Ich sterbe willig, ich habe den Tod verdient; aber von diesen‹, indem er auf die übrigen zeigte, ›sterben wenigstens zehen unschuldig.‹ Er ward angebunden, unter das Beil geschoben, es fiel, und Schinderhannes war nicht mehr. Die ganze Exekution aller zwanzig dauerte nicht länger als 17 bis 18 Minuten und würde nicht einmal so lange gedauert haben, wenn nicht einige Katholiken sich noch hätten mit ihren Geistlichen unterhalten wollen. Nur der letzte von allen, Georg Friedrich Schulz, der nicht älter als 22 Jahre war und sich ausgebeten hatte, der letzte zu seyn, rief, als er auf die Guillotine gebracht wurde: ›Ich werde unrecht gerichtet! Präsident, ich werde unrecht gerichtet!‹, und rief noch ›Pre . . .‹, als das Beil ihn durch den Nacken fuhr.«   *Anonym*

». . . Nachdem einige guillotiniert waren, fieng das blutige Beil stark an zu dampfen . . .«   *Anonym*

»Der Anblick der Särge, die neben der Guillotine aufgeschichtet waren, und das mit dem Blute des Anführers überschüttete

Beil hatten alle Verurtheilten zu Bildsäulen gemacht. Mehrere von ihnen mußten über die Treppe getragen werden.«

Johann Nicolaus Becker

»Ich würde . . . schließen, wenn ich . . . nicht eine Erscheinung mitzutheilen hätte, die uns nach der Tragödie jenes Tages mit einer Farce bewirthete, wie sie mir in der wirklichen Welt noch nicht vorgekommen war.

Wir saßen des Mittags in den drei Reichskronen zu Tische, als ein Männchen in einer Chenille mit einem großen Stabe in der Hand zur Thüre hereintrat. Den Stab legte er ab, gieng dann mit sehr gravitätischen Schritten und einer eben so gravitätischen Miene um die Tafel herum, machte jedem der Anwesenden einzeln seine Verbeugung, verweilte bei jeder Dame besonders und sagte ihr einige Artigkeiten. Wir waren alle darüber erstaunt, einer meiner Freunde sagte: ›Der Kerl ist entweder ein Spitzbube oder ein Bettler.‹ Ich hielt das Urtheil wenigstens für zu voreilig, mußte mir aber doch selbst gestehen, daß unter der Maske der höchsten Gravität, die das Männlein anzunehmen bemüht war, ein sehr verschmiztes und abgefeimtes Gesicht hervorleuchtete.

Neben mir hatte ich für einen Bekannten, der noch kommen wollte, ein Gedeck beschlagen; hier nahm kecklich das Männchen Platz, versicherte jedoch feierlich höflich, er würde augenblicklich aufstehen, wenn mein Freund käme. Den gewöhnlichen Tischwein gab er zurück und ließ sich eine Bonteille Burgunder geben, schenkte sich ein und wollte auch mir mit aller Gewalt einschenken. Ich hatte meine Noth, es abzulehnen. So gut kam jedoch der Redakteur des *Journal de Francfourt,* der uns gegen über saß, nicht weg, er mußte trinken und seine Frau. Der kleine Mann sprach, ohne abzubrechen, doch langsam und in einem äußerst unpasanten Tone; man sah dabei gar nicht, daß er aß, und doch aß er. Bald stand er wieder auf, ging um die Tafel und unterhielt sich bald mit diesem, bald mit jenem, indem er sich über den Stuhl lehnte, als ob er es mit sehr alten Bekannten zu thun hätte. Einer Dame, die ganz am Ende saß, brachte er ein Glas von seinem Burgunder, dessen Vortrefflichkeit er bis zu den Sternen erhob, setzte sich dann wieder nieder und fuhr fort, den Redakteur zu ängstigen, für dessen Journal er mit Gewalt den Artikel von Schinderhannes' Hinrichtung bearbeiten wollte. Er habe Aufträge von verschiedenen Pariser Journalisten, es wäre denn eine und dieselbe Arbeit, und was er alles vorbrachte. Dann fuhr er fort, daß er so eben geradeswegs von Dresden käme, wo er kurfürstlicher Professor wäre, und zwar Professor der alten Litteratur. Ich sagte ihm, daß ich nie von einem Professor der alten Litteratur in Dresden gehört hätte. Dagegen versicherte er, daß er einige Jahre nach einander diese Stelle bekleidet habe ... Bald erzählte er wieder, daß er jetzt mit vielen Aufträgen ins Innere von Frankreich reise und daß er heute schon mit dem Präfekten Jean Bon gesprochen, den er seit vielen Jahren zu kennen die Ehre habe. Unterdessen stand er noch zwei oder dreimal auf, machte die Promenade um den Tisch und hatte bald diesem, bald jenem etwas von der größten Wichtigkeit zu sagen. Er sprach auch deutsch, wenn einer that, als ob er ihn nicht verstände. Nach seinem Deutsch konnte man ihn noch am allerersten für einen Emigrirten halten, der eine Zeitlang den Sprachmeister gemacht hätte.

So freigebig der Mann mit seinem Weine gewesen war, so ließ er doch noch die Hälfte davon zurücksetzen – und sagte zugleich dem Kellner, daß er im Hause logiren würde. Des Abends kam er wieder an den Tisch und trieb es gerade, wie er es am Tage getrieben hatte. Am Morgen aber traf ich ihn in dem Wirthszimmer im heftigen Streit mit dem Kellner. Dieser hatte ihn, weil das Haus besetzt war, in einem gegenüber gelegenen untergebracht – und dort für ihn bezahlen müssen. Der Knoten war nun auf einmal gelöset, der ehrliche Mann hatte auch nicht einen Heller in der Tasche. Er behauptete aber, er hätte bei den Präfekten Gelder zu heben, kam des Mittags wieder zu Tische und spielte seine Rolle wie gestern.

Nach Tische aber drangen die Kellner sehr stark in ihn und machten dabei so wenig Umstände, wie man überhaupt mit einem macht, der kein Geld hat. Sie hiessen ihn einen Lump, einen schlechten Kerl über den andern und kehrten sich nicht im mindesten daran, daß er mit den Präfekten drohte. Zulezt giengen sie mit ihn vor die Municipalität, mochten aber da wegen der Bezahlung nur schlechten Trost bekommen haben, denn als sie zurückkamen, dauerte es nicht mehr lange, so zogen sie ihn den Rock aus. Er verstand sich dazu ohne große Umstände, verlangte jedoch, daß sie in das Nebenzimmer mit ihm gehen sollten. In dem Augenblicke war er ohne Rock in der Chenille wieder bei uns. Dabei verließ ihn seine Gravität nicht eine Sekunde, und er setzte das Gespräch fort, als ob gar nichts geschehen wäre. Die Kellner verlangten nun, daß er das Haus verlassen sollte, er that aber immer, als gäbe er nicht auf sie Acht, bis diese endlich einen Polizeidiener herbeischafften. Auch den lies er stehen und sprach immer mit uns wie einer, den die Sachen gar nichts angiengen. Nur mit Noth und erst nach Verlauf von mehr als einer halben Stunde brachte ihn jener fort, er aber befahl ihm im pathetischen Tone, daß er ihn nicht angreifen sollte.

›Endlich‹, sagten wir, ›ist er aufgehoben!‹ und giengen in das Theater. Stelle Dir aber meine Verwunderung vor, beim zweiten Akt trat er in seiner vollen feierlichen Gravität ins Parterre noble.

Der Mann konnte wohl an sechzig Jahre alt seyn, und seines Alters wegen wandelte mich mehreremal Mitleid an; aber seine unbegränzte Unverschämtheit, seine beleidigende Zudringlichkeit, seine empörende Gefühllosigkeit machte mir oftmals wieder die Hand zucken, ich hätte ihn mögen hinter die Ohren schlagen. Nie hätte ich geglaubt, daß es der Mensch so weit treiben könnte; ich zweifle auch, ob jemals ein Deutscher so etwas fähig wäre. Sein ganzes Benehmen war Maske, und alle seine Handlungen waren berechnet. Daß er sich den Burgunder bald zurücksetzen ließ, geschah, um nicht bezahlen zu dürfen und einen Fuß in das Haus zu haben.

Er war gut gekleidet, seine Wäsche war fein und reinlich, äußerlich konnte man ihn unmöglich für einen Landstreicher hal-

ten, und wenn er sprach, sprach ein Mann, der den Ton der
bessern Gesellschaft ganz inne hatte. Wegen seiner abscheulichen Zudringlichkeit glaubte ich anfangs, daß es unterm Hute
nicht richtig wäre bei ihm. Aber auch das war berechnet, nur
eins wohl nicht, daß man ihm den Rock ausziehen würde. Und
doch – er hatte ja noch die Chenille. Stelle Dir nur den Menschen vor! Indem der Polizeidiener in ihn drang, mit fortzuge-
hen, verlangte er mit aller Gravität Feder, Tinte und Papier, das
wurde gebracht, und was that er nun? Er schrieb einige französische Verse auf, die er auf Schinderhannes als Impromptu
wollte gemacht haben, und machte mir mit der feierlichsten
Miene ein Präsent damit.«   *Anonym*

Zeitgenössische Darstellung der Gegend von Mainz, in der die Guillotine stand

2
Von Schindern, Juden und Soldaten

Der Vater des Schinderhannes, »Johann Bückler, der Alte«, wie er in den Prozeßakten genannt wird, wurde am 28. Februar 1758 in Merzweiler geboren. Vor 1777 arbeitete er als Scharfrichterknecht oder Abdecker wahrscheinlich in Nastätten und bis 1783 als Bauer in Miehlen. Nach seinem Beruf gefragt, gab er später an, er treibe das »Gewerb eines Abdeckers«, gebe »sich damit ab, krankes Vieh zu kuriren« und sei als Feldschütz tätig. Daß er vorübergehend Landwirt war, scheint für den alten Bückler unerheblich gewesen zu sein. Das ist bezeichnend für diesen Mann. Denn die Bücklers – oder Bicklers, wie die alte Schreibweise lautet – waren generationenlang vorwiegend Wasenmeister, Schinder, Scharfrichter oder Nachrichter.

Einer von ihnen, der 1706 geborene Joh. Nicolaus Bickler, hatte nach einem Vertrag, den er mit der Wild- und Rheingräfin Louise abgeschlossen hatte, die Wasenmeisterei und Scharfrichterstelle in Kirn inne. Jährlich mußte er zwanzig Gulden Rheinisch an die Rentkammer zahlen und war verpflichtet, unentgeltlich die Häute aller auf den herrschaftlichen Höfen gefallenen Tiere abzuziehen und zurückzugeben, krank gewordene Tiere ohne Gebühr zu kurieren und die Aborte der Herrschaft zu reinigen, wofür er drei Gulden erhielt.

Er hatte krepiertes Vieh auf den Wasen zu holen und abzuhäuten. Waren Pferde oder Ochsen an einer sogenannten Hauptseuche eingegangen, so durfte er für das Abziehen der Häute einen Gul-

den, für das Abziehen einer Kuhhaut einen halben Taler berech-
nen. Die Tierkadaver mußte er in Löcher scharren und bedecken,
die Häute zurückgeben. War das Vieh nicht an einer Hauptseuche
eingegangen, gehörte die Haut ihm.

Wie hoch die Einkünfte von Schinderhannes' Vater in den An-
fangsjahren seiner Berufstätigkeit waren, ist mit Bestimmtheit
nicht mehr nachzuweisen. 1802 sagte er aus, er ernähre »sich mit
Taglohn« und habe in Kirschweiler »Güther gemietet, welche er um
die Hälfte bearbeite«. Von der Gemeinde Veitsroth habe er »für
5 Franks 8 Centimes in Zinß« Land erhalten, von dem er etwa
»70 Garben Korn ärndten« könne. Das alles aber »reiche nicht hin,
seine Haushaltung zu nähren. Seine Frau spinne und verrichte
andere Weibsarbeiten. Eigenthümliche liegende Güter und Gebäu-
lichkeiten« besaß der alte Bückler nicht. Für »drei französische
Thaler jährlichen Hauszinß« wohnte er zur Miete, besaß »eine Kuh
und ein Schwein so wie noch einen Rok für Sonntags, 6 bis
7 Hemden, 1 Bett, 2 Leinentücher, 2 Kärst, 1 Stockhau, 1 Schiffel-
hau«. Bücklers Ehefrau besaß auch »Sonntags-Kleidung« und eben
»soviel Hemder« wie ihr Mann: »Alle diese Kleidungsstücke liegen
in der Kammer . . . in einer Kist, weiter besizze er nichts. Das blaue
Camisol, so er würklich auf dem Leib trage, habe er sich von
seinem alten blauen Rok machen lassen«; es war dreizehn oder
vierzehn Jahre alt. Das Bett, in dem Bückler schlief, war »von Sprau,
und das Oberbett von Flokken, so zu Veitsroth am Weyer-Rieth
wachsen«. Über seine Einnahmen und Ausgaben sagte er: Vor zwei
Jahren habe er zwei Ziegen für etwas mehr als zwölf Gulden und
einen blauen Rock, »der von einem Franzosen auf ein paar Stiefel
vertauschet«, für fünf Gulden verkauft. Für siebenundzwanzig Gulden veräußerte er eine Kuh und schaffte sich für dreiundzwanzig
Gulden eine neue an.

Diesen Auskünften gegenüber ist Skepsis angebracht. Der alte
Bückler gab sie auf Fragen des Friedensrichters Fölix, der sie ins
Protokoll aufnahm und unterschreiben ließ, und zwar zu einem
Zeitpunkt, als Bückler, wie sein Sohn, in Untersuchungshaft saß. Er
wird sich eher ärmer gemacht haben, als er tatsächlich war. Denn
alles, was er besaß, hätte ja aus den Einbrüchen seines Sohnes

stammen können. Immerhin zeigen Vater Bücklers Angaben, daß er wohl auf karge Einkünfte angewiesen war. Überdies lastete auf ihm die Ächtung seines »unehrlichen« Berufs. Als der Sohn gefragt wurde, warum er »Schinderhannes« genannt werde, antwortete er, diesen Namen habe er sich nicht selbst beigelegt, »sondern der Pöbel, vermuthlich weil sein Großvater ein Scharfrichter gewesen«.

»Zu den unehrlichen, rechtlosen, bescholtenen, besprochenen, ohnrechten, unechten, unredlichen, berüchtigten, verleumdeten, wandelbaren Leuten zählten [neben Juden, Türken, Heiden, Zigeunern und Wenden] die von Berufs wegen ›Standeslosen‹ [die zunftunfähig waren] . . . An der Spitze der Bemakelten stand der Scharfrichter oder Henker . . . Ihm folgten . . . Abdecker, Schäfer und Hirten, Müller, Leineweber, Töpfer, Ziegler, Türmer, Nachtwächter, fahrende Gaukler und Spielleute, Marktschreier und . . . Freudenmädchen, Bader und Barbiere . . .
. . . den Abdecker und seine Familie [umgab] eine förmliche Sperrkette von Tabus, gegen die noch die Aufklärung des 18. Jahrhunderts . . . angeht . . .
Aber es handelte sich gar nicht um bloße Geringschätzung, um bloß soziale Deklassierung. Die anrüchigen Leute waren von einer Sphäre des Unheimlichen, Grauenhaften, Magischen umwittert! . . . das nimmer rastende Kausalbedürfnis der Volksphantasie schuf . . . Pseudomotive, Scheingründe, um sich den üblen Leumund der Verdächtigten faßlich zu machen . . .
Beim Schinder wie beim Scharfrichter [heißt es im ›Handwörterbuch des deutschen Aberglaubens‹] [war] es die Nähe, der ›Geruch‹ des Todes und der Toten, des Kriminellen und Befallenen, was sie einerseits von der Gesellschaft und von den ehrlichen Zünften ausschloß, andererseits sie in den Ruf besonderer Heil- und Zauberkunst brachte . . .
Das Wort ›Schinder‹ [kommt von] schinden, die Haut abziehen. Im Südwesten wurde das Wort gleichbedeutend mit ›Henker‹, in Norddeutschland wurde es zu ›Straßenräuber, Plagegeist‹ . . . Das Schindergewerbe war ›eine Verknüpfung der schmutzigsten, abscheulichsten Dienste‹ . . . ein Geschäft, das überall nur ›dem Auswurfe der niedrigsten Leibeigenen anheimfiel‹ . . . Wer einem Abdecker die Hand bot, mit ihm zusammen ging, oder, vielleicht sogar unwissend, aß oder trank, wer seine Geräte, seinen Karren oder sein

Pferd berührte, war sogleich unehrlich, ›des Handwerks nicht mehr fähig‹ . . .
Ein preußisches Edikt von 1733 schrieb den Abdeckern und Schinderknechten
eine bestimmte Tracht vor: dunkelgraue Röcke mit ebensolchen Knöpfen und
rote, spitze Hüte, ›damit nicht unschuldige, ehrliche Leute aus Unwissenheit
und unversehens an sie geraten‹.«

1797 wird Schinderhannes in der Tracht der Schinder auftreten: »Er
wäre«, so gab ein Zeuge zu Protokoll, »wie ein Metzger gekleidet
gewesen.« Und ein anderer erinnerte sich, Bückler habe »einen
dreieckigten statt eines runden Huths auf dem Kopf getragen«.

Am 25. Juli 1777 war Bückler sen., damals neunzehn Jahre alt,
mit der drei Jahre älteren Anna Maria Schmitt »nach vorausgegan-
gener persönlicher Zurechtweisung kopuliert«, worden. Die Ehe
wurde nicht in der Kirche, sondern in einer Betstunde geschlossen.
Die Braut durfte keinen Aufsatz tragen, und dem Bräutigam war es
untersagt, mit einem Strauß am Hut zu erscheinen. Dies war die
Strafe dafür, daß die Braut schwanger war – schon drei Monate
nach der Eheschließung, am 24. Oktober 1777, wurde das erste
Kind geboren.

Im Sterberegister der Stadt Mainz ist unter der Nr. 122 für das
Jahr XII (1803) festgehalten, daß »Jean Bückler, sans profession et
sans domicile fixe«, im Alter von vierundzwanzig Jahren gestorben
ist. Dem entspräche das Geburtsjahr 1779. Im Taufbuch von Miehlen jedoch steht ein Johann Wilhelm Bückler verzeichnet, der am
25. Mai 1783 geboren wurde. Neben dieser Eintragung wurde
später die Randnote angebracht: »genannt Schinderhannes, bekannt als Räuberhauptmann.« Für die Richtigkeit dieser Angabe
hat Edmund Nacken vehement und oft polemisch gestritten. Die
Nachforschungen Hellmuth Gensickes ergaben jedoch, daß die
Randnote von dem Wiesbadener Kanzleisekretär beim Staatsarchiv Theodor Schüler stammt und wertlos ist. Schüler hat sich
offenbar von dem Vornamen *Johann* Wilhelm leiten lassen und
folglich eine andere Eintragung im gleichen Taufbuch übersehen.
Sie betraf den Bückler-Sohn Friedrich Philipp, geboren am 24. Oktober 1777. Mit dem Hinweis auf den »keineswegs ungewöhn-

lichen Ersatz des Taufnamens durch einen völlig anderen Rufnamen«, mit der Erwägung, »örtlichem Brauch (entsprechend) könnte man schon . . . den Vater Bückler Schinderhannes genannt haben«, mit der Schlußfolgerung: »Dann hätte es nahegelegen, dessen Sohn den kleinen Schinderhannes zu nennen« und mit einer Fülle von Altersangaben, Aussagen und familiengeschichtlichen Forschungsergebnissen hat Gensicke seine These untermauert, daß die »Gleichsetzung von Friedrich Philipp mit Johannes« legitim sei.

Mag dieses kombinierende Verfahren kühn erscheinen, eins hat es für sich: Jemand, der im Mai 1783 geboren wurde, wäre im Dezember 1797 erst *vierzehneinhalb* Jahre alt gewesen. Sollte der schon fähig gewesen sein, den Rachedurst einer Handvoll Leute, die alle älter waren als er, zu koordinieren? Sollte ein Vierzehnjähriger so brutal zugeschlagen und sich in einen solchen Blutrausch hineingesteigert haben, wie Schinderhannes auf dem Baldenauer Hof?

Wir lassen diese Fragen hier unbeantwortet. Was Schinderhannes' Alter betrifft, spricht die erste spektakuläre Tat von 1797, die wir im fünften Kapitel ausführlich erzählen werden, für ein früheres Geburtsjahr als 1783.

Wie steht es mit seinen eigenen Altersangaben, die er in verschiedenen Verhören machen mußte? 1799 gab er an, neunzehn Jahre alt zu sein; 1802 lautete die Auskunft: ungefähr zweiundzwanzig bis dreiundzwanzig Jahre alt; aber: »genau wäre er nicht im Stande, sein Alter anzugeben«; kurze Zeit später: zwischen dreiundzwanzig und vierundzwanzig, drei Tage danach: ungefähr zweiundzwanzig Jahre alt.

Wann immer Schinderhannes zur Welt gekommen ist, er wurde in eine Zeit hineingeboren, in der es nicht nur Schinder schwer hatten. Die Bauern waren noch weit davon entfernt, selbständig und unabhängig auf eigenem Grund und Boden arbeiten und leben zu können. In Preußen setzte Hardenberg erst mit dem Martinitag 1810 aller Gutsuntertänigkeit ein Ende. Aber Unzufriedenheit und Unruhe regten sich schon sehr viel früher.

Neun Jahre vor der Französischen Revolution fand die Opposition des aufgeklärten Bürgertums gegen die erstickende, enge Welt der Fürstenherrlichkeit, gegen die Verschwendungssucht des Adels und die Heuchelei seiner Konventionen einen wortgewaltigen Sprecher: Der Regimentsmedicus Friedrich Schiller schrieb in Stuttgart sein erstes Drama: »Die Räuber«. »In Tirannos« lautet die Inschrift auf der Titelvignette der zweiten und dritten Auflage (1782 und 1799). Wenn dieses Motto auch nicht auf Schiller zurückgeht, die Möglichkeit des offenen Kampfes gegen die Feudalordnung hat er in seinem Stück nicht ausgeschlossen.

Der Sohn des Abdeckers, der selbst Abdecker wurde, ehe er sich auf seine Weise dem »Schneckengang des Gesetzes« entzog und zu seiner Art »Adlerflug« ansetzte, hatte wenig mit Karl Moor oder gar mit Schiller gemein, lebte aber in dieser Zeit, welche die Bereitschaft zur Rebellion in sich trug.

Die ersten Lebensjahre verbrachte Schinderhannes in seinem Geburtsort Miehlen. Vor dem Untersuchungsrichter Wilhelm Werner sagte er darüber: »Ich hatte noch nicht vier Jahre, als mein Vater diesen Ort verließ.«

Warum der alte Bückler mit seiner Familie Miehlen den Rücken kehrte, hat weder er selbst noch der Sohn je verraten. In einem Aufsatz des *Frankfurter Staats-Ristretto* aus dem Jahre 1802 heißt es: »Sein [des Schinderhannes] Vater, der ein Haus in Mielem bei Nastedden hatte, verwickelte sich in einen Prozeß mit einem Juden, welcher es wegen einer Schuldforderung so weit brachte, daß dieses Haus verkauft ward. Was aber besonders seinen Haß gegen die Juden gründete, war, daß er den Verdruß haben mußte, jenen Juden sein väterliches Haus selbst bewohnen zu sehen.«

Dem Zeitungsartikel ist das Datum 2. Juli (1802) vorangestellt. Bereits am 12. Juni des gleichen Jahres war Bückler, worauf wir ausführlicher zurückkommen werden, zum ersten Mal nach seiner Verhaftung in Frankfurt vernommen worden. Auf die fünfte Frage antwortete er u. a., seine Mittäter und er seien »auf Strassenräubereien ausgegangen und hätten Juden und Christen, vorzüglich aber erstern« Geld abgenommen. Danach zitierte Schinderhannes einen Juden, von dem er Geld und eine Uhr gefordert hatte, mit dem Ausspruch, »wer ihm (dem Juden) sein Geld nähme, der nehme ihm sein Leben«. Und in der Antwort auf die sechste Frage findet sich die Wiederholung, er sei »auf Strassenraub, besonders gegen die Juden, ausgegangen«.

Der in so kurzer Zeit auffällig oft wiederholte Hinweis, er habe »vorzüglich« Juden überfallen, ist dem Berichterstatter des Frankfurter Staats-Ristretto nicht verborgen geblieben. Schinderhannes' Bevorzugung der Juden werde zwar als »eine Art von Eingeschränktheit« gekennzeichnet, als ein »Mangel an Räuber-Aufklärung«, doch räumt der Journalist auch ein, »dieses System« habe Bückler »andererseits eine Art von Originalität« gegeben. Diese Originalität unterschlägt der Autor nicht nur nicht, er bedient sich ihrer. Dem Lesepublikum führt er die Judenfeindschaft auch hinsichtlich des Miehlener Elternhauses klar vor Augen. Folgen wir dem Wortlaut der Zeitungsnotiz, so geht aus ihr hervor, Bücklers Haß auf die Juden beruhe auf einem »Verdruß« aus der frühen Kindheit. Wie Gensicke jedoch nachgewiesen hat, bestand dazu nicht der geringste Anlaß: der alte Bückler verkaufte sein Haus an den »Jud Löw«, der die Kaufsumme restlos beglich.

Daß der alte Bückler mit seiner Familie Miehlen verließ, entspricht den Tatsachen. Richtig dürfte auch sein, daß er, wie der Sohn zu Protokoll gab, nach Polen auswandern wollte. Nachweisbar ist wiederum, daß der alte Bückler »unterwegs sich unter das kaiserliche Regiment Hildbrughausen anwerben (ließ), welches damals zu Ollmüz in Mähren lag«. Am 11. Juni 1784 verpflichtete er sich auf sechs Jahre.

Warum hat er sich zu dem harten Dienst in der kaiserlichen Armee entschlossen und seine Familie mitgenommen? Die Antwort ist ebenso einfach wie desillusionierend:

Zu den Einwohnern von Miehlen, die als Tagelöhner und mit Frondiensten sauer ihr Brot verdienen mußten, gehörten die Bücklers. Konnten sie von ihrer Hände Arbeit nicht leben, verschafften sie sich mit Wald- und Feldfrevel ein Zubrot: am 11. November 1783 wurde »Johannes Bücklers Frau« eines Holzfrevels angeklagt; die Höhe des Schadens betrug zehn Kreuzer. Danach wurde sie ein zweites Mal straffällig: diesmal ging es um Wäsche, die sie von der Bleiche gestohlen hatte. In Miehlen, das damals von Carl von

Johannes Bückler,
genannt Schinderhannes,
vier und zwanzig Jahr alt,
gebohren zu Mühlen bei Nastädten,
von dem Spezialgericht des Departements vom Donnersberg zu Mainz, den 28ſten Brümär 12ten Jahrs,
wegen 53 Verbrechen die er mit 67 Mitverhafteten in
Zeit von sieben Jahren als Räuber und deren Anführer
begangen hat, zum Tode verurtheilt.
(Bei J. Lindenschmitt auf dem Flachsmarkt Lit. C. Nro. 221.)

Schinderhannes mit dem Abdeckerhut, vermutlich nicht authentisch;
Illustration aus dem Buch von Rauchhaupt

Nassau-Weilburg, einem absolutistischen Kleinfürsten streng re-
giert wurde, hatten Diebinnen wie Schinderhannes' Mutter mit
schwersten Strafen, vielleicht sogar mit der Todesstrafe zu rechnen.
So »entwichen« die »Johannes Bücklerischen Eheleute ... heimlich«.

Was mit dem heranwachsenden Bückler junior in der neuen
militärischen Umgebung geschah, was er – in mehr oder weniger
enger Berührung mit den Soldaten – damals tat, welchen – wahrscheinlich ungünstigen – Einflüssen er ausgesetzt war, nichts von
alledem ist bekannt. Sehr viel später erst hat der Vater dann recht
allgemein – und wahrscheinlich wiederum, um sich selbst reinzu-
waschen – ausgesagt, »böse Beispiele« hätten das Herz des Sohnes
verdorben, er sei »ein böser Bube« gewesen und habe »niemalen
gefolgt«.

Dieser Abschnitt im Leben des Schinderhannes endete mit der Desertion seines Vaters am 21. August 1787 vom Grenz-Cordons-Commando an der mährisch-schlesischen Grenze. Der junge Bückler gab an, er habe damals »das neunte Jahr erreicht; meine Mutter und ich folgten [dem Vater] auf die preußischen Gränzen, wo wir ihn wieder fanden; man gab uns einen preußischen Paß, mit welchem wir in die Rheingegend und nach Merzweiler auf dem Hundsrük, Geburtsort meines Vaters, kamen. Dieser hatte nach und nach die Orte Hommerich, Langweiler und Hobstetten, wo er Feldschüz war, zur Wohnstätte; ich besuchte die Schulen und wurde zu Cappeln in der Lutherischen Religion confirmirt; seitdem wohnte mein Vater nach und nach zu Hommerich, Kirchenbollenbach, Idar und Veitsroth.«

Wie der Unterricht in den Schulen dieser Dörfer gewesen sein mag, lassen Schinderhannes' erhaltene Unterschriften vermuten: Nur mit Mühe konnte er seinen Namen »auf das Papier kritzeln«.

Im Alter von fünfzehneinhalb Jahren, wie er in Mainz zu Protokoll gab, verließ er das Elternhaus. Ein Gastwirt hatte ihm einen Louisdor gegeben und ihm den Auftrag erteilt, dafür in Oberstein Branntwein zu kaufen. Schinderhannes fand für das ihm anvertraute Geld eine bessere Verwendung: Er vertrank es in Wirtshäusern. Auch ein Zechkumpan war zur Stelle: ein junger Bursche »Namens Hannfried«.

Nach diesem Streich, an den sich auch der alte Bückler in allen Einzelheiten erinnerte und den er mehr dem schlechten Einfluß Hannfrieds als dem Übermut des eigenen Sohnes zuschrieb, der vorher schon ähnliche Geschäfte richtig besorgt hätte, fürchtete Schinderhannes »die gerechte Züchtigung für diesen Fehler«. Er kehrte nicht nach Hause zurück und irrte in der Gegend umher. Weil er nichts zu essen hatte, stahl er ein Pferd und verkaufte es.

Zunächst scheute er wohl noch davor zurück, seinen Lebensunterhalt ausschließlich mit Diebesgut zu bestreiten, sei es, daß er sich nicht getraute, sei es, daß es ihm an Übung fehlte. Jedenfalls trat er in die Dienste des Scharfrichters und Abdeckers Nagel in Bärenbach, wechselte dann die Stelle und ging nach Sobernheim zu seinem Vetter Bückler, kehrte jedoch bald darauf nach Bärenbach zurück, wo er einen Metzgerknecht aus Kirn kennenlernte, der ihn dazu verleitete, Hammel zu stehlen, und ihm »versprach, alle die, welche ich ihm bringen würde, zu kaufen«. Schinderhannes gab »diesem verderblichen Rath« nach, stahl mehrere Hammel und fand auch einen Helfer: Johann Nikolaus Nagel, der mit ihm bei dem Bärenbacher Abdecker arbeitete.

Auf solche Weise war leicht an Geld zu kommen, auch wenn die Summen nicht sehr hoch gewesen sein dürften. Es war ein einträgliches Nebengeschäft, das allerdings nur so lange gedieh, wie die Geschädigten den Verlust mit Gleichmut hinnahmen. Kaum hatten sie die Diebstähle der »Obrigkeit von Kirn« angezeigt, wurde Schinderhannes verhaftet und abgeführt. Jedoch: »Ich entwischte aus meinem Gefängnis in der ersten Nacht.«

Kirner Steckbrief

»Die Municipalität der Stadt und des Arrondissement Kirn an die Richter des Kirner Arrondissement

Kirn, d. 24. frimaire 5. Jahres der Republik [14. Dezember 1796]

... das bewusste Signalement des Kürzlich aus dem Gefängnis entwichenen Johannes Pückler von Veitsrod ungesäumt anzugeben, verfehlet man hierorts nicht, diesem Ansinnen zu entsprechen, und so viel dahin erinnerlich ist, anzugeben, dass besagter Pückler etwas gross und schlanker Statur – 18 bis 20 Jahre alt – sonst einen langen blauen Rock, nunmehr aber ein blaues Camisol tragend – blasser Farb des Gesichts – braune Haar, welche kurz geschnitten sind – heisserer Sprach – seiner Profession ein Wasenmeisters Knecht – mit einer kalbledernen fahlroten West versehen ist, welches wir die Ehre haben, in schuldigster Rückantwort zu erwiedern und mit wahrer Bruderliebe zu verharren ...«

Johann Nicolaus Becker, der ehemalige Sicherheitsbeamte von Simmern und spätere Friedensrichter des Kantons Kirn, erzählte von Schinderhannes' ersten Fingerübungen ausführlicher und in einer etwas abweichenden Version: Der Bärenbacher Abdecker

Nagel stellte den »Bettelbuben« Schinderhannes aus Mitleid ein. Der junge Bursche sei »sehr behend und immer willfährig gewesen«, habe »ein sehr gutes Herz bewiesen und eine Munterkeit ohne Grenzen gezeigt«. Nach einem halben Jahr aber fing Schinderhannes an zu stehlen. Er entwendete seinem Dienstherrn sechs Kalbfelle und eine Kuhhaut. Zur Rede gestellt, entschuldigte er sich damit, der Hauptknecht habe ihn um seinen Anteil an den Fellen der ungeborenen Tiere gebracht, die, »wie es beym Handwerke Brauch sey«, ihm, dem Schinderhannes, zuständen. Diese Entschuldigung wollte Nagel nicht gelten lassen. So verließ Schinderhannes dessen Haus.

Nagel aber ließ ihn festnehmen: »Der Prozeß ward kurz abgebrochen. Der damahlige Maire in Kirn, Br. Weber, dictirte 25 Prügel, und der Bettelvogt Arloff wußte dergleichen Befehle trefflich zu vollstrecken.

Schinderhannes hat Uns gestanden, daß diese Execution vor den Augen des Publicums ihn tief geschmerzt, aber auch für sein ganzes zukünftiges Leben entschieden habe. Seine Schaamhaftigkeit, von der ein Abdecker von der niedrigsten Classe ohnedieß wenig Begriff hat, war dahin.«

Ob eine öffentliche Prügelstrafe vollzogen wurde oder nicht, ob aus der Haft nach Bestrafung entlassen oder geflohen, Schinderhannes verließ Kirn. In Bärenbach holte er seine Kleider, kehrte kurz nach Kirn zurück, um »zwei Große Thaler« in Empfang zu nehmen, die ihm noch aus dem Verkauf gestohlener Hammel zustanden, und ging nach Hennweiler. Dort traf er den Müllerhannes und den Petronellen-Michel: ». . . ich erzählte ihnen meine Begebenheiten«, mit dem Ergebnis, daß Müllerhannes ihn überredete, mit ihm zu gehen. Im Hochwald fand Schinderhannes Unterschlupf auf der Mühle seines Vetters Hahn und bei der Witwe Dupré. Von dort aus entfaltete er eine rege Tätigkeit.

Er stahl »a) Leder zu Meisenheim, welches ich den folgenden Tag des Raubs, dem nemlichen Gerber, dem ich es gestohlen hatte, wieder verkaufte.

b) Dem Bürger Riebel von Wiesweiler ein Pferd, welches ich dem Namens Winkler von Hundheim verkaufte.

c) Tuch zu Birkenfeld: Zu selbiger Zeit wurde ich in Zusch durch dasige Jäger arretirt, ergriff aber während meiner Verhaftung die Gelegenheit, auf der Mühl durchzugehen.«

Dieses Geständnis gehört zu einer Aussage, die Schinderhannes laut Protokoll die »Skizze meines Lebens« nannte und am 18. März 1803 in Mainz ablegte. Neun Monate vorher war am 12. Juni 1802 schon in Frankfurt nach Bücklers »freimüthiger Erzählung« seine »Lebensgeschichte« aufgeschrieben worden.

Einige wichtige Einzelheiten stellte er in Frankfurt anders dar: Bis zu seinem sechzehnten Lebensjahr will er bei den Eltern geblieben sein und nichts gelernt haben. Dann sei er zu einem Scharfrichter in Dienst gekommen. Bei ihm habe er bis zu seinem achtzehnten Lebensjahr gearbeitet: »Weil aber zu der Zeit die Franzosen gekommen und in einem Ort Namens Iben, wo damals sein Vater gewohnt, er und noch fünf oder sechs andere Bursche aus dem Ort bei Proviantwägen gestellt worden, um solche zu bewachen, so hätten sie sich verleiten lassen, das Brod und Fleisch aus den Wägen zu nehmen, daher die Franzosen darüber so aufgebracht worden wären, daß sie gedroht, den Ort anzuzünden, wenn ihnen die Jungen nicht ausgeliefert würden. Die Orts-Gemeinde hätte sie daher auch wirklich ausgeliefert, allein, wie sie transportiert werden sollten, so hätte sie ein kaiserliches Piquet, auf das sie gestossen, wieder befreit.

Wie es alsdann weiter mit ihm gegangen?

Wie er sich befreiet gesehen, wäre er wieder zu seinem Vater zurück gekehrt. Wie aber bald darauf die Kaiserlichen den Ort wieder verlassen und die Franzosen zurück gekommen, so hätte er sich in Rüksicht des vorherigen Vorgangs gefürchtet und wieder fortgemacht« – und zwar zum Scharfrichter Nagel nach Bärenbach.

Über seinen weiteren Lebensweg sagte er in Frankfurt und Mainz mehr oder weniger das gleiche aus.

Exkurs zu der Unzuverlässigkeit der Protokolle

Schon im Vorwort haben wir auf die oft gegensätzlichen Interessen hingewiesen, die in fast allen offiziellen Dokumenten zum Leben des Schinderhannes zum Ausdruck kommen. Zu Beginn des 2. Kapitels ließen wir anklingen, daß der alte Bückler seine Vermögensverhältnisse wohl karger erscheinen ließ, als sie waren, und möglicherweise steckt hinter Schinderhannes' unterschiedlichen Angaben zu seinem Alter die Absicht, Verwirrung zu stiften. Jedenfalls sind die Protokolle alles andere als eindeutig. Aus einem Vergleich der »Skizze« mit der »Lebensgeschichte« ergibt sich: In Frankfurt, das nicht unter französischer Herrschaft stand, wollte Schinderhannes als eine Art Widerstandskämpfer gegen die Franzosen erscheinen: Deshalb bat er »auf das inständigste, daß man ihn nicht auf das linke Rheinufer an die Franzosen ausliefern möchte«. Nachdem das dann doch geschehen war, erwähnte er in Mainz mit keinem Wort den Proviantdiebstahl, von dem in Frankfurt die Rede gewesen war, den er aber vielleicht auch gar nicht begangen hatte. Vor dem von den Franzosen beauftragten Untersuchungsrichter Wernher wäre es unklug gewesen, sich mit diesem Abenteuer selbst zu belasten. Schinderhannes überging auch, daß sein Vater kaiserlicher Soldat gewesen und desertiert war.

Je weiter wir in unserer Geschichte voranschreiten, desto öfter werden wir auf Unstimmigkeiten stoßen.

Die Friedensrichter und Polizeidirektoren in der Provinz stellten unendlich viele Fragen zu den einzelnen Tatkomplexen und ließen die Antworten darauf sowie die dazu angestellten Erwägungen mit einer den Leser ermüdenden Ausführlichkeit protokollieren. Die jeweiligen Greffiers (Amts- und Kanzleischreiber) waren stunden- und tagelang mit der Aufzeichnung aller möglichen Affären beschäftigt. Dutzendweise müssen die Schreiber Federkiele verschlissen haben. Die Zahl der beschriebenen Papierbögen bemißt sich nach Tausenden.

Zu der an sich schon anstrengenden Tätigkeit kam die Mühe, die Texte genau zu formulieren. Keinerlei inhaltliche Fehler sollten unterlaufen. Im Bedarfsfall mußten sich alle Vertreter der Obrigkeit auf die Protokolle berufen können. Rechtsstaatlichkeit wurde praktiziert oder doch wenigstens angestrebt: Jeder Bürger war gleich vor dem Gesetz. Wie wir sehen werden, hatte auch der Citoyen Jean Bückler Anspruch darauf seine Aussagen noch einmal vorgelesen zu bekommen, um sie nötigenfalls widerrufen oder verändern zu können.

33

PROCEDURE

*instruite par le **Tribunal criminel spécial**
établi à Mayence pour le département du
Mont-Tonnerre, en exécution de la loi
du 18 Pluviôse, an onze,*

CONTRE

JEAN BÜCKLER

dit SCHINDERHANNES

ET

soixante sept complices, tous prévenus
d'assassinats ou de vol, et de complicité
desdits crimes.

TOME II.

*Deuxième partie, contenant les procès-verbaux constatant
les corps de délits et les pièces y relatives.*

MAYENCE;
chés C. F. PFEIFFER et Th. ZABERN, Imprimeur de la Préfecture.

Titelblatt des 2. Bandes der offiziellen gedruckten Prozeßakten

*Schließlich mußten er sowie sämtliche Zeugen, Verhörbeamten und Amts-
schreiber mit ihrer Unterschrift beglaubigen, die Aussagen seien »der Wahrheit gemäß« niedergeschrieben worden.*

*Doch was heißt hier Wahrheit? Das, was Bückler und seine Komplizen
preisgaben? Wie sprachen sie? So wie die Greffiers es zu Papier brachten? War
dies die Redeweise des »Diebsgesindels« um 1790? Oder die Ausdrucksweise
der Friedensrichter und Polizeidirektoren, der gebildeten Juristen und routi-
nierten Schreibkräfte? Sprachen Schinder, Holzhauer, Tagelöhner, Musikanten, Deserteure nicht in ihrem Heimatdialekt? Mußten ihre Aussagen nicht
ins Schriftdeutsch des Aufklärungszeitalters übertragen und dann noch einmal ins Französische übersetzt werden? Was bleibt nach diesen Sprachfiltern
noch übrig von der Räuberwirklichkeit?*

*Sie ist dem Leser – damals wie heute – nur noch in der komplizierten,
Genauigkeit anstrebenden, hochgestochenen Amtssprache zugänglich, einer
Sprache, die deutlich macht, wer das Sagen hatte: Nach Maßgabe dessen, was
in ein Protokoll aufzunehmen war, diktierte der, welcher das Verhör führte,
dessen Wortlaut.*

Das Ergebnis sind nur zum Teil stichhaltige Beschreibungen der Abläufe. Oft genug brachten es die Verdächtigen durch Weitschweifigkeit fertig, verharmlosende Schilderungen unterzeichnen zu können. In die Enge getrieben, beriefen sie sich noch dazu auf Gedächtnislücken. Stets war das, was sie von sich gaben, stark subjektiv. Darauf antworteten die Polizeibeamten und Juristen ebenso subjektiv damit, daß sie ihrer Entschlossenheit Ausdruck verliehen, Ruhe und Ordnung wiederherzustellen. Das durch das Zusammenwirken aller Beteiligten entstandene Protokollwerk »Procedure Instruite . . .« spiegelt jedoch nicht nur gegensätzliche Interessen wider. Auch höchst unterschiedliche Charaktere treten zutage: auf der einen Seite die der geltenden Moral verpflichteten Angehörigen der gebildeten, »höheren« Stände, auf der anderen Seite die Zukurzgekommenen und Benachteiligten aus der sozialen Unterschicht.

Volkstümliche Darstellung des Schinderhannes

3

Kriegs- und Räubertheater

Der junge Johannes Bückler, der sich aus guten Gründen bei seinem Vetter Hahn und der Witwe Dupré versteckte, tauchte Ende 1796 in einer Region unter, die seit viereinhalb Jahren von siegreichen und dann geschlagenen, von vorwärtsdrängenden und wieder zurückweichenden Truppen heimgesucht wurde. Die kriegerischen Ereignisse, die sich im Westen Deutschlands abspielten, die Maßnahmen der französischen Besatzungstruppen, die Übergriffe preußischer und österreichischer Soldaten – die Hauptleidenden dabei waren stets die kleinen Leute. Ob sie die Fürstenherrschaft weiter hinnahmen oder sich gegen sie erhoben – ihr Hab und Gut, ihr Leben und Wohlergehen waren nur noch Requisiten in dem »gräßlichen Schauspiele«, das damals vor »blutigen Decorationen« aufgeführt wurde.

Vorbereitung und Ausbruch des Ersten Koalitionskrieges

20. Juni 1791: *Flucht des Königs von Frankreich.*
21. Juni: *Er wird bei Varennes erkannt und zurückgebracht.*
17. Juli: *Die Agitation für die Republik wächst.*
27. August: *Deklaration von Pillnitz.*
»Der Kaiser und der König von Preußen haben die Wünsche und Vorstellungen Monsieurs, des ältesten Bruders des Königs von Frank-

reich und des Grafen Artois, vernommen und erklären gemeinschaftlich die Situation, in der sich der König von Frankreich gegenwärtig befindet, als ein gemeinsames Interesse für alle Könige Europas. Sie hoffen, daß dieses Interesse nicht verfehlen wird, von den Mächten anerkannt zu werden, deren Hilfe angerufen worden ist, und daß sie sich in der Folge nicht weigern werden, gemeinschaftlich mit den unterzeichneten Majestäten, gemäß ihren Kräften, die wirksamsten Mittel anzuwenden, um den König in den Stand zu setzen, in größter Freiheit die Grundlagen eines monarchistischen Regiments zu festigen, die gleichermaßen den Rechten der Souveräne und dem Wohl der französischen Nation entsprechen. Dann und in diesem Falle sind der Kaiser und der König von Preußen entschlossen, sofort in wechselseitigem Verständnis mit den notwendigen Hilfsmitteln zu handeln, um gemeinsam den erstrebten Zweck zu erreichen. In der Voraussetzung werden sie ihren Truppen die geeigneten Befehle erteilen, um sie in den Stand zu setzen, einzuschreiten.«

20. Oktober: *Brissot, der Wortführer der Girondisten, eröffnet die Propaganda für den Krieg.*

2. Januar 1792: *Rede Robepierres gegen den Krieg.*

»Die ausgefallenste Idee, die im Kopf eines Politikers entstehen kann, ist die Vorstellung, es würde für ein Volk genügen, mit Waffengewalt bei einem anderen Volke einzudringen, um es zur Annahme seiner Gesetze und seiner Verfassung zu bewegen. Niemand mag bewaffnete Missionare; und der erste Rat, den die Natur und die Vorsicht einem eingeben, besteht darin, die Eindringlinge wie Feinde zurückzuschlagen. Ich habe gesagt, daß eine solche Invasion viel eher die Erinnerung an die Brandschatzung der Pfalz und an die letzten Kriege wiedererwecken könnte, als konstitutionelle Gedanken entstehen zu lassen; denn die Masse der Bevölkerung jener Gebiete kennt diese Tatsachen besser als unsere Verfassung. Die Berichte von einsichtigen Leuten, die dort Bescheid wissen, dementieren alles, was man uns über den Eifer erzählt, mit dem man nach unserer Verfassung und nach unseren Armeen lechzt . . .

Ich will bei weitem nicht behaupten, daß unsere Revolution nicht später ihren Einfluß in der Welt haben wird . . . Gott bewahre, daß ich auf eine so schöne Hoffnung verzichten wollte! Aber ich sage, daß das nicht heute geschehen wird . . .«

20. April: *Kriegserklärung Frankreichs an Österreich.*

Die Nationalversammlung erklärt, »*keinen Krieg mit der Absicht der Eroberung zu unternehmen und niemals gegen die Freiheit irgendeines Volkes die Waffen zu ergreifen* . . .« *und* »*daß die Franzosen* . . . *nichts unterlassen werden, um die Geißel des Krieges zu lindern* . . .«

Mai: *Rückschläge der französischen Armee.*

5. Juli: *Dekret der Gesetzgebenden Versammlung.*

». . . *Wird die innere oder äußere Sicherheit des Staates bedroht und von der gesetzgebenden Gewalt die Ergreifung außergewöhnlicher Maßnahmen für unerläßlich erachtet, so erklärt die Nationalversammlung dies durch einen Akt der gesetzgebenden Gewalt mit folgendem Wortlaut:* Bürger, das Vaterland ist in Gefahr! . . .«

25. Juli: *Manifest des Herzogs von Braunschweig.*

». . . *Se. Majestät der König von Preußen, mit Sr. kaiserl. Majestät durch ein enges Schutzbündnis vereinigt und selbst ein mächtiges Mitglied des deutschen Reiches, konnten* . . . *nicht unterlassen, seinem Verbündeten und seinen Mitständen zu Hilfe zu ziehen* . . .

Der Unterzeichnete, Oberbefehlshaber der verbündeten Heere, [erklärt] folgendes:

1. Daß die beiden verbündeten Höfe . . . *nur das Heil Frankreichs beabsichtigen, aber keineswegs sich durch Eroberungen bereichern wollen;*

2. Daß sie nicht die Absicht haben, sich in die innere Regierung Frankreichs zu mischen; sondern daß sie nur den König, die Königin und die königliche Familie aus der Gefangenschaft befreien . . . *wollen* . . .

8. Die Stadt und alle ihre Bewohner ohne Unterschied sind schuldig, sich sogleich ihrem König zu unterwerfen . . . *wenn das Schloß der Tuilerien gestürmt oder sonst verletzt, wenn die mindeste Beleidigung dem Könige, der Königin und der ganzen königlichen Familie zugefügt* . . . *wird, [werden Ihre Majestäten] eine beispiellose und für alle Zeiten denkwürdige Rache nehmen und die Stadt Paris einer militärischen Exekution und einem gänzlichen Ruine preisgeben, die Verbrecher selbst aber dem verdienten Tode überliefern* . . .«

10. August: *Suspendierung des Königtums.*

13. August: *Internierung der königlichen Familie im Temple.*

19. August: *Beginn der preußischen Invasion in Frankreich.*

23. August: *Kapitulation der Festung Longwy.*

2. September: *Aufruf Dantons zur Rettung des Vaterlandes.*

».. . Das Sturmläuten, das nun anheben wird, ist kein Alarmsignal, es bedeutet den Generalangriff auf die Feinde des Vaterlandes ...«
Kapitulation der Festung Verdun.

2. bis 6. September: *Septembermorde. Etwa elfhundert »Verdächtige« werden nach meist nur hastigem Gerichtsverfahren durch »Volksjustiztribunale« umgebracht.*

20. September: *Kanonade von Valmy. Der Herzog von Braunschweig erteilt den Rückzugsbefehl für die preußischen Truppen.*

21. September: *Abschaffung des Königtums in Frankreich, Errichtung der »einheitlichen« und »unteilbaren« Republik.*

18. November: *Eroberung von Mainz durch französische Revolutionstruppen unter General Adam Philippe Custine.*

».. . Wir kündigen mit Vergnügen den Einwohnern dieses Erzbisthums wie auch dieser Städte und Bisthümer an, daß der Augenblick gekommen ist, wo der Arme wie der Reiche die nämlichen Rechte, den nämlichen Schutz der Gesetze und die nämliche Sicherheit seines Eigenthums genießen wird, ohne welche eine Staatsverwaltung nothwendig tyrannisch ist!
Custine«

Die hier ausgewählten Daten und Zitate zum Beginn des Ersten Koalitionskrieges zeigen, wie die Feldzüge 1792 zustande kamen, warum Österreich und Preußen eingriffen und mit welchem Hochmut die Majestäten die vorhersehbaren Schrecken der Kriegshandlungen herunterspielten. Nachzutragen ist, daß das Manifest vom 25. Juli vom Herzog von Braunschweig nicht selbst formuliert wurde. Als Oberkommandierender der preußischen Truppen unterzeichnete er ein von französischen Emigranten ausgearbeitetes Dokument. Die Unterschrift leistete er in seinem Hauptquartier in Koblenz, das für Robespierre »nur eine der treibenden Kräfte einer gegen die Freiheit gebildeten umfangreichen Verschwörung darstellt«. Ein anderes Zentrum der Konterrevolution in Deutschland war Mainz.

Georg Friedrich Rebmann
(1768 bis 1824),
seit 1798 Richter in Mainz, leitete die
Gerichtsverhandlung gegen Bückler
und war neben Forster einer der
engagiertesten deutschen Jakobiner

Georg Forster (1754 bis 1794),
Natur- und Völkerkundler, begleitete,
zusammen mit seinem Vater, James
Cook auf dessen Weltreise. 1792 setzte
er sich für die Ideen der Französischen
Revolution in Mainz ein

Andreas Georg Friedrich Rebmann, einer der deutschen Jakobiner, der 1803 als Gerichtspräsident den Prozeß gegen
Schinderhannes leitete, hat die Zustände am Mainzer Hof beschrieben:

Der Kurfürst habe das bei seinem Regierungsantritt schul-
denfreie Land finanziell völlig zugrunde gerichtet. »Der ab-
scheulichste Luxus und die empörendste Sittenlosigkeit« hätten sich vom Hof aus verbreitet: »Zwei Maitressen der
schlimmsten Art, deren einer er durch einen geilen Biß den
Brustkrebs zugezogen hat, die Frau von Ferret und die Frau von
Coudenhoven, regierten eigentlich sein Land zu einer Zeit, wo
er, drollig genug, eine Preisaufgabe auf den besten Beweis der
Nützlichkeit des Cölibats setzte. Es war ihm eine Kleinigkeit,
eine halbe Million in wenigen Wochen zu vergeuden und, um
sie herbeizuschaffen, Dörfer und Wälder an Hessen-Cassel
(den Seelenverkäufer) zu versetzen.«

Und der Naturforscher, Weltreisende und deutsche Jakobiner Georg Forster, der damals Mainzer Universitätsbibliothekar war, schilderte die Flucht des Kurfürsten und den Einzug der französischen Truppen unter Custine:

»Die reichen, mit Edelsteinen und Perlen gestickten Infule und Meßgewänder, die Bischofsstäbe, Altargeräthe, Heiligenbilder von kostbarem Metall und Alles, was unter dem Namen des Domschatzes mehre Millionen an Werth betragen soll, ließen die anwesenden Kapitularen einpacken und in Begleitung eines aus ihrer eigenen Mitte nach Düsseldorf bringen. Das große, hier befindliche Reichsarchiv, sammt einem Theil des Mainzischen und einigen dem Staat gehörigen Kassen, mußte unter Aufsicht der Archivare und Finanzbeamten denselben Weg nehmen. Zuletzt kam der Kurfürst selbst von Aschaffenburg herüber, und um die guten Bürger über die Gefahr einer Belagerung vollends zu beruhigen, ließ er in Eile seine kostbarsten Effekten fortschaffen und reisete im Dunkel der Nacht in einer Kutsche, woran er die Wappen hatte auslöschen lassen, an einen sichern Zufluchtsort. Noch fehlt der beste Zug an diesem Gemälde. Kaum hatte der Adel und die hohe Klerisei ihre Kostbarkeiten gerettet, so erging ein strenges Verbot, das allen übrigen Einwohnern die Nachahmung bei schwerer Ahndung untersagte. Die letzte Zuckung des sterbenden Despotismus war eine himmelschreiende Ungerechtigkeit mehr!«

Über den Einzug der französischen Truppen berichtet Forster: »Das Volk empfing sie [die Franzosen] mit einer Art von dumpfem Schweigen, ohne lebhafte Zeichen der Abneigung, aber auch ohne allen Beifall und ohne Frohlocken. Manches wirkte zusammen, um anfänglich diese Stimmung hervorzubringen: erstlich, die unwillkürliche, durch Verschiedenheit des Charakters und der Sprache genährte Antipathie der Deutschen gegen die Franken; sodann die Aufhetzung der Beichtväter, die den unwissenden Weibern vorzüglich die Franken als Gottesleugner und Höllenbrände geschildert und verabscheuungswürdig zu machen gesucht hatten; endlich, und vielleicht am stärksten, der unscheinbare Aufzug der Freiheitssoldaten selbst, an deren Monturen die Spur eines beschwerlichen Feldzugs gar zu kenntlich war und deren natürliche Lebhaftigkeit, erhöht durch den rege gewordenen Geist der Unabhängigkeit, sich zu der pedantischen Symmetrie unserer militarischen Drahtpuppen nicht bequemen konnte. Das Auge, das nur gewohnt gewesen war, geputzte, gepuderte Paradesoldaten, mit knappen Röcken und Beinkleidern, nettgewixten Kamaschen und spiegelblankem Gewehr zu sehen, konnte diese bestaubten, schmutzigen, zerlumpten Kerle, die zum Theil wirklich ohne Schuhe und Strümpfe einherzogen und ihren rostigen Bayonetten ihr Kommisbrod oder ihre Portion Fleisch aufgespießt trugen, unmöglich ohne eine Nebenempfindung von Verächtlichkeit ansehen, die in demselben Augenblick mit doppelter Stärke von der gedemüthigten Eitelkeit der Besiegten zurückprallte.«

Zwei Tage nach dem Einmarsch der Franzosen wurde in Mainz der Jakobinerklub gegründet. Neben vielen anderen, unter ihnen der erwähnte Georg Forster, gehörten dem Klub an: der Gymnasiallehrer Böhmer, der Custines Sekretär war und dessen Aufrufe verfaßte, der Mediziner und ehemalige Leibarzt des Kurfürsten Wedekind, der Priester und Philosophieprofessor Dorsch – und der Mediziner Ackermann, der sich später dadurch hervortat, daß er an den Leichen der hingerichteten Räuber Experimente anstellte.

Während der deutsche Jakobinerklub daranging, politische Aufklärungsarbeit zu leisten und für die Demokratie zu werben, wurde im besetzten Gebiet von den Franzosen eine neue Zivilverwaltung eingesetzt. In Mainz errichteten die deutschen Jakobiner den ersten Freiheitsbaum auf dem Markt. Für den Rheinisch-Deutschen Nationalkonvent wurde eine Wahl anberaumt, doch Custine, der Eroberer von Mainz, forderte, alle Wähler müßten vorher die Prinzipien von Freiheit und Gleichheit beschwören. Darüber kam es zu heftigen Auseinandersetzungen. Es zeigten sich antifranzösische und antidemokratische Strömungen. Dennoch fand die Wahl statt. In Mainz wählten nur acht Prozent der Wahlberechtigten. Am 17. März

1793 konstituierte sich der Rheinisch-Deutsche Konvent, verabschiedete einen Tag später die Unabhängigkeitserklärung der Rheinisch-Deutschen Republik und ersuchte am 21. März darum, daß die Republik an Frankreich angeschlossen werde. Am 30. März nahm der Konvent in Paris den von Forster überbrachten Antrag an, aber schon am 14. April wurde Mainz von deutschen Truppen belagert. Am 23. Juli kapitulierte die französische Besatzung. Goethe, der Augenzeuge des Abzugs der Franzosen war, bemerkte »Spuren der Plünderung ... im Gefolg innerer Feindschaft«. Custine mußte sich in Paris wegen der Kapitulation verantworten und wurde am 28. August unter der Guillotine hingerichtet. Ein Jahr später, im Herbst 1794, waren französische Truppen erneut bis an den Rhein vorgedrungen und begründeten im besetzten Gebiet eine zwanzigjährige Herrschaft bis zur endgültigen Niederlage Napoleons 1815 bei Waterloo. Die Instruktionen, welche die Kommandierenden Generale in den 1790er Jahren auf ihrem Vormarsch zu befolgen hatten, lauteten, nicht nur die Festungswerke zu schleifen und die »Reichthümer der Städte und Ortschaften« zu beschlagnahmen. Auch »alle Habschaft der Einwohner, wohin die Armee kommen würde, [sollte] in das Innere von Frankreich gebracht werden«. Die öffentlichen Plünderungen, so hieß es in der Zeitung *Aachener Wahrheitsfreund*, waren nichts anderes als »die Mittel zur Fortsetzung des Krieges«. Ebenso wurden die Bibliotheken und Kunstsammlungen konfisziert. Es begann der berühmt-berüchtigte Plünderwinter in der Pfalz und in Rheinhessen. Brandschatzungen, Geiselnahmen und Gewalttätigkeiten waren an der Tagesordnung.

Fluchtartig verließen die Dorf- und Kleinstadtbewohner ihre Häuser. Ein Augenzeuge, L. Müller, schrieb in sein »Trierer Tagebuch«: »Am 10. Januar [1794] kam die Nachricht, die Franzosen seien in Kreuznach und Bingen. Am 11. Januar kamen schon viele geflüchtete Sachen mit Wagen herein. Von Kirn waren auch die Inwohner aufm Weg, um auf Trier zu kommen. Sie mußten 10 Rtlr. für einen Wagen geben von jedem Tag, um ihre Sachen fortzubringen. Am 12. Januar hörte man, die Patrioten seien nicht zu Bingen, aber zu Kreuznach, Birkenfeld und S. Wendel … Es war wieder große Gefahr für unsere Stadt«, denn die Gegenoffensive der Kaiserlichen blieb im Schnee stecken. Da nicht abzusehen war, wann das Wetter umschlagen würde und ob die Verbündeten auch bei Frost und Trockenheit einen Sieg erringen konnten, und da die Franzosen »dem Mainzer und dem Trierer Lande als den Zufluchtsorten ihrer emigrirten Prinzen und Adels mit gänzlicher Verwüstung« drohten, wurde der Plan gefaßt, die Bauern zu bewaffnen, »um in der Not selbst gegen den Feind mitzugehen«. Zur Grenzsicherung sollten Landstürme und zur Verteidigung im Inneren Landmilizen aufgestellt werden. In der Stunde der Not, als die Franzosen in der Pfalz »entsetzlich hausten«, versprach man sich – wie einhundertfünfzig Jahre später, bei der Bildung des Volkssturms 1944/45 – Wunder von der Volksbewaffnung.

Am 27. Januar 1794 gab Kurfürst Clemens Wenzeslaus von Trier seinen Erlaß zur »Armirung und Aufgebot der kurfürstlichen Untertanen« heraus.

Die »Conscription« umfaßte alle verheirateten und unverheirateten Männer zwischen sechzehn und sechsunddreißig Jahren. Diese Levée en masse nach französischem Vorbild blieb auf Westdeutschland beschränkt.

Preußen lehnte die Volksbewaffnung strikt ab, und das aus gutem Grund: Größte Bedenken hatte der kaiserliche Gesandte Graf von Westphalen gegen die erzbischöfliche Maßnahme. Die »projektierte Bewaffnung der Landleute« könne gefährlich und schädlich werden, denn man sei »der Gesinnungen der Untertanen … nicht hinlänglich versichert«. Die schlimmste Seite der Sache sei, »daß der Bauer sich als die letzte Ressource der in die Enge getriebenen Höfe« betrachte. Im bewaffneten Zustand erst lerne er »den ganzen Umfang seiner Kraft kennen«. Durch »Armirung und Organisation« erhalte er eine Vorstellung von seinem Wert und seiner Kraft. »Ungeachtet aller Greueltaten«, die der Feind begehe, habe er »in Deutschland viele warme Anhänger, und ihre Meinungen haben wie eine

Frage.

Man hört jetzt soviel von Demokraten und Aristokraten sprechen, was von beiden sind sie denn eigentlich, gnädiger Herr?

Antwort. Ich habe die Ehre ein Aristokrat zu sein.

Fr. Was sind dann das für Leute, die Aristokraten?

Ant. Diese sind weit bess're und vortrefflichere Menschen, als die gemeinen Bürgers- und Bauernkanalien.

Fr. Wie kömmt dieses, stammen denn die Aristokraten nicht von dem nämlichen Adam her, wie die andern Menschen?

Ant. Das wäre schön! Nein, der Adam des Bürger- und Bauernvolks war nur ein gemeiner schlechter Kerl, aber der unsrige war ein vortreflicher Mann, und hieß auch nicht so schlechtweg — Adam — sondern Herr von und zu Adam.

Fr. Es steht aber doch kein Wort von einem Herrn von und zu Adam in der heiligen Schrift?

Ant. Was geht uns die heil. Schrift an, dieses Buch ist nur für die dummen Ochsen und Esel, ...für die bürgerliche und bäurische Strohköpf gemacht worden, um sie dadurch im Gehorsam zu erhalten.

Fr.

Andreas Hofmann. Aristokratenkatechismus.
Ein wunderschönes Büchlein, gar erbaulich zu lesen für Junge und Alte

Seuche um sich gegriffen. Der bewaffnete Untertan kann daher doppelt gefährlich werden. Man mag den Charakter der deutschen Bauern noch so schön, noch so patriotisch ausmalen, so bleibt es doch immer gefährlich, ihm politische Selbständigkeit zu geben, da er sie bei andern Gelegenheiten mißbrauchen kann.« Graf von Westphalen fürchtete das Volk. Bei den »so vielfältigen Versuchen, die deutschen Untertanen aufzuwiegeln«, sei es nur deshalb in Deutschland ruhig geblieben, weil »die niedern Volksklassen« ihrer eigenen Kraft mißtraut hätten: Einzig und allein wichtig sei es deshalb, »daß die ganze innere Staatspolitik sich jetzt darauf beschränken müsse, bei dem Bauern das Gefühl seiner eigenen Kraft zu ersticken und ihn so viel möglich durch unmerklichen Zwang in Subordination zu erhalten«.

Die Befürchtungen waren nur zu begründet. In Aachen fand eine Verhandlung vor der Zentralverwaltung statt. Unter Anklage standen Bürger aus Trier und Umgebung, die nicht nur gestohlen, sondern auch Meuchelmorde begangen hatten – in der Hoffnung, der Einzug der kaiserlichen Truppen stehe unmittelbar bevor und würde sie vor Strafe schützen.

In dieser Zeit war auch das Reisen über Land äußerst gefährlich. L. Müller schrieb in sein »Trierer Tagebuch«: »Mehrere Reisende fand man in den Wägen tot liegen, andere wurden ausgezogen, andere mußten nur Geld geben, so waren sie los. Es war itzt ein Leben und Aufruhr, daß viele sich den Tod gewünscht.« Und wenn es an anderer Stelle heißt: »Der Teufel schien itzt los zu sein«, dann war das nicht übertrieben. Denn die Franzosen traten in Deutschland als Besatzer und rücksichtslose Eroberer auf: Ihre Truppen lebten aus dem Land, requirierten Getreide, Schlachtvieh und Pferde, forderten von der Bevölkerung Dienstleistungen sowie Steuern und plünderten, wenn nicht genug abgeliefert wurde.

In die Gegend, in der Schinderhannes mit seinen Leuten die meisten Diebstähle und Überfälle beging, waren schon im Juli 1792 französische Truppen gekommen: royalistische Einheiten, die in Kreuznach stationiert waren und unter dem Befehl des Prinzen Condé standen. Sie warben Soldaten an, die in Frankreich für die Wiederherstellung des Königtums kämpfen sollten. Im August wurden in der Stadt Kirn französische Emigranten einquartiert. Sie beanspruchten das Mobiliar der Bürger und des Fürsten Friedrich von Salm-Kyrburg. Um die Untertanen seines noch neutralen Fürstentums zu beruhigen, verkündete Fürst Friedrich, der die Zeichen der Zeit erkannt hatte, im Dezember 1792 die Aufhebung der Leibeigenschaft, der Fronden, Zünfte und Einzugskosten und reiste nach Paris, wo er am 23. Juli 1794 hingerichtet werden sollte. Am 10. Januar 1793 hatte das Reichskammergericht den fürstlichen Erlaß aufgehoben, und die danach einrückende Sambre-Maas-Armee erzwang trotz der Neutralität des Fürstentums Geld- und Furageabgaben sowie Arbeits- und Fuhrdienste. Im März 1793 wurden die Franzosen von Koalitionstruppen vertrieben, denen am 11. Oktober 1794 wiederum Franzosen folgten, die Kirn plünderten. Am 5. Januar 1796 kehrten verbündete Truppen zurück. Sie hausten nicht weniger rücksichtslos als die französischen, die am 21. Mai abermals in Kirn einrückten. Am 7. März 1798 schließlich wurde das Fürstentum Salm-Kyrburg Teil des französischen Staates. Der Unterpräfektur Simmern zugeschlagen, ging es im Rhein-Mosel-Departement auf.

Der vom Erzbischof von Trier herausgegebene Aufruf zur Volksbewaffnung stieß nicht nur in Preußen auf Widerstand. Auch in den linksrheinischen Gebieten wurden Bedenken laut, allerdings mit einer anderen Begründung: Zwar sei die Bewaffnung der Bewohner von großem Nutzen, schrieb der Oberamtmann von Kreuznach, aber die »Bewohner des diesseitigen Rheinufers ... sind gegen die Neufranken ein unbedeutendes Völkchen, davon zwei Drittheile schon ausgeplündert und zum zweiten Male ... überschwemmt und unterjocht« worden seien. Falls sie sich gegen »die Frankreicher« zur Wehr setzten, würden diese »mit Feuer und Schwert gegen die Unglücklichen wüthen ... Ihre Häuser und Hütten – ein wichtiger, großer Gegenstand – werden ein Raub der Flammen, dieser paradiesische Erdstreich eine Wüste, die Bewohner Bettler ...« Blieben aber diese Bewohner ruhig, also unbewaffnet, »so ist zu hoffen, daß sie ihre Hütten und den Boden« behalten.

Wie es beim Einrücken französischer Truppen im November des gleichen Jahres in Sobernheim zuging, zeigt beispielhaft eine Anordnung, die mit der Floskel »Freiheit, Gleichheit, Brüderlichkeit oder Tod!« beginnt und in der 6400 Rationen Heu zu je zwanzig Pfund und zweihundert Säcke Hafer verlangt werden. Sollte Sobernheim die geforderte Menge nicht binnen neun Tagen liefern, so würden der Oberschultheiß und sämtliche Räte verhaftet. Ähnliche Forderungen hatten auch die Orte Monzingen, Nußbaum, Odernheim, Waldböckelheim, Duchroth, Oberhausen, Niederhausen, Schloß- und Thalböckelheim, Hochstätten, Hallgarten und Boos zu erfüllen, meist kleine

Dörfer, von denen einige auch im Zusammenhang mit Bücklers Unternehmungen eine Rolle spielten. Ihre Schuldenlast
wuchs um so mehr, je öfter die Besatzungen wechselten. Nachdem Preußen 1795 mit dem Frieden von Basel aus der Koali-
tion gegen Frankreich ausgeschieden war und in einem geheimen Zusatzabkommen auf seine linksrheinischen Besitzungen
verzichtet hatte, operierten dort österreichische Truppen gegen
die Franzosen. Auch sie forderten Abgaben, wodurch manche
Gemeinden in arge Bedrängnis gerieten.

»... Waldböckelheim [hat] eine beträchtliche Schuldenlast
vom siebenjährigen Kriege her, welche durch die Anwesenheit
der Französischen Kriegsvölker ... beträchtlich vermehrt
wurde. Dann ist diese Schuldenlast durch die Lieferungen für
die Österreichischen Truppen, welche fünf Monate lang zu
Waldböckelheim lagen, ferner durch die bei dem Rückzug der
Französischen Kriegsvölker ... stattgehabte Wegnahme von
Pferden und Rindvieh so aufgehäuft, daß die Urenkel noch
daran zu zahlen haben werden.« Da die Französische Republik
dahin strebe, »den Druck von dem unglücklichen Landmann
abzuwälzen und ihn die Rechte der Menschheit genießen zu
lassen«, bat die Gemeindeverwaltung darum, ihr die Abgaben
zu erlassen.

Solche Gesuche bewirkten wenig. Vor allem richteten sie
nichts gegen die Übergriffe französischer Truppen aus. Zwar
bemühte sich General Beurnonville im Oktober 1796 in einem
Aufruf darum, die Leute zu beruhigen. Er versprach ihnen,
seine Armee »von jener Menschenbrut zu säubern ... die nicht
wert sind, den edeln französischen Namen zu führen. Die
Plünderer und die Feigherzigen sind geflohen, allein die Rechtschaffenen und Tapferen sind geblieben.« Als aber zur gleichen
Zeit die Bauern weiter gequält wurden, erhielt die Volksbewaffnung neuen Auftrieb. Das Vaterland, so hieß es, die beleidigte
Menschheit, die Kinder und der Wohlstand forderten »zu diesem männlichen Schritte auf. Streitet für die Religion und das
Vaterland, Tod oder Sieg sei eure Losung!«

Die deutschen Jakobiner versuchten, den Leuten auf dem

Land begreiflich zu machen, was Freiheit und Gleichheit hieß.
Sie folgten der Devise, die Custine 1792 formuliert hatte, daß
»die frei gewordenen Franken nur den einzigen Wunsch haben,
die Schwachen zu schützen und den ungerechten Verwalter
von Reichtümern zu überzeugen, daß die Menschen, ihrer
Geburt nach an Rechten einander gleich, nicht bestimmt sind,
das Joch des Reichen zu tragen«. Das Pathos der deutschen
Jakobiner ging, wie wir noch sehen werden, im Gelächter
der Leute unter. Denn ihnen wurden Erfahrungen aufgezwungen, die mit den Versprechungen des Anfangs nichts zu tun
hatten.

Wer auch nur im entferntesten gegen die drückende Last immer neuer Abgaben, gegen Verordnungen, Willkürakte und
Plünderungen etwas zu unternehmen schien, der wurde von
manchem »unglücklichen Landmann« begünstigt oder unterstützt.

Von 1796/97 an trat Schinderhannes auf den Plan. Je länger
er agierte, um so mehr wurde er der Inbegriff gerecht empfundenen Widerstands gegen die Obrigkeit, die Identifikationsge-
stalt für die Sache der kleinen Leute. Er und seine Kumpane
fanden Schutz »in der Theilung der politischen Meynungen«.

Nach gründlichem Aktenstudium und, mehr noch: weil er
Schinderhannes und viele seiner Kameraden im Verhör kennengelernt hatte, gelangte Johann Nicolaus Becker zu dieser
Einschätzung. Er, der Friedensrichter des Kantons Kirn und Sicherheitsbeamte des Bezirks Simmern, von den Franzosen »zur
Ausrottung der Bande des Schinderhannes ausersehen« und
wegen seiner »Verdienste« vom französischen Justizminister
offiziell belobigt, ist allerdings kein objektiver Berichterstatter.
In den Räubern sah er »Gesindel«; in Bückler erblickte er einen
Angehörigen der »niedrigsten Classe«; die jungen Frauen, zu
denen sich das »Gesindel« hingezogen fühlte, waren für Becker
»willige Mädchen«. Aber gerade weil er sich für die neue demokratische Sache auf seinem Feld engagierte, hat er den politischen Aspekt der Räuberbanden besonders klar und zutreffend beschrieben.

»Als die Moselgebirge, der Sohn- und Hochwald wechselseitig von den deutschen und französischen Truppen behauptet
wurden, fand sich eine Menge junger Wagehälse unter den
Einwohnern des Landes, die mitten aus den feindlichen Lagern
das Zugvieh wegführten. Man hielt dieß für kein Verbrechen.
War es doch dem Feinde Abbruch gethan? Gleichviel wie es geschah! Kriegsgebrauch kennt der rohe Landmann nicht. Wie
mancher Franke fand in den Wäldern und Landhütten seinen
Tod! Er war der Feind der vaterländischen Armeen.

Dieser Gedanke erstickte alle bessern Menschheitsgefühle,
selbst die natürlichen Rechte der Gastfreundschaft, und er war
(warum soll man es nicht laut sagen), er war geheiligt, mit allen
seinen schrecklichen Folgen, weil mancher Beamte ihnen Un-
sträflichkeit zusicherte, hundert Offiziere sie billigten und der
Priester seinen Segen dazu sprach . . .

Der Krieg hatte die Justiz zum Schweigen gebracht und die
öffentlichen Beamten, denen die Handhabung der Polizey anvertraut war, zum Theil aus dem Lande getrieben. Als aber die
fränkischen Armeen Sieger blieben und sich ferne von den
Grenzen in die feindlichen Provinzen hinzogen, ward es mit jedem Tage beschwerlicher, Armee-Pferde zu stehlen. Man ging
also zu den Pferden des Landmannes über. Auch bey diesem
Geschäfte fanden die Räuber da wieder ihre Zufluchtsörter, wo
sie dieselben vorher gefunden hatten. Kein Müller und kein
Pächter, der vorher Armee-Pferde gekauft oder verheimlicht
hatte, durfte dem Räuber sein Haus verschließen; der Räuber
konnte ihn verrathen, und alsdann war er in den Händen der
Sieger.

So wurden in kurzer Zeit alle Höfe, Mühlen und Waldhütten
die Schlupfwinkel des Verbrechens. Die physische Beschaffen-
heit des Landes und das Unglück des Kriegs trugen dann auch
das Ihrige dazu bey. Die Ungestraftheit machte die Räuber mit
jedem Tage kühner. Die bequeme Weise, ohne viele Mühe
köstlich zu schmausen, das Behagliche, das jeder rohe Mensch
bey einer unstäten Lebensart fühlt, die Furcht, der Gehorsam
sogar, den die wilden Gesellen durch ihre verwegenen An-

schläge sich bey dem Landmanne erzwangen, war ja eine treffliche Lockspeise. Auch das willige Mädchen fand sich ein, und man war frey und herrschte, weil es keine Polizey und keine Gesetze gab. Bettler und Räuber sind unter solchen Umständen die glücklichsten Könige.«

4

Diebstahl bei Kerzenlicht

Zu Anfang des Jahres 1797 reihte sich Schinderhannes in den Kreis dieser »glücklichen Könige« ein. Er war seit Weihnachten, verschiedener Diebstähle wegen, bei seinem Vetter Jakob Hahn untergetaucht, doch dürften die Verfolgungen, denen er ausgesetzt war, nicht besonders streng gewesen sein. Unbehelligt machte er sich am 29. Januar auf den Weg zur Tuchfabrik der Gebrüder Stumm nach Birkenfeld. Er hatte Geld bei sich, kaufte verschiedene Sorten Tuch, bezahlte ordnungsgemäß und verabschiedete sich wieder. Der Fabrikmeister Ludwig Mittmann, der den unbekannten jungen Mann bedient hatte, erinnerte sich aber daran, daß der Käufer rote Ware verlangt habe. Die lagerte nicht im Magazin. Mittmann mußte deshalb das gewünschte Tuch aus einem Nebenraum holen.

»Bei dieser Gelegenheit«, so gab Schinderhannes später zu Protokoll, »sah ich, daß es leicht wäre, sich Tuch zu verschaffen, ohne es zu bezahlen.«

In der Nacht vom 8. auf den 9. Februar war es soweit. Schinderhannes schlich nach Birkenfeld. Es war dunkel, naßkalt wahrscheinlich, und niemand kümmerte sich um den jungen Burschen in den Gassen.

Da tauchte zu Schinderhannes' Überraschung eine Schildwache auf. Er verschwand, wartete und näherte sich erst nach einiger Zeit erneut der Stummschen Fabrik. Doch wieder war die Schildwache zur Stelle, und abermals machte Schinderhannes sich aus dem Staub. Diesmal ließ er sich noch mehr Zeit und sah sich gründlich um. Neben dem in der Nähe befindlichen Brauhaus entdeckte er eine Leiter und schleppte sie fort.

»Mittelst dieser Leiter bin ich in das Magazin gestiegen; der Laden war offen; ich hob eine Scheibe aus dem Fenster, welches ich hernach ohne Hinderniß aufmachte.«

Die Beute bestand aus vier oder fünf Tuchstücken. Noch in der gleichen Nacht versteckte er sie in einem Gebüsch.

Der Einbruch wäre kaum der Rede wert, wenn Schinderhannes später nicht behauptet hätte: »Neben dem Magazin in einem Zimmer war ein Mann, der mit Schreiben beschäftigt war.« Auf leichtgläubige Zeitgenossen mußte dies größten Eindruck machen. Ludwig Mittmann bestritt aber energisch, daß in der Nacht zum 9. Februar noch jemand in der Fabrik gearbeitet hat. Zwar habe wie gewöhnlich ein Licht gebrannt, aber niemand habe dagesessen und geschrieben. Und außerdem hätten mehrere Burschen beisammen gewesen sein müssen, denn die Leiter sei zu schwer gewesen, als daß sie einer allein hätte tragen können; und ebenso sei es mit der Tuchmenge gewesen.

Fast zwei Monate gingen ins Land, ehe der Einbruch aktenkundig gemacht wurde. Meister Mittmann war zwar am Morgen nach dem Einbruch auf die gefundene Leiter aufmerksam geworden und hatte festgestellt, daß insgesamt »81 ⅛ Stab« dunkelblaues, hellblaues und schwarzes Tuch fehlten, aber zunächst rührte sich die Obrigkeit nicht. Man zieh den von den Franzosen eingesetzten Friedensrichter der Nachlässigkeit; er habe es versäumt, unverzüglich die Ermittlungen aufzunehmen.

Fast zwei Monate später, am 31. März, brachten die Fabrikbesitzer Stumm die Ermittlungen endlich in Gang. Sie hatten erfahren, daß vierundzwanzig Ellen Tuch inzwischen aufgetaucht waren; der Dieb hatte es »um einen Gulden die Elle« an einen Mann verkauft, der im Allenbacher Fohlengarten wohnte. Der Sohn der Witwe Dupré war mit einer hellblauen Hose gesehen worden; er hatte sich offensichtlich neu eingekleidet.

Zur Rede gestellt, gab Diederich Dupré zu, neue Kleidung zu besitzen; das Tuch aber habe er gekauft, was sogar Ludwig Mittmann bestätigte.

Das alles war nicht von öffentlichen Sicherheitsbeamten ermittelt worden, die Stumms hatten es selbst in Erfahrung gebracht. Der Abdecker Nagel aus Rimsberg half ihnen dabei. Er kannte den Dieb recht gut und fürchtete, selbst belastet zu werden. Deshalb bot er seine Dienste an, spielte den redseligen Biedermann, der hier ein Wort sprach, da eine Frage stellte, und so geriet durch ein Gemisch aus Gehörtem und Gesehenem, halb Gewußtem und nur Vermutetem langsam die Fahndungsmaschinerie in Bewegung. Die Stumms wußten auch plötzlich, daß der Täter sich auf der Dupréschen Mühle aufhalte. Deshalb hielten sie die Zeit für gekommen, »sich dessen habhaft zu machen«. Am 1. April machte sich ein Beamter auf den Weg, wurde aber seltsamerweise von Herrn Stumm höchstpersönlich zurückgewiesen, »weil dieser erfahren hatte, daß der Bursche abwesend wäre«.

Wollte Stumm der Polizei eine Blamage ersparen? Mißtraute er ihr? Behielt er sich alle weiteren Schritte vor? Stumm, dazu »ad protocollum« vernommen, gab sich unwillig und verweigerte jede Auskunft, bis der Täter inhaftiert sei.

Daraufhin erging am 18. April die Order, den verdächtigen Burschen festzunehmen. Drei als Amtspersonen klassifizierte Männer wurden dazu abgestellt. Ihr Ziel: die Mühle der Witwe Dupré. Um elf Uhr abends klopften die drei höflich an, erfuhren aber nur, der Bursche sei nicht da, er halte sich in Züsch auf. Sofort gingen sie weiter, kamen morgens um vier in Züsch an und hörten – wiederum in einer Mühle –, Schinderhannes halte sich bei Kaspar Weber auf. Wieder zogen sie weiter, doch ersparten sie sich diesmal alle Höflichkeiten und drangen sogleich in das Haus ein. Weber, sofort zur Stelle, leugnete zunächst, den Burschen zu beherbergen, gestand aber schließlich, er sei da.

»Als Weber das Licht angezündet, seie dieser Bursch, der oben gelegen, die Stiege heruntergekommen und hätte sich in ein Kämmerchen versteckt. Weber habe ihm zugeredet, es nicht zu thun, und auf diese Weise seien sie seiner habhaft geworden. Als sie ihn arretirt, hätte sich der Bursch ausgebeten, ihn über die Mühle zu führen, woselbst er einige andere Kleidungsstücke anziehen und etwas Geld zu sich nehmen wolle. Dieses hätten sie ihm gestattet, und als sie dahin gekommen, hätte er Anstalten zum Anziehen gemacht und seie in eine Nebenkammer gegangen. Sie hätten vermutet, daß er ein Hemd anziehe, anstatt aber dieses zu thun, hätte er das Fenster herausgerissen und seie fortgesprungen. Weil der Bursch etwas lange ausgeblieben, hätten sie nachgesehen und gefunden, daß er fort sei.«

Die Hausdurchsuchung blieb ergebnislos: Die Fahnder sahen nur noch Schinderhannes' Spur – sie führte aus der Hütte hinaus und verlor sich im Wald. Es blieb ihnen nichts anderes übrig, als die zurückgelassenen Kleidungsstücke einzusammeln: ein dunkelblaues Kamisol mit gelben und weißen Knöpfen, ein Paar Lederhosen, ein altes Hemd, eine Weste, einen dunkelblauen neuen Rock mit weißen Knöpfen und außerdem eine Flinte.

Die Amtspersonen mußten zusehen, wie sie mit ihrem Mißerfolg fertig wurden, und so gaben sie denn auch nicht die ganze Wahrheit preis. Diederich Dupré aber plauderte sie aus: Die drei hätten nämlich den Burschen nicht nur in die Küche und in die Kammer laufen lassen, ohne auf ihn zu achten – sie hätten unterdessen auch in der Stube gesessen und Branntwein getrunken.

Das Fahndungsergebnis war dürftig, aber immerhin hatten die Amtspersonen bei der vorübergehenden Verhaftung von dem Burschen selbst erfahren, er heiße Hannes, sei der Sohn eines Schinders und stehe mit dem Wasenmeister Nagel aus Rimsberg in Verbindung; außerdem hatte er ausgesagt, warum er sich auf der Mühle verborgen halte: »... weil er einen Franzosen erstochen und nicht nach Haus gehen dürfe.«

Schinderhannes wußte schon recht gut, wie er sich interessant machen, womit er die Leute auf seine Seite ziehen konnte.

Und so blieben denn alle Zeugen bei ihren Aussagen äußerst vorsichtig. Nur die Witwe Dupré nannte zum erstenmal den Vor- und Nachnamen des Burschen: Johannes Bückler; und sie beschrieb ihn auch genau: Er sei »ohngefähr neunzehn Jahre alt, mittelmäßiger Statur, sauber von Gesicht, doch hie und da pockennarbig«. Da die Dupré Branntwein ausschenkte, war Bückler in ihr Haus gekommen. So hätten sie sich kennengelernt. Später, als Jakob Hahn für Bückler eine Bleibe suchte, wurde ihm bei den Duprés ein Zimmer angeboten. Des öfteren sei er nicht nach Hause gekommen, sogar acht bis vierzehn Tage weggeblieben, aber daß er besonders viel Geld gehabt oder jemanden mitgebracht habe, das bestritt die Witwe. Sie wußte auch nur von dem rechtmäßigen Tuchkauf und davon, daß Schinderhannes sich aus diesem Tuch neue Kleidung hatte anfertigen lassen. Den Nagel aus Rimsberg wie den Bürgermeister benannte die Dupré als Zeugen.

Der wollte vorläufig überhaupt nichts verlauten lassen, um »kein zu großes Geräusch zu machen«. Nagel dagegen rückte mit der Sprache heraus, berief sich aber auf seinen Sohn. Der wiederum hatte alles von Jakob Hahn erfahren, und Jakob Hahn erzählte lang und umständlich von Schinderhannes' Eltern und Großeltern; daß Schinderhannes vor Jahren einmal kurze Zeit zum Viehhüten bei ihm gewesen, dann wieder fortgegangen, schließlich vor Weihnachten zurückgekehrt sei mit der Bitte, ihn aufzunehmen, bis er eine Stelle bei Nagel in Rimsberg bekomme. Schinderhannes aber sei nur ein paar Tage geblieben. Jakob Hahn gab ihn zu den »Dupré-Leuten in die Kost«, bei denen er »gleich als ein Kind gehalten« wurde. Tagelang trieb er sich bei einem Wirt herum, trank und tanzte, und als schließlich Hahns Frau den Schinderhannes ermahnte, endlich die Stelle bei Nagel anzunehmen, erwiderte der, »er könne nicht mehr von dem Hause, allwo er in der Kost, hinwegkommen, mit dem beigefügten Schwur: der Donner und das Wetter sollte die Zaupen (die Töchter von der Dupré Wittib) erschlagen, es wäre ihm nicht möglich, hinweg zu gehen«.

Diese Aussage erhellt die Szene mit einem Schlag: hinter

dem Schanktisch die Töchter der Dupré. Sie schenken Branntwein aus, Bückler kippt ein Glas, ein zweites. Und so in einem
fort. Er hat ja Geld genug. Langsam wird sein Blick trübe. Er
kneift die Augen zusammen, zwinkert einem der Mädchen zu,
schnippt mit den Fingern, sie wirbeln zwischen den Tischen
und Stühlen umher. Kein Wort wird gesprochen. Er will eine
der Töchter an sich ziehen, da ist sie weg und die Schwester da.
Er hält sie fest. Und in dem Hin- und Herlaufen, den kreisen-
den, wirbelnden Bewegungen verschwinden die beiden irgendwann, drängen sich irgendwo fest aneinander, zwei erhitzte,
heftig sich hin und her bewegende Körper.

Während Schinderhannes das Leben genoß, setzten die Ämter und Oberämter alles daran, ihm die Freude am Branntwein
und an den »Zaupen« zu verderben. Anfragen verschickend
und Auskünfte erteilend, Verhörprotokolle niederschreibend
und Beilagen und Spezifikationen hinzufügend, ging es bei allem, was sie zu Papier brachten, um den »quästionierten Burschen«, den Kerl, den Tuchdieb. Aber überall, wo die Behörden
fündig zu werden hofften und ihr Ziel schon vor Augen sahen,
türmten sich neue Hindernisse auf. Aus dem Tuch waren
längst Hosen, Röcke und Jacken geworden. Niemand mochte
Genaues dazu sagen. Alle Befragten redeten sich heraus. Die
Amtspersonen verzweifelten allmählich.

Eines Tages schien die Geschichte dann doch die erhoffte
Wendung zu nehmen. Das Amt Allenbach verfügte über »die
sichere Nachricht, daß das gestohlene Tuchquantum in den dasigen Fohlengarten« gekommen war. Vor »etlichen Tagen«
nämlich hatte »ein fremder Kerl über Nacht daselbst gelegen«
und war nachmittags »mit dem geheuratheten Neumann auf
die hohe Straße gegangen«. Die beiden hatten »zwei große
Päcke Tuch in die Hütte zurückgebracht [und] das Tuch partagi-
ret«. Bei den Neumanns waren »noch verschiedene Rester« zurückgeblieben, »welche die Neumännische ledige Tochter«
abends »zur Hütten hinaus in das Gebüsch getragen«. Frau
Neumann war mit einem »blauen Rock von dem gestohlenen
Tuch auf dem Leib« gesehen worden, hatte aber, als sie beob-

achtet wurde, »über selbigen sogleich einen andern Rock geworfen«. Der Fremde und Neumanns Sohn schafften die Pakete fort und kehrten unterwegs in einem Wirtshaus ein – auch das stammt aus sicherer Quelle. Nur der Name der Person, die das alles erzählt hatte, blieb ungenannt, weil für sie angeblich »offenbare Lebensgefahr« bestand.

Nachdem Georg Wilhelm Neumann, der »Spiesförster vom Fohlengarten«, so schwer belastet war, wurde er am 22. April verhört. Er verlegte sich, wie zu erwarten, aufs Leugnen, hatte für alles Erklärungen parat, die aber so fadenscheinig waren, daß man ihn kurzerhand einsperrte.

Kaum saß er hinter Schloß und Riegel, ließ die ungenannt gebliebene Person über Mittelsmänner verlauten, sie sei zur Aussage bereit, aber nur »insgeheim«. Es war die alte Ölmüllerin Appollonia Wischum: »Sie zauderte lang, aus Furcht, daß sie möchte verrathen werden und sie also das Schlimmste und Lebensgefahr zu befürchten hätte.«

»Ach geh«, bekam sie zur Antwort, das passiere nie, sie sei doch »von Serenissimi Herzoglichen Durchlaucht zur Unterstützung ausdrücklich empfohlen«. Und so redete sie schließlich, wiederholte ihre Beobachtungen am Neumannschen Haus, nannte sogar die Namen der Schneider, bei denen Frau Neumann hatte arbeiten lassen; und nach Weihnachten hätten die Neumanns behauptet, das Tuch auf dem Birkenfelder Markt gekauft zu haben. Das genügte.

Auch Elisabeth Margaretha Neumann wurde verhaftet. Im Verhör wand sie sich um klare Antworten herum und tischte die gewagtesten Erklärungen auf, welche die Ämter und Oberämter zunächst einmal schriftlich untereinander abklärten. Sie deckten sich gegenseitig mit Briefen ein; auch Stumm meldete sich wieder zu Wort; der Abdecker Nagel gab eine Erklärung ab. Da ließ Neumann durch den Wachtmeister, der ihn beaufsichtigte, mitteilen, er habe ein Geständnis abzulegen.

Neumann war arm. Weil er in so miserablen Verhältnissen lebte, hatte Schinderhannes ihn gefragt, ob er nicht helfen wolle, Pferde zu stehlen. Neumann lehnte ab. Als Schinderhannes aber acht Tage vor Lichtmeß neues Tuch präsentierte und damit prahlte, zu Hause sei noch mehr davon, er hätte »bei Kusel einen französischen Wagen bestohlen«, gab Neumann seine Zurückhaltung auf. Er half, die Pakete fortzubringen, und erhielt vier Ellen als Bezahlung. Schinderhannes bot ihm danach an, französische Pferde zu stehlen. Pferde aber waren Neumann zu auffällig. Er redete sich heraus, bis Schinderhannes kurz entschlossen einen Gaul zu Neumann brachte und forderte, er solle ihn füttern. Auch diesmal wollte Neumann nicht mittun, gab aber wiederum nach, weil »man ihm ohnehin schon gedrohet hätte, daß sie ihn kaput machen wollten«.

Jetzt bekam er Bücklers Macht zu spüren, der, kaum daß die Pferdeaffäre erledigt war, Neumann in den Wald rufen ließ. Neumann gehorchte und erfuhr, daß Schinderhannes seine Flinte haben und gegen eine Kugelbüchse tauschen wollte. Neumann kehrte um, holte seine Flinte, erhielt die Kugelbüchse, und Schinderhannes verschwand zu den Duprés. Er wollte »das Mädchen daselbst heurathen und sodann mit den Jägern auf die Jagd gehen«. Die Partie jedoch verlief anders als geplant, und Neumann geriet in die Schußlinie. Noch in der gleichen Nacht, als der Verdächtige in Kaspar Webers Mühle vorübergehend verhaftet wurde, tauchten am Fohlengarten vier Gestalten auf. Neumann war aus dem Haus gegangen, wollte nachsehen, ob die Eiche noch dalag, die er gefällt hatte, da standen sie plötzlich vor ihm. Sie redeten nicht viel, aber was sie sagten, fuhr Neumann in die Knochen: »Er werde nun vor Amt beschieden werden; soferne nun er etwas von dem Burschen [der bei der Witwe Dupré entsprungen war] reden werde, so wollten sie ihm sein Haus sowohl anstecken als auch ihn kaput machen.«

Und die Burschen verstanden ihr Handwerk. Sie gaben sich nicht mit Versprechungen zufrieden. Neumann mußte einen Eid leisten, »die drei Finger aufheben [und] bei der heiligen Dreifaltigkeit schwören, daß er auf der Amtsstube von des Burschen wegen nichts reden solle«. Neumann hob die Hand, spreizte die Finger, schwor seinen Eid. Und weil er so »ganz abgesondert im Wald« wohnte, weil er »Furcht für Lebensgefahr und für das Abbrennen seines Hauses« hatte, schwieg er fortan oder log – bis zum 25. April. Mit seiner Frau wurde er an diesem Tag entlassen, nachdem »zuvor Handtreue an Eidesstatt abgenommen [worden war], daß sie sich nicht entfernen, sondern sich auf Erfordern jedesmalen stellen sollen«.

Die Behörden gaben nicht auf. Die schon bekannten Zeugen wurden ein zweites, ein drittes Mal vorgeladen. Neue Zeugen kamen hinzu. Auch Johannes Bückler, der alte, mußte Rede und Antwort stehen.

»Frage: Ob er die auf dem Allenbacher Fohlengarten wohnenden Leute kenne?

Antwort: Nein, er wäre noch niemalen in diese Gegend gekommen.

Frage: Ob er erfahren hätte, daß vor einiger Zeit in der Fabrik Tuch gestohlen worden wäre?

Antwort: Er hätte niemalen das mindeste gehört.

Frage: Ob er dann seines Sohnes wegen bisher nichts erfahren hätte?

Antwort: Nichts; er frage auch nichts mehr nach ihm, und es wäre ihm leid, wenn er etwas von demselben erfahren sollte.«

Die »Inquisitions-Sachen«, den Diebstahl in der Stummschen Fabrik betreffend, wuchsen auf insgesamt vierzig Aktenblätter, Briefentwürfe und Briefe, neunzehn Verhöre und zusätzlich vierzehn zum Teil umfangreiche Aussagen sowie vier Beilagen und Spezifikationen an. Fast vier Monate waren seit der Tat vergangen, da bat am 31. Mai 1797 ein Beamter erneut darum, Schinderhannes noch in der gleichen Nacht verhaften zu lassen, aber ohne Erfolg. Man erfuhr nur, daß er »einen dreieckigten statt eines runden Huths auf dem Kopf getragen«, daß er hier gesoffen und da getanzt habe. Irgendwo war immer jemand bereit, den Flüchtigen zu verbergen.

Exkurs zur Lage der Region

Aus den Berichten über die bürokratisch-umständliche Fahndung erfahren wir einerseits einiges über Bücklers Wendigkeit und Geistesgegenwart sowie über seine Fähigkeit, Mitwissern Angst einzujagen. Andererseits werfen sie ein bezeichnendes Licht auf den damaligen Zustand der Strafverfolgungsbehörden. Wenn im Zusammenhang mit der Spurensicherung am Tag nach der Tat amtlicherseits festgestellt wird, »der nothwendig erforderlich gewesene Augenschein, wie und auf welche Art und Weise dieser Diebstahl in dem Fabrikhaus verübt worden, [sei] durch den von der vorhinnigen französischen General-Direktion aufgestellten Friedensrichter Odenbach unterlassen worden«, dann heißt das: Odenbach war entweder unfähig, oder ihn interessierte der Fall nicht, weil der Geschädigte ein Deutscher war und obendrein noch zu den Besitzenden gehörte.

Die Franzosen kannten die Stimmung und die Verhältnisse in Westdeutschland recht gut. Der Befehlshaber des im Hunsrück stationierten Korps, der Divisionskommandant Ligniville, wandte sich deshalb in einem Aufruf an die deutsche Bevölkerung: »... wir sind keine Barbaren ... Wir sind Krieger einer edeldenkenden Nation ... Krieger einer gegründeten Republik, deren Revolution zu Ende ist.«

Die Deutschen sollten der Redlichkeit des französischen Befehlshabers vertrauen; es gebe nur noch wenige unter den französischen Soldaten, »die nur Laster und den Durst nach Geld mit sich gebracht haben und die ihre Verbrechen in schleichende Kunstgriffe einhüllen ... Ich habe die eigenmächtigen Requisitionen abgeschafft ...« Dennoch bleibe der Grundsatz bestehen, daß »das Land, wo der Krieg seinen Schauplatz aufschlug ... den Soldaten ernähren« muß; diese »unvermeidlichen Auflagen« sollten allerdings »mit Ordnung erhoben werden«. Und über das Verhalten seiner Truppe gab Ligniville bekannt: »Jeden, der sich die mindeste Gewalttätigkeit gegen seinen Wirt erlaubt, werde ich strafen.«

Auch dies waren nur schöne Worte, sie bewirkten wenig. Eine Änderung der Verhältnisse bahnte sich erst an, als der mit der Generalverwaltung beauftragte General Hoche am 21. März 1797 unter anderem anordnete: »... die alten Regierungen, die Beamten, die Kriminal- und Zivilgerichtshöfe ... welche vor dem Eintritt der französischen Trup-

pen ... angestellt waren, [sollen] ihre Amtsverrichtungen wieder antreten.« Diese Wendung hätte Schinderhannes in Bedrängnis bringen können.

Doch die Dinge entwickelten sich anders. Die Vorgänge in Frankreich waren nicht gerade dazu angetan, in Deutschland Freunde zu gewinnen. Der Staatsstreich der Direktionsmehrheit brachte am 4. September die annexionistische Partei an die Macht. Beim Friedensschluß von Campo Formio am 17. Oktober 1797, der den Ersten Koalitionskrieg beendete, wurde noch vor dem Zusammentritt des Reichsfriedenskongresses in Rastatt (16. Dezember) die Abtretung der linksrheinischen Gebiete festgelegt. Am 4. November erhielt Rudler die Berufung zum Regierungskommissar in den besetzten Gebieten. Alle dort tätigen Beamten mußten den Treueid auf die Französische Republik leisten, und am 4. Februar 1798 wurden die annektierten Gebiete in vier Departements aufgeteilt: Donnersberg, Saar, Rhein-Mosel, Roer. Der Rhein bildete die deutsch-französische Grenze; Paß- und Zollkontrollen wurden eingeführt, was Schinderhannes freilich nicht hindern sollte, den Fluß mehrmals ungehindert illegal zu überqueren.

Die 1796/97 in Westdeutschland herrschenden Zustände waren katastrophal. Friedensrichter Becker bemerkt dazu aus seiner Sicht: »Alles, was die deutschen Armeen an Überläufern zurückgelassen hatten, war ohne Mühe geworben, und jeder Bänkelspieler und herumziehende Kleinkrämer ein willkommener Rekrut.« Doch solange die Franzosen dagewesen seien, sei »die [Räuber]Schlange nur im Stillen« umhergeschlichen. Die französischen Befehlshaber hätten Hand in Hand mit den deutschen Behörden gearbeitet. Bei einem Wechsel der Kommandeure sei es dann zum Eklat gekommen: Entweder aus Unkenntnis der Verhältnisse oder weil die neuen Befehlshaber von Verwandten der Räuber bestochen worden seien, hätten sich die Gefängnistore geöffnet: »Krieger haben im Felde wenig Zeit, zu Gericht zu sitzen über gemeine Verbrecher, deren oft verwickelte Rechtsfälle keinen politischen Bezug haben.« Die Franzosen erkannten offenbar nicht, daß oft ihre Herrschaft gemeint war, auch wenn sie nicht direkt angegriffen wurden: »Als nun aber auch diese nach andern Gegenden gezogen waren, nahm das Unwesen so sehr überhand, daß die damals ganz ohnmächtige Polizey dennoch einen letzten Schritt wagen mußte.«

Dieser letzte Schritt bestand darin, daß eine Konferenz einberufen wurde. Siebzehn Justizbeamte sollten sich in Rhaunen treffen, nicht weit von Kirn entfernt. Nur acht erschienen am 27. Dezember 1797; der Beamte von Kirn gab, wie einige seiner Kollegen, überhaupt keine Antwort; andere entschuldigten sich mit dringenden Geschäften.

Die Anwesenden kamen zu dem Befund:

». . . das herrnlose Gesindel hat sich in der ganzen hiesigen Gegend seit einiger Zeit dergestalt gehäuft, daß am Tage Niemand ohne Begleitung, bey Nacht aber kein Mensch über Feld zu gehen sich getraut, aus Furcht mißhandelt oder beraubt zu werden, die Pferde werden täglich aus den Ställen gestohlen, und der arme Landmann muß sich wegen der Wiedererhaltung seines Eigenthums mit den Dieben abfinden u.d.gl.

Man kam überein: 1) öffentlich bekannt zu machen, daß Niemand ohne Paß beherbergt werden soll; 2) die Tags- und Nachtswächter zu verdoppeln; 3) in der Nacht vom 30. auf den 31. December eine allgemeine Streifung vorzunehmen.«

Wie nicht anders zu erwarten, blieb auch diese Maßnahme erfolglos: »Keine Klaue ward gefangen. Die öffentlichen Beamten verloren allen Muth.«

5

Bericht über einen todten Körper

Am 23. Dezember 1797, vier Tage vor der Rhaunener Justizbe-
amtenkonferenz, wurde Johann Jakob Kirn, der Pfarrer zu Bischofsdhron im Kanton Rhaunen, zum Baldenauer-Hof, einem
seit 1681 zerstörten Schloß, gerufen. Helena Margaretha Blasius, die dort mit ihrem Mann Nicolaus und ihren Söhnen Johann und Peter wohnte, hatte ihn benachrichtigt, auf dem Baldenauer-Hof liege ein Toter. Kirn erfuhr, der Verstorbene
werde »Klos« genannt, und stellte fest, daß die Leiche voller
Blut war. Augenscheinlich war Klos an den Folgen schwerer
Kopfverletzungen gestorben. Sofort erstattete Kirn schriftlich
Anzeige: »Im Baldenauer-Hof, welcher von jeher, und besonders vor kürzerer Zeit an, der Zufluchtsort ist aller Diebe und
schlechter Leute, ist gestern um den Abend ein Mann gewaltsa-
mer Weise ermordet worden. Dieser Hof gehört zu meiner
Pfarre; ich weigerte mich, den Todten zu begraben, bis er be-
sichtiget wäre.«

Daraufhin wurde der Chirurgus Steinberg aus Morbach beauftragt, eine »Besichtigung des todten Körpers« vorzunehmen
und »sofort darüber einen Aufsatz zu verfertigen und augenblicklich« einzuschicken. Am 27. Dezember gab der Chirurgus
seinen Obduktionsbefund zu Protokoll, der einen Tag später
vom Amt Bernkastel als »visum repertum« zu den Akten genommen wurde.

Steinberg stellte eine »Hauptwunde« am Schädel fest, die unmittelbar zum Tod geführt haben müsse; weiterhin registrierte der Chirurgus vier starke Fleischwunden am Kopf, zwei Stiche auf der linken Halsseite und Zerquetschungen am Rückgrat. Der Tote sei ungefähr fünfundzwanzig Jahre alt, von mittlerer Statur, habe starke Glieder, eine erhabene Stirn, eine platte Nase, ein glattes Gesicht und braune Haare. Der Leichnam war mit einem Hemd, einem langen Rock sowie einer Unterweste bekleidet: »... der Unterleib ist nackend gewesen.«

Von der Famillie Blasius erfuhr Chirurgus Steinberg, der Getötete solle aus Peterswald stammen. Der »Bericht über einen todten Körper« endet mit der Empfehlung, die ganze Geschichte könne am besten geklärt werden, wenn die Bewohner des Baldenauer-Hofs verhört würden, »denn aus ihrer Ausrede haben wir ... vernommen, daß diese Leute die beste Kundschaft der Mordthat geben können«.

Am wenigsten wußten Nicolaus und Johann Blasius. Vater und Sohn waren am 22. Dezember aus dem Wald nach Hause gekommen, da hörten sie »ein großes Getümmel«. Sofort schlossen sie sich in einem Zimmer ein.

Peter Blasius dagegen, damals dreizehn Jahre alt, hatte fast den gesamten Tathergang mitbekommen. Nie wird Peter den Namen »Klos« vergessen. Er sieht diesen Klos noch vor sich mit einem »Weibsbild«, »Marian N. N.«, wie der Name im Protokoll zunächst angegeben wird, in der Stube sitzen. Da kamen plötzlich zwei gutgekleidete Burschen auf den Hof. Marian war in die Küche gegangen, sah sie zuerst, rief es Klos zu, und schon waren die Fremden bei ihr. Klos ging sofort in die Küche. Peter hörte einen der Burschen fragen: »›Ist das er?‹ Und auf die Antwort ›Ja‹« sah er, daß »sie gleich nacheinander auf den Klos mit ihren Stecken geschlagen ... ›O mein Bruder Philipp, helfe mir noch einmal‹, rief Klos, worauf Philipp geantwortet: ›Ja, ich will dir helfen – Gesundheit Klos‹« und weiter auf ihn eindrosch. Peter Blasius stand an der Stubentür. Er beobachtete, wie ein Bursche den Klos vorn, ein anderer ihn hinten packte. Klos wehrte sich mit der Faust gegen den vorderen. So sind sie mit ihm »zum Haus hinaus in den Hof getrollt«, wo

sie ihn so traktierten, daß er schon am Kopf blutete. Peter bekam Angst, er verkroch sich unters Bett, blieb aber nicht lange
in seinem Versteck, »da der Vorwitz ihn wieder herausgetrie-
ben«. Als er wieder auftauchte und zusehen konnte, stand
»Klos noch auf den Beinen«. Einer hielt ihn an der Mauer fest,
ein anderer stand »an der Hofpfort«. Und dann kam »das große
Weibsbild« und schlug »Klos mit einem knöpfigen Stecken einmal über den Kopf«. Sofort ging dieses große Weibsbild ins
Haus. Peter folgte ihr. Sie suchte »die ihr angeblich vom Klos
geraubte Sachen« und fand sie auch. Als Peter wieder hinaus-
kam, sah er »den Klos auf dem Boden liegen«.

Vier Burschen standen um ihn herum. Einer von ihnen
schlug heftig »mit einem dicken Ellernhebel« auf den Verletzten ein. Ein anderer, der »eine dunkelblaue Weste« trug und
»einen großen dreieckigten Franzosenhuth angehabt«, sprang
»auf dem Klos herum«.

Helena Margaretha Blasius kam zur Tatzeit vom »Glencher
Lande« her und zusammen mit der Glas- und Salzhändlerin
Anna Petri nach Hause. »Ohngefähr einen Steinwurf weit« vom
Baldenauer-Hof entfernt, sah sie zwei »ihr unbekannte Menschen auf einer Anhöhe stehen«. Als die Frauen näher kamen,
wurden die Burschen auf sie aufmerksam. Sie fragten die Blasius, »wo sie hin wolle«. »In den Hof«, antwortete sie. Darauf
die Burschen: »So solle sie sich denn gleich hinein scheren.«
Im Weitergehen hörten die Frauen »einen Tumult«. Anna verbarg sich in einer Scheune. Die Blasius ging weiter. Anna sah
ihr nach, verließ ihr Versteck und eilte auch zum Hof. Am Tor
begegnete ihnen ein dritter Bursche, der Stiefel in der Hand
trug, und als sie zur Hoftür kamen, sahen sie den Erschlagenen
auf dem Gesicht liegen. Sie heulten los, weil sie den Toten für
Johann Blasius hielten. Aber der Bursche mit den Stiefeln und
ein anderer, der bei dem Erschlagenen stand, beruhigten sie:
»Klopfend auf der Anna Petri Schulter, habe einer gesagt:
fürchtet euch nicht, wir thun euch nichts, unser Groll war [nur]
gegen diesen Todten gerichtet . . . es geht euch nichts an.« Die
Frauen sahen genau hin, merkten, daß ein Fremder am Boden

lag, beruhigten sich und gingen ins Haus. Da trafen sie die »große Lies« und Marian. Von draußen riefen die Burschen die große Lies, »welche dann gleich fortgegangen, und zwar alle fünf zusammen«. Marian, die Gefährtin des Erschlagenen, ging kurz darauf fort.

Zurück blieben die Petri und die Blasius mit dem sterbenden Klos, »der noch eine viertel Stunde möge gelebt haben«. Röchelnd, kein Wort mehr sprechend, jetzt auf dem Rücken liegend, »ohne Hosen, Strümpfe und Halsbinde«, »vorn über den Kopf eine große Wunde«; die Hirnschale »auch von hinten ganz durchgeschlagen«; zwei Messerstiche »kurz nebeneinander auf der linken Seite der Brust unter dem Hals«.

Die Beamten stellten bei der Spurensicherung fest: »mehrere Stücker von zerschlagenen Stecken«, blutbeschmiert, »ein ganzes Stück von Ellerholz«, daran »ein daumdicker Zwacken gewesen, womit die Mörder wahrscheinlich dem Todten am mehresten geschadet hätten«.

Niemand mochte zunächst die Täter identifizieren. Über das Opfer hatte Frau Blasius nur »als gehört, daß der Ermordete Niklas geheissen, und so auch, daß es ein famöser Mensch gewesen, der viele Uebel gestiftet«. Aufgrund dieser Auskunft und vieler anderer Hinweise, die bald eintrafen, schloß der Friedensrichter Junck, »daß der Ermordete der berüchtigte famöse Niklas Rauschenberger von Peterswald« sei, ein Mann, der zu seinem Beinamen gekommen war, weil er dick und klein war, wie ein Kloß erschien und Pockennarben – »Placken« – hatte.

Placken-Klos eilte der »famöse« Ruf voraus, weil er alle Familien mit Töchtern im beischlaffähigen Alter heimsuchte. Er hielt sich offenbar für unwiderstehlich. Wenn er selbst bei Leuten, die als Diebe und Hehler zu ihm gehörten und ihn seiner Meinung nach hätten unterstützen müssen, erfolglos blieb, geriet er außer sich. Er wurde gewalttätig und steigerte sich in Exaltationen hinein.

Um Martini (11. November) 1797 machte Klos dem Haus des Paul Weyand, des »Zunder-Paul«, seine Aufwartung. Gleich beide Töchter, die zwanzigjährige Maria, genannt Marian, und

ihre Schwester Eva wollte er haben. Den Weyands war Plakken-Klos kein Unbekannter: Schon einmal hatte er den Vater
»fast bis auf den Todt mißhandelt« und auch die »Mutter übel
zugerichtet«, weil sie sich geweigert hatten, Maria mit ihm ziehen zu lassen. Nun aber setzte sich Klos rücksichtslos durch.
Er schleppte die Mädchen mit Gewalt fort. Da sie mehrmals zu
fliehen versuchten, griff Klos zu einem probaten Mittel: Er
nahm ihnen die Kleider ab, »die er an schlechte Leute verhandelte«.

Wenig später, am 21. Dezember, kam Klos um acht Uhr
abends zu Elisabeth Schäfer. Wie ein Mörder sah er aus:
». . . vorn an den Hosen habe er ein offenes Messer stecken gehabt und in der Hand einen dicken Bengel getragen.« Klos fiel
mit der Tür ins Haus: »Jetzt pretendire ich meine Sachen; worauf die Lies [Elisabeth Schäfer] erwidert: Klos, ich habe nichts
von euch, was pretendirt ihr denn von mir?« Klos tat so, als
habe er nicht verstanden, und ging auf die vierzehnjährige
Tochter Anna Maria los: »Wem bist du?« fuhr er sie an. Sie
wich zurück und antwortete, die gleichen Worte immer wieder-
holend: »Klos, lieber mein Leben!«

Die abweisende Haltung der Mutter wird Klos vielleicht begriffen haben, aber daß die Tochter einfach nein sagte, sich diesem Protz von einem Mann verweigerte, überstieg seine Vor-
stellungskraft. »Mit Ungestüm und Drohungen« forderte er
nun Anna Maria. Die Mutter aber sagte ebenfalls nein – einmal
deshalb, »weil die Tochter ihn nicht gewollt«, und dann auch,
weil er »schon ein Weibsbild [Marian] bei sich gehabt«. Jedem
das Seine; jedem Mannsbild sein Weibsbild. Aber zwei auf einmal, das war selbst für die große Lies zuviel.

Klos wütete. Einer Augenzeugin der Szene, der Katharina
Christ, die zufällig bei Schäfers zu Besuch war, setzte »er sogar
das bloße Messer auf die Brust« und verbot ihr, sich zu entfernen. Alle schüchterte er ein, und sie fürchteten sich, »weil es
ihnen bekannt gewesen, daß er schon vorhin [früher] mehrere
Leute todt geschlagen« hatte. Immer weiter trieb er es, steigerte
sich in Theatralik und eine bizarre Geilheit hinein: »Er zog sich

auf der Stelle ganz nackend aus und machte Anstalt zu einem spartanischen Tanze.«

Anna Maria flüchtete vor ihm in den Keller, Klos jedoch trieb »noch mehrere Stunden lang . . . den größten Unfug im Haus«, »zog dann der Tochter alle Kleidungsstücke bis aufs Hemd aus« und nahm auch der Mutter »die bei sich habenden Effekten alle« ab.

Strumpf-Jakob, der Strumpfhandwerker(-weber) Jakob Stein, nahm die um Hilfe Schreienden noch spät in der Nacht bei sich auf. Seine Frau lieh den beiden Kleider. So kamen sie zur Ruhe und waren fürs erste in Sicherheit, obwohl Klos »sich noch zwei Tage lang ohngefähr in und um dem Dorfe aufgehalten, um ihre [Elisabeth Schäfers] Tochter noch zu erhaschen«.

Daß sie nicht in Klos' Hände fiel, verdankte Anna Maria nicht nur der Standhaftigkeit ihrer Mutter, sondern auch einem Zufall. Drei Tage vor Weihnachten hatten sich auf dem »Kirner Christkindges-Markt« Jakob Fink und Johannes Seibert getroffen; Johannes Bückler war »mit noch zwei Weibsleuten« zu ihnen gestoßen. Sie wollten nach Liebshausen gehen, übernachteten aber in Schneppenbach und kehrten auch im Haus des Strumpf-Jakob ein.

Ergänzend zu dem, was die Beteiligten zu Protokoll gaben, hat Becker dazu eine aufschlußreiche Einzelheit aus Bücklers und Rauschenbergers Intimleben erzählt: Schon vor geraumer Zeit hatte Klos Elise Werner an Schinderhannes abgetreten. In Schneppenbach »feyerte« Schinderhannes »das Beylager mit seiner geliebten Elise Werner«. Längst hatte er von den Dupré-Mädchen Abschied genommen, aber auch Elise scheint er bald wieder verlassen zu haben. Die Tochter der Elisabeth Schäfer, Buzliese-Ami genannt, faszinierte ihn mehr. »Sie war«, wie Becker genüßlich feststellt, »sehr gut gebildet, fleischig anzufühlen und nicht spröde gegen denjenigen, der ihr gefiel.« Sie versammelte eine »Menge kräftiger Räuber als Anbeter um sich«, unter ihnen auch Seibert und Bückler. Das hatte Klos in Rage gebracht.

Elisabeth Schäfer scheint das ausgenützt zu haben. Sie klagte den Burschen ihr Leid. Fink und Seibert sagten, sie habe lamentiert und darum gebeten, Klos zu verfolgen. Die Schäfer drehte im Verhör den Spieß um. »Diese Burschen hätten sich geäußert, sie wollten den Klos aufsuchen helfen«, gab sie zuerst an. Und kurz darauf: Sie habe gewünscht, »daß doch jemand in der Welt wäre, der ihre geraubten Sachen wieder schaffen könnte«. Dem Schinderhannes klagte sie, »daß niemand in dem Dorf Schneppenbach so kühn gewesen, dem Klos die Sachen wieder abzunehmen, weil Klos ein allgemein gefürchteter Mann« sei. Schinderhannes sei als erster bereit gewesen, ihr zu helfen, »damit sie den Winter über nicht nackend bleibe«: War Klos auch noch so gefährlich, Schinderhannes fand »es wunderlich, daß niemand so kühn wäre«, den Wüterich zur Rechenschaft zu ziehen. Da selbst der »Amtsvorstand« versagt hatte, rief Schinderhannes: »Kameraden, wollt ihr mitgehen, wir wollen den Klos aufsuchen, damit die arme Frau ihre Effekten zurück bekömmt!« Fink und Seibert stimmten nach langem Hin und Her zu. Am nächsten Tag sollte die Strafexpedition stattfinden. Anna Maria wollte zu Hause bleiben. Ihre Mutter dagegen war gleich bereit, allerdings »nur in der Absicht, ihre Kleider zurück zu empfangen«. Sie behauptete, niemanden aufgefordert oder genötigt zu haben. Aber Elisabeth Schäfer hatte durch ihr Lamentieren den Ausschlag gegeben: »Wenn Klagen Auffordern wäre, so habe sie freilich aufgefordert« – aufgefordert zur Selbstjustiz.

Frühmorgens am 22. Dezember wiederholte die große Lies »unter sehr starkem Weinen und Lamentieren« ihre Aufforderung an die drei Männer. Besonders will sie sich an Schinderhannes gewandt haben. Er machte »keine Einwendungen«, im Gegenteil: »Wir werden schon Meister über ihn werden und ihm die gestohlenen Sachen wieder abnehmen.« Alles schien nur auf die Wiederbeschaffung der Kleider hinauszulaufen; »von Todtschlagen seie gar keine Rede gewesen«. So zogen die vier los und trafen unterwegs jemanden, der ihnen erzählte, auch Philipp Jakob Heydens, der »Clären-Philipp«, sei von Klos mißhandelt worden.

Heydens trug den Beinamen Clären-Philipp, weil er bei seiner Großmutter Cläre groß geworden war. Sie hatte keinen ständigen Wohnort. Erst im Alter von einhundertacht Jahren, »als sie wegen ihrer Schwäche nicht mehr arbeiten konnte«, kam sie zur Ruhe und lebte »von dem Allmosen gutthätiger Leute«. Wie die Großmutter war auch der Enkel ohne festen Wohnsitz. Philipp verdiente sich sein Geld mit Gelegenheitsarbeiten. Einmal gab er an, Zunderhändler und Taglöhner zu sein; ein andermal, er sei Korbmacher. Wenn er überhaupt nicht mehr aus noch ein wußte, stahl er. Eines Tages lernte er in einem Wald Elisabeth Jung kennen. Später bekam sie ein uneheliches Kind von ihm. Das freudige Ereignis scheint Philipp in Bedrängnis gebracht zu haben: Er stahl Hammel. Als das der Schultheiß von Hirschfeld erfuhr, ließ er den Dieb kurzerhand »mit Gewalt durch die schon bestellt gewesene kaiserliche Werber ergreifen und unter das Volk stekken«. Fast drei Jahre hielt der Grenadier Heydens im »Klairfaitischen Regiment« aus. Als »die Vestung Luxemburg in französische Hände« fiel, nutzte Philipp die Gelegenheit: Mit »einem französischen Paß, den aber verlohren« machte er sich aus dem Staub und heiratete Elisabeth. Ohne Ausweis jedoch galt er »nach dem Artikel siebenzig des Gesetzbuches über Verbrechen und Strafen« als Vagabund. Schlimmer noch war die Fahnenflucht. Deserteure wurden unnachsichtig verfolgt und hart bestraft. So hielt er sich, so gut es ging, verborgen, verlegte sich aufs Betteln und spielte ab und zu die Baßgeige.

»Er seie ein armer Mann«, sagte er nach einer Verhaftung, »der von keiner Gemeinde wolle aufgenommen werden, weßwegen er sich nothgedrungen zeither auf diese Art hätte herum schlagen müssen.«

Niklas Rauschenberger könnte diese Situation ausgenutzt und Heydens bedroht haben. Mehr noch: »des Philipp Frau [soll] der Klos einmal ausgezogen« haben. Gewiß ist das freilich nicht, denn die Aussage stammte von Elisabeth Schäfer, die von Klos' Wutanfällen und geilen Anwandlungen zutiefst gekränkt war.

Wie dem auch sei, Fink, Seibert, Bückler und die Schäfer eilten, als sie unterwegs von Heydens Schicksal erfuhren, nach Gonzerath und holten Philipp. Als der hörte, was Elisabeth Schäfer widerfahren war, soll er sofort bereit gewesen sein, die vier zu begleiten. Aber auch das steht nicht einwandfrei fest. Gewiß ist nur, daß das Quintett nun beisammen war. Alles war bereit zum Blutgericht, nur das »famöse« Opfer mußte noch gefunden werden.

Klos jedoch schien wie vom Erdboden verschluckt. Zuerst gingen die fünf eine Stunde lang zur Reitzenmühle. Dort war der Gesuchte nicht. Elisabeth Schäfer kam auf die Idee, ihn eine halbe Stunde weiter bei Zunder-Paul zu suchen, denn dessen Tochter hatte Klos ja entführt. Paul Weyand schickte sie weiter zur Hochscheidermühle. Während sie miteinander redeten, durchsuchte Schinderhannes die Wohnung und fand Garn und Kleidungsstücke, die der Lies gehörten. Sie packte sie ein, hatte aber längst noch nicht alle ihre Sachen wieder beisammen.

Die fünf gingen weiter nach Hochscheid, aber auch im dortigen Hirtenhaus blieb die Suche erfolglos. Fink und Seibert wollten nun aufgeben und am nächsten Tag umkehren. Doch Schinderhannes und Elisabeth Schäfer ließen sich nicht beirren und stimmten Seibert um. Schließlich konnten sie auch Fink überreden. Philipp war sowieso entschlossen. Die fünf gingen weiter. In Hinzerath endlich hörten sie von einem Mühlenknecht, Klos müsse sich auf dem Baldenauer-Hof aufhalten. Also gingen sie dorthin. Kurz vor dem Hof nahm Schinderhannes dem Fink den Stock mit den Worten ab: »Du hast doch keinen Muth.« Das stundenlange vergebliche Suchen hatte Schinderhannes gereizt und ungeduldig gemacht. Er wollte jetzt zupacken, sich von niemandem mehr dreinreden lassen. Je näher sie dem Tatort kamen, desto mehr drängte er sich in den Vordergrund.

»Einen Flintenschuß weit« vom Baldenauer-Hof entfernt, begegneten die fünf einem »Kamerad des Klos«. Schinderhannes holte »auf Anrathen der Lies« zum ersten Schlag aus und traf den Klos-Freund, der sogleich fortlief. Als Bückler dann in die

Küche stürmte und Marian nach Klos fragte, war es soweit. Die
Begrüßung zwischen Klos und Schinderhannes und des letzte-
ren Frage, »warum er die Tochter der Lies ausgezogen«, blieb
reine Formsache. Klos konnte nur noch ankündigen: »dieses
wolle er ihm sagen« – und schon bekam er eins »mit dem Stekken auf den Kopf«. Er stürzte auf den Herd, raffte sich wieder

Johannes Bückler. Ein Portrait von Karl Mathias Ernst

auf, ergriff Schinderhannes, wollte in die Stube fliehen, wurde
aber in den Hof gezerrt. Schinderhannes drückte ihn an die
Wand und schlug Klos ins Gesicht.

Elisabeth Schäfer hatte unterdessen vor dem Hof gewartet.
Sie wurde nun herbeigerufen. Umringt von den Burschen und
schon blutig, sah sie ihren Erzfeind. »Ha Klösgen, jetzt bin ich
Herr über dich!« triumphierte sie. In dem Moment wollte Rauschenberger sich losreißen. Die vier Männer hielten ihn. Elisabeth Schäfer griff einen »Knebel« und schlug zu, »und zwar
über den Kopf«. Der Angeschlagene hielt sich noch eine Zeitlang auf den Beinen, dann brach er zusammen.

Wer ihm am meisten zugesetzt, zu welcher Zeit Seibert weggeschickt wurde, um neue Stöcke aus der Küche zu holen, wie

viele auf Klos' Körper zerbrachen, wann Elisabeth Schäfer ins Haus ging, um ihre Sachen zu suchen, ob Seibert rief: »Der Teufel soll den Kerl holen!« oder ob er »die Bemerkung gemacht, daß Schinderhannes den Klos nicht hätte umbringen sollen«, worauf Bückler erwiderte: ». . . so lang er noch einen Athemzug von sich gibt, werde ich nicht nachlassen«, ob das Messer zuerst dazu benutzt wurde, Klos' Hose aufzuschneiden und ihm erst danach die Schnitt- und Stichwunden beigebracht wurden, ob sogar der dreizehnjährige Peter Blasius sagte: »Schlagt den Klos todt, sonst bringt er uns alle im Haus ums Leben« – das alles ließ sich »wegen dem kriegerischen Zeitraum« nur schwer aufklären. Der »so lange verschwiegenen Mordthat« war nur »mit Hilfe der Amts-Protokollen und . . . darin angeführten Zeugen« auf die Spur zu kommen. Erneut produzierten die Friedensrichter, Gerichts- und Geschworenendirektoren umfangreiche Korrespondenzen und ließen Gutachten anfertigen. Auch in diesem Fall ging viel Zeit ins Land, ehe sie Klarheit herbeiführen konnten. Erst 1799, »im achten Jahr der ein und untheilbaren französischen Republik«, konnten die Behörden wenigstens drei der fünf Täter verhaften: Elisabeth Schäfer, Jakob Fink und Johannes Seibert. Tagelang wurden sie »ad generalia« und »ad rem« vernommen und einander gegenübergestellt. Zusehends schwand die Möglichkeit, sich herauszureden. Dennoch sagte die große Lies: »Ihr Gedächtnis habe durch die Gefangenschaft viel gelitten.« Und sie entschuldigte sich damit, sie sei gar »zu zornig gegen den Klos gewesen«. Sie wollte die Burschen zur Mäßigung angehalten haben und mußte trotzdem zugeben, sie habe selber mehrmals auf Klos eingeschlagen.

Fink räumte salomonisch ein: »Er könne weder den Seibert noch Schinderhannes, den Philipp und die Lies frei sprechen, noch des Mords beschuldigen.«

Und Seibert gab zu Protokoll: »Schinderhannes habe gesagt, ihr bekommt es alle, wenn ihr nicht helfet. Schinderhannes und Philipp wären einig gewesen und würden über sie [die anderen] hergefallen seyn.«

Bückler, obwohl der jüngste des Quintetts, hatte am 22. Dezember 1797 die Führungsrolle an sich gerissen, und nicht nur das. Als Klos am Boden lag und kaum noch Lebenszeichen von sich gab oder schon tot war, war Schinderhannes auf ihm »herumgesprungen«, »herumgetanzt«. Als ein in den Blutrausch sich hineinsteigernder, unnachgiebiger, zum Letzten entschlossener Rächer ist Johannes Bückler seinen Komplizen in Erinnerung geblieben. Aber auch die große Lies hatte ihren Anteil an der Mordtat: Sie war die weitaus älteste der Gruppe, und als die unmittelbar Geschädigte vertrat sie am entschlossensten den Vergeltungswillen.

Über seine eigenen Beweggründe und den Hergang des Mordes sagte Schinderhannes: »Botsliß oder Grosliß ... beklagte sich bei uns über die üble Behandlung, die sie von ersagtem Blackenklos erlitten habe, bat uns zugleich, genanntem Klos wieder abzunehmen, was er ihr eben gestohlen habe. In Begleitung dieser Frau verfolgten wir ihn von Ort zu Ort und erreichten ihn endlich auf dem Schloß von Baldenau, wo er mit der Tochter eines gewissen Zunder Paul war, der ein auf dem Hundsrück herumziehender Landstreicher ist. Wir stellten ihn zu Rede, warum er die genannte Liß bestohlen habe; ohne hinreichende Antwort zu geben, wollte er in sein Zimmer fliehen, wahrscheinlich in der Absicht, sich seiner Pistolen zu bemächtigen. Ich hielt ihn zurük, und er zog ein Messer aus dem Sack. Ich hielt ihm den Arm fest und hinderte ihn, mich zu erstechen. Seibert, den ich zu Hilfe rief, nahm einen dicken Stock und gab besagtem Blackenklos einige Schläge auf den Kopf, daß er zu Boden fiel. Seibert, der wegen dem Vorfall bei Lindenschied, wo sein Kamerad Bastian umkam, noch einen Groll auf Blackenklos hatte, nahm das Messer, das Blackenklos gezogen hatte, und sties es ihm wiederholtermalen in die Brust.«

So konnte nie klar erwiesen werden, »von welcher dieser Personen der Mord verübt worden« war.

6
Der Tod des Simon Seligmann

Am 25. Januar 1798, einen Monat nach dem Mord an Placken-Klos, brach Schinderhannes in Gesellschaft von fünf Kameraden in der Ziegelhütte bei Spall ein, mißhandelte die Bewohner und ließ »Weißzeug, Kleider, Fleisch und Geld« mitgehen; auch Zinn soll dabeigewesen sein. Nach diesem Raubüberfall hielt sich Schinderhannes eine Zeitlang zurück, aber nur was das Stehlen und Einbrechen anging. Seine Lebensfreude war ungebrochen. Wenn irgendwo in der Nähe die Musik aufspielte, tanzte er mit, trank, schäkerte mit den Mädchen, die gerade zur Hand waren. Und es gab genug Leute, die ihm Unterschlupf gewährten. So auch die Bewohner der Weidener Mühle. Bücklers dortiger Aufenthalt endete indessen abrupt mit seiner Festnahme um den 10. Juli 1798. Es hatte den Anschein, als sollte er nicht so bald wieder freikommen. Er wurde ins Saarbrücker Gefängnis transportiert. Dort aber saß schon Jakob Fink ein und hatte »eine Oefnung vorbereitet, um durchzugehen«. So blieb für Johannes Bückler Saarbrücken nur wenige Stunden lang der Mittelpunkt der Welt: Bereits in der ersten Nacht brachen die beiden aus. Zwei alte Bekannte waren wieder in Freiheit.

Einen Monat später trafen die Söhne des Chirurgus Gottfried Prätorius und des Bürgers Engelhard aus Simmern eines Sonntagabends eine Kuh am »heiligen Häuschen an der Argenthaler Chaussee in einem Gerstenacker« an. Die Jungen fingen das Tier ein und brachten es nach Hause in den Stall, »bis sich jemand melden würde«. Das Tier, offenbar herrenlos, hatte »einen Strick um die Hörner geflochten gehabt«, und bis Dienstagmorgen sprach sich herum, wo es war. Da kam der Jude Koppel zu Prätorius, gab den Jungen zwölf Batzen Finderlohn und nahm die Kuh mit. Er hatte sie »am letztverwichenen Sonntag an Jud Simon von Seibersbach verkauft«.

Wieso war das Rindvieh in ein Gerstenfeld gelaufen? War dem Käufer etwas zugestoßen? Wo war Simon?

Diese Fragen hatten schon die Leute von Seibersbach beunruhigt. Sie wußten nur, daß Simon Seligmann – so der volle Name des Verschollenen – am Sonntag nach Simmern gegangen war, »um bei Jud Salomon dahier Waaren auszunehmen und solche [am Montag] auf dem Wallhäuser [Kirmeß] Markt feil zu halten«. Simon aber kam nicht zurück. Seine Familie nahm an, »er seie mit Simmerschen Krämern directe nach Wallhausen gegangen«, doch auf dem Markt sah ihn niemand. Dafür kam das Gerücht auf, »daß am verwichenen Sonntag verdächtige Leute auf dem Thiergarten sich hätten sehen lassen«. Darüber sind die Angehörigen Simon Seligmanns »bang geworden, es mögte ihm ein Unglück zugestoßen seyn«. Die Gemeinde und ihr Ortsvorstand zeigten nicht nur Mitgefühl: Am Dienstag in der Frühe rückten die Seibersbacher aus. Sie teilten sich »in verschiedene Haufen«, durchsuchten auch den Wald und fanden Simon Seligmann »unterhalb dem Thiergarten gegen den Heidensteil todt« auf. Abraham Seligmann identifizierte »unter großem Jammer« seinen Bruder, »welcher dem Anschein nach von Straßenräubern erschlagen und beraubet worden«.

Diese Vermutung konnte Anton Petri, der auf dem Thiergarten wohnte und dort Branntwein ausschenkte, andeutungsweise bestätigen: An jenem Sonntag nämlich war Jörg Desoye mit zwei Unbekannten einige Stunden lang in der Thiergartenhütte gewesen. Die drei hatten getrunken, und als »die Gemünder Judenspielleute« vorbeikamen, hatten die Unbekannten sie »angehalten und sich aufspielen lassen und große Lärmen und

Streit angefangen«. Auf Simon Seligmann hatte Petri nur flüchtig geachtet. Der Jude war »mit einem Bündel auf dem Buckel und einer Kuhe an der Hand da vorbei gekommen und [hatte] einen Trunk Wasser begehrt«. Er bekam ihn und zog weiter. Nachdem er »etwa eine viertel Stund fort gewesen«, folgten ihm die zwei unbekannten Burschen, und nach einer weiteren halben Stunde kam einer der beiden zurück. Petri fiel auf, er »seie voll Blut gewesen«.

Seligmanns Leiche und seine Verletzungen wurden so bald als möglich inspiziert. Die »Deputirten« von Seibersbach erhielten den Auftrag, den »todten Körper . . . sorgfältig zu bewachen« und »ohnverrückt« liegen zu lassen.

Mittags um ein Uhr waren am Tatort versammelt: »des Verblichenen Brüder nebst noch einigen weiblichen Anverwandten«, die »Hüttenbewohner auf dem Thiergarten«, der Friedensrichter im »Bureau de Police de Simmern«, Weygold, der Gerichtsschreiber, der Agent von Argenthal, der »Kantons-Physikus«, der »Kantons-Chirurgus« und damalige Präsident der »Municipalverwaltung«, sodann »Bürger Maret, Lieutenant Kommandant der Gendarmerie, nebst den Genadarmen Bürger Mercé und Lefebre«, Vertreter des Gemeindeausschusses von Seibersbach und Argenthal und des Suchtrupps, der den Toten gefunden hatte. Die Ermordung Simon Seligmanns wurde offiziell zur Kenntnis genommen. Nichts deutet darauf hin, daß etwa Antisemitismus die Bürger von Seibersbach an einer entschlossenen Verfolgung des Falles gehindert hätte.

Mit der Fundortbeschreibung setzte erneut das Behördenritual ein: »Ober dem Heidensteil im Thiergarten«, so schrieb der Greffier, befindet sich »einerseits der Kahlschlag, andererseits die alte Stras«. Vierzig Schritte vom Weg entfernt, »hinter einem alten Stock von einem gefällten Baum«, fand man »den todten Körper auf Mund und Bauch liegend«. Die Wache stand daneben. Vor dem Gesicht fand man »ein Stück Schwarzbrod einer Faust groß«. Die Schuhe waren dem Toten ausgezogen worden, ein fast neuer Hut lag neben ihm. Brieftasche und Bleistift hatten »hinten auf dem Kreutz gelegen«.

Nach der Registrierung der Kleider wurde der Tote noch einmal identifiziert. Als Tatwerkzeuge stellte man einen »stark mit Blut bespritzten Stecken nebst noch einem abgebrochenen Stück von einem dergleichen« sicher und entdeckte »auf der Erde mehrere Flecken stark mit Blut begossen«. Schleifspuren ließen darauf schließen, »daß der Todtschlag im Weg, wo die Blacken Blut und die Stecken sich gefunden, geschehen und der Todte demnächst seitwärts hinter den alten Stock« gezogen worden sei. Nach diesen Erhebungen wurde der Leichnam obduziert. In Gegenwart von Weygold und zwei weiteren Behördenvertretern ließen ihn der Tribunalarzt und der Chirurgus »behutsam auf einen Tisch legen«, wuschen »den Leib vom Blute ab« und stellten schwere Kopf- und Halsverletzungen fest. Die Ärzte kamen zu dem Befund, die Verletzungen seien »von der Natur, daß durch die ausserordentlich vorgefundenen starke Blutungen der Körper auch bei gleich gegenwärtiger Hilfe [wenn noch eine möglich gewesen wäre] schon hätte unterliegen müssen; die ... Kopfwunden, Knochensplitterungen, Eindrücke der Hirnschale, Blutergießungen und Anstrotzungen der Blutgefäße ... alle Verletzungen ... sind weder durch medizinische noch chirurgische Kunst zu heilen. Die vorgefundene Kopfverletzungen werden dahero für absolut laetal dergestalt erkannt, daß keine menschliche Kunst den Tod hätte abwenden und verhindern können.«

Der »Seibersbacher Judenschaft«, vor allem aber den »Brüdern des Entleibten«, wurden die sterblichen Überreste zur Beerdigung überlassen. Die Hinterbliebenen erhielten sogar die blutigen Stecken, »um solche [mit] zu begraben, gemäß ihren [der Juden] Gesetzen und Zeremonien«.

Seligmann war sechsunddreißig bis achtunddreißig Jahre alt gewesen, »ansehnlich von gesunder Leibs-Konstitution«, hinterließ ein Kind und eine hochschwangere Frau, hatte sich »eines rechtschaffenen Wandels, guten Leimuths [Leumunds]« erfreut, war allgemein beliebt, und »da er sich mit seinem kleinen Handel ehrlich ernährt und gegen Jedermann gefällig gewesen«, betrauerte ihn die ganze Gemeinde. Man stand vor einem

Rätsel: Warum war gerade er umgebracht worden? War es ein Straßenraub oder ein Racheakt?

Der Friedensrichter Weygold war zunächst nur auf die Aussagen von Anton und Jörg Petri, Jörg Desoye, der Gemündener Spielleute und von Adam Volkweis angewiesen.

An jenem Sonntag gegen zwei Uhr war »Jörg Desoye von der Glashütte« mit »zwei Mannskerlen« in die Thiergartenhütte gekommen. Der eine war der Schwarze Peter; er hatte »ein glattes hübsches Gesicht, kohlschwarze, etwas krause Haare«, einen »starken Backenbart«, trug »einen blauen Rock, gelbe Hosen von Nanquin, graumelirte Strümpfe, einen kleinen Huth mit einem Eck hinten, vorne aber heruntergerissen«. Der andere war »ein ausgewachsener langer schwanker Mannskerl, ohne Bart, etwa zwanzig Jahre alt, etwas gelblichte Haare habend, trage ein hellblaues gestutztes Kamisol, gelbe lederne Hosen, weisse Strümpfe und einen aufgeschlagenen dreieckigten großen Huth«.

Weygold erfuhr, die Gäste hätten Jörg Petris Sohn »sogleich an den Klumb zu Ellern« geschickt. Der Schwarze Peter, der »schon seit vier bis fünf Jahren in der hiesigen Gegend« herumschwärmte, stand nämlich in dem Verdacht, Klumbs Pferde gestohlen zu haben. Ob das stimmte, blieb ungeklärt. Der Schwarze Peter jedenfalls stellte es später in Abrede. Was er aber nicht leugnen konnte, war, daß er »so hinten herum« die Rückgabe einzufädeln versuchte, freilich auf seine Art: »gegen ein Trinkgeld« von fünf Karolinen. Klumb soll damit einverstanden gewesen sein. Als es am Sonntag, dem 12. August, soweit war, reagierte Klumb aber nicht. Schon die von »Jakob Berlandi vom Häuschen« übermittelte erste Aufforderung, das Geld zu überbringen, hatte er eine Woche zuvor unbeantwortet gelassen. Und auch jetzt kam Jörg Petris Sohn mit der Nachricht zurück, der Klumb sei nicht zu Hause. Darüber war der Schwarze Peter »ganz rasend geworden«. Die Petris vom Thiergarten und Desoye wurden »gestumpft, gestoßen und geschlagen«; der Schwarze Peter hatte »das Messer geschliffen und queer in den Mund und den Stock in die Hand genommen und mit dem Stock gedroht«, während der »junge Bursch« – Desoye kannte sogar seinen Namen: es war Schinderhannes – sich »ganz manirlich und gelassen dabei betragen« hatte.

In diesem Augenblick kamen »drei Gemünder Juden mit ihren Geigen vorbei«. Der Schwarze Peter stürzte aus dem Haus, drohte, ihnen die Augen auszustechen, und zwang sie, aufzuspielen. Er wollte tanzen. Desoyes Nachbarin gab ihm einen Korb. Aber Desoyes Tochter tat mit, opferte sich vielleicht oder hatte auch Spaß daran, in den Armen dieses Halbwilden einmal herumzuwirbeln, bis Seligmann »mit einem Bündel auf dem Buckel und einer Kuh an der Hand habend die Straße« daherkam. Er band das Tier fest, trat in die Wirtsstube, bat um Wasser, trank, bedankte und verabschiedete sich, ging weiter – in den Tod.

Adam Volkweis sah als erster die Spuren des Unglücks. Er war zu Pferd unterwegs. Plötzlich fiel ihm ein Kerl auf, »der ganz voll Blut gewesen« und auf die Hecken zulief. Volkweis gab seinem Pferd die Sporen, holte den Kerl ein, der sich »rasend gebärdete«, seinen Rock auszog, »sich darauf stellte und ein Pfeifchen hervorzog und darauf pfiff«. Volkweis bekam Angst. Er wendete sein Pferd und ritt fort. Auf der Straße traf er noch einen Kerl. Den kannte er nicht. Den Kerl mit dem großen Backenbart, den schwarzen Haaren, dem hübschen Gesicht – dessen Strümpfe, Arme und Gesicht blutbespritzt waren: ja, sagte Volkweis, den habe er oft da unten an der Viehweide getroffen, das war der Schwarze Peter.

Weygold bekam erst Übersicht über den Fall Seligmann, als dieser seltsame Pfeifer zum Verhör vor ihm saß. Da konnte aktenkundig gemacht werden, daß es sich um Peter Petry, den Schwarzen Peter, »gebürtig von Burgen, vormaligen Amts Veldenz auf der Mosel«, handelte. Er war siebenunddreißig bis achtunddreißig Jahre alt, »lutherischer Religion«, verheiratet mit Maria Katharina Neumann, der Tochter Jörg Neumanns, eines Kohlenbrenners und Wirtes. Petry hatte sich »ein eigenes Hüttchen erbaut«, und der damalige Herzog von Zweibrücken hatte ihm die Erlaubnis erteilt, als Kohlenbrenner und Holz-

bauer im Wald zu arbeiten. Vor vier Jahren waren die Franzosen gekommen und hatten sein Haus angezündet. Seitdem
hielt er sich mit seiner Familie – ursprünglich acht Kindern,
von denen nur noch fünf lebten – in der Gegend von Simmern
auf, »und zwar zuerst auf der Glashütte bei seinem Gevatter
Schmitt, dann bei Berlandi auf dem Häuschen, demnächst auf
dem Münchwald und endlich auf dem Steinerter- und Hühner-
hof«. Sein Geld verdiente sich der Schwarze Peter teils als
Holzbauer, teils als Feldarbeiter. Seine Frau lebte nicht mehr
bei ihm. Vor etwa sieben Wochen hatte er sie zum letztenmal
»im Hessenland gegen St. Goar über gesehen, wo sie hin und
wieder herumwandere und den Bauersleuten arbeiten helfe«.

Das erste, was Weygold klarwurde, waren die Lebensumstände Petrys, dessen Armut – bei einer großen Familie – und
die Verluste, die er durch fremde Truppen erlitten hatte. Zweitens fielen dem Friedensrichter Namen auf: Stützpunkte und
Helfershelfer wurden sichtbar, die dem Schwarzen Peter die
Arbeit leichtmachten. Weil er »keine bleibende Stätte gehabt«,
wollte er an jenem Sonntag in den Soonwald gehen. Er suchte
eine Verdienstmöglichkeit. Unterwegs traf er den Hannes. Der
begleitete ihn, »und zwar die Nacht durch«. Sie sprachen bei
Berlandi vor, bekamen da von der »alten Frau« am Sonntagmor-
gen eine Suppe, marschierten weiter zur Glashütte, redeten mit
Jörg Desoye und Johann Klein und kamen schließlich zum
Thiergarten. Das geplante Geschäft mit Klumb zerschlug sich,
dafür ereignete sich »dann das Unglück mit dem Juden«. Nicht
»um viel tausend Karolinen«, beteuerte der Schwarze Peter,
würde er das getan haben, »er sei aber damals stark betrunken
gewesen«.

Alkohol allein – das genügte Weygold nicht. Es mußte noch
etwas anderes geben, weswegen der Schwarze Peter und
Schinderhannes den Juden Seligmann verfolgt hatten. Er war ja
nicht auf der Stelle getötet worden. Die beiden hatten einige
Zeit verstreichen lassen und dann erst ihren Entschluß gefaßt.

Nach langem Zögern erklärte der Schwarze Peter, der Seibersbacher Jude habe »ihn vormals verläumdet und große Ver-

antwortung sich dadurch aufgeladen«. Darauf »habe der Hannes gesagt: ich will ihm davor geben, und seie ihm nach«. Und Bückler soll es gewesen sein, der Seligmann zu Boden schlug, dann erst will der Schwarze Peter mit dem Messer zugestoßen haben. Da aber sei Seligmann schon tot gewesen. Dabei blieb der Schwarze Peter. Durch keine List ließ er sich zu einer anderen Aussage bewegen. Da Schinderhannes zu dieser Zeit noch nicht verhört werden konnte, sollte er der Täter sein.

An diesem Punkt kam Weygold nicht weiter. Er wollte wissen: »Worin denn seine Feindschaft gegen den Juden von Seibersbach bestanden habe?« Petry erinnerte sich – oder tat wenigstens so: In Seibersbach hatte er Kindtaufe gefeiert, in Botts Wirtschaft. Johann Jakob, der »Iltis-Jakob«, war der Gevatter (Pate). Jakobs Frau und die Leute von der Glashütte feierten mit. Petrys Frau lag wohl noch im Kindbett. Auf dem Heimweg blieb der Schwarze Peter mit Jakobs Frau »etwas zurück, doch so, daß man einander habe sehen können, auch seien Leute genug dort herum in den Wiesen in Arbeit gewesen«. Da nun soll Simon Seligmann zum erstenmal des Wegs gekommen sein und nichts Besseres zu tun gehabt haben, als »dem Johann Jakob in die Ohren« zu hängen, der Schwarze Peter habe mit Jakobs Frau »gehurt: darauf sei dieser Mann mit seiner Frau in Streit gerathen, so, daß er sie auf dem Platz todt geschlagen«.

Konnte das stimmen? War Iltis-Jakob tatsächlich so verblendet gewesen, seine eigene Frau umzubringen und den Übeltäter, den Schwarzen Peter, zu verschonen?

Dieser Geschichte mißtraute Weygold, doch andererseits paßte sie auch zu dem wilden, jähzornigen Mann, und so ließ der Friedensrichter alles aufschreiben und wartete, bis Schinderhannes später in Simmern Rede und Antwort stehen konnte. Aber auch da erfuhr Weygold nichts Neues: daß der Schwarze Peter sich vollgesoffen, »daß er ganz rasend geworden«, daß die Gemündener mit ihren Instrumenten dahergekommen, daß er sie mit Gewalt gezwungen, in der Thiergartenhütte zu spielen – all dies wiederholte Bückler mit seinen Worten, und auch das andere: Als Seligmann dann erschien und »er den Schwarzen Peter wahrgenommen«, soll er sich gleich fortgemacht haben. Aber es war zu spät. Auch Petry hatte den Juden erkannt:

»Petry: Dieser Jud ist Schuld daran, daß meine Gevatterin von ihrem Mann tod geschlagen worden; was verdient ein solcher?

Schinderhannes: Es gehört demselben ein Bukkel voll Schläg.

Petry: Nein, er gehört todgeschlagen zu werden.

Schinderhannes: Gehe du hin und schlage ihn tod, ich mag nicht.

Petry: Nun! so will ich selbst gehen, und du nimmst mir die Juden in acht, denn sie müssen mir, wann ich wieder komme, noch eins aufspielen.«

Der Schwarze Peter nahm Rock, Messer und Stock und verschwand, während Schinderhannes die Spielleute gewarnt haben will: ». . . sie sollten sich fort machen, damit der Schwarze Peter sie nicht sehen noch finden möge.«

Danach erst folgte Bückler seinem Kumpan. Schon von weitem hörte er ihn brüllen. Als er ihn zu Gesicht bekam, lag Seligmann hinter einem Busch. Der Schwarze Peter stach ihm in die Brust, traktierte ihn mit Stockschlägen, packte den Sterbenden am Halstuch und schleifte ihn »hinter einen alten Stock, etwa vierzig Gänge weit«.

»Potz Sternsakrament, was machst du da!« will Schinderhannes gerufen haben. Der Schwarze Peter darauf, mit rasender Miene, das Messer gegen Bückler gerichtet: »Wie, du bist ein Cochemer und willst mit einem verfluchten Juden Mitleiden tragen?«

Als Schinderhannes und der Schwarze Peter danach von »fünf bis sechs Bauern zu Pferd« überrascht wurden, lief der Schwarze Peter in den Wald. Schinderhannes aber will »sich gegen [einen Bauern] gestellt und auf dem Finger gepfiffen [haben], worauf der Bauer wieder zurück«. Dann rannte Schinderhannes davon, traf den Schwarzen Peter am Thiergarten und ging mit ihm fort; als sie unbeobachtet waren, teilten sie Seligmanns Sachen brüderlich untereinander auf.

Weygold war nicht im geringsten überzeugt und forderte Schinderhannes auf, zu »gestehen, daß die Erzählung von dem Verdruß, den der Schwarze Peter mit dem Seibersbacher Juden zu haben vorgegeben, nur erdichtet seie und sie vielmehr den gedachten Juden, um ihn zu berauben, angegriffen«.

Schinderhannes ließ sich nicht beirren. Noch im letzten Mainzer Verhör schilderte Bückler den Vorgang nur in Nuancen anders: Er »habe von Schwarz Peter gehört«, daß er »mit der Frau des Ildes-Jakob voraus gegangen« und nicht, wie der Schwarze Peter angegeben hatte, »zurückgeblieben« sei, daß die beiden den »Juden angetroffen hätten, daß dieser letztere dem Ildes-Jakob, welcher den andern folgte, beibrachte, als hätte er den Schwarz-Peter und des Ildes-Jakobs Frau in einer Lage, welche nothwendigerweise die Eifersucht ihres Mannes rege machen mußte, angetroffen; daß Ildes-Jakob, durch diese Erzählung verleitet, seiner Frau einen solchen schrecklichen Schlag gab, daß sie auf der Stelle den Geist aufgab, und daß dieses alles auf dem nemlichen Platz geschehen, wo Schwarz-Peter ... den Juden ermordet hat«.

Schinderhannes blieb bis zuletzt bei dieser Aussage. Und als er gefragt wurde, »warum er gleichwohl an den [Seligmann] geraubten Waaren und Effekten seinen Antheil genommen?«, antwortete er: »Es ist bei den Leuten unsers Schlags ein angenommener Gebrauch, daß, nachdem man Kamerad und in Gesellschaft miteinander ist, getheilt werden muß, was man stehlen mag, auch wenn der andre nicht dazu beigetragen hat.«

Iltis-Jakob überwand den Totschlag an der eigenen Frau auf seine Weise: Er »beichtete seine Sünde einem Priester«, so berichtet Becker, »und ließ Seelen-Messen für die Ermordete lesen und für sich. Seit der Zeit fühlte er sich wieder rein und sprach ohne Bekümmerniß von der Geschichte.«

7

Von Pferden, peinlichen Verhören
und wunderbaren Fluchten

Die Mordfälle am Thiergarten und auf dem Baldenauer-Hof haben eines gemeinsam: Seligmann und Rauschenberger fielen einem Racheakt zum Opfer. Placken-Klos mußte sterben wegen seines selbst von Räubern als ungehörig empfundenen Umgangs mit Frauen, Seligmann, weil er den Schwarzen Peter angeblich kompromittiert hatte; erschwerend kam bei Seligmann hinzu, daß er Jude war.

Die Verbrechen geschahen innerhalb von knapp acht Monaten, am 23. Dezember 1797 und am 12. August 1798, an Orten, die etwa vierzig Kilometer auseinander liegen; an beiden Verbrechen war Bückler beteiligt. Für die Zeitgenossen, welche die Einzelheiten nur vom Hörensagen kannten, konnte es so scheinen, als sei Schinderhannes allgegenwärtig, als könne er jederzeit und überall zuschlagen. Was die Behörden beunruhigte und in Erstaunen versetzte, war, daß Bückler dreimal aus dem Polizeigewahrsam und der Haft entkommen konnte: Nach dem Ausbruch aus dem Arresthaus in Kirn und der Flucht aus dem Haus der Witwe Dupré war ihm sogar die Flucht aus dem Saarbrücker Gefängnis gelungen. Da es sich bei dem »quästionierten Burschen« nicht um irgendeinen Dieb, sondern um einen Mann handelte, der andere bedrohte und Selbstjustiz übte, besannen sich die Behörden auf die Beschlüsse der Rhaunener Konferenz.

So ordnete der kommandierende Offizier zu »Alten Simmern« am 23. Februar 1799 einen Streifzug im Kanton Kirn, Departement Rhein-Mosel, an. Die Aktion sollte in der Nacht zum 25. Februar stattfinden.

Das Aufgebot bestand aus acht bewaffneten Kirner Bürgern unter Führung des »Kommissärs der vollziehenden Gewalt Bürger Lecavellier« und des Agenten Kühn. Der Polizei war zu Ohren gekommen, auf der Birkenmühle halte sich »Diebsgesindel« auf. Aber auch auf dem Eigener-Hof (Ayener-Hof) sollten verdächtige Gestalten Unterschlupf gefunden haben. So wurde beschlossen, diese Anwesen zu kontrollieren. Abends um elf Uhr zog der Suchtrupp los.

Nachdem der Eigener-Hof umstellt war, erwies sich der Hofbesitzer als hilfsbereit. Er öffnete nicht nur »freiwillig und gerne die Thür«, sondern gab auch die Auskunft, »daß jezt zwar niemand Fremdes bei ihm seye, allein des Tags vorher« waren »zwei Spizbuben« bei ihm gewesen. Die Hausdurchsuchung förderte nichts Verdächtiges ans Lampenlicht. Kaum eine Viertelstunde später sahen die bewaffneten Fahnder an der am Hahnenbach gelegenen Mühle Licht brennen, unterbrachen ihren Weg, klopften an und erfuhren von dem Müller Jacob Roemer, am vergangenen Abend seien etliche Spizbuben Richtung Schneppenbach gegangen. Roemer beschrieb zwei Häuser, in denen das Gesindel vielleicht zu finden sei, und tat noch ein übriges: Er begleitete den Suchtrupp, wofür er noch schwer büßen sollte. Morgens um fünf Uhr wurde das erste Schneppenbacher Haus umstellt, doch wieder ohne Erfolg. Im zweiten Haus aber, aus dem Placken-Klos Elisabeth Schäfers Tochter hatte entführen wollen, überraschte man »in der Wohnstube zwei junge Kerls« und eine Frau im Schlaf. Einer der beiden Männer, »der grössere«, Johann Bückler, hatte eine »nicht geladen gewesene Pistole bei sich am Kopf liegen«, außerdem »Stecken oder Prügel«. Die Utensilien wurden beschlagnahmt, die drei Personen verhaftet, die Männer aneinandergefesselt und alle drei nach Kirn gebracht.

Der Gendarm Kreintz, ein Mitglied des Suchtrupps, gab am nächsten Morgen erstaunt zu Protokoll, die beiden Burschen hätten »sich gar nicht gegen die Arretierung beschwert noch auch für unschuldig ausgegeben«. Im Gegenteil: Besonders Bückler war gesprächig. Schon an Ort und Stelle gestand er, »freilich schon Pferde gestohlen, aber doch nicht gemordet« zu haben. Auch unfreiwillig machte er sich der Polizei nützlich: Aus einem Gespräch der Verhafteten hörte Kreintz heraus, »daß noch ein anderer Kerl dieses Schlags im Dorf seye«. Als Kreintz daraufhin direkt fragte, wo sich der denn aufhalte, wurde ihm bereitwillig geantwortet: im Nachbarhaus. Sofort drangen die Fahnder in das Haus ein und fanden den Mann, der ebenfalls schlief und eine Frau und ein Kind bei sich hatte. Die Wirtsleute behaupteten, ihre Schlafgäste seien »ehrliche Leute«, die sich »ehrlich ernährten«. Kreintz war bemüht, jede Ungerechtigkeit zu vermeiden, da er als Gendarm darauf angewiesen war, sich die Sympathie der Schneppenbacher zu erhalten. Auch in Zukunft konnte er auf ihre Mithilfe nicht verzichten. So ließ er den zuständigen Agenten rufen. Der bestätigte den guten Ruf der aufgeschreckten Familie. Doch als er gefragt wurde, ob er »für diese Leute persönlich haften könne und wolle«, machte der Agent einen Rückzieher. So mußte der Fremde mitgehen, während die Frau mit dem Kind in Schneppenbach bleiben durfte.

Auf dem Weg nach Kirn versuchte Schinderhannes noch einmal, sich der Polizei anzudienen. Nebenbei sprach er vom Schwarzen Peter und sagte, daß er nun auch dessen Aufenthalt verraten wolle. Dann aber scheint er sich eines anderen besonnen zu haben, denn der Gendarm erfuhr nicht, wo der Schwarze Peter steckte, und lieferte seine Gefangenen in Kirn ab.

Dort schlug am 25. Februar die Stunde des Friedensrichters und gerichtlichen »Polizei-Beamten« Franz Joseph Reichensperger. Vorab diktierte er, um welch bedenklichen Fang es sich handelte: um den »berüchtigten, schon öfters verhaftet gewesenen und mit Steckbriefen verfolgten Johann Bückler, genannt Schinderhannes«. Um ganz sicherzugehen und »wegen Mangel eines anderen sicheren Gefängnisses« ließ Reichensperger den

Verhafteten einstweilen »auf die hiesige Bürgerwache verbringen« und um zehn Uhr vorführen.

Kaum hatte der Friedensrichter nach Name, Alter und den bisherigen Aufenthaltsorten gefragt, fing Bückler an zu reden. Zunächst schilderte er, wie verlangt, seinen Lebenslauf, war aber sehr bald damit fertig und kam sogleich auf seine Vergangenheit, auf die Jahre 1796 und 1797, zu sprechen. Seine Taktik bestand darin, alles auf Jakob Fink und den Schwarzen Peter abzuschieben. In seinen Kreisen besaß der Schwarze Peter offenbar Macht und genoß Ansehen. Umgekehrt scheint aber auch der Name Schinderhannes damals schon einen gewissen Klang gehabt zu haben, was sich behördlich als »böser Ruf« niederschlug. Denn nachdem sich Schinderhannes im Streit von Jakob Fink, genannt der Rote Fink, getrennt hatte, ließ der erfahrene Schwarze Peter den jungen Bückler zu sich rufen. Die beiden kamen »auf einer Wiese zusammen [und machten] Kameradschaft« miteinander.

In den folgenden drei bis vier Wochen hielt sich Bückler dann beim Schwarzen Peter in Lauschied auf, lernte dessen Familie und vor allem den jungen Peter Petry kennen. Ausdrücklich hob Bückler hervor, er habe in dieser Zeit nichts getan. Danach wechselte er mit den Petrys für eine Woche das Domizil: Sie gingen zum Eigener-Hof. Von dort aus unternahmen Schinderhannes und der junge Petry die ersten gemeinsamen Streifzüge: Sie stahlen zwei Pferde, ritten die Tiere nach Liebshausen und verkauften sie an Lüttgers Andres und den Sohn des Juden Dreidel. Brüderlich teilten sie den Erlös von »zehnthalb Karolin«.

Äußerste Beweglichkeit war für diese »Pferdehändler« lebensnotwendig. Nach einem erfolgreich abgeschlossenen »Geschäft« mußten sie für ihre »Lieferanten« unauffindbar sein. Der Petry-Clan setzte sich wieder nach Lauschied ab, danach zum »Hühner-Hof«, hielt sich in Abtweiler bei Staudernheim auf und ließ sich auf dem Dantes-Hof bei Meisenheim nieder.

Schinderhannes arbeitete aber nicht ausschließlich mit den Petrys zusammen. Er nahm wieder Kontakt mit dem Roten

Fink auf, und gemeinsam stahlen sie einem Bauern zu Steinbach »des Nachts aus einem verschlossenen Stall, wo sie den
inwendigen Thürenriegel mit einem Messer zurück gedrückt,
zwei Pferde«. Der Bauer indessen fand sich mit dem Verlust
nicht ab, sondern nahm die Spur der Diebe auf, fand ihr Versteck und holte seine Tiere zurück. Der Rote Fink und Schinderhannes mußten nach Abtweiler ausweichen. Unterwegs
trennten sie sich erneut, Schinderhannes kehrte zum Schwarzen Peter zurück.

In dieser Phase seiner Räuberlaufbahn arbeitete Schinderhannes stets mit erfahrenen Männern zusammen, die beide
Seiten des Geschäfts beherrschten: Sie wußten, wo etwas zu
holen war, und sie kannten ihre Abnehmer. Schinderhannes erscheint hier im großen und ganzen noch als Mitläufer und – allerdings sehr tatkräftiger und wirkungsvoller – Helfer derer,
die die Pferde-, Ziegen-, Rinder- und sogar die Bienenbestände
in der Region überblickten. Er genoß eine »Ausbildung«, die
ihn mit allen Aspekten der Räuberei vertraut werden ließ. Le-
benswichtig war die Frage der Stützpunkte. Ohne die Kenntnis
von Häusern, in denen er unterkommen konnte, ohne das Vertrauen der Bewohner war die notwendige Beweglichkeit nicht
aufrechtzuerhalten. Grundlage des Räubergeschäfts war ein
Netz von sicheren Adressen: »Sie seyen aus einem bekannten
Haus ins andere gegangen, wo sie überall zu essen bekommen
hätten.«

Der Friedensrichter Reichensperger hörte den Erläuterungen, Schutzbehauptungen und Schuldzuweisungen des jungen
Räubers geduldig zu. Er nahm Orts- und Täternamen zu Protokoll, erfuhr, wann und mit welchen Werkzeugen die Stallungen
gewaltsam geöffnet und wohin die gestohlenen Tiere gebracht
worden waren. Doch dann schien ihm das Bild, das der Delin-
quent von sich und seinen Diebstählen gegeben hatte, vollständig zu sein, und er ging zu aktuellen Fragen über: Schinderhannes habe doch nach seiner Verhaftung in Schneppenbach
gewisse Andeutungen über den Schwarzen Peter und dessen
derzeitigen Aufenthaltsort gemacht. Darauf Bückler: Der

Schwarze Peter halte »sich im Soonwald bei der Glashütte herum, dann auf dem Münchwald, auf der Birkenmühl, bald hier, bald dort« auf; vor vierzehn Tagen habe er ihn noch gesehen, vor acht Tagen aber Streit mit ihm bekommen.

Weiter wollte Reichensperger wissen: »Ob er auch nicht wisse, wo der Rothe Fink sich aufhalte?« Schinderhannes bedauerte wieder: Seit dem Ausbruch aus dem Saarbrücker Gefängnis sei er »von demselben gekommen« und habe »weiter nichts mehr von ihm gehört noch gesehen, ausser, daß er vernommen habe, derselbe säße zu Coblenz«. Und schließlich fragte der Friedensrichter: »Warum er denn die bei ihm gefundene Pistol und den Bengel bei sich getragen habe?« Schinderhannes: »Die Pistol habe er ohngefähr drei Wochen bei Sobernheim auf dem Wege gefunden und seither bei sich getragen in der Absicht, sie zu verkaufen; den oben mit Leder überzogenen Stok aber habe er zum gehen gebraucht.«

Diese Auskünfte waren zu durchsichtig, als daß Reichensperger sie hätte ernst nehmen können. Unter Hinweis auf die »bereits eingestandenen vielfachen Verbrechen«, die »den Gesezzen nach mit leibs- oder peinlichen Strafen belegt werden müssen«, fiel ihm die Anwendung des Artikels 70 des Gesetzbuches nicht schwer: Er ließ Schinderhannes von der Kirner Gendarmerie-Brigade nach Simmern überführen: »Zu mehrerer Sicherheit« erhielt der dazu abkommandierte Gendarm »vier bewaffnete Bürger« zugeteilt.

Im Simmerner Gefängnisturm wurde Bückler nach eigenen Angaben »die Nacht hindurch mit Ketten beladen und in einem finsteren, feuchten, unterirdischen Gewölb gefangen gehalten«. Tagsüber durfte er »eine gesunde Luft in einem höhern Gefängnis einathmen«, aber dann wurde er stets »durch etliche Bürger bewachet«. Noch Jahre später »schauerte« ihn bei der Erinnerung an die »Härte der Gefangenschaft«, obwohl seine geliebte Elise Werner ihn zweimal besuchen konnte.

Vancon, der »Direktor der Geschworenen des Bezirks Simmern«, war durch die Kirner Ermittlungen gewarnt. Mochte die Unterkunft sein, wie sie wollte, ihm kam es nicht auf menschenwürdige Umstände an. Es galt, dem Freund des Roten Fink und des Schwarzen Peter, dem Hammel-, Pferde- und Schweinedieb einen erneuten Ausbruch unmöglich zu machen.

Schinderhannes blieb auch bei den Verhören in Simmern auskunftswillig, ja geradezu redselig. Vier Tage lang zählte er in größter Ausführlichkeit alle seine Viehdiebstähle auf. Da wechselten herdenweise die Hammel den Besitzer; Bienen wurden stockweise getötet, Honig kiloweise konsumiert; schwarze Stuten, braune und schwarzbraune Wallache – einer »mit einem weissen Stern vornen am Kopf« – wurden fortgeritten, und sogar ein »Mutterschwein« mit »fünf oder sechs halbgewachsenen Schweinen« wurde teils verkauft, teils geschlachtet.

Viele solcher Einzelheiten mußte der Amtsschreiber protokollieren; stundenlang war er mit der Aufzeichnung aller möglichen Affären beschäftigt. Aber mit keiner Silbe ging Schinderhannes auf den Tuchdiebstahl in der Stummschen Fabrik ein. Noch mehr hütete er sich, auch nur Andeutungen über den Tod des Placken-Klos zu machen. Und als er nach Simon Seligmann gefragt wurde, bestritt er entschieden, den jüdischen Händler auch nur angerührt zu haben. Alles, was zu dessen Tod geführt hatte, schob Schinderhannes dem Schwarzen Peter in die Schuhe, der seinerseits, als er wenig später gefangensaß, Bückler aufs schwerste belastete. Die gegenseitigen Beschuldigungen gehörten zur Methode dieser Leute. Sie erschwerten damit die Ermittlungen erheblich und versuchten, den Prozeßtermin hinauszuzögern. Falls sie aus der Haft entkamen, vergaßen sie ihre Schuldzuweisungen schnell, erneuerten ihre »Kameradschaft« und machten weiter, wo sie aufgehört hatten.

Johann Nicolaus Becker, der Sicherheitsbeamte von Simmern, kannte den Gefängnisturm sehr gut. Anschaulicher als Bückler berichtete er, in diesem Turm habe sich »ein unterirdisches, wohl 20 Fuß tiefes Loch« befunden: »Die Gefangenen werden an einem Seile herabgewunden.« Deshalb galt ein Ausbruch als fast unmöglich. Schinderhannes jedoch freundete sich mit dem Gefängniswärter an. Außerdem traf er in dem

Turm einen alten Bekannten, Philipp Arnold, wieder, den er als Helfer gewann. Ob der Wärter nun dumm oder arglos war oder zu den heimlichen Sympathisanten Bücklers gehörte – er gab Schinderhannes ein Messer.

Über die weiteren Einzelheiten seiner Flucht am 14. August 1799 sagte Schinderhannes später: Der Wärter »verschaffte mir ein Messer, ich bediente mich dessen, um ein Brett in dem Gefängniß, wo ich einen Theil des Tags zubrachte, durchzuschneiden. Als ich mir also einen Ausgang in die Küche geöfnet, bediente ich mich eines Seils, welches Philipp Arnold oben an mein Gewölb fest gebunden hatte, um in den Thurm hinaufzusteigen: Nachdem ich bis in die Küche gedrungen war, fand ich deren Fenster mit eisernen Gitter versehen, ich erschütterte mit Gewalt dieses Gitter und warf es auswärts. Ein kühner Sprung befreite mich gänzlich meines Gefängnisses; aber ein großer Stein, welcher sich losgemacht hatte, fiel mir nach und brach mir ein Bein.

Da ich nicht gehen konnte, ergriff ich eine Hopfenstange und kroch mühselig während der nemlichen Nacht bis in den Berghauser Wald; die folgende Nacht sezte ich meinen schmerzhaften Weg bis in den bei der Apperter-Mühl in der Gegend von Gellweiler gelegenen Wald und die Nacht des dritten Tags bis in die Mühl bei Birkenmühl fort, allwo ich die erste Nahrung seit meiner Entwischung zu mir nahm: von da kroch ich bis nach Sonschid, wo ich mich zu Carl Engers flüchtete; alle diese Anstrengungen, auf den Knien zu kriechen und auf dieser Hopfenstange gestüzt zu gehen, hatten mir unter der Achsel und auf den Knien das Fleisch bis auf die Knochen zerrissen. Engers lehnte mir ein Pferd, mit welchem ich mich nach Bärenbach begab, wo mein alter Meister mir das Bein wieder einrichtete und eine Salbe zum verbinden gab; ich kehrte zu Engers zurück, wo ich meine Kur, welche ohngefehr drei Wochen erforderte, vollendet habe.«

An dieser Flucht sind nicht nur Schinderhannes' Kühnheit, seine Energie und Härte gegen sich selbst bemerkenswert. Um von dem Wärter das Messer zu bekommen, bedurfte es neben

Überredungskunst auch eines »Verhandlungs«geschicks, persönlichen Charmes und einer gewissen Ausstrahlungskraft. Erst diese Verbindung von Eigenschaften ermöglichten ihm die vierte Flucht. In der Anklageschrift heißt es, sie sei von der Art gewesen, »die an das Wunderbare grenzt«.

Am 17. August, drei Tage nach Bücklers Ausbruch aus dem Turm von Simmern, hatten sich neun Männer – unter ihnen Jakob Benedum – auf dem Breitsester Hof (heute ein Stadtteil von Baumholder) versammelt. Sie gingen nach Neubrücke, trafen dort mit neun bis zwölf weiteren Leuten zusammen, und an der kleinen Traunbachbrücke kamen noch einmal zwei Personen hinzu. Die Gruppe, mit Feuerwaffen, Stöcken und Säbeln bewaffnet, schwor sich, »Stillschweigen zu bewahren und daß demjenigen, der das Geheimnis brechen würde, der Kopf abgeschlagen werden würde«. Die Bande ging zur Neubrücker Mühle, dann auf die »grosse Straße, die zum Schloß von Birkenfeld« führt.

Das ehemalige wittelsbachische Residenzschloß Birkenfeld war damals Sitz der sogenannten Einnehmerei der Unterpräfektur Birkenfeld. Dem »Receveur« (Steuereinnehmer) wollten die etwa dreiundzwanzig Bewaffneten ihre Aufwartung machen. Nach Mitternacht an Ort und Stelle angekommen, besorgten sie sich aus einer benachbarten Scheune zwei Leitern, stiegen über die Außenmauer des Schlosses, brachen das große Tor auf und versuchten, das Gebäudetor mit Äxten einzuschlagen. Durch den Lärm geweckt, öffnete der Receveur das Fenster, worauf die Räuber das Feuer auf ihn eröffneten. Die Schützen verfehlten ihr Ziel, auch die Axtschläge gegen die Haustür blieben erfolglos. Unverrichteter Dinge zog die Bande ab. Auch wenn sie ihr Ziel, »dem Steuereinnehmer den Hals abzuschneiden, seine Frau zu vergewaltigen und die Kasse zu stehlen«, nicht erreicht hatten – der Überfall sprach sich herum. Gegen eine verhaßte Steuerbehörde der Franzosen, gegen einen Beamten und dessen Frau vorzugehen, das bedeutete nicht nur, daß sich Räuberei mit Rebellion vermischte – der Sturm auf das Birkenfelder Schloß war, unabhängig vom Gelingen oder Miß-

Schinderhannesturm in Simmern:
»In diesem Thurm ist ein unterirdisches, wohl 20 Fuß tiefes Loch, das oben
gewölbt ist und mitten auf diesem Gewölbe seine einzige Öffnung hat.
Die Gefangenen werden an einem Seile herabgewunden.«

lingen, eine der wenigen Taten, die ein eindeutig politisches
Echo hatten. Die Bevölkerung war tief beeindruckt und sprach
seither von der Birkenfelder Bande, wenn sie die Gruppe um
Jakob Benedum meinte. Wahrscheinlich hatte er die Aktion be-
fehligt. Später wird er mit Schinderhannes zusammentreffen.

Ob Benedum über geheime Mittelsmänner Schinderhannes
von der Birkenfelder Aktion vorher unterrichtete und Bückler
deshalb den 14. August für seinen Ausbruch bestimmte, muß
Spekulation bleiben. Die Beteiligung an einer politisch-»vaterländischen« Tat, so mag die Überlegung gewesen sein, könne
nicht schaden. Die Verletzung indes zwang Schinderhannes

dazu, unterzutauchen. Nachdem er genesen war, beging er völlig andersgeartete Verbrechen: Straßenräubereien und die »ersten nächtlichen Diebstähle, mit offener Gewalt und Einbruch begleitet«, wie es im Protokoll heißt.

Anmerkung zu einem armen Mann

Schinderhannes war weit davon entfernt, seine Taten eindeutig politisch, antifranzösisch zu motivieren. Ihm und seinen Komplicen ging es darum, möglichst viel zu erbeuten – von Deutschen, Juden wie Christen. Und nach wie vor mußten sich diejenigen vor ihm hüten, die mit der Polizei gegen ihn zusammenarbeiteten. Das zeigt der Fall des Müllers Jacob Roemer, den wir bei der Verhaftung Bücklers in Schneppenbach erwähnten.

Schinderhannes lauerte Roemer eines Tages auf und überraschte ihn »im Schummerpfad über dem Woog und schlug ihn mit einem Beil nieder. Römer kollerte zum Woog, blieb aber im Holz hängen. Schinderhannes lief fort und glaubte, Römer sei todt. Römer kam aber wieder zu sich.« So berichtet es ein Lehrer in seinem zeitgenössischen Tagebuch. Zum Krüppel geschlagen, fand ihn seine Familie und trug ihn nach Hause.

»Doppeltes Elend verband sich hier gegen mich . . . nemlich lange Zeit in Schmerzen zu liegen und ohne Mittel« zu sein, so schrieb Roemer Jahre später in einem Brief an den »Bürger Prefekt des Arrondissements«. Er verhielt sich still und versuchte, so gut es ging, sich redlich durchzuschlagen. Erst als Schinderhannes längst in Untersuchungshaft saß, raffte sich Roemer zu seinem Brief auf, in dem er darum bat, »mir in Rücksicht meines Elends und äussersten Armuth ein[en] Kollektenschein [amtliche Bettelerlaubnis] zu ertheilen«. Nach sechs Tagen schon erhielt er die Genehmigung.

Roemers hartes Schicksal ist nicht nur deshalb erwähnenswert, weil er eines von den vielen Opfern des Schinderhannes war. In dem oben zitierten Brief schreibt er: ». . . der Krieg verschlang mein ganzes Vermögen. Beiderseitige Truppen [verbündete wie französische] kamen in unserer Gegend zu liegen, wo in Zeit von vier Wochen alle meine Effekten,

*Kleidungen, Weiszeuch und Früchten und all mein Vieh ein Raub dieser
Krieger wurden; nur durch die Flucht in Waldungen konnte ich mein
und meiner Famille Leben retten und fande bei meiner traurigen Zurück-
kunft nichts als ein ruinirte Mühle, und Mittellos konnte ich solche . . .
nicht aufbauen.«*

8

Giftmord mit Aqua vitae

Bevor von Schinderhannes' größer angelegten Unternehmungen, von jenen Diebstählen mit offener Gewaltanwendung, die Rede sein wird, müssen wir zwei Männer, die in seiner Lebensgeschichte eine Rolle spielen, dem Leser vorstellen: Johann Georg Scherer und Carl Oellig.

Scherer, der »Beständer [Pächter] des sogenannten Althofs«, war ein wohlhabender Bauer und Viehhändler aus Kempfeld an der Nahe. Seine Handelsbeziehungen reichten weit: oft war er wochenlang unterwegs, um Vieh zu kaufen und zu verkaufen; dann besorgte seine Frau Henriette die zu Hause anfallenden Geschäfte. Er stammte aus einer der wohlhabendsten Familien der Gegend, und ihm war jedes Mittel recht, sein Vermögen zu vergrößern. 1797 reiste er in einer »Viehlieferungssache für die französische Armee« und fädelte dabei ein Nebengeschäft ein, das ihm zwei Jahre später schwer zu schaffen machen sollte.

Scherer beschäftigte mehrere Mägde und Knechte, die auffällig oft die Stelle wechselten, und der Althof stand in einem schlechten Ruf, weil dort immer Übernachtungsgäste höchst zweifelhafter Art gesehen wurden. Scherer fochten solche Verdächtigungen nicht an. In großer Selbstsicherheit unterbreitete er den Behörden sogar ein Angebot: »Er habe viele Feinde, welche ihm vielleicht den Ruf gemacht hätten; er bitte, den Gendarmen zu befehlen, Tag und Nacht seinen Hof zu besuchen, er erlaube ihnen Nachts zu jeder Stunde den Eingang und Hausvisite, um dadurch zu zeigen, daß sein Hof keinen Verdacht verdiene.«

Zu denken geben mußte den Behörden allerdings der Eifer, mit dem sich Scherer hinter Peter Zughetto stellte, als dieser plötzlich verhaftet wurde: »Peter Zuchetto ist lange Zeit bei mir gewesen, mir die Brandtweinbrennerei zu lehren, auch andere Feldarbeiten zu verrichten, allein keine gefährlichen Verständnisse hatte ich mit demselben.« Offensichtlich von der Sorge getrieben, Zughetto könne auspacken, solange er im Gefängnis saß, ging Scherer von der rhetorischen Verteidigung zur praktischen Hilfe über. Ins Gefängnis nach Trier schickte er ihm einen Brief und elf Gulden sowie Fleisch; er versprach Nachschub und ermunterte den Untersuchungshäftling: »Laßt euch die Zeit indessen nicht lang werden.« Wohl vor allem im eigenen Interesse hoffte Scherer, »wir werden uns bald wieder hier sehen«, und erteilte den Rat: »Wenn er [Zughetto] einen Advokaten braucht, der seine Sachen betreiben soll, so rathe ich zu dem Bürger Ruppenthal; dieser ist ein fleissiger Mann und der beste in der Stadt.« Damit nur ja nichts anbrannte, kündigte Scherer seinen Besuch in Trier an: »Dann werde ich selbsten zu euch kommen, vor allem, [um] den Ruppenthal vor die Sache« zu gewinnen, »sonst könnt ihr lange sizzen, ohne verhört zu werden«.

Scherer hatte allen Grund, sich für Zughetto zu verwenden und die Umtriebe in seinem Haus zu verschleiern. So schärfte er auch seinem Personal ein, nichts über die Vorgänge auf dem Althof verlauten zu lassen. Und als die Knechte und Mägde amtlich befragt wurden, hatten sie, wie die Protokolle zeigen, weder etwas gehört noch irgend etwas gesehen. Als eine der Mägde direkt gefragt wurde, ob Schinderhannes auf dem Althof gewesen sei, antwortete sie, sie »kenne weder den Schinderhannes noch ein oder andern seiner Kameraden und habe daher auch nicht gesehen, daß dieselbe jemalen auf dem Althof gewesen, und dergleichen auch nicht gehört«. Im übrigen würden ihre Verwandten »nicht zugegeben haben, daß sie allda als

Magd diene, wenn dergleichen Sachen auf dem Hof verheimlicht worden wären«. Nicht nur, daß alle Zeugen Scherer »des
auf ihm gehafteten Verdachts entledigten«, sie stimmten auch
»einhellig dahin überein, daß derselbe weder gestohlene
Pferde, Vieh noch sonstige gestohlene Effekten aufbewahret,
verheimlicht, noch Räuber aufgenommen habe«.

Scherers Mühen hätten wohl Erfolg gehabt, wenn da nicht
ein paar Zeilen in einem Protokoll vom 2. März 1799 gewesen
wären. Sie wurden kopiert, weggeschickt und Scherer vorge-
halten: In Simmern hatte Bückler einen seiner Pferdediebstähle
gestanden. Am 10. Oktober 1797 war er mit Jakob Fink nach
Steinbach gegangen und hatte nachts einem ihm unbekannten
Bauern irgendwelche Gäule, zwei schwarze Pferde, wahrscheinlich eine Stute und einen Wallach, gestohlen; Fink hatte
die »Stalltür mit einem Messer zurückgedrückt«.

Diese Pferde hätten sie »auf dem alten Hof bei Thronecken
dem dasigen Hofmann Namens Scherer vor zehen und eine
halbe Karolin verkauft. Fink und er hätten benanntem Scherer
gesagt, daß sie die Pferde gestohlen, als sie ihm selbe verkauft.« Der bestohlene Bauer tat seine Pferde allerdings wieder
auf, brachte Zeugen bei, die die Tiere einwandfrei identifizier-
ten, und machte gerichtlich seine Ansprüche geltend: ». . . so
habe besagter Scherer die zwei Pferde wieder an die Eigenthümer zu Steinebach zurückgeben müssen.«

Wegen dieser für Scherer doppelt peinlichen Affäre wurde er
wiederholt verhört.

»Welches ist euer Namen, Alter, Gewerb und Wohnort?

Antwort: Ich heisse Johann Georg Scherer, vier und dreißig bis
sechs und dreißig Jahre alt, Viehhändler und Akkersmann, wohnhaft zu Kempfeld, Kantons Herrstein, Departement von der Saar.

Mit was vor Vieh habt ihr gehandelt?

Antw. Mit allerlei.

Habt ihr auch mit Pferden gehandelt?

Antw. Ja.

Kennt ihr Johannes Bückler, bekannt unter dem Namen
Schinderhannes?

Antw. Es kann seyn, daß ich ihn schon gesehen habe, aber ich habe niemal keine Verkehre mit ihm gehabt.

Habt ihr niemal Pferde von besagtem Schinderhannes gekauft?

Antw. Nein, mein Leben nicht.

Habt ihr niemal von Leuten, die ihr nicht kanntet, Pferde gekauft?

Antw. Als ich im Jahr siebenzehn hundert und sieben und neunzig (alten Styls) mich mit einer Heerde Hämmel von Kreuznach nach Alzey begeben wollte, traf ich bei Fürfeld zween Männer zu Pferd an, welche mich mit meinem Namen ruften, und sagten, ob ich zween Pferde mit Sattel und Zeug kaufen wollte. Auf diese Frage antwortete ich, daß, da ich bei Hämmel bin, ich keine Pferde brauchen könne und daß ich zum Ueberfluß auch kein Geld bei mir habe, um sie zahlen zu können; demohngeachtet bin ich nach vielem Hin- und Herreden mit ihnen in Rücksicht des Preises der zween Pferde übereingekommen, mit dem ausdrüklichen Vorbehalt, welchen ich besagten Verkäufern machte, daß sie mir die Pferde in mein Haus führen und bei meiner Rükkehr ihr Geld holen sollten.

Ohngefähr einen Monat nach dieser Geschichte kam ich nach Haus zurük, und bei meiner Ankunft sagte mir meine Frau, ›du hast mir Pferde geschikt‹, und ich antwortete bejahend.

Etliche Tage nach meiner Nachhauskunft kamen die zween Männer, welche mir die Pferde verkauft hatten, um den Preiß derselben zu holen, welchen ich ihnen auch sogleich bezahlt habe.

Ich habe besagte Pferde ohngefähr einen Monat nach gedachter Zahlung gebraucht, und während einer andern meiner Abwesenheiten zeigte sich jemand vor, um das Eigenthum dieser Pferde zu reklamiren, und auf diese Reklamation wurden selbige vor den Amtmann nach Thronecken geführt, welcher in dieser Sache entschieden hat und durch welche Entscheidung er befahl, daß die Pferde dem Reklamanten, welcher sein Eigenthum bewiesen hätte, zurück gegeben werden sollten, mit dem Vorbehalt, daß er mir die Nahrungs- und Verbesserungs-kosten mit zwei oder drei Louisd'or bezahlen sollte, welche ich auch erhalten habe. Nachdem diese Geschichte auf diese Art geendigt worden ist, glaube ich nicht weiter verfolgt werden zu können.

Wie nennten sich dann die Eigenthümer besagter Pferde, und wo waren sie her?

Antw. Ich kenne ihre Namen nicht, aber ich weiß, daß sie von Steinbach bei Altensimmern sind.

Würdet ihr die Beschreibung der zween Männer geben kön-nen, welche euch die zwei Pferde verkauft haben?

Antw. Es waren zween Menschen, welche mir acht und zwanzig bis dreißig Jahre zu haben schienen; von einer mittle-ren Grösse, eine Luxenburger Aussprache habend, welche ich sehr wohl unterscheiden konnte.

Wie waren sie gekleidet?

Antw. Ich kann mich ihres Anzugs nicht mehr erinnern: auf jeden Fall weiß ich, daß sie gut gekleidet waren und daß sie Stiefel und Sporn anhatten.

Habt ihr einen Verbal-Prozeß über den Kauf besagter Pferde aufsezzen lassen, nach Landesgebrauch und Gewohnheit?

Antw. Nein, weil ich den Kauf auf freiem Feld machte, konnte ich diese Formalität nicht erfüllen; zum Ueberfluß war meine Bedingung, die Pferde in mein Haus zu führen und daß ich sie nicht zuvor bezahlen würde. Weil man übrigens erst ei-nen Monat hernach gekommen ist, um die Zahlung zu holen, ohne daß in der Zwischenzeit die mindeste Reklamation ge-macht wurde, so war ich der sichern Meinung und glaubte, nicht nöthig einen Umstand zu erfüllen, den ich für überflüßig hielt.

Wie theuer habt ihr die zwei Pferde gekauft?

Antw. Ich erinnere mich nicht mehr genau, ich glaube aber, vierzehn oder fünfzehn Louisd'or und in Gegenwart des Valentin Schmelz, damals in meinen Diensten, dafür bezahlt zu haben.

Hattet ihr die zween Männer gekannt, welche euch besagte Pferde verkauft hatten?

Antw. Es waren ebenfalls Viehhändler unter dem Namen Luxemburger bekannt, welche ich oft auf den verschiedenen Märkten, die ich wie sie frequentirt hatte, gesehen.

Habt ihr seit dem Pferdshandel besagte zween Handelsleute oder wenigstens einen davon nicht wieder gesehen?

Antw. Nein.

Weil ihr, wie ihr oben gesagt habt, besagte zween Handelsleute unter dem Namen Luxemburger kanntet; hatten sie einen guten Ruf, oder hattet ihr sie für ehrliche Leute gekannt?

Antw. Ich hatte sie nur auf den verschiedenen Märkten gesehen und habe sie nicht anders als redliche Leute gekannt.

Wie könnt ihr glauben machen, daß ihr zween Pferde von zween fremden Handelsleuten gekauft habt, da wenige Zeit hernach erkennt wurde, daß diese nemlichen Pferde gestohlen waren?

Antw. Als ich die Pferde von besagten zween Kaufleuten kaufte, kam mir der Gedanken nicht ein, daß sie gestohlen seyn könnten; übrigens können meine Verkäufer auch betrogen worden seyn.

Habt ihr ausser diesen zween Pferden keine andre mehr von unbekannten Leuten gekauft?

Antw. Nein, seitdem ich das so eben erwähnte Unglük hatte, war ich auf meiner Hut.«

Scherer gab sich ganz als der Betrogene, Übertölpelte. Und auch seine Frau will Bückler, als er die Pferde zum Althof brachte, nicht erkannt haben, obwohl er vor vielen Jahren bei ihr »von Thür zu Thür als Kind sein Brod gesucht« hatte.

Schinderhannes: »Ich habe Ursache zu glauben, daß er [Scherer] mich nicht gekannt hat.« Als der Handel unterwegs abgeschlossen wurde, will Bückler »den Scherer glauben [gemacht haben], daß ich der Gesellschafter des Kaufmanns Fink seie«. Um sich zu tarnen, verkaufte Schinderhannes »die Pferde nicht unter ihrem Werth«.

1799, als Schinderhannes in Simmern im Gefängnisturm saß, wollte Scherer die ihm günstig erscheinende Gelegenheit für sich ausnutzen. Zu Helfern und Komplicen versuchte er die

Ehefrau des Metzgers Franz Andres und den Schlosser Anton Kipper, vor allem aber den Apotheker Carl Oellig zu gewinnen. Sie wohnten alle in Kirn.

An dem Tag, als Schinderhannes von dort nach Simmern gebracht wurde, kam der Althofpächter zu Oellig und verlangte von ihm »ein Tränkelchen ... um den Schinderhannes aus der Welt zu schaffen ... ihm und mehreren anderen [sei] sehr viel daran gelegen ... wenn dieser Kerl aus der Welt käme, weil er sonst durch seine Geständnisse noch manche Familie unglücklich machen könnte«. Wie ernst Scherer die Sache nahm, zeigt sein finanzielles Angebot: Es kam »ihm und andern nicht auf fünfzig Louisd'ors an«.

Der Apotheker wies »diesen Antrag mit Unwillen zurük«. Da der Althofpächter aber äußerst hartnäckig blieb und, wie Oellig aussagte, »nicht habe weichen wollen«, holte der Apotheker schließlich ein Fläschchen. Er füllte eine geheimnisvolle Flüssigkeit ein und wies den Schlosser Anton Kipper, der bei der Zusammenkunft »gegenwärtig gewesen«, an, Schinderhannes die Medizin zuzuspielen. Kipper nahm das »Tränkelchen« und ging los – angeblich ins Gefängnis. »In einer Nebenstrasse« aber öffnete der Schlosser das Fläschchen, roch daran und kippte es hinunter – es war »Aqua vitae«, Schnaps. Dem Scherer band er auf, »daß er [das Tränkelchen] dem Schinderhannes beigebracht habe und dieser es nicht lange mehr machen werde«. Der Pächter war zufrieden und gab Kipper, was ihm – buchstäblich – zukam: »ein kleines Trinkgeld«.

Auch nachdem Scherer gemerkt hatte, daß er getäuscht worden war, gab er nicht auf. Zu Oellig sagte er: ». . . er müße nun nach Simmern gehen und sehen, daß er den Schinderhannes dort losbekomme.« Scherer wollte dem Metzger Franz Andres einen Besuch abstatten; dieser war jedoch nicht zu Hause. »So, so«, sagte Scherer zu Christine, »dein Mann wird sich wohl ein wenig auf die Seite gemacht haben, weil Schinderhannes gefangen [ist]. Ueberhaupt wäre es gut, wenn dieser Kerl aus der Welt wäre, weil er noch manchen unglücklich« machen werde. Und dann wurde Scherer deutlich: Wie es denn wäre, »dem

Schinderhannes etwas in die Suppe zu mischen?« Christine war das zu gefährlich, sie schüttelte den Kopf: »Sie habe aber dieses verweigert.« Da ließ Scherer den Andres-Sohn rufen, gab ihm reichlich Geld und steckte ihm einen Brief zu, den der junge Andres »vier Stunden von Kirn« tragen sollte – eine geheime Botschaft an einen ungenannten Empfänger. Niemand erfuhr je, wer das war.

Johann Georg Scherer, der Pächter des Althofs, einer der Auftraggeber des Schinderhannes: Er stammte »aus einer der wohlhabensten Familien seiner Gegend . . . Selbst seine Richter fühlten, daß er nicht rein war, aber es fehlte leider an Beweisen . . .«

Als Scherer Jahre später nach dem Tränkelchenplan befragt wurde, antwortete er immer nur: »Ich weiß nichts davon. Ich weiß nichts davon. Ich weiß nichts davon.« Der Beamte, dem das auf die Nerven fiel, legte dem Viehhändler kurzerhand die Aussagen Oelligs und Kippers vor. Sie hatten bereits alle Einzelheiten dargelegt.

»Was habt ihr darauf zu antworten?«

Scherer: »Die Aussagen sind nichts als Lügen«; er könne »so

gar nicht verstehen, warum Ellig und Kipper also gegen mich aussagen«.

»Ihr habt gesagt, daß der Apotheker Ellig ein ehrlicher Mann ist und daß niemals eine Feindschaft zwischen euch und ihm existirt hat; ihr habt sogar sein Zeugniß aufgefordert; aus diesem allem erfolgt, daß Ellig keine Ursach hatte, Verläumdungen gegen euch zu sagen, und daß er die Wahrheit geredet hat?

Antw. Ich verstehe dieses alles nicht, es muß ein Irrthum in der Erzählung der besagten Ellig und Kipper vorgegangen seyn, indem ich völlig unschuldig bin.

Nach diesem allem, was ihr gehöret und was gegen euch ausgesagt worden, folgt, daß, weil ihr euch verwendet habt, um Schinderhannes in die andere Welt zu schikken, ihr euch einen Vorwurf zu machen hattet, und um der Untersuchung zu entgehen, habt ihr gesucht, den Räuber aus dem Weg zu räumen, und daraus folgt auch, daß ihr innigst verbunden mit ihm waret. Was habt ihr darauf zu antworten?

Antw. Ich wiederhole, daß ich nie mit Schinderhannes etwas zu schaffen hatte; daß ich ihn nie gesehen, sogar nicht einmal in Kirn, als er nach Simmern geführt wurde. Ich wiederhole, daß ich ihn niemals gekannt und zum erstenmal, als er mit mir confrontirt worden, gesehen habe. Obschon ich den nemlichen Tag in Kyrn war, als er von da nach Simmern geführt worden, so konnte ich ihn dennoch wegen der großen Menge Menschen, die ihn umrungen hatten, nicht sehen.

Nach der Sage des Bürger Ellig habt ihr eure Lust bezeugt, Mittel anzuwenden, um Schinderhannes aus seiner Verhaftung zu befreien; dieser ist auch befreit worden; man ermahnt euch zu sagen, ob ihr nicht entweder mittelbar oder unmittelbar seine Entwischung ausgewirkt oder an selbiger mitgewirkt habt?

Antw. Ich wiederhole, daß ich von diesem allem nichts weiß.

Habt ihr nicht eines Tags Schinderhannes zum Nachtessen eingeladen?

Antw. Ich wiederhole, und werde auf alle diese Fragen wiederholen, nein.

Als Schinderhannes von euren Speisen aß, hat er euch nicht eingeladen, alsobald davon zu essen?

Antw. Davon ist mir nichts bewußt.

Schinderhannes erklärt, unterrichtet worden zu seyn, daß ihr ihn vergiften wolltet; und aus dieser Ursache wollte er von keiner eurer Speisen essen, als nachdem ihr davon gegessen hattet?

Antw. Er hat gelogen.«

Scherer war zu intelligent, um nicht zu merken, was er mit seinen Antworten angerichtet hatte. Deshalb schrieb er als »Arrestant in dem Korrektionshaus zu Mainz« einen Brief an den »Bürger Präsident«, der ihn verhört und ihm Vorhaltungen gemacht hatte. Scherer beginnt scheinheilig damit, auf die Frage im letzten Verhör, »ob ich etwas gegen einen gewissen Ohly [gemeint ist Oellig] von Kirn hätte«, habe er, »da ich nichts Böses verargte und mir so etwas nicht einbilden [vorstellen] konnte«, mit Nein geantwortet. Aus den weiteren Fragen aber habe er »ersehen, daß meine Feinde alles erdenken, um mich unglücklich machen zu wollen«. Der in die Enge getriebene Arrestant gab vor, er habe Vater und Sohn Oellig miteinander verwechselt. Den Vater Jakob Oellig will Scherer »als einen ehrlichen Mann« gekannt haben, »bei dem ich vor mehrern Jahren Medizin vor meine Familie geholt habe«. Nun habe er jedoch »über das Ding«, die ihm vorgehaltenen Aussagen, nachgedacht. Falls sie »vom jungen Ohly [Carl Oellig] oder Sohn« stammten, wundere er sich über nichts mehr: »Ich kann alsdann mit Gewißheit sagen, daß dieser sich bloß als Werkzeug meiner Feinde hat gebrauchen lassen, ich weiß nicht einmal, ob dieser eine Apotheke hat oder nicht, aber das weiß ich, daß dieser in der ganzen Gegend als ein außerordentlicher schlechter Kerl verschrien ist. – Ich nehme mir daher die Freiheit, Sie zu ersuchen, dem Bürger Friedensrichter zu Kirn den Auftrag zu geben, die rechtschaffenste Männer des Orts über das Betragen und Lebenswandel [Oelligs] zu vernehmen.«

Der Wunsch des »Dero ergebenste[n] Scherer« wurde nach Kirn weitergeleitet. Dort stellte sich heraus, daß der Apotheker in der Tat höchst unterschiedlich beurteilt wurde. Reinhard

Hexamer, der »öffentliche Notär«, meinte, Oellig sei »ein Mann von Kopf, welchen er aber, wenn er getrunken, und welches zuweilen geschehe, öfters verliere«; schlecht aber sei der Mann nicht. Dem Bürgermeister, »Maire« Karl Joseph Korbach, erschien Oellig als »ein leichtfertiger, äusserst unmoralischer Mensch«, der sich »durch liederliche Streiche, Saufereien, Schimpfreden gegen jeden Mann« hervortue; das habe »ihm auch öfters einen schwarzblauen Buckel zugezogen«. Genaueres, »die Facta, [konnte der Maire] nicht specifice angeben, weil er es der Mühe nicht [für] werth gehalten hätte, sein Gedächtnis darüber zu plagen«.

Der Handelsmann Georg Philipp Dörrscheid wußte: »Ellig habe, wenn er betrunken sei, ein loßes Maul.« Und er erinnerte sich auch lebhaft daran, daß »dem Bürger Wellstein von Krebsweiler einstens in seinem Hause ein neuer Thaler entkommen« war, und gerade diesen Thaler hatte »man in dem Stiefel des Bürger Ellig gefunden«. Ob »die ganze Sache Spaß oder Ernst gewesen«, wußte Dörrscheid nicht.

Andere Leumundszeugen sprachen von Oellig als einem Mann, der gern und viel trinke, und sagten, er sei ein »toller Mensch«, ein »Windbeutel«, ein »lustiger passageur«.

Was darunter zu verstehen ist, erläuterte der in Kirn »als Privatmann« lebende Georg Philipp Weber. Er nannte Oellig einen »der unmoralisch[st]en Menschen«, den er kenne; des Apothekers »Lästerzunge greiffe jeden Mann, ohne Unterschied des Standes und der Verhältnisse, an. Seine lüderliche Streiche seien ohne Zahl und so bekannt, daß man sie nicht anzuführen brauche«. Einen gab Weber zu Protokoll: »Noch ganz kürzlich sei Ellig zu dem Maire nach St. Goir gekommen und habe sich daselbst als ein von höherer Behörde abgeschikten Kommissaire ausgegeben, um die Büreaux der Mairie zu visitiren. Dies sei in der Absicht geschehen, um bei dem Maire zu schmaußen, welches ihm auch vollkommen geglükt sei.«

In diesem Zusammenhang erwähnte Weber auch den Schlosser Anton Kipper: Oft unternahm er mit Oellig »kleine Reisen«, und da Weber »mehrmal nach ihnen [Oellig und Kipper] auf die nemliche Station gekommen seie, habe [er] dann immer von den Prellereien erzählen gehört«. Auch der Maire Korbach wußte, daß Kipper »ein getreuer Gesell gedachten Ellig sei«. Andere Leute aus Kirn sprachen eher für den Schlosser, dessen Ehrlichkeit und Unauffälligkeit sie lobten; auch habe er »sich kümmerlich ernähren müße«. Summa summarum: Für das Gespann Apotheker–Schlosser gab es nach jenem »Auftrag« des Althofpächters, den Schinderhannes zu vergiften, eine neue Gelegenheit, sich in Szene zu setzen.

Anmerkung zu einem Patrioten

Hat Oellig tatsächlich in dem Ausmaß dem Alkohol zugesprochen, wie ihm nachgesagt wurde? War er vorzugsweise damit beschäftigt, sein Lästermaul zu betätigen oder als »lustiger passageur« umherzureisen und verspätete Studentenstreiche zu absolvieren? Was steckt hinter der so ausgesprochen negativen und verachtungsvollen Beurteilung durch die Kirner Mitbürger?

Einer der Leumundszeugen deutete den Hintergrund an, als er zu Protokoll gab, Oellig sei »in der ganzen Gegend sehr bekannt, weil er zu Anfang der Revolution sich besonders ausgezeichnet habe«.

Als Apotheker gehörte Oellig zu den Honoratioren und den politisch führenden Köpfen seiner Gemeinde. Neben dem evangelischen Konrektor Welcker, dem Pfarrer (»Volkslehrer«) Rhein und anderen Bürgern war er ein Jakobiner auf dem Land und setzte sich zuerst in Kirn und später als Maire in Merxheim tatkräftig für die Belange seiner Gemeinde und für die Verwirklichung der Demokratie ein. Dazu gehörte auch das Aufpflanzen des Freiheitsbaums.

Jakobiner und Freiheitsbaum

Neben der blauweißroten Kokarde, die zu tragen nach dem Gesetz vom 5. Juli 1792 allen in Frankreich lebenden Personen zur Pflicht gemacht wurde, und der Jakobinermütze war der Freiheitsbaum das Sinnbild für den neuen Anfang und das Ende der Gewalt nach dem Sturz der alten Ordnung. 1792 kam die Sitte, Freiheitsbäume zu errichten, nach Westdeutschland. 1794 wurde das Aufpflanzen oder Erneuern der Freiheitsbäume durch Gesetz geregelt: Aus dem spontanen, von der Maibaumtradition sich herleitenden bacchantischen Fest wurde ein offizieller politischer Propagandaakt, der oft im Zeremoniell erstarrte. In Speyer brach 1798 die ursprüngliche Freude beim »Triumph der Freiheit« noch einmal durch. Von dieser Freude kündet das folgende, 1799 in Aachen entstandene Volkslied:

»Auf, Bürger, eilt dem Zug entgegen,
der jubelnd durch die Straßen geht;
Auf, faßt den wonnereichen Segen,
der unserm Lande aufersteht.
Da kommt auf einem Siegeswagen
der Menschheit erstes, bestes Pfand,
das diese endlich wiederfand
erst rückgeführt zu unsern Tagen.

Refrain:
Willkommen Freiheits-Baum, sei unser Schutz und Preis;
umgib, umgib mit deinem Laub den ganzen Erdenkreis!
In Frankreich ist der Baum entsprossen;
dort stieg hervor der Mutterstamm,
um welchen Blutes-Ströme flossen;
doch er verblieb ein Felsen-Damm.
An ihm zerrieben sich die Mächte,
vor ihm verschwand des Königs Thron,
die Willkür und der Knechtschaft Hohn;
der Mensch verdankt ihm seine Rechte.

Bald zeigte sich im hellen Lichte,
was dauerhafte Stärke galt;
der Baum trug reichlich seine Früchte
und ward ein grenzenloser Wald.

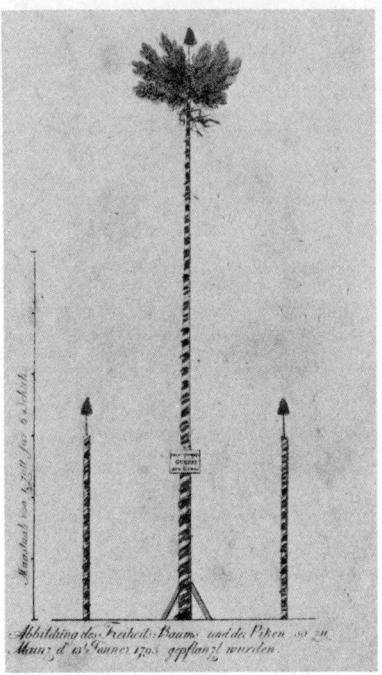

Der zweite Mainzer Freiheitsbaum

Zu Tausenden sind seine Kinder
verbreitet wie ein Riesen-Heer;
Es werden ihrer täglich mehr,
so wie der Fürstenhöfe minder.

O Eiche, sonst im Altertume
dem Gott der Götter eingeweiht,
und deren Laub noch jetzt zum Ruhme
der Bürger-Retter Kränze leiht!
Erfüll die Zeichen deiner Würde,
bekleide hier auf deutschem Grund,
begreif uns in der Franken Bund
und wachs empor an Kraft und Zierde!

Um dich herum sind Heldenscharen
in ihrem Waffenglanz vereint,
für welche, um dich zu bewahren,
nichts mühsam noch unmöglich scheint.
Dein Anblick reizte ihr Beginnen;
Sie brachen gleich das Sklaven-Joch,
und brennen vor Begierde noch,
dir neue Völker zu gewinnen.

Du prangst auf einer Hohheitsstätte,
die jedermann vor Augen liegt,
und wo sich der Gewalten Kette
im Mittelpunkt zusammen fügt.
Des Ruhr-Departements Verwalter
verpflanzten dich an ihren Ort;
hier grüne nun, hier blühe fort
und bring zurück das goldne Alter!«

Und der konservative Revolutions-Almanach von 1794 berichtet:
»Das Pflanzen von Bäumen, sonderlich von Mayen, zum Zeichen der
Freude oder eines Festes, ist eine alte Sitte bei allen Völkern Europens;
gewöhnlich wird eine solche Pflanzung mit einem Schmaus oder einer
Lustbarkeit gefeiert, und eben aus dem Grunde ist sie eine Lieblingsidee
des großen Haufens. Die Jacobiner, welchen man den Ruhm lassen
muß, die Schwächen und Blößen des menschlichen Herzens immer mit
großer Menschenkenntnis kalkuliert zu haben, nutzen dieses Baumpflan-
zen, das sie, nach ihrer Art, noch mehr mit roten Mützen, dreifarbigen
Bändern und der vielbedeutenden Benennung Freiheitsbaum herausput-
zen, zu einem mächtig wirkenden Werkzeuge für den Pöbel.«

In Merxheim setzte sich Oellig im Dezember 1797 für die Errichtung eines
Freiheitsbaums ein. Da er Störungen befürchtete, beging er die Ungeschick-
lichkeit, General La Boissére um militärischen Schutz für die Feier zu bit-
ten. Der wurde ihm zugestanden. Man ermahnte die Bevölkerung, still und
ruhig an dem Fest teilzunehmen. Der Ortsvorstand fand aber einen

Grund, sich zu dispensieren: Von Sobernheim aus war eine Furagelieferung an dem Tag vorgesehen, an dem auch der Freiheitsbaum aufgepflanzt werden sollte. Man hatte also keine Zeit. Daraufhin schrieb Oellig:

»Freiheit, Gleichheit!

Merxheim, den 11. Nivose, Jahres VI [31. Dezember 1797]

Oellig, Freund der Föderation für Recht und Menschheit, an seinen Freund, den Receveur, Kämmerer zu Sobernheim.

Feierliche Errichtung eines Freiheitsbaums

Bürger, Bruder, Freund!

Von Sobernheim aus, ich weiß nicht von wem, ist eine Fouragerequisition hier angesetzt. Die Feierlichkeit des Freiheitsbaumes, das damit verbundene Fest, die Nahe, die große Nahe, verhindert die Gemeinde, die Requisition zu erfüllen; ich stehe dafür, daß sie in 2 Tagen erfüllt wird. So du die Requisition nicht selbst gemacht hast, so überschicke sie dem, der sie gemacht. Oellig.«

Der Apotheker erhielt seinen Brief mit der Bemerkung zurück: »Diesen Unsinn richtig erhalten und an seinen Schöpfer im Original zurückgeschickt.«

Trotz dieser Absage setzte sich Oellig durch. Am 6. Januar 1798 fand der Festakt statt. Über ihn ist keine ausführliche Schilderung erhalten, doch verlief er in Merxheim wohl nicht wesentlich anders als in Weierbach, Kirchenbollenbach, Bergen, Bärweiler, Griebelschied, Staudernheim, am Wickenhof oder in Sobernheim – in Orten übrigens, die alle noch im Zusammenhang mit Schinderhannes zu erwähnen sind: Nachts läuteten die Glocken, Böllerschüsse wurden abgefeuert. Mittags um ein Uhr begann der Festzug, eröffnet von berittenen Bürgern. Ihnen folgte einer mit dem Schild »Die Erwartung des Vaterlandes«. Die Schuljugend folgte dem Transparent »Die Hoffnung des Vaterlandes«, einige kräftige Männer gingen unter dem Motto »Die Stärke«, und den ältesten Bewohnern voran wurde die Überschrift »Das Vertrauen und die Würde« getragen. Es folgten sechs festlich gekleidete Jungfrauen; die siebente, mit Blumen bekränzt, trug ein Vogelbauer, in dem zwei Tauben saßen, die später freigelassen wurden – ein Symbol für die Beendigung der Knechtschaft. Der Ackerbau wurde dargestellt mit landwirtschaftlichem Gerät. Ein Chor sang, begleitet von Musikern, patriotische Lieder. Das Ende des Festzugs bildeten die Geistlichkeit und die Lehrer. Sie folgten dem Schild »Die Unterrichtung und die Erleuchtung«. Am Marktplatz angekommen, wurde der Freiheitsbaum unter Böllerschüssen und Gesang errichtet. Zum Abschluß folgte die Festrede. In Merxheim sagte Oellig:

»Brüder, Bürger, Freunde!

Die gute Sache hat endlich gesiegt; schon blüht der goldene Freiheitsbaum durch eure Standhaftigkeit, durch eure Beharrlichkeit, gepflanzt in eurer Mitte. Eure Kinder und späteste Enkel sind auf ewig der Sklaverei und dem Despotismus entrissen, schon lächelt der Genius der Freiheit euren Gefilden, und Jehova der Allgewaltige schüttet gedoppelten Segen über euch her, denn er sieht, daß dieser Segen nicht mehr durch Unmenschen, die sich bisher von eurem Eigentum mästeten, aufgefressen und verschwendet wird, sondern daß ihr ganz in frohstem Lebensgenuß genießen und mit sparsamen Händen auf eure Nachkommen fortpflanzen werdet ...

Dem Tag der Uebergabe von Mainz, dem Tag der Vereinigung des linken Rheinufers mit der großen Republik, der Freiwerdung so vieler Millionen Menschen, dem Andenken unserer würdigen Waffenbrüder, die freiwillig ihre Herden verließen und ihr Blut für die Freiheit verspritzten, dem Andenken Bonapartes ... sei dieser Tag geweiht.

Es lebe die Republik! Es lebe die Freiheit! Es lebe die Freiheit aller Völker! Es lebe die Landung in England! Es lebe die Freiheit der Meere! Es lebe Bonaparte und all die Helden und Streiter fürs Vaterland!«

Dem Festakt im Freien folgten ein Konzert und ein Ball im Rathaus. Und in der Nacht wurden den Merxheimer Patrioten die Fenster eingeworfen. Das kostete den Schultheißen Bohn die Stellung, und die Gemeinde wurde einer militärischen Exekution unterzogen.

Oelligs mangelndes diplomatisches Geschick hat seinem Ansehen schwer geschadet, zumal er, wie die erhaltenen Akten im Stadtarchiv Kirn zeigen, einen Prozeß gegen seinen Vater geführt hatte. Hinzu kam das – freilich aus der Zeit heraus zu verstehende – Pathos seiner Rede, der Optimus des Rhetors, franzosenfreundliche Gedanken zu entwickeln in einer Gemeinde, die gerade unter den Franzosen empfindlich gelitten hatte. Was seine Mitbürger über Carl Oellig zu Protokoll gaben, zeigt deren Verachtung aus politischen Gründen. Oelligs Hang zu Klatsch und Tratsch, seine unbestreitbare Rede- und Lebensfreude – ihr werdet »ganz in frohstem Lebensgenuß genießen« –, seine Freude an einem guten Tropfen, sein sanguinisches Temperament, das in verbale Aggressionen ausarten konnte, und seine Vorliebe für Streiche dürften einseitig und stark übertrieben wiedergegeben worden sein. Einen jungen Mann, der für etwas damals noch Ungewohntes und Neues – für die demokratische Staatsform und gegen die »Unmenschen, die sich bisher von eurem Eigentum mästeten« – eintrat, strafte man einfach damit, daß man ihm Tollheit nachsagte.

Johann Georg Scherer scheint gewußt zu haben, warum er in seinem Beschwerdebrief aus dem Gefängnis Oellig einen außerordentlich schlechten Kerl nannte, der sich als Werkzeug gegen ihn – Scherer – gebrauchen lasse. Eines allerdings konnte Scherer nicht aus der Welt schaffen: Carl Oellig hat keinen Moment gezögert, Scherer abzuweisen, als der den Apotheker in seinen Giftmordplan einweihte und ein »Tränkelchen« für Schinderhannes verlangte. Und Oellig blieb auch dann bei der Ablehnung, als Scherer eine gute Bezahlung anbot. Gleich aber kam wieder der »tolle Mensch«, der Streiche liebte, zum Vorschein: Aqua vitae konnte niemandem schaden. Der Althofpächter mochte zusehen, wie er damit zurechtkam.

9
Gegen Juden und Väter

Drei Monate brauchte Schinderhannes nach dem Sprung in die
Freiheit aus dem Gefängnisturm in Simmern, um den Bein-
bruch auszukurieren. Danach fühlte er sich offenkundig stark
genug, sich innerhalb von nur acht Wochen an fünf Unternehmungen zu beteiligen.

Am 24. November 1799 saß Peter Zughetto, »Erzpeter« genannt, in einem bewährten Unterschlupf, auf der Weidener
Mühle, mit Philipp Gilchert, Johannes Knapp, Jakob Gerhard,
dem Bucher-Hannes und Schinderhannes zusammen. Erzpeter
klagte über seine schlechte Kleidung. Gilchert kannte sich in
der Gegend aus und machte Zughetto auf den »Laden einer
Wittwe zu Offenbach am Glan [aufmerksam], der leicht zu berauben seie«. Als die sechs »noch über dieses Projekt be-
rathschlagten«, lenkte Gerhard die Aufmerksamkeit auf eine
Scheune in Weiden: Dort »sei ein Bettler Namens Lippertges-
Christian, der viel Geld bei sich habe«. Sofort entschlossen sich
Erzpeter und seine Genossen dazu, den Bettler um sein Geld
zu erleichtern. An Ort und Stelle angekommen, mußten sie
aber auf ihr »Projekt« verzichten. An der Scheune waren zu
viele Leute: Die Musik spielte, ein Fest wurde gefeiert; die
Überlegenheit der Gäste wäre zu groß gewesen. Bucher-Hannes verabschiedete sich; die fünf anderen gingen zu Peter
Schneider nach Langweiler. Von dort aus machte sich Gilchert
nach Offenbach auf den Weg, »um die Pläzze [den Laden der

Witwe] zu untersuchen«. Nachdem er sie erkundet hatte, einigten sich die Räuber mit Schneider darauf, sein Haus als Zufluchtsstätte zu benutzen, »wenn der Diebstahl begangen sei«.

»Der Raub gieng vor mit Uebersteigung der Mauer des kleinen Hofs, der an das Haus stieß, und durch Oeffnung des Riegels, womit die Thüre zugemacht war.« Erzpeter, dessen Kleidung erneuert werden sollte, »gieng allein hinein und warf die Waaren zum Fenster heraus«. Gilchert, Knapp und Schinderhannes füllten vier Säcke damit und trugen sie nach Langweiler.

Kaum waren sie in Schneiders Haus »im Theilen der Beute begriffen«, als in Langweiler Alarm geschlagen wurde. Der Bruder der Offenbacher Witwe, ein Mann namens Fischer, unterrichtete Peter Schneider davon, »daß der Friedensrichter im Ort seie, um Haussuchung zu halten, daß er auch in sein Haus komme, daß man aber bei einem so ehrbaren Mann wie er nicht viel suchen werde und daß er sich durch diese Maasregel nicht solle für beleidigt halten. Wir waren mit unserer Beute in einem Zimmer neben der Stube, in welcher diese Reden fielen, die wir also genau hörten. Wir hielten nicht für gut, die Ankunft des Friedensrichters abzuwarten, wir verbargen also die gestohlenen Sachen in das Stroh des besagten Schneiders und zogen uns in den nah gelegenen Wald zurück.« Nachdem der Friedensrichter wieder fort war, schlichen die Räuber in Schneiders Haus, fanden aber nur noch die Hälfte der Beute. Schinderhannes vermutete, Schneider habe sich »einen guten Theil davon zugeeignet«, doch niemand stellte mehr Forderungen an ihn. Alle hatten Grund genug, dankbar dafür zu sein, daß ihnen eine Begegnung mit dem Friedensrichter erspart geblieben war. Sie eilten nach Hundsbach. Dort stellte Karl Michel ein Pferd zum Weitertransport zur »Schliffgesmühl bei Meddersheim« zur Verfügung, wo jeder seinen Lohn erhielt. »Ausgenommen das nöthige Tuch, um uns zu kleiden«, verkauften Gilchert und Bückler ihren Anteil an Erzpeter.

Als der und Knapp später Schinderhannes wieder begegneten, sagte Knapp, »er habe Lippertges-Christian [dann doch noch] das Geld gestohlen«. Das war nicht nach Schinderhannes' Geschmack. Eine betuchte Ladenbesitzerin zu erleichtern, dabei machte er gern mit. Aber einem Bettler einen Louisdor abzunehmen, das ging Bückler wider den Strich. Noch im letzten Verhör nannte er Lippertges-Christian einen »armen Mann«.

Bei wem jedoch Geld und »Effekten« vermutet werden konnten, der hatte sich in Zukunft vor ihm in acht zu nehmen, zumal wenn er Jude war.

Juden – Judenemanzipation

Die Juden, von jeher dafür verantwortlich gemacht, daß Christus verraten und ans Kreuz geschlagen wurde, durften seit dem 4. Lateran-Konzil (1215) keine öffentlichen Ämter mehr bekleiden, nicht in christlichen Häusern dienen und weder eheliche noch außereheliche Beziehungen zu Christen unterhalten. In § 68 heißt es: »In einigen Provinzen unterscheidet Juden oder Sarazenen von den Christen die Kleidung, aber in anderen ist eine solche Regellosigkeit eingerissen, daß sie durch keine Unterscheidung kenntlich sind. Es kommt daher manchmal vor, daß irrtümlich Christen mit jüdischen oder sarazenischen und Juden oder Sarazenen mit christlichen Frauen sich vermischen. Damit also den Ausschweifungen einer so abscheulichen Vermischung in Zukunft die Ausflucht des Irrtums abgeschnitten wird, bestimmen wir, daß Juden und Sarazenen beiderlei Geschlechts in jedem christlichen Land und zu jeder Zeit durch ihre Kleidung öffentlich sich von den anderen Leuten unterscheiden sollen . . .«

Diese Verfügung wurde nicht überall eingehalten. Einzelne Juden oder Gruppen von Juden konnten sich durch Zahlung von Sondersteuern oder Bestechungsgeldern von der Kenntlichmachung freikaufen. Aber im Laufe der Zeit setzte sie sich durch – mit verheerenden Folgen: »Viereckig oder rund, von safrangelber oder anderer Farbe, an dem Hute oder an dem Oberkleid getragen, war das Judenzeichen (der Gelbe Fleck) eine Aufforderung für die Gassenbuben, die Träger zu verhöhnen und mit Kot zu bewerfen, war es ein Wink für den verdummten Pöbel, über sie herzufallen, sie zu mißhandeln oder gar zu töten, war es selbst für die höheren Stände eine Gelegenheit, sie als Auswürflinge der Menschheit zu betrachten, sie zu brandschatzen oder des Landes zu verweisen.«

Noch heute ist das Kreditgeschäft [früher der Beruf des Geldleihers] beim einfachen Volk mit einem Makel behaftet: »Man« lebt von seiner Hände Arbeit. Im Mittelalter hatte das Verleihen von Geld mit Gewinn [Zins] keinen legalen Platz. Wer Geld verlieh, mußte dies um seiner selbst willen tun; belohnt wurde er im Jenseits. Zins galt als unredlicher Gewinn. Gleichgültig, wie hoch oder niedrig er war, Gewinn wurde mit Wucher gleichgesetzt.

Das Wort »Wucher«, ursprünglich »Ertrag, Frucht, Gewinn«, nahm, im Zusammenhang mit Geldgeschäften, die Bedeutung »üppiges, unkrauthaftes, krankhaftes Wachsen« an. Die Kirche, die schon 1179 den Christen den Zins verbot, gestattete ihn den Juden, verlangte aber, den Zins angemessen, nicht zu hoch anzusetzen. Über die Angemessenheit freilich wurde nichts gesagt. So kam die Verfügung einer generellen Diffamierung der Juden als Geldverleiher gleich. Noch zu Bücklers Zeiten waren die Juden in Deutschland darauf angewiesen, als Händler und Geldverleiher zu arbeiten.

26. August 1789: Erklärung der Menschen- und Bürgerrechte in Frankreich.

21. bis 24. Dezember 1789: Debatte in der französischen Nationalversammlung über die bürgerliche Gleichstellung der Juden. Abbé Maury erklärte als Vertreter der Geistlichkeit und der Konservativen, »das Wort juif [sei] nicht der Name einer Sekte, sondern einer Nation, die ihre eigenen Gesetze besitzt, an die sie sich immer gehalten hat und an die sie sich weiterhin zu halten wünscht. Definiert man die Juden als Bürger, so ist dies so, als hätte man gesagt, daß Engländer und Dänen französische Bürger sein könnten, ohne Dokumente und Naturalisierung, und ohne daß sie aufhören würden, Engländer und Dänen zu sein.« Dem hielten die Verfechter der Judenemanzipation entgegen: »Man soll alles den Juden als Nation verweigern und alles ihnen als Individuen gewähren; sie dürfen im Staate weder eine politische Körperschaft noch einen Orden bilden; sie sollen individuell Staatsbürger sein. Man behauptet, daß sie das nicht sein wollen. So mögen sie es [klar] sagen, und man verbanne sie dann; es darf keine Nation in der Nation geben.« So

Graf Clermont-Tonnèrey. *Robespierre:* »*Die üblen Eigenschaften der Juden gehen auf das Ausmaß der Erniedrigung zurück, der Sie [Maury] sie
unterworfen haben... jeder Bürger, der die Bedingungen der Wählbarkeit
erfüllt... hat das Recht, ein öffentliches Amt zu bekleiden.*«

28. September 1791: *Die Juden erhalten in Frankreich die vollen
Bürgerrechte.*

1808: *Gleichstellung der Juden in Westfalen.*

12. März: *Staatsbürgerrecht der Juden in Preußen.*

1811: *Gleichstellung der Juden in Frankfurt/Main.*

11. März 1812: *Emanzipationsakte für die Juden in Preußen.*

In dem bereits erwähnten Frankfurter Verhör hat Schinderhannes auffällig oft und nachdrücklich davon gesprochen, er und
seine Kameraden »hätten Juden und Christen, vorzüglich aber
ersteren auf der Straße das Geld abgenommen«. Was wollte er
damit erreichen? Hoffte er auf antisemitische Ressentiments
bei denen, die ihn verhörten? Wollte er seine Taten nachträg-
lich legitimieren, zumal die Juden im rechtsrheinischen Gebiet
noch keine Bürgerrechte hatten?

Zuerst und vor allem war Schinderhannes ein junger Mann
aus dem Volk, der wußte, daß bei jüdischen Händlern etwas zu
holen war und daß die Leute im Land es ihm eher durchgehen
ließen, wenn er sich seine Beute bei Juden holte.

*Aus den Aufzeichnungen eines Ungenannten über »Johannes Pickler«,
geschrieben um 1800*

»*... Dieser berüchtigte Räuber zeichnet sich unter allen seines Gleichen
dadurch aus, daß er nicht allen Menschen Fehde angekündigt hat, sondern die Juden allein sind der Gegenstand seiner Feindseligkeiten. Wenn
auch zuweilen Christen auf den Straßen beraubt oder in ihren Häusern
gemißhandelt werden, so war es die Bande des Schinderhannes nicht,
sondern ander schlecht Gesindel verübt solche Greuel... Der Schinderhannes soll selbst schon mehrmalen erklärt haben, ›daß er jedem eine*

*Kugel durch den Kopf schießen würde, der auf seinen Namen Räube-
reyen begehe›. Sollte auch einmal ein Christ durch diese Bande überfallen werden, so geschieht es meistens aus Rachgier, entweder, wenn jemand seine Streiche verrathen, oder mancher Capitalist durch seine
Debitoren, gegen die er vielleicht unbarmherzig verfuhr, an die Spitzbuben verrathen wird . . .*

*Nicht nur der rohe Landmann, sondern selbst der aufgeklärte Städte-
bewohner lacht und freut sich über jeden neuen Streich, der an einem Juden verübt worden ist. Selbst fränkische Truppen haben in den Gegenden, wo der Schinderhannes hauset, in gebrochenem Teusch oft geäußert:
Die Schinderhannes ist brav Mann, sie ist klein General, sie verfolgt
nur die Spitzbub, die Juden. Und schon manchmal ist wol schon von
manchem Schurken von Bauer die Äußerung geschehen: der Schinderhannes ist der ehrlichste Mann in der Republik, Gott verleihe ihm langes Leben! . . .*

*Woher aber dieser Haß gegen die Juden, bey dem grösten Theil unse-
rer Mitbürger? . . .*

*1. Diese Sekte lebt, ohne durch Kunstfleiß und Handwerke etwas
nüzliches zu verfertigen oder durch Ackerbau nüzliche Produkte zu liefern, zum Teil vom Handel, und größtentheils vom Wucher, und macht
sich oft kein Gewissen daraus, 100 bis mehrere 100 Procente durch
Schicane vom armen Landmann zur Zeit der Noth zu erpressen.*

*2. Vor der Revolution lebte diese Sekte fast überall in dem härtesten
Druck, in einigen Gegenden war sie gar nicht, in andern nur mit vielen
Einschränkungen geduldet. Sie mußten nicht nur ein schweres Schuzgeld
zahlen, sondern wurden, wenn sie nur von einem Ort zum andern gehen
wollten, mit einem harten Leibzoll gleich dem übrigen Vieh belastet.
Durch die veränderte Verfassung wurden sie, wie billig, in gleiche Men-
schenrechte eingesetzt, die Vortheile der Freiheit und Gleichheit kamen
ihnen ebenfalls zu statten, mancher wurde dadurch übermüthig und
reizte den Neid und die Eifersucht manches Christen gegen sich . . .«*

Am 17. Dezember 1799 war der Bauer Peter Maurer unterwegs
auf einer Geschäftsreise. Er kam von Birkenfeld, übernachtete
auf dem Wicken-Hof und schloß sich am nächsten Morgen ei-

ner »Gesellschaft mehrerer Bürger, Juden von Hundsbach und eines von Schweinschied« an. In der Gegend »des sogenannten Stenzhörner-Hofs« an einem Gebüsch, »die Schmalzheck genannt«, angekommen, blockierten »auf einmal drei große starke Leute« den Weg. Sie zogen Pistolen, fuchtelten mit langen Messern herum und schrien: »Jud, geb dein Geld her, oder du bist des Todes!«

Die Überfallenen leerten ihre Taschen. Maurer zählte ziemlich genau mit, was seine Reisegefährten ablieferten: ». . . des einen Juden sein bei sich habendes Geld seie ohngefähr hundert Gulden in Sechsbatzenstücken gewesen; den andern ihres seie ohngefähr jedem seines drei bis fünf Gulden nur gewesen.« Der christliche Ackersmann erkannte nur einen der drei großen starken Leute: Philipp Gilchert. Den zweiten machte Schinderhannes namhaft: Carl Engers, bei dem er nach der Flucht aus Simmern nicht nur Unterkunft, sondern auch Hilfe gefunden hatte. Der dritte nahm das Geld an sich: Es war Schinderhannes, der »keine Gewaltthätigkeiten gegen Personen« verübt haben will, aber gestand: »Ich habe einem Juden einige Ohrfeigen gegeben, welcher, wenn ich nicht irre, davon laufen wollte.«

Während die Juden ihr Geld herausgaben, wurde Maurer »befohlen, sich ruhig zu verhalten und nicht von der Stelle zu begeben, und zwar durch die Worte: Bauer, reg dich nicht, sonst schießt man dich auf dem Platz todt«. Maurer gehorchte. Als das Räubertrio mit den Juden fertig war, kam er an die Reihe. Ihm, dem Christen, glaubte man aufs Wort, daß er kein Geld bei sich habe. Zum Wicken-Hof zurückgekehrt, bekam Maurer dann das Ende des Überfalls mit: Die Räuber hatten sich »nach dem Wicken-Hof begeben; die Juden auch; [sie waren] einem Rind, welches ihnen während dieser That durchgegangen, nachgeloffen, wo die Räuber einen davon [der Juden] aufs neue beim Weiher nochmals zwei Gulden« abnahmen.

Maurer, Augenzeuge des Überfalls, stellte für die drei ein nicht leicht kalkulierbares Risiko dar. Würde er, wenn es hart auf hart käme und ein Friedensrichter ihm eine eidliche Aussage abverlangte, sprechen? Oder würde er den Mund halten, sich unwissend stellen?

Vierzehn Tage nach dem Schmalzheckenüberfall logierten bei Maurer, der im Nebenberuf Branntweinhändler war, fremde Leute. Sie warnten ihn: Er solle sich in acht nehmen, »nur nichts von dem Vorfall erzählen«, denn die Drohung kursiere, »daß man ihn auf diesen Fall [wenn er Verrat üben sollte] würde zu Riemen schneiden«; davon sei schon die Rede gewesen. Und drei Monate später, am 7. März 1800, als Maurer sich längst in Sicherheit wiegte, stand abends um zehn Uhr plötzlich Gilchert vor der Tür und wollte Maurer und dessen Sohn sprechen. Sie waren nicht daheim. Aber irgend jemand war so arglos zu sagen, die beiden hielten sich in der »mittelsten Mühle zu Krebsweiler« beim Bürger Horbach auf. Gilchert kehrte um und klopfte nachts um zwölf Uhr an Horbachs Tür, »und da man ihm nicht gleich aufgethan, so seie er an den Wagen, welcher auf dem Hofplatz gestanden, und weil es abhängig seie, so habe er denselben [den Wagen] angelassen und die Deichsel desselben auf die Thür zugekehrt; welches aber fehl gewiesen; man ihm aber doch endlich aufzumachen sich genöthigt gesehen«.

Bei dem Krach, der draußen entstanden war, ahnte Maurer, daß es ihm an den Kragen gehen sollte. Er flüchtete sich »in einen abgelegenen Winkel des Hauses hinter einen alten Backofen« und hörte, wie nach ihm gefragt wurde. Der Müller und seine Frau leugneten Maurers Aufenthalt. Aber Gilchert ließ sich nicht hinhalten und mit Ausflüchten abspeisen. Entschlossen ergriff er ein Licht, leuchtete die Mühle ab, fand sein Opfer hinter dem alten Backofen und packte Maurer: »Komm her, Kerl, du mußt unter meinen Händen sterben!« Maurer wurde in die Stube getrieben, wo Gilchert ein »zweiklingigtes Messer« zog. Mörderisch, so hat Peter Maurer später gesagt, sei er angefallen worden; Gilchert drohte ihm »mit schrecklichen Worten«. Und nicht nur das, Gilchert war auch »im Begriff«, ihn zu erstechen. Erst »auf das vielfältige Anhalten und Bitten um

Gotteswillen von Seiten des Müllers und dessen Frau« ließ sich Gilchert besänftigen. Er ging sogar aus dem Haus, aber nur, um stehenden Fußes wieder hereinzukommen und Maurer »auf die nämliche Art« erneut anzufallen, »jedoch endlich wieder mit den Worten [loszulassen]: so will ich dich dann gehen lassen, aber meine Kameraden, wenn dich diese bekommen, so schneiden sie dich zu Riemen«. Zwei Stunden lang dauerte die Szene. Und als Gilchert sich endgültig verabschiedete, tat er es mit den Worten: »Ich fürchte mich nicht, denn ich bin bei fünf und zwanzig Mann stark.«

Das war nicht übertrieben, wenn man die stillen Helfer im Hintergrund berücksichtigt, die als Kundschafter, Hehler und Transporteure dringend benötigt wurden, zumal bei größeren Unternehmungen, an denen Schinderhannes nun mehr und mehr mitwirkte.

Der Arzt Juda Kannstatt aus Bingen, der Mainzer Handelsmann Bär Reinach und dessen Bruder Löb fuhren in den ersten Januartagen des Jahres 1800 in einer von Christoph Prinz gemieteten Chaise in Privatgeschäften durch die Gegend von Kirn. Schon auf dem Hinweg waren sie gewarnt worden, »daß sie auf der Hut seyn möchten«; der Weg Meddersheim-Becherbach werde »durch Räuber äußerst unsicher gemacht«; es komme vor, »daß Leute in dem Walde angegriffen und beraubt« würden. Kannstatt und Reinach wies man auf zwei einschlägig bekannte Gestalten hin: »den schwarzen Peter und den Schinderhannes, die als Chefs der Räuberbande in der ganzen Gegend Schrecken verbreiteten«.

Am 4. Januar hielten sich die Geschäftsreisenden in Becherbach auf. Abends kamen plötzlich »zwei verdächtige Kerls« ins Wirtshaus, um sich zu erkundigen, wann die Gäste ihre Rückfahrt anträten. Die »Kerls« waren Hannes Philippi, der Sohn des Bauern Philippi vom Welcherter-Hof, und Peter Stibiz aus Otzweiler, »Judenpeter« genannt, weil er mit einem »Judenmädchen aus Seibersbach« liiert war. Sie brauchten die Antwort nicht abzuwarten, denn zufällig fuhr zur gleichen Zeit Christoph Prinz mit seiner Mietchaise vor. Dadurch wurde Kannstatts und Reinachs »Absicht, den folgenden Tag wegzureisen, hinlänglich bekannt«.

Sofort verließen Hannes Philippi und Peter Stibiz Becherbach. Unterwegs erst trafen sie mit Schinderhannes, Gilchert und Hannes' Bruder Heinrich Philippi zusammen. Die drei kamen aus Otzweiler, wo sie gerade das Haus Peter Riegels und die nähere Umgebung erkundet hatten. Als sie hörten, reisende Juden seien zu erwarten, änderten sie auf der Stelle ihre Pläne. Mit Engers, Gilchert und Stibiz eilte Schinderhannes nach Krebsweiler. Und tatsächlich: »Die Juden kamen wirklich an, aber sie waren von einer Menge bewaffneter Bauern begleitet.«

Das »allgemeine Gerücht von Unsicherheit« und die »Nachricht, daß man sich nach ihrer Abreise« erkundigt habe, hatten die Reisenden beunruhigt und bewogen, Vorkehrungen zu treffen. Wenn schon der Staat unfähig oder zu nachlässig war, die Sicherheit seiner Bürger zu garantieren, so griffen sie zur Selbsthilfe. Von bewaffneten Bürgern begleitet, war den Reisenden denn auch bis Sobernheim »nicht das mindeste Unangenehme aufgestoßen«. Schinderhannes und seine Kameraden zogen sich inzwischen auf den Steinhardter-Hof zurück, wo noch Johannes Seibert und Christoph Blum zu ihnen stießen.

Auf dem Weg nach Sobernheim saßen in Kannstatts Kutsche außer ihm selbst, Reinach und Löb noch Isaak Salomon und Gundel Herz, in deren Elternhaus alle einkehrten. Während die Pferde zum »Hirsch« gebracht und versorgt wurden, bereitete Gundels Mutter die Mahlzeit vor. Ihr Mann, Eisik Herz, hatte Geschäftsbesuch: Nikolaus Nau und Valentin Dern, Ackers- und Hofleute vom Marienpforter-Hof, hatten eben eine Lieferung Schafe mit Herz abgerechnet. Nun lernten sie die ankommenden Gäste kennen und wurden zum Mittagessen eingeladen. Alle langten kräftig zu. Es wurde viel geredet, am meisten über das Thema der Zeit: die schlechten Verhältnisse, die Gefahren, die jetzt hinter jedem Busch und Strauch lauerten. Ihre Selbstschutztruppe hatten die Reisenden schon entlassen. Ihr Freund Isaak Weiler, dem sie am gleichen Morgen schon einen kurzen Besuch abgestattet hatten, war der Meinung gewesen,

»von Sobernheim bis nach Kreutznach [hätten sie] höchst wahrscheinlich nichts mehr zu befürchten«. Das hielt Herz für einen groben Fehler. Auch Nau meinte, daß es im »Weinsheimer Wald jenseits Böckelheim unsicher seie«. Er und Dern »kannten den schwarzen Peter und dessen Gesellschaft ganz genau«, ein Grund mehr für Herz, die beiden Bauern als Begleitschutz zu empfehlen. Die Reisenden boten einen Gulden Lohn. Nau sagte zu. Dern war auch nicht abgeneigt, hatte aber noch Geschäfte zu erledigen, und stellte, damit das Geld in der Familie blieb, seinen Sohn Ludwig als Vertreter in Aussicht. Nach dem Essen verabschiedete sich Dern, um Ludwig zu holen. Die anderen gingen noch zu Eisiks Bruder Wolf Herz. Er lag »sehr krank und unpäßlich« im Bett. Kannstatt untersuchte den Patienten und schrieb ein Rezept aus.

Nun war es höchste Zeit, endlich aus Sobernheim wegzukommen. Eisik ließ den Kutscher Prinz aus dem »Hirsch« rufen, trommelte die Reisegesellschaft zusammen; mittags um zwei Uhr war die Fuhre fast vollständig: Kannstatt, Reinach, dessen Bruder und Isaak Salomon fuhren, begleitet von Ludwig Dern, los. Auf dem Sobernheimer Marktplatz stieß Nau hinzu.

Der 5. Januar 1800 war ein unfreundlicher Wintertag, »sehr neblicht und dunkel«. Die Reisenden boten ihren Bewachern an, doch in der Kutsche Platz zu nehmen, aber Dern und Nau kannten das Gelände: Am Donberg, einer »beschwerlichen Anhöhe«, würden alle Passagiere ohnehin die Kutsche verlassen müssen. Die Steigung war zu steil, als daß die Pferde Ladung und Personen hätten hinaufziehen können. Je näher das Fahrzeug der kritischen Stelle kam, desto sumpfiger wurde der Boden.

In dem tiefen Schlamm sank Dern bei jedem Schritt ein, seine Sonntagsschuhe blieben im Dreck stecken. Er fragte nicht lange, sondern stieg hinten auf die Kutsche. Nau ging noch ein Stück zu Fuß weiter, dann wurde es auch ihm zuviel; er kletterte zu den anderen auf den Wagen. Das aber mißfiel dem Kutscher: »wenn sie Geld verdienen wollten«, sollten sie gefäl-

ligst absteigen, »zankte« er und knallte mit der Peitsche. Die
Bewacher gehorchten, und der Schlamm spritzte wieder auf.
»Wegen des großen Drecks« und »weilen der Kutscher sehr ge-
jagt«, hatten die Begleiter alle Mühe, »die Kutsche bei dem großen Nebel« überhaupt sehen zu können. Sie blieben stehen. An
der Stelle, »wo der Weg von Staudernheim nach dem Steinhar-
ter-Hof« abzweigte, verloren sie die Prinzsche Kutsche samt
Bagage und Insassen aus dem Blick. Nau und Dern hatten von
der Expedition genug. Sie machten sich auf den Heimweg und
liefen »über das Zwergfeld« zum Marienpforter-Hof. Dern traf
beim Nachhausekommen seinen Großvater in der Stube an
und sah auf die Uhr: Es war halb vier.

Um diese Zeit etwa war die Chaise noch »ohngefähr eine
Viertelstunde von Böckelheim« entfernt. Wenn er da erst einmal wäre, sagte der Kutscher, »so thäte er sich nicht mehr
fürchten«. Und Nau hatte unterwegs einen Verwandten empfohlen: »wenn sie zu Böckelheim wären und die Juden sich (immer noch) fürchteten«, würde sein Schwager, der dort wohne,
»mit ihnen nach Weinsheim gehen«, ein freundliches Angebot,
das möglicherweise nicht ernst gemeint war.

Plötzlich standen »fünf Kerls« vor der Kutsche. Ein Schuß
ging los, der Wagen hielt an, und der Schütze rief: »Heraus ihr
Juden aus der Chaise!«

»Unter den obwaltenden Umständen« blieb den Reisenden
nichts anderes übrig, als zu gehorchen. Und dann mußten sie
abliefern, was sie bei sich hatten. Reinach verlor: »an baarem
Geld sechs Karolins« in großen »Thalerstücken« und »zwei goldene Uhren mit goldenen Ketten« im Wert von vierzehn Louisdor; Kannstatt: »eine silberne Uhr mit einer stahlernen Kette
und vier Kronenthaler«; Salomon: »zwei Karolins an Geld und
ein Paar silberne Sporen«.

Mit dem Anführer war nicht gut Kirschen essen. Salomon
versuchte, auf ihn einzureden, ihn zu besänftigen, bekam aber
die Drohung zu hören, »wenn er ihn nicht ruhig lasse, [werde]
er ihn zusammen hauen«. So sahen die Überfallenen denn zu,
wie der Kommandeur zur Sache ging. Er schnitt die »auf der

Chaise aufgebundenen Koffer« ab, öffnete sie mit einem Beil und sackte ein: einen hechtgrauen sogenannten Wiener Rock mit Schleifen, zwei blaue englische Überröcke mit gesponnenen Knöpfen und schwarz sammeten Kragen und Aufschlägen, einen schwarzen, blauen und morenkopfenen Rock, eine Hose von Kasimir, Farbe meliert Silber, sogenannte Patenthosen, ein Paar Pantalons, Westen von Piquet, eine gelbe kasimierte Weste mit kleinen Blümchen, Nachtwesten, Flachshemden mit hebräischer Signatur, Unterhosen, Servietten, rote Schnupftücher, eine angerauchte Meerschaumpfeife mit Silberbeschlag und so weiter und so fort. Insgesamt bezifferten Kannstatt und seine Reisegefährten den Schaden auf einen Taxwert von mindestens einhundertvierundvierzig Gulden, zwanzig Kreuzer und vierzehn Karolin.

So selbstbewußt sich die Wegelagerer mit ihren Waffen, dem Warnschuß und ihrer Kleidung in Szene gesetzt hatten – einer von ihnen trug »Pantalons« und »eine große Balgkappe mit einem Fuchsschwanz« –, den Überfallenen war eines nicht verborgen geblieben: Die Räuber hatten »bei dem ganzen Vorgang dennoch Aengstlichkeit gezeigt, und ihnen [den Juden] bei dem Abschied in Hebräischem gesagt, daß es ihnen das Leben kosten würde, wenn sie von dem Vorgefallenen etwas sagten«. Dennoch: Die Generalprobe war bestanden. Mit »offenbarer Gewalt« konnte man auch »am hellen Tage auf der öffentlichen Strasse« Erfolg haben. Und nicht nur das. Vor allem das »Baldovern« hatte sich gelohnt: Vorsichtiges Taktieren, eine realistische Einschätzung der Lage zahlte sich aus. Und auch die Nacharbeit, das Untertauchen und Wegschaffen der Beute, ging glatt vonstatten. Da nutzten alle Personenbeschreibungen nichts, die die Reisenden zu Protokoll gaben, und nichts ihr Hinweis, Valentin Dern sei eine Stunde weg gewesen, bevor sein Sohn Ludwig zu ihnen stieß. Sie erklärten auch, als sie Sobernheim verließen, habe »ein alter Mann mit hellblauem Rock sehr starr nach ihnen und in die Chaise gesehen und sich darauf links das Thal hinauf nach der Gegend begeben, von welcher nach der Hand die Räuber hergekommen«. Das deutete zwar auf den Marienpforter-Hof, aber die Nachforschungen stießen ins Leere. Dabei gab sich der Friedensrichter des Kantons Sobernheim alle nur erdenkliche Mühe, gründliche Untersuchungen anstellen zu lassen. Gestützt auf Artikel 108 des Gesetzbuches erteilte er dem Agenten und Polizeikommissar der Gemeinde Waldböckelheim den Auftrag, mit »Hausuntersuchungsbefehl sich in die Wohnung, Scheuer, Stallungen, Speicher, Keller, Zimmer und übrigen Oerter ohne Ausnahme des Marienpforter-Hofs zu begeben, dieselben auf das genaueste und fleißigste zu visitieren, auszusuchen und sich alle etwa darinnen befindliche heimliche Gemächer, Oerter und Stellen zu erkundigen, alle Schränke, Kisten und Kasten sich öffnen zu lassen und alles dasjenige, was ihm verdächtig scheinen wird, in Beschlag zu nehmen, darüber zu verbalisiren und solches alles mit anher vor den gerichtlichen Polizeibeamten zu bringen«. Der Agent kam mit leeren Händen zurück und wußte so gut wie nichts zu berichten, nicht mehr jedenfalls, als daß er im Marienpforter-Hof »alle Zimmer, Keller, Speicher, Stallungen, Kisten und Schränke, alles untersucht, aber von erwähnten Effekten nicht das mindeste vorgefunden« habe. Das war auch unmöglich, denn Schinderhannes und seine Leute hatten diesmal »die Mühle des Bürgers Willmann bei Schmitthachenbach« zu ihrem Standquartier gewählt.

Kannstatt und Reinach versuchten mit allen Mitteln, die Polizei auf die Fährte der Räuber zu bringen. Zwei Tage, nachdem beide ihre ausführlichen Aussagen zu Protokoll gegeben hatten, und drei Tage nach dem Überfall hielten sie sich in Kreuznach auf. Was sie dort in einer Gesprächsrunde zusätzlich erfahren hatten, teilten sie am 8. Januar dem »juge de paix a Greutznach« Hexamer in einem gemeinsam unterzeichneten Brief mit. Dreimal hatten sie Seltsames, Verdächtiges, Belastendes zu Ohren bekommen.

Erstens: Am 7. Januar sei der »Marienpforterhofmann« – der sechsundsiebzigjährige Philipp Peter Dern, Naus Schwiegervater und Ludwigs Großvater – nach Kreuznach zu dem Advokaten Keibler gekommen. Das allein schon war auffällig. Keiblers

Tochter erzählte nun, ihr Vater habe Dern gefragt, »ob er nichts
von dem . . . [den Ausgeraubten] zugestoßenen Unglück gehört
hätte?« Darauf Dern: Ja, doch, »er hätte es von einem Schwein-
hirten gehört«, sonst wisse er nichts, denn »er wäre diesen Tag
[5. Januar] nicht vor seine Thüre gekommen«. Kannstatt und
Reinach glaubten Dern nicht. Vorschnell werteten sie dessen
Bemerkung als »wahren Beweis, daß er mit unter der Decke
stecken muß«. Dabei verwechselten sie Valentin Dern, mit dem
sie bei Herz zu Mittag gegessen hatten, mit dem alten Philipp
Peter Dern, der in der Tat zu Hause geblieben war.

Zweitens meinten Kannstatt und Reinach – und darin irrten
sie wahrscheinlich nicht –, dieser Dern sei nach Kreuznach zu
Keibler gekommen, »um sich zu erkundigen, ob wir es angeklagt [angezeigt]«.

Und: »Drittens gestand er [Dern] dort, daß der schwarze Peter sich öfters bei ihm aufhielte, aber er hätte ihn in sechs Wochen nicht gesehen, er wäre unsichtbar, wo er einen verborgenen Schrank hat, wo er die Kerls versteckt.«

Wie wohlhabend die ausgeraubten Personen waren, hatte
der Kreuznacher Friedensrichter zu den Akten genommen. Den
Überfallenen war dies offensichtlich peinlich. In einer Zeit, in
der viele Leute in ärmlichen Verhältnissen lebten, galten Menschen, die über soviel Geld, Kleidungs- und Schmuckstücke
wie Kannstatt und Reinach verfügten, sehr schnell als Schma-
rotzer und Blutsauger, zumal sie Juden waren. Der Gefahr, nun
auch von den Behörden als »Bourgeois« eingeschätzt zu werden, wollten sie entgegentreten. So schlossen sie ihren Brief
vom 8. Januar an Hexamer mit der Bemerkung:

»Wir bitten daher, nicht wegen unserm Verlust, sondern um
die Sicherheit der ganzen Gegend, nicht zu ermangeln, woran
wir nicht zweiflen, da wir bei unserer Gegenwart deutlich sahen, wie nahe Ihnen die Rettung unsers Haabes gieng, dieses
bald in Vollziehung zu bringen, wir werden unsern großen Verlust nicht das geringste bedauern, mit Freuden für das Opfer
der ganzen Gegend hingegeben haben, wenn diese Spitzbuben
gefangen und dem Gericht überliefert.

Mit wahrer Hochachtung und vieler Danksagung und ewiger Verpflichtung haben wir die Ehre zu seyn, Ihre ergebene Moyses Juda Kanstadt und Bär Jakob Reinach.«

Die Hoffnung, daß die Spitzbuben bald gestellt und dem Gericht überantwortet werden könnten, erwies sich als trügerisch. Ebenso wie das Eigentum der Juden unauffindbar blieb, waren auch dessen neue Besitzer wie vom Erdboden verschluckt. Aber schon fünf Tage nach dem Zwischenfall am Donberg schlugen sie erneut zu. Sie holten den Überfall in Otzweiler nach.

Heinrich Philippi, der Sohn des Bauern vom Welcherter-Hof, »soll einst mit der Tochter des Bürgers Peter Riegel von Otzweiler einen Umgang gehabt und nach derselben Hand getrachtet« haben; »allein [er] erhielt abschlägige Antwort, und die Tochter heurathete einen jungen Menschen von Limbach«. Diese einfache Liebesgeschichte hätte Schinderhannes wohl gleichgültig gelassen. Was sie ihm interessanter machte, war der Grund, warum Philippi als der Verschmähte dastand. Die Tochter war nämlich gezwungen worden, nein zu sagen. Ihr Vater galt als der Schuldige. Er sei es gewesen, der den Sohn vom Welcherter-Hof »getäuscht und seine Tochter an einen Andern vereheligt« habe. Riegel wird gewußt haben, warum er sich gegen diese Verbindung seiner Tochter mit Heinrich Philippi sperrte. Denn in Heinrichs Elternhaus gingen »oft mehrere Räuber« ein und aus. Da war es schon besser, sich nach einem solideren Schwiegersohn umzusehen. Aber Riegel hatte die Rechnung ohne Philippi gemacht. Dessen verschmähte Liebe schlug nun in »Rachegierde« gegen den Vater seiner Angebeteten um. Allein gegen Riegel vorzugehen, hatte der »Getäuschte« aber offenbar nicht den Mut. Also wandte er sich an Schinderhannes und dessen Kameraden, die allerdings zu einem bloßen Rachefeldzug kaum zu gewinnen gewesen wären. Sei es, daß er Wunschvorstellungen zum besten gab, sei es, daß er über die Vermögensverhältnisse Riegels Genaueres wußte, Philippi erzählte den Räubern, Riegel »habe neun hundert Gulden von der Gemeinde Krebsweiler empfangen, sein

Tochtermann [Heinrichs Nebenbuhler] habe fünfhundert Gulden beigebracht, und der alte Riegel müßte überdies auch noch viel Geld bei sich haben«. Das überzeugte Schinderhannes, und er ließ sich »aufmuntern«, »besagten Riegel zu bestehlen«.

In Kirchenbollenbach versammelte sich ein Teil der Bande, darunter der Feldschütz aus Dickesbach, Philipp Klein, »Husaren-Philipp« genannt, der sich noch besondere Verdienste um Schinderhannes erwerben sollte, und Carl Benzel. Schinderhannes sagte später zwar aus, Benzel habe beklagt, über keinen Heller zu verfügen. Doch dürfte noch etwas anderes hinzugekommen sein.

Carl Benzel, 1778 geboren, hatte früh Vater und Mutter verloren. Einem seiner Verteidiger vertraute er seinen erbarmungswürdigen Lebenslauf an: »In seiner Jugend von äußerst rechtschaffenen Lehrern unterrichtet«, mußte Benzel bald selber für seinen Lebensunterhalt aufkommen. Er arbeitete »bey mehreren Landleuten«, merkte aber, daß Seßhaftigkeit »und arbeitsame Lebensart sich nicht mit seinem unstäten und jovialischen Charakter [vertrugen]. Mit seiner Geige durchzog er als Bänkelspieler das Land.« Auf Kirchweihen die Tafeln aufschlagen und lange Balladen von großen Verbrechern singen, Neuigkeiten aus aller Welt unters Volk bringen, »erschröckliche« Geschichten aus England und China, Rußland und Polen, von Korsika und Sizilien, das war angenehmer, als den Acker zu »zackern«, Vieh zu hüten und Ställe zu misten. Auch bei Hochzeiten spielte Benzel auf, und das zahlte sich aus: Er machte »sich kein Gewissen daraus, Kleinigkeiten zu stehlen oder im Spiel zu betrügen«. Gewandt genug, nie auf frischer Tat ertappt zu werden, vertändelte er »den Erwerb seiner Prellereyen« mit Mädchen.

Wer auf Jahrmärkten auftrat, ständig unterwegs war und nicht selten auf abgelegenen Höfen übernachtete, der konnte leicht Johannes Bückler begegnen. Nächtelang lebten sie zusammen im gleichen Schlupfwinkel. Benzel empfand schon damals »eine Art Achtung« für Schinderhannes. Nichts war er-

strebenswerter, als »in seiner Gesellschaft auf den Raub auszu-
gehen«; er wollte »sein ganzes Leben lustig« zubringen, widerstand aber der Versuchung, »und zwar sey es die Liebe gewesen, die ihn 4 Jahre lang zurückgehalten habe, ein Räuber zu
werden«.

Ein Mädchen also, eines ehrbaren Mannes Tochter. Sie
warnte »ihn stets vor der Gesellschaft jener saubern Gesellen«,
beschwor ihn »oft mit thränenden Augen, ihrem Umgange
ganz zu entsagen«. Und er versprach, sich zu bessern, denn vor
ihr fürchtete er sich »mehr als vor seinem Gott«. Sobald aber
das Mädchen nicht zur Stelle war, schmolz der Schnee seiner
Schwüre. In diesen Tauwetterperioden stahl Benzel weiter, war
zugleich aber peinlich darauf bedacht, »daß Sie [keine] Wissen-
schaft davon« erhielt, und tröstete sich damit, »tagtäglich in der
Bibel« zu lesen, im Alten Testament, wo er eine beruhigende
Geschichte fand: »David, der auch ein großer Sünder gewesen,
sey am Ende doch noch zu hohen Ehren gelangt.« Die aber
blieben Benzel versagt. Sein zukünftiger Schwiegervater schlug
dem »liederlichen, übel berufenen Burschen« die »Hand seines
Mädchens« rundweg ab und versprach »sie mit einem Schmid
aus der Nachbarschaft«. Darüber verzweifelt, stahl Benzel
gleich in der folgenden Nacht zwei Hammel, stieß zu Benedums Birkenfelder Bande und wurde verhaftet. Aber er konnte
sich herauslügen: »Mit dem Freylassungs-Befehle in der Tasche« ging er geradewegs zu Schinderhannes, der ihn umarmte
und zu seinen Gesellen führte, »welche um ein Feuer gelegen
und Kartoffeln gebraten hätten. Bey dem Anblicke dieser fremden fürchterlichen Gesichter habe ihn ein Schauder überlaufen,
allein kaum habe er einen seiner Gespielen und Jugendfreunde
erblickt, so sey alle seine Furcht verschwunden, und bald wäre
er der ausgelassenste von Allen gewesen. Man habe ihm statt
seiner Geige, die er im Walde versteckt, einen Knüttel gegeben.« Dies geschah offenbar an dem Abend, an dem die Strafexpedition gegen Peter Riegel vorbereitet wurde.

Mag das nun Zufall gewesen sein oder nachträgliches Kalkül eines geschickten Advokaten, der auf verteidigungswirksame Effekte aus war – Carl Benzel und Heinrich Philippi waren Brüder im Leid. Aus vorenthaltener Liebe zu allem bereit, sorgte Benzel sogar für personelle Verstärkung. Er mobilisierte seine Freunde Jakob Benedum und Johannes Welsch; Adam N. Glaser kam hinzu und ein namenlos gebliebener Franzose; Carl Engers trieb noch Peter Dahlheimer auf. Sie trafen sich im Hause Heinrich Gimbels, besprachen das Nötigste und stellten zunächst einhellig fest, daß sie Hunger hatten.

Noch spätabends eine deftige Mahlzeit aufzutreiben, war für die Räuberelf eine Kleinigkeit. Um halb zehn klopften sie bei Michel Horbach an, dem »Müller in der sogenannten auf Schmitthachenbacher Bann gelegenen Antesmühle«. Horbach, der schon im Bett lag, schnell aufstand und im Dunkeln zum Fenster kam, erkannte als ersten den Schinderhannes und will noch ungefähr vierundzwanzig andere gezählt haben, eine Übertreibung wahrscheinlich, aber eine verständliche. Denn nun ging es hoch her. Die abendlichen Gäste gaben durch ihre »Forderung, daß er [Horbach] aufmachen solle«, zu erkennen, »daß ihre Absichten nicht von der besten Art« waren. Horbach öffnete und wollte Licht anzünden. Doch da reagierten die Burschen gereizt: ». . . selbige hätten dieses nicht zugelassen und gefordert, daß man ihnen Speck und Eier backen sollte.« Das Backen von Speck und Eiern ohne Licht dauert eine Weile, und die Räuber hatten wenig Zeit. Anna Elisabeth, Horbachs Frau, stand auf, zog sich an, ging in die Küche, schnitt Speck, nahm Mehl, holte Milch aus dem Keller, schürte den Herd und setzte den unruhigen hungrigen Burschen als Vorspeise Butter und Brot vor. Dann stellte sie plötzlich fest, es sei kein Salz im Haus – da aber machten Horbachs Gäste nicht mit. Also wurde Horbachs Schwiegersohn angewiesen, in Begleitung einer der Gäste zur sogenannten Fillmans Mühle zu gehen, um Salz zu besorgen – eine nicht ganz angenehme Aufgabe. Unterwegs nämlich erkannte Horbachs Schwiegersohn seinen Begleiter: Es war Gilchert, ein alter Bekannter. Vor kurzer Zeit noch waren sie beide Müllerkollegen gewesen. Horbachs Schwiegersohn wollte den Zufall ausnutzen. Er bat Gilchert darum, wenigstens er solle Vernunft annehmen und »ihm doch seine Kleidungsstücke nicht nehmen«. Diese Töne verbat sich der Angeredete. Er drohte Horbachs Schwiegersohn, ihn »auf der Stelle zu erschießen«, wenn er Gilchert für Gilchert »ansähe und solche Worte redete«.

Als der Salzvorrat auf der Antesmühle endlich aufgefrischt war, ging Anna Elisabeth daran, Eierkuchen zu backen. Sie hatte alle Hände voll zu tun, die Räuber langten kräftig zu. Je satter sie wurden, desto munterer führten sie sich auf, bedrohten die Horbachs mit Pistolen, erpreßten alles Geld, das im Haus war, rafften »Weiberkleidung, Strümpfe und Schuhe« zusammen – da fiel ein Schuß. Zum Beweis konnten die Horbachs am nächsten Tag auf ihren Plafond zeigen: In der Stube, die zu betreten man ihnen in der Nacht vorübergehend verboten hatte, war »das Loch von der Kugel noch in der Decke sichtbar«.

Dieser Schuß löste eine Keilerei unter den Räubern aus. Schinderhannes, der in dem Moment, als er abgefeuert wurde, nicht zugegen war, stürzte in die Stube und sah, daß Welsch und Glaser zornentbrannt einander gegenüberstanden. Was die beiden zur Weißglut getrieben hatte, blieb unklar. Jedenfalls hatte Welsch auf Glaser angelegt und in die Zimmerdecke geschossen. Seibert und Bückler »stellten die Ordnung wieder her, indem [sie] dem besagten Johann Welsch einige Hiebe gaben«, und zwar »etliche Streiche mit der Flinte, so daß er in Ohnmacht gefallen ist; es ward hiebei Blut vergossen«. Das kümmerte Schinderhannes wenig. Ungerührt nahm er das hin – und verheimlichte keineswegs, daß Welsch später »seinen Arm nicht mehr brauchen konnte«. Er machte sich auch keine Gedanken darüber, »ob [Welsch] an dem Kopf verwundet war«. Für Bückler kam es in der Antesmühle auf Ruhe und »Disziplin« an.

In der Nacht zum 11. Januar hingen noch immer Wolken über dem Land, aber es war kälter geworden, jetzt fiel Schnee. Am nächsten Morgen hat Anna Elisabeth Horbach »die Spuren von mehreren Menschen Fußtritten im Schnee wahrgenommen, welche das Wiesenthal von ihrer Mühle auf Otzweiler zuführt, und daß selbige [die elf Männer der vergangenen Nacht] es gewesen seien, hätte sie daraus erkannt, weil sie eine Schüssel, worin sie ihnen Pfannkuchen vorgetragen, unterwegs gefunden hätte«. Anna Elisabeth schauderte am 11. Januar noch und war voller »Schrecken und Aengstlichkeit«.

Derjenige, der dem Haus »des Bürgers Peter Riegel No. 4 zu Otzweiler« am nächsten wohnte, war der Munizipalagent der Gemeinde Otzweiler, Bürger Johannes Riegel. Er sagte aus: »Daß heut verwichene Nacht um ein Uhr sein Nachbar Jakob Riegel ihn aufgeweckt habe, wo zu gleicher Zeit er einen Flintenschuß gehört, und ihm derselbe gesagt, auf seine Frage: was zu thun sey? daß Spitzbuben und Räuber im Orte wären. Worauf sogleich im Orte Lärm gemacht worden, sich alle Leute mit bewaffneter Hand zusammen begeben, wo sie aber Niemand mehr in oder bei der Wohnung des Bürgers Peter Riegel, der verdächtig gewesen sei, angetroffen, wohl aber neben dessen Hause selbst todt durch einen Schuß auf der Erde liegend.« Riegel war durch einen Schuß aus einer Schrotflinte »auf der rechten Seite am Unterleibe« tödlich verletzt worden.

Außer dem Munizipalagenten und der Frau des Erschossenen hatte eine Nachbarin der Riegels, Maria Margaretha Schneider, einiges von der nächtlichen Aktion miterlebt. Daniel Heinrich schließlich sowie der Gemeindenachtwächter Karl Schüßler und die »bürgerliche Wache« (Privatwache) Jakob Nikodemus hatten es als ihre Pflicht angesehen, sofort zum Tatort zu eilen. Auch wenn sie keine Hilfe mehr leisten konnten, so waren sie doch wenigstens in der Lage, dem zuständigen Friedensrichter bei der Rekonstruktion des Tathergangs behilflich zu sein:

Im Haus »No. 4« schliefen alle, da wurde gegen ein Uhr an Fenster und Türen geklopft. Als erster wachte Konrad Bauer auf. Er fuhr aus dem Bett hoch. Gleich darauf hörte er von draußen Rufe: »Man [suche] verdächtige Leute.« Arglos wollte er den Irrtum klarstellen. Er öffnete die Haustür. Fünf Männer stürmten an ihm vorbei. Einen erkannte Bauer. Das muß Heinrich Philippi gewesen sein. Denn unmittelbar darauf wurde

Bauer »sehr übel behandelt und für todt zur Erde gestossen, wo er einige Augenblicke bewußtlos gelegen«. Wieder zu sich gekommen, rannte er blindlings davon. Ausgerechnet im Welcherter-Hof, in Heinrichs Elternhaus, suchte Konrad Schutz. Konrad Bauer war niemand anderer als jener »junge Mensch von Limbach«, Riegels Tochtermann.

Nachdem Konrad, nur mit einem Hemd bekleidet, in die Schneenacht entkommen war, fielen die Burschen über seine Schwiegermutter her und mißhandelten sie »durch Schläge und Stöße«, mit »Pistolen und sonstigen Instrumenten« – einer hatte sogar »ein Bajonet auf der Flinte«. Frau Riegel schrie um Hilfe. Sofort hielt ihr jemand den Mund zu und forderte Geld. In diesem Tumult sprang Peter Riegel aus dem Fenster der Nebenkammer – da hörte Frau Riegel »bei fünf Pistolenschüsse im Hausgange«. Unmittelbar nachdem Schüßler und Nikodemus diesen »großen Lärm vernommen«, liefen sie zu den Riegels. Auch Daniel Heinrich rannte zu dem »großen Aufruhr«, doch sie kamen zu spät, »indem während dieser Zeit eine Pfeife sich hören lassen, welche zum Abmarsche scheint gegangen zu seyn«. Ein »Trupp fremder Menschen« setzte sich »über den Berg« hinter Riegels Haus ab. Niemand erkannte die Fremden. Zum Abschied schrien sie: »Vom Fenster, oder es wird geschossen!«

Im Nachbarhaus stand die Schneider am offenen Fenster. Sie war neugierig und sah »einen nackten Menschen, an welchem mehrere fremde verdächtige Leute auf eine gewaltsame Art gewesen, auf dem Boden«. Schnell machte sie das Fenster wieder zu, da ging der letzte Schuß dieser Nacht los. Er traf die Schneider »auf ihre Brust«, doch stellte der Wundarzt Born fest, »besagte Wunde seie nicht gefährlich«.

So knapp die Otzweiler Zeugen aussagten, so zutreffend scheinen sie die Vorgänge geschildert zu haben. Denn Schinderhannes korrigierte in seinen späteren Aussagen kaum etwas. Er präzisierte nur einige Einzelheiten, um sich von der schwersten Tat der Nacht, dem Mord an Riegel, zu distanzieren. »Ich klopfte an der Thüre an.« Damit stand er allerdings als der Anführer fest, der für alles Folgende mitverantwortlich ge-

macht werden konnte. Auch für Peter Riegels Tod? Als dieser
Fall zur Erörterung anstand, versuchte Schinderhannes, seinen
Kopf aus der Schlinge zu ziehen: Mit Benzel und Engers sei er
ins Haus gegangen, »indem wir beschäftigt waren, ein Licht anzuzünden, hörte ich vor dem Haus einen Flintenschuß, ich
gieng sogleich hinaus und fand einen Mann aus dem Hause,
der von diesem Schuß getödtet worden«.

Stibiz gestand Schinderhannes sofort, den Schuß abgegeben
zu haben, und zwar »weil er [Riegel] ihn [Stibiz] gekannt und
mit Namen genannt hätte«. In dieser Nacht so kurz hintereinander gleich von zwei Leuten erkannt zu werden, das war zuviel für Stibiz. Da er von nun an damit rechnen mußte, daß
sein Name der Polizei bekannt würde, schien es ihm besser,
wenn nur ein Zeuge überlebte.

Anmerkungen zum Umgang mit der Wahrheit

*Am 7. September 1802 wurde Heinrich Philippi vom »Direktor der An-
klaggeschwornen des Bezirks Birkenfeld als [dem] gerichtlichen Polizei-
Beamten« Seyppel zu dem Otzweiler Vorfall und den Hintergründen
verhört. Philippi stellte rundweg alles in Abrede: Nicht er, sondern sein
Bruder Karl sei mit der Tochter Riegels befreundet gewesen. Mit
Schinderhannes sei er – Heinrich Philippi – nicht bekannt, also habe er
ihn auch nicht »aufgereizt«, Riegel zu bestehlen. Von den Riegelschen
Vermögensverhältnissen will Philippi nichts gewußt haben. Der Überfall
sei ihm erst »durch den Konrad, des Peter Riegels Tochtermann« bekannt geworden. Philippis Version stellt den wahrscheinlichen Sachver-
halt auf den Kopf: Er wohnte damals auf dem »Welgrotherhof« (Welcherter-Hof) und will in der fraglichen Nacht zu Hause gewesen sein;
Konrad kam »nackend« zu ihm; als er eintraf, will Philippi »ebenfalls
nakt nach Limburg [Limbach] ... [gelaufen sein], [um] des Riegels Verwandte davon [von dem Überfall] zu benachrichtigen, mit welchen ich
nach Otzweiler lief ... wären wir um fünfzehn Minuten eher gekommen, würden wir den Räuber [!] erwischt haben«.
Bei der Gegenüberstellung mit Philippi am 3. Dezember in Mainz be-*

stätigte Schinderhannes, Philippi zu kennen, und zwar habe er »in keinem andern Verhältniß [mit ihm gestanden]... ausgenommen dessen, was Bezug auf den Diebstahl zu Otzweiler hat«. Philippi dagegen bestand darauf, Bückler nicht zu kennen und »ihn niemals gesehen« zu haben. Er behauptete weiter, »daß alles, was er [Bückler]... gegen ihn [Philippi] ausgesagt hat, nur ein Gewebe von Muthmaßungen und abscheulichen Lügen ist«. Schinderhannes entgegnete, »daß er die Wahrheit gesagt... und keine Ursache habe, eine falsche Erklärung zur Ungunst des Heinrich Philippi zu machen, und daß er auf besagter Erklärung stehen bleibe und nichts daran zu mindern habe«. Bückler ging sogar noch weiter: »Philippi [war] von seiner [Bücklers] Seite beauftragt... ihm eine Flinte... zu kaufen: und daß er sie wirklich für eine Louisd'or gekauft habe.«

Unmittelbar nach der Tat floh Schinderhannes aus Otzweiler. Mit »solchen Leuten«, die ein Haus verwüstet und einen Menschen umgebracht hatten, wollte Bückler nichts mehr zu tun haben – so jedenfalls versuchte er, die Sache darzustellen. Doch wenige Tage später befand er sich noch immer in Gesellschaft von Benzel, Seibert, Blum und Gilchert. Selbst der Todesschütze Stibiz befand sich noch bei ihm, als »auf dem Weg zwischen Hene und Schwarzerden, in der Gegend von der sogenannten runden Buch[e], zwei Bauern von der Mosel« ahnungslos daherkamen. Etwa dreihundert Gulden wechselten die Besitzer. Auf Schloß (Ruine) Koppenstein wurde die Beute geteilt. Seibert und Blum gingen allein weiter; auch Benzel und Gilchert verließen Schinderhannes. Er mußte mit dem Mörder Stibiz vorliebnehmen. Mit ihm wechselte er zum erstenmal auf das rechte Rheinufer: »Der Abdecker von Bundenbach diente uns als Bote bis nach Bingen.«

Das »Eierkuchenzwischenspiel« auf der Antesmühle eingerechnet, war Bückler vom 24. November 1799 bis Mitte Januar 1800 in sechs Straftaten verwickelt. Daß er sich daher in ein Gebiet absetzte, in dem er nur schwer gefunden werden konnte, ist verständlich, daß er aber auf Stibiz' Kameradschaft angewiesen war, zeigt eine gewisse Isolierung. Die Behörden sahen in ihm nicht mehr irgendeinen Viehdieb, deren es viele gab, sondern stellten fest, er sei ein »Räuber, welcher ... Grausamkeiten verübt«. Und es ist verständlich, wenn es am Schluß des Otzweiler Verhörs heißt, die Bande setze »die ganze Gegend in Schrecken und Unsicherheit ... [und begehe] täglich Verbrechen«. Dagegen war der zuständige Friedensrichter des Kantons Grumbach völlig machtlos. Er konnte höheren Orts nur darum bitten, daß »schleunige Maaßregeln zur Vorbeugung künftiger ähnlicher Auftritte und zur Herstellung der allgemeinen persönlichen Lebens- und Eigenthumssicherheit ergriffen und verordnet werden mögen«.

Nachtrag zu einem Vater

Die treibende Kraft zum Mord an Peter Riegel war Heinrich Philippi; unterstützt wurde er unter anderem von Carl Benzel. Beide hatten eine Erfahrung gemeinsam: Väter hatten ihnen ihre Töchter verweigert. In eigener Sache reagierte Benzel darauf zunächst mit einem Diebstahl; der Fall Philippi/Riegel bot ihm die Möglichkeit, die Rache symbolisch zu wiederholen: Benzel wirkte tatkräftig am Zustandekommen der Tätergruppe mit und nahm am Sturm auf Riegels Haus teil. Schinderhannes ließ sich ebenfalls von Philippi »aufmuntern«; ob nur wegen Philippis mißglückter Liebesgeschichte, bleibt zweifelhaft; ihm scheint es mehr auf Riegels Geld angekommen zu sein. Wenn die Täter auch unterschiedlich motiviert waren – Schinderhannes machte ihre Sache zu der seinen: Er führte die über Riegel Empörten an. »Sie haßten den Vater«, heißt es in Freuds »Totem und Tabu«, »der ihrem Machtbedürfnis und ihren sexuellen Ansprüchen so mächtig im Wege stand ...«, töteten ihn, mißhandelten seine Familie und eine Nachbarin und demolierten sein Haus. So galt der Anschlag nicht nur einem einzelnen, sondern auch dem, was er repräsentierte: Haus, Besitz, Geborgenheit, Ordnung, familiäre Zusammengehörigkeit. Peter Riegel war ein individuelles – konkretes – Opfer, das stellvertretend für die Vätergeneration – abstrakt – hingerichtet wurde.

10
Flug über den Rhein

Wer im Januar 1800 in der Nähe von Bingen den Rhein über-
querte, verließ die »einige und untheilbare Franken-Republik«,
um in die »deutschen Reichslande« zu gelangen. Dazu mußte
er einen gültigen Paß oder ein vergleichbares amtlich beglau-
bigtes Papier vorweisen können, wie es etwa die Brüder Lucas
besaßen.

*»Vorzeigens dieses, daß der Bürgers Sohn Balthasar Lucas von Rießel-
bach wie auch der Bürgers Sohn Nikolaus Lucas, von daselbst Jungge-
sell, ihres Handwerks Maurersgesellen und wobei die zwei jungen Maurersgesellen gesinnet sind, um ihres Handwerks halber und um ihr Brod
zu verdienen, seind sie gesinnet über den Rhein zu gehen, um das Mau-
rers-Handwerk besser zu erlernen, und die Profeßion fortzutreiben, aber
wegen Aufenthalt des Kriegs und Feldzugs ohne Paß nicht fortzukom-
men seie, so haben beide obenangeführte Bursche bei mir Unterschriebe-
nen hiemit angezeigt um einen Paß oder Freischein, daß sie ohngehindert
und Auffenthalt frei paßiren werden können, welches ich hier mit eigner
Handunterschrift bescheinige und attestire der Wahrheit.*
Rießelbach am 9ten Julius 1798.
Unterschrieben: Balthasar Lucas, Silbernagel, Agent;
Gucker, Richter; Anschuez, Greffier mit Handzügen.«

An ein solches Reisedokument zu kommen, war Bückler und Stibiz nach dem Sturm auf das Haus Peter Riegels unmöglich. Wollten die Flüchtigen dennoch unbehelligt die französisch-deutsche Grenze passieren, so brauchten sie Helfer. Stibiz, der »die erste Idee« zu der heimlichen Rheinüberquerung hatte, sorgte für den nötigen Verbindungsmann: den Abdecker von Bundenbach, Christoph Schillinger, genannt Schinderstoffel. Von Bundenbach aus gingen die drei nach Schweppenhausen, übernachteten bei dem dortigen Abdecker und: »Andern Tags fuhren sie bey Geisenheim über den Rhein.«

Mehr ist über die erste Flucht dieser Art nicht überliefert, vor allem fehlen die Namen von Fischern oder Fährleuten, die die Überfahrt bewerkstelligten. Erst im Verlauf der nächsten Jahre, als es für Schinderhannes mehrmals dringend notwendig war, das linke mit dem rechten Rheinufer zu vertauschen, wurden die Helfershelfer bekannt, die dafür gesorgt haben, daß der Rhein Bücklers Strom, nicht seine Grenze war.

»Zu Eich und zu Hamm kommen die Spizbuben zusammen.« So zitierte Müller, der Friedensrichter des Kantons Bechtheim, in einem Brief den Volksmund, um dann fortzufahren: »Beide Orte zählen meistens ganz arme Leute, welche sich theils im Walde, theils auf dem Wasser ernähren; ihr rauhes Klima harmonirt mit ihrem Karakter; es zählet unter ihnen viele falsche und intrigante Menschen, die damit eine besondere Widerspenstigkeit gegen ihre vorgesezte Obrigkeit verbinden; die Maires finden in ihnen keine Unterstüzzung und keine Folgleistung, die Huissiers wagen es nicht, ohne bewaffnete Macht bei ihnen etwas zu vollziehen.«

Die »besondere Widerspenstigkeit« führte, wie Müller aufzählt, in Eich zur »Rebellion im sechsten Jahr [1797/98] gegen das Gesez über den Gottesdienst«, zu dem »Aufstand gegen den verlebten Agenten Trath in Hamm« und zum »Aufruhr im neunten Jahr [1800/01] gegen die Douanes [Zollstation] in Eich, worauf der Gemeinde zwei hundert Mann gegen Kost und Verpflegung zur surveillance eingelegt worden«. Diese Unterhaltskosten (surveillance) stellten eine spürbare wirtschaftliche Bela-

stung dar. Daraufhin sind viele Leute aus Eich »nach dem
Bayerlande« abgezogen, »wohin aber die Republik allen diesen
Spießgesellen glükliche Reise wünschen kann«.

Der Friedensrichter hatte allen Grund, auf die Eicher zornig
zu sein: Als er einmal mit Gendarmen in das Dorf kam, um einige Verdächtige zu verhaften und abzuführen, »ertönte [aus
dem Walde] Allarm, womit sie [die Eicher Bewohner] unsere
Caravane mit Hohn und Spott belegten«. Nach diesem Vorfall
machte der Friedensrichter energisch darauf aufmerksam, es
gehe unter keinen Umständen an, die Gendarmerie-Brigade
aufzulösen und in andere Städte zu verlegen, sondern im Gegenteil: Die Brigade müsse »wiederum zu fünf Mann ergänzet
werden ... indem sonst der Polizei-Beamte in diesem bevöl-
kerten und zumalen Gränz-Kanton, wo jeder Verfolgte zur
Stelle der Gerechtigkeit sich durch den Flug über den Rhein
entziehet, seine Schuldigkeit nicht thun könnte«.

In Eich und Hamm waren nur drei Gendarmen stationiert,
»wovon aber der eine Namens Venge wegen seinen offenen Füßen und Händen beinahe ganz dienstunfähig ist, so daß die
ganze Last auf den übrigen zwei beruht; und ohne hinlängliche
bewaffnete Macht bleibt der Vollzug solcher Operationen ein
pium desiderium [ein frommer Wunsch]!«

Erschwerend kam die lasche Einstellung des Eicher Bürgermeisters hinzu. Müller verzweifelte an dessen »Schlafsucht«;
»sein Muth [müsse] angefeuert werden«, berichtete der Friedensrichter, »denn die Gendarmen erzählten mir, daß er [der
Maire] ihnen geantwortet habe: ja! der Teufel! da kann man die
Finger verbrennen; kommt einer von den Spizbuben los, so
brennen sie einem Haus und Hof ab«. Und von dem katholi-
schen Pfarrer Negele erfuhr Müller, auch die Wächter von Eich
seien schon bei ihrem Bürgermeister vorstellig geworden, und
dessen Sekretär »hätte wollen die Anzeige machen; allein ein
Munizipalrath habe es mißraten, mit der Bemerkung: o! geht!
Laßt's seyn; was geht's uns an, da kommen wieder Soldaten,
und der Ort hat nichts als Kosten.«

Bei diesen Zuständen hatten es Bückler und seine Begleiter

leicht, gerade von Eich aus zum »Flug über den Rhein« zu starten, zumal sie im Laufe der Zeit Verbindung zu der Familie Seibel aufnahmen. Während der »besonders böse und verschlagene« Theodor Seibel und sein Bruder Adam, beide Fischer von Beruf, »dem Schinderhannes seine Passage hinüber und über den Rhein zurück befördern«, beherrschte »die alte Seibelin (eine wahre Xantippe)« den Familienclan. Sie tat sich als »steete Beherbergerin schlechten Lumpengesindels« hervor. Ihr Haus – das »maison de campagne für den Schinderhannes« – war sehr gut »gerade dazu geeignet, indem es alleine, in einem Eck, ganz nahe am Rhein« stand. Zu den Seibels gehörte noch »die Vagabundin, Anna Maria genannt«, eine in alle »Kniffe einer wahren Zigeunerin eingeweihte Dirne«. Wie die »Xantippe« Seibel versuchte Anna Maria, »généralement sich gegen alles mit der Unwissenheit und dem Wörtchen Nein zu schüzzen«.

Das Treiben dieser widerspenstigen »Bürger« veranlaßte Müller zu dem Stoßseufzer, daß »man Eich die Vendée heißt«.

Was wollte er damit sagen?

Am 11. März 1793 waren in der Vendée, einem Departement in Westfrankreich an der Küste des Atlantischen Ozeans, heftige gegenrevolutionäre Unruhen ausgebrochen. Sie erfaßten Teile West- und Südfrankreichs von der Normandie und der Bretagne bis in die Gegend von Bordeaux, breiteten sich über die Provence aus und drangen bis nach Lyon vor. Ausgelöst wurden die Unruhen durch die Politik der Revolutionsregierung: Aushebung von dreihunderttausend ledigen und verwitweten Männern zwischen achtzehn und vierzig Jahren und die Bestimmungen, nach denen den Eid verweigernde Priester rücksichtslos zu verfolgen waren. Hinzu kam die Schließung der übriggebliebenen Klöster, die Einschränkung des Gottesdienstes, die Hinrichtung des Königs. Andere Faktoren waren noch gravierender: so die Vernachlässigung der Landbevölkerung gegenüber dem revolutionären Bürgertum in den Städten, die von Paris ausgehende Bürokratisierung, die wirtschaftliche und verkehrstechnische Vernachlässigung der Provinzen, deren steuerliche Ausbeutung, die empfindliche Geldentwertung und das gleichzeitige Ansteigen der Getreidepreise: während in Paris der Brotpreis öffentlich subventioniert wurde (drei Sous pro Pfund bei Tageslöhnen von über vierzig Sous), kostete auf dem Land ein Pfund Brot sechs bis acht Sous bei einem durchschnittlichen Tagesverdienst von zwanzig Sous. Im Spätjahr 1793 konnten die Aufstände vorübergehend niedergeworfen werden, aber mit Guerillaaktionen hielten die Aufständischen noch jahrelang das Land in Atem. Deren erste Anführer gehörten dem unteren Stand an: ein Fuhrmann, ein Jagdhüter, ein ehemaliger Steuereinnehmer und ein Perückenmacher. Sie sammelten ihre Leute in Schlupfwinkeln, schlugen zu, entkamen wieder in neue Schlupfwinkel und legten sich Pseudonyme zu. Der französische Historiker Albert Soboul wertet den Vendée-Aufstand als »die gefährlichste Manifestation des Widerstandes gegen die Revolution und der Unzufriedenheit der bäuerlichen Massen«.

Wie effektiv sie agierten, zeigt eine Äußerung des damaligen Abgeordneten des Departements Lot, Jeanbon-St.-André: »Der Staat ist dem Untergang nahe, und wir können fast sicher sein, daß ihn nur die eiligsten und gewaltigsten Heilmittel retten können.« Um das Land unter Kontrolle zu bringen, setzte man Überwachungsausschüsse, die Revolutionskomitees, ein. Deren radikale Maßnahmen werden verständlich angesichts der zu bewältigenden Aufgabe: Es ging um die Verwirklichung der Demokratie. In den folgenden Jahren wurde zwar die Diktatur der Jakobiner zurückgedrängt (9. Thermidor/27. Juli 1794: Hinrichtung Robespierres, Saint-Justs und anderer am 28. Juli), und das Hartgeld trat wieder an die Stelle der völlig wertlosen Assignaten, der Papiergeldscheine, aber die sozialen Gegensätze erschienen nun nur um so krasser. Bettelei und Straßenraub auf der einen, der Protz der Neureichen auf der anderen Seite bei gleichzeitigen militärischen Erfolgen kennzeichneten die Zeit, bis 1796/97 General Hoche die Aufstände niederwarf. (1815 und 1830 erhoben sich die Vendéer erneut zugunsten der Bourbonen.)

Sind die Zustände um 1800 in den vier westdeutschen Departements denen in der Vendée vergleichbar? Darf man

Die Royalisten in der Vendée

Schinderhannes und seine Helfer mit den französischen Aufständischen in einem Atemzug nennen?

Äußerlich gesehen, in ihren Begleiterscheinungen (Guerillataktik, volkstümliche Pseudonyme), ähnelten die westdeutschen Verhältnisse den französischen. Hüben wie drüben waren Überfälle an der Tagesordnung; es wurde gestohlen,
erpreßt, mißhandelt, gemordet. Die französischen Bauern litten
Not, sie waren von den Wortführern der Revolution im Stich
gelassen worden.

Als sich die unterprivilegierten Massen auf dem Land erhoben, taten sie es aus Verzweiflung. Sie kämpften gegen die
neue Herrschaft, ohne sich darüber klar zu sein, daß das Ancien régime die gegenwärtige Misere verschuldet hatte.

Und wie stand es fünf, sechs, sieben Jahre später in West-

deutschland? Auch in den westdeutschen Provinzen herrschte
Not. Auch dort ging die Begeisterung für Freiheit und Gleichheit von den Städten aus. Auch dort hatten es, wie wir gesehen
haben, die Jakobiner auf dem Land schwer. Durch rasch wechselnde Besatzungen eingeschüchtert und orientierungslos geworden, zu Fourage- und Geldabgaben, zu zivilem und militäri-
schem Dienst in sich bekämpfenden Armeen gezwungen, war
die breite Masse arm und verbittert.

Wollten Schinderhannes und seine Komplicen diese Zustände verändern? Begriffen sie überhaupt den Umbruch ihrer
Zeit? Hatten sie auch nur die geringste Ahnung von den Chan-
cen, welche die neuen politischen Prinzipien mit sich brachten?

Von ihrem sozialen Status her wären die Abdecker, Tagelöhner, Holzhauer, Zimmerleute, Landstreicher, Bänkelsänger
dazu imstande gewesen. Aber welchen Erfolg versprachen sie
sich davon, armen Bauern das Vieh aus dem Stall zu holen?
Nicht alle Opfer waren ja so wohlhabend wie die Gebrüder
Stumm oder die Reisenden, die am Donberg überfallen wurden. Sollte mit diesen und ähnlichen Aktionen ein Zeichen gesetzt werden zur Rebellion gegen die »Capitalisten«?

Carl Benzels entwaffnendes Geständnis, ihm sei es darum zu
tun gewesen, »sein ganzes Leben lustig zuzubringen«, gilt für
die meisten Leute seines Schlages. Sie wollten möglichst reiche
Beute machen, um ihre Lebensweise beibehalten zu können.
Aus sozialer Benachteiligung folgte für diese Menschen kein –
wenn auch noch so primitives – klassenkämpferisches Programm. Sie praktizierten das Faustrecht. Schrecken zu verbrei-
ten gehörte zur Methode, die sich auszahlte.

Daß Müller, der Friedensrichter des Kantons Bechtheim, das
Dorf Eich samt Umgebung mit der Vendée verglich, ist vom
Standpunkt eines Beamten, der für die öffentliche Sicherheit
mitverantwortlich war, verständlich. Er wollte auf die katastro-
phale Lage an der Grenze aufmerksam machen, zumal er gewußt haben wird, daß sein Bericht nicht nur vom Mainzer Untersuchungsrichter gelesen wurde, sondern auch von dem, der
diesem Untersuchungsrichter den Ermittlungsauftrag erteilt

hatte: Es war der vormalige Abgeordnete des Departements Lot, Jeanbon-St.-André, Napoleons Musterpräfekt, der »General-Regierungs-Kommissär in den vier neuen Departementen des linken Rheinufers«. Ihm, dem Spezialisten in Sachen konterrevolutionärer Massenaufstände, sollte drastisch vor Augen geführt werden, was die Glocke in Westdeutschland geschlagen hatte. Im Rückblick auf diese gefährliche Zeit korrigierte ein Frankfurter Journalist den Vergleich des Friedensrichters: Der Berichterstatter hob die Methode der Räuber, »ganze Districte ... zur Räuberhöhle« gemacht zu haben, hervor; wies darauf hin, daß »Menschen aller Art [den Räubern als] Gehülfen« gedient und daß sie in »Häusern jeder Art ... Zuflucht« gefunden hätten. »Das ist es auch, was ihren Anführer [Schinderhannes], bey allem Mangel von Genie, so gefährlich und berüchtigt machte.« Doch da er weder »Genie« besessen habe, noch »ein kühner Anführer« gewesen sei, habe er auch »aus seiner Gegend [keine] Vendée schaffen können«.

11

Von einer schönen Uhr, einem Bibelleser und einem verliebten Räuber

Schinderhannes war zu Anfang des Jahres 1800 darauf bedacht, vorübergehend auf der rechten Rheinseite unterzutauchen. Hilfe erhielt er von denen, die eng mit ihm verbunden waren: Wo immer er sich blicken ließ – bei Abdeckerfamilien, die »in den meisten Staaten ganz enge zusammen hielten« –, fand er Unterschlupf und »brachte sogar eine Geliebte zurück, die ihn aber kaum gefesselt hatte, als er sie schon wieder entließ«.

Angaben darüber, was Schinderhannes im Frühjahr 1800 trieb, fehlen so gut wie ganz. Weder sind aus dieser Zeit besondere Aktionen überliefert, noch gibt es nähere Hinweise auf die »rechtsrheinische Geliebte«. Fest steht nur, daß er etwa Anfang März in Begleitung eines Mädchens in seine Heimat zurückkehrte. Das war einerseits dringend notwendig, weil Schinderhannes nur dort neue Raubzüge plante und ausführte, wo er sich auskannte, wo Helfer zu gewinnen waren und ihm Unterschlupf gewährten. Andererseits aber wurde er dort steckbrieflich gesucht. Er ging das Risiko ein und traf Carl Benzel wieder.

Der kannte sich in der Umgebung von Baumholder, Birkenfeld, Kusel und Rhaunen besonders gut aus und machte Schinderhannes »den Vorschlag, daß wir uns in die Gegend von Birkenfeld begeben wollten«. In Birkenfeld nämlich war Markt. »Bürger Löb von Bliesbrücken« wurde erwartet. Er war dafür bekannt, »daß er gewöhnlich viel Geld bei sich hatte«.

Zuerst aber, am 12. März, liefen den beiden zwischen Bergen und Herrstein Juliana Schillermann, die von ihrem Sohn begleitet wurde, und Maria Elisabeth Fritsch über den Weg. ». . . eine Doße von Schilkrot mit Beschläg von vergoldetem Silber [und] ein schwarzes seidenes Halstuch« wechselten die Besitzer, doch: ». . . wir haben Geld nicht bekommen.«

Am 13. März versteckten sich Benzel und Bückler, nicht weit von Baumholder entfernt, in einem Wald, die »Winterhauch« genannt. Herz Löb, Hirsch Löb, Jakob Seligmann, Herz Göttschlick, Friedrich Bender, Johann Adam Schneider, Karl und Johannes Schwenk und andere kamen vom Baumholder Markt zurück. Herz Löb und Bender trieben Ochsen vor sich her. Sie zogen den anderen »eine ziemliche Strecke voraus« und waren schon »zweihundert Schritte in der Winterhauch«, da sprangen plötzlich »zwei verdächtige Kerls aus den Hecken heraus«. Herz wurde barsch angewiesen, zu warten. Bender ging weiter. Herz bekam Angst. Einen der Burschen hatte er schon gesehen: Er trug »einen blauen Lückerkittel und eine graue Zottelmütze über das linke Auge hereingedrückt«. Als er sie kurz aus dem Gesicht zog, erkannte Herz an dem »scheelen Aug« den ihm »sehr bekannten Karl Benzel«, den Schrecken der Gegend.

Das »scheele Aug« nur notdürftig verdeckt, baute er sich vor Herz Löb auf, hob die geladene Flinte und zielte. Herz schrie um Hilfe. Bender kam zurück. Da zog der andere Räuber eine Pistole. Herz kannte ihn nicht, sah nur, daß er »einen dreieckigten Hut« trug, und hörte, wie er Bender anbrüllte: »Marsch, fort! Mit diesem da habe ich abzurechnen.« Der Hutträger gab den Ton an. Herz wollte nichts hergeben und redete sich heraus, er hätte nichts bei sich, keine Geschäfte gemacht, die schlechten Zeiten . . . Da griff der mit dem Hut zu, riß Herz »den Wammes auf« und sah »seine Gurte nebst dem Geld, ohngefähr in sieben Louisd'or Münz«, die zur Hälfte jetzt ihm gehörten; der Rest war für Benzel.

Als nächste kamen Jakob Seligmann und sein Sohn. Schneider, Schwenk und Leiser begleiteten sie. Wieder richtete der scheele Benzel seine Flinte »mit gespanntem Hahnen« auf die Reisenden. Schinderhannes trennte Juden und Christen: »Ihr

Bauern geht eurer Wege, sonst schiesse ich euch auf die Rippen, und ihr Juden bleibt stehen, wir wollen Rechnung mit einander halten!« Er durchsuchte Seligmann. Fünf Gulden fand Schinderhannes bei dem Vater, nur zwei bei dem Sohn: »Dich soll ein Kreuzdonnerwetter erschlagen, wenn du nicht mehr Geld bei dir hast als so viel.« Aber er mußte sich zufriedengeben. Auch Seligmanns Geschäfte waren schlecht gewesen.

Herz Göttschlick und Isaak Sender schließlich, die als letzte den Winterhauchwald passieren wollten, wurden um ihre silbernen Uhren erleichtert. Göttschlick wehrte sich, bekam die Pistole auf die Brust gesetzt, Schinderhannes riß ihm die Hosen auf und fand tatsächlich »einen Achtkopfstücks-Thaler«. Erbost darüber, daß der Überfall nicht mehr eingetragen hatte, gab er Göttschlick »einige derbe Ohrfeigen« und setzte sich mit Benzel nach Frohnhausen ab.

Mitten im Ort begegneten ihnen einige der Juden wieder. Hirsch Löb wagte es, geradenwegs auf Schinderhannes zuzugehen. Er bat darum, »sie sollten seinem Bruder [Herz Löb] doch das viele Geld wiedergeben oder höchstens nur drei Karolins davon behalten«. Schinderhannes blieb unerbittlich. Er forderte sogar »noch drei Karolins dazu«, aber die Juden liefen ins Wirtshaus. Den Räubern blieb nichts anderes übrig, als »unter Fluchen und Schelten zum anderen Ende des Dorfs« hinauszugehen.

Von allen, die in der Winterhauch überfallen worden waren, hatte nur Herz Göttschlick, die Pistole vor Augen und mit aufgerissener Hose dastehend, den Hutträger erkannt. Mendel Hayum aus Oberstein brachte den Stein ins Rollen. »Durch das öffentliche Gerücht« hatte er von Göttschlicks Mißgeschick gehört. Vier Wochen danach kehrte Hayum mit seinem Vater in einem der Wirtshäuser in Mörschied ein. Daß »Johann Bückler der Vater« auch in der Gaststube saß, sah Hayum sofort. Hayum flegelte sich am Tisch herum, prostete seinem Vater zu und tat dann etwas völlig Harmloses: Er zog seine Uhr aus der Tasche. Das hatte der alte Bückler beobachtet. Unauffällig stand er auf, kam heran und fragte nicht etwa, wie spät es sei. Der alte Bückler sagte: »Da hast du ja eine schöne Uhr.« Hayum nickte und antwortete: »Kauft mir die Uhr ab, denn ich brauche Geld.« Davon wollte der alte Bückler nichts wissen, doch das Thema ließ ihm keine Ruhe. Jetzt zog auch er eine Uhr aus der Tasche und zeigte sie Hayum: »Ich will dir eine schönere verkaufen.« Hayum hatte sein Ziel erreicht: Gleich erkannte er die Uhr des alten Bückler »für die dem Herz Göttschlick geraubt gewordene«. Auf hebräisch flüsterte er seinem Vater etwas zu, aber der wollte nichts hören: In der gleichen Sprache fuhr er den Sohn an, still zu sein, er solle »nicht so kühn [sein], sich mit denen Bücklern in ein Geschäft einzulassen«. Als kurz darauf andere Leute die Gaststube betraten, steckte der alte Bückler die Uhr »gleich wieder in den Sack«, und bei nächster Gelegenheit besuchte Mendel Hayum den Herz Göttschlick und erzählte ihm von der Mörschieder Begegnung.

Herz Göttschlick hing an dem kleinen englischen »Uhrchen mit zwei silbernen Kapseln, einem weißen Zifferblatt, ordinairen Ziffern und schwarzen Zeigern, an welcher Uhr ein schwarzes Band angebracht, woran unten ein Uhrschlüssel von Tombach und zwei kleine Muschelcher hangen«. Göttschlick wollte diese Uhr partout wiederhaben, selbst wenn er sie zurückkaufen mußte.

Lemmel Göttschlick, ein Verwandter von Herz, riet entschieden ab. Zum einen würde der alte Bückler unverschämt werden und mehr für die Uhr verlangen, als sie gekostet habe. Zum anderen aber – und das war dem stolzen Lemmel weitaus wichtiger: Wenn Herz »sich weiters um diese Uhr bemühen sollte«, dann werte er die beiden Bücklers ungebührlich auf. Was nämlich würden Schinderhannes und sein Vater bestätigt bekommen? Worauf der Sohn schon seit langem hinarbeite: daß »sich vorzüglich die Juden allzuviel vor den Bückler[s] fürchtet[en]«.

Diese Bedenken hielt Herz Göttschlick für übertrieben, und so machte er sich auf den Weg nach Veitsrodt zum alten Bückler. Der war nicht zu Hause. Also erklärte Göttschlick dessen Frau, warum er gekommen sei. Daß ihr Sohn in der Winterhauch … Ja, ja, unterbrach ihn die Bücklerin, sie habe »zwar eine Sackuhr bei ihrem Mann gesehen, wisse aber nicht ob es die nämliche seie. Sie wolle [sich] an ihren Mann machen, daß er [Göttschlick] seine Uhr wieder erhalte, wenn ihr Ehemann helfen könne.« Er konnte. Kaum war er zur Tür hereingekommen, wußte er auch schon Bescheid. Die Uhr? Freilich, er erinnerte sich; die habe er besessen, aber schon wieder »abgegeben«. Als Göttschlick nun klarstellte, daß es sich um sein Eigentum handle, das Schinderhannes gestohlen habe, konterte der alte Bückler, zuerst müsse Göttschlick »diese ihm geraubt gewordene Uhr genau signalisiren«. Göttschlick tat das, und Bückler schien einzulenken: Einem »guten Freund« wolle er den Gefallen tun, daß er wieder an sein Eigentum komme, fragte dann aber, »was er dann für die Uhr gebe«. Göttschlick brach das Gespräch ab, gab seinen Plan aber nicht auf. Von zwei anderen Leuten darüber informiert, der Alte besitze die Uhr noch immer, ging er zu dessen Schwester, erzählte ihr die Geschichte und machte schließlich das Angebot, er wolle die Uhr bezahlen. Zwei Wochen später kam der Bescheid, das Corpus delicti habe sich gefunden; er möge kommen; in Bücklers Behausung könne der Handel abgeschlossen werden.

Sofort ging Göttschlick ein zweites Mal nach Veitsrodt, sah die Uhr, erfuhr vom alten Bückler, er habe sie »von einem Mann« – von welchem, blieb unklar – »für drei neue Thaler und ein Hemd erkaufet, für welches Geld er die Uhr bekommen könne«. Göttschlick bekam sie: »Drei brabänter Thaler und Geld für eine Bouteille Wein« (zwölf Batzen) legte er auf den Tisch, nahm seine Uhr und hörte noch, wie »Bücklers Ehefrau sehr über ihren Sohn, den Schinderhannes, raisonnirte, daß er ihn [Göttschlick] bestohlen hätte, weil sie doch Nachbarn seien«. Was sie auch reden mochte, der Ausgeraubte war zufrieden – Göttschlick, der Uhrennarr, dem Lemmel nie etwas beibringen würde.

Der Viehhändler Jakob Simon dagegen verhielt sich da anders: Er war »auf dem Markt zu Berg«, als Schinderhannes plötzlich erkannt wurde. Wie ein Lauffeuer breitete sich die Nachricht aus. Simon benachrichtigte den nächstbesten Gen-

darmen, »da er ihn [Bückler] nun nicht selbsten habe ergreifen
können«. Um mit »desto geschwinderer Nacheile« den Judenfeind zu erwischen, schnitt Simon kurzerhand ein Pferd von einem Zaun, der Gendarm sprang auf, ritt los, aber Schinderhannes entkam.

Dieser Zwischenfall sollte noch Folgen haben, denn als der
alte Bückler den Birkenfelder Markt besuchte und zufällig Jakob Simon entdeckte, machte er sich an ihn heran, sprach ein
paar Worte mit ihm. Beiläufig stellte er fest, Simon sei also derjenige, der Schinderhannes habe verraten wollen: Deshalb
würde er von seinem Sohn »die Zunge aus dem Hals geschnitten erhalten oder todt geschossen werden, wenn er mit ihm, Johann Bückler dem Vater, sich nicht abfinden und demselben
nicht längstens in drei Tagen zehn Carolin zahlen würde«. Ge-
schähe das, müsse Simon sich durch Schinderhannes »fortan
auf keine Weise mehr beunruhigt« fühlen. Und weil der alte
Bückler auch seinen Reibach machen wollte, forderte er gleich
zehn Luisdor für sich, dann werde Simon »von Schinderhannes
nichts Uebles widerfahren«.

Simon lehnte empört ab. Wenn Schinderhannes etwas von
ihm wolle, möge er selbst zu ihm kommen. Der Viehhändler
hatte nicht den Eindruck, dem Burschen irgend etwas zu schulden. Einer Begegnung mit ihm sah er gelassen entgegen. Er
würde eine Waffe zur Hand haben und Gendarmen in sein
Haus bestellen: Dem jungen Bückler sollte es nicht anders ergehen als Peter Zughetto, der »mit einem Weibsbild durch
seine [Simons] Einleitung in seinem Wohnhaus arretirt worden« war. So scheiterte dieses Erpressungsmanöver des alten
Bückler. Murrend und Drohungen ausstoßend, verschwand er
vom Birkenfelder Markt.

Zu dieser Zeit saß Schinderhannes mit Benzel im Eckerswei-
ler Wirtshaus. Die beiden waren unzertrennlich geworden.
Benzel brauchte jemanden, an den er sich halten konnte;
Schinderhannes hatte einen Helfer nötig, auf den Verlaß war.
Sie nahmen sich vor, »alle Kaufleute, die von diesem [dem Bir-
kenfelder] Markte zurück kämen, zu berauben«. Es würden

nicht gerade wenige sein. Deshalb brauchten sie dringend Verstärkung. »Karl Benzel schikte einen Expressen an Jakob Benedum« mit der Aufforderung, sich zur »Neubrük zwischen Birkenfeld und Wolfersweiler zu verfügen. Benedum kam wirklich mit zween andern: sie waren alle mit Schiesgewehr bewaffnet.«

Benedum, neunundzwanzig Jahre alt und schon vom Sturm auf das Birkenfelder Schloß her bekannt, trieb »sich ohne Nahrungszweig« herum und »durchstreifte mit fahrendem Gesindel und verdächtigen Gesellen das Land«.

»Dieser verschlossene, tückische, unternehmende und zugleich freche Mensch, voll von der äußerst niedrigsten Grausamkeit, war schon lange der Schrecken der ganzen Gegend.« In der Birkenfelder Bande stand er inzwischen obenan. Benzel, »ein Zögling aus dieser Schule«, wußte genau, mit wem er sich einließ. Auf Benedums Konto gingen haarsträubende Überfälle: Die personelle Zusammensetzung seiner Bande suchte ihresgleichen. »Wer kennt nicht«, berichtet Becker, »die empörende Geschichte der Beraubung des Receveurs von Kusel, der, nachdem der ihn begleitende Gendarm das Feld geräumt hatte, sich lange mit der Bande herumtrieb?«

Zu dem »Ruf«, den der Name Schinderhannes inzwischen besaß, kam nun die Erfahrung des Älteren hinzu. »Der Plaz«, sagte Schinderhannes, »welchen wir zu Begehung dieses Diebstahls [im Wald bei Neubrücke] gewählt hatten, war ein enger Weg. Unsere Absicht war, die ganze Caravane vorbeigehen zu lassen. Ich sollte sie am Ausgang dieses Eng-Wegs erwarten, und wann ich riefe: Halt!, sollten die anderen, die sich im Hinterhalt hielten, ihnen den Rükzug versperren.«

Zehn Männer kamen am 19. März um die Mittagszeit an die bezeichnete Stelle: sechs Juden und vier Bauern oder Metzger. Ungehindert konnten die Reisenden in den Hohlweg gehen, bis Schinderhannes sah, daß »der Jud Löb von Bliesbrücken und sein Sohn diese Reihe« schlossen. Tatsächlich waren es Joseph Samuel Falk und sein Sohn, die zu Pferd unterwegs waren. Verabredungsgemäß rief Schinderhannes »Halt!«, mußte aber feststellen, daß sich die Falks nicht einschüchtern ließen. Sie waren bewaffnet und »machten Miene, einen Widerstand leisten zu wollen«. In diesem Moment rannten die anderen Räuber herbei, und »die Juden, als sie sich von beiden Seiten angegriffen sahen, spornten ihre Pferde und ritten davon«. Benzel schoß hinter ihnen her, verfehlte aber sein Ziel. Und Benedum, an Receveurs gewöhnt, die mit ihm zogen, und enttäuscht über das sich abzeichnende Fiasko, griff wahllos zu, erwischte »einen Christen und gab ihm Stokstreiche«. Während die Durchsuchung der zu Fuß gehenden Juden keinen Kreuzer einbrachte, gab »einer der Metzger freiwillig eine Louisd'or«. Auf dem Rückweg trafen die Räuber einen weiteren Metzger, dem sie »etliche Gulden nahmen« – alles in allem auch dies ein mageres Ergebnis, das den Aufwand nicht gelohnt hatte, und so trennte man sich wieder.

Am 27. März lagen Schinderhannes und Benzel zwischen Waldböckelheim und dem Steinhardter-Hof, »oben am Kißwald«, erneut in Wartestellung. Sie lauerten rückkreisenden Handelsleuten vom Kreuznacher Markt auf; nur einer ging ihnen ins Netz: der auf einem Pferd daherkommende »Jud Schmul [Samuel] von Sobernheim«, mit bürgerlichem Namen Samuel Ely.

Kaum hatte Schinderhannes ihn ausgemacht, feuerte er einen Warnschuß ab. Elys Pferd scheute, der Reiter stürzte. Sofort war ihm klar, daß er nicht ungeschröpft davonkommen werde, und er zahlte »aus gutem Willen eine Summe von eilf Gulden«. Schinderhannes sah dabei, daß der Jude noch mehr Geld in der Tasche hatte, »brauchte dann Gewalt gegen ihn und zog aus seinen Hosen« noch einmal zwölf oder dreizehn Louisdor, sprang auf das Pferd und galoppierte davon. Das brachte den Beraubten in Rage. Er »schrie wie ein Rasender«. Der zurückbleibende Benzel hatte alle Mühe, Ely »Stillschweigen auf[zu]erlegen«. Dieser hörte aber nicht auf, »immer um Hilfe« zu schreien. Benzel brachte den aufgebrachten Ely schließlich mit zwei Schüssen zur Raison und rannte hinter Bückler her. Der achtete nicht darauf, ob der Jude verletzt war, »weilen

Leute auf dem an den Wald gränzenden Felde waren, so verließ ich das Pferd, welches der Jud gleich ergriff«.

Unter den Leuten auf dem Feld waren der Schweinehirt Peter Kost und Johannes Maurer, Bauer und Eigentümer des Steinhardter-Hofs.

In der Nähe des Tatorts war Kost damit beschäftigt, »den Kornacker am Weg hin [zuzumachen], damit das Viehe nicht darüber liefe«. Er beobachtete den Überfall genau. Nachdem Ely beraubt worden war und »Hilf herbei! Hilf herbei! – O Gott! O Gott! Hilf! Hilf!« schrie, rührte Kost sich nicht. Und er rührte sich auch dann noch nicht, als Benzel die Schüsse abgab. Ely blutete und schrie noch einmal um Hilfe. Der Schweinehirt blieb regungslos stehen und entschuldigte sich später damit, »er könne sich [doch] nicht krumm und lahm schießen lassen«.

Auch Johannes Maurer ließ Ely im Stich. Glatt schlug der Bauer dem Überfallenen die Bitte ab, »die Spitzbuben fangen [zu] helfen«. Das »möchte [er] ihm [doch] nicht zumuthen«. Ely verfolgte die Räuber allein, mußte aber der starken Schmerzen wegen aufgeben und ritt zum Steinhardter-Hof. Maurer, inzwischen nach Hause gekommen, ließ Ely ein. Der zeigte dem Bauern »mit Herabziehung der . . . Hosen . . . wie er auf den rechten Schenkel getroffen worden seie«. Maurer sah »Löcherchen in der Breite einer Erbse«; Elys Hemd war voll Blut, sein Rock durchsiebt von Einschüssen. Der Bauer zeigte sich besorgt: In diesem Zustand »hätte [Ely den Räubern] nicht sollen nachreiten«. Der Verletzte schwieg, zog die Hose hoch und ritt nach Hause. »Über viele Schmerzen klagend«, mußte er das Bett hüten. Den Friedensrichter Manz, der am nächsten Tag zu ihm kam und die Aussage protokollieren wollte, bat er, sich mit der schon erstatteten Anzeige zu begnügen, »indem es ihm alles zu wiederholen beschwerlich falle«. Manz sah das ein und fragte nur nach dem Aussehen der Räuber. Ely kannte sie nicht. Er erinnerte sich nur, »beide hätten dreieckigte Hüte auf[gehabt]«. Manz war damit vorläufig zufrieden. Wenn der Verletzte wieder zu Kräften gekommen war, konnte das Verhör in der gebotenen Ausführlichkeit nachgeholt werden, zumal die Wunde nicht gefährlich zu sein schien.

Schinderhannes und Benzel teilten im Sobernheimer Wald die Beute, blieben aber zusammen. Offenbar fühlten sie sich ihrer Sache so sicher, daß sie mit der alten Regel brachen, sich nach einem Raub vorübergehend zu trennen. In Lauschied übernachteten beide bei Johannes Leyendecker, von dem bald ausführlicher zu reden sein wird. Einstweilen mit Geld versorgt, wandten sie sich nun den angenehmen Seiten des Lebens zu: Benzel der »Anna Maria Schäfer von Waldbrück« und Schinderhannes einer »Namens Catherine, Tochter des alten Schuhmachers«.

Was sich dann am 12. April ereignete, kam erst in der öffentlichen Gerichtsverhandlung ans Tageslicht. Der Prozeßberichterstatter der *Mainzer Zeitung* und Johann Nicolaus Becker haben die Vorgänge überliefert. Beide Versionen sollen hier angeführt werden.

Becker schreibt: »Am 22. Germinal J. 8 [am 12. April 1800] machten Adam und sein Brigadier die Runde im Canton Kirn.« Dabei kamen sie auch zum »Ayener-Hof, der am Ende des Sohnwaldes zu einer Retraite äußerst bequem liegt. Adam erhielt von seinem Brigadier Befehl, hineinzugehen, während dieser mit seinem Pferde eine Strecke davon im Walde halten blieb.« Nach Becker betrat Adam, »in diesem Augenblicke« nichts ahnend »und ohne sich weiter in Fassung zu setzen«, das Haus. Er öffnete die Stubentür: »Da lag Schinderhannes in einer weißen Schlafkappe hinter dem Tische auf einer Bank; Benzel saß am Tische und las in der Bibel.« Was die Beschäftigung der beiden angeht, so sind sich Becker und der Prozeßberichterstatter einig. Der Journalist der *Mainzer Zeitung* behauptet aber: »Schinderhannes sas [mit Benzel] an einem Tische.« Und der Journalist weiß auch, daß sie »sich wechselseitig ihre Bemerkungen über die gelesenen Stellen mittheilten«. Becker schreibt: »Zwey Maitressen drehten das Spinnrad.« Das wiederum läßt der Journalist aus. Dafür weiß er, daß »ein Gendarme« von der Bibellektüre, »dieser andächtigen Leseübung, unterrichtet« war. Nichts davon bei Becker. Während er Adam »ganz gelassen die Thüre hinter sich« schließen, »vor den Räu-

ber« treten und diesen auffordern läßt, »mitzugehen«, wobei er
»ihn an der Gurgel« packte, sprang der Gendarm laut *Mainzer
Zeitung* in die Stube, »benutzte den weherlosen Zustand« der
frommen Leser dazu, sie »bei der Kehle« zu fassen und zu rufen: »Ergebt euch, Spitzbuben!« »Schinderhannes schrie um
Hilfe«, schreibt Becker, und weiter: »Nun erst sprang Benzel
auf, der ganz ruhig bey seiner Bibel sitzen geblieben war, um
seinen Hauptmann zu retten. Adam packte auch ihn«, und es
begann eine Keilerei. Der Gendarm schrie »aus allen Kräften
nach seinem Brigadier«. Auch laut *Mainzer Zeitung* rief er:
»Holla! Wachtmeister! Gendarmen, hieher!« Der Brigadier aber
ließ sich nicht blicken: sei es, »dieser hörte nicht«, sei es, er
»wollte nicht hören« (Becker). Schinderhannes hat dazu nach
der *Mainzer Zeitung* im Gerichtssaal gesagt: »Da ich bemerkte,
daß niemand kommen wollte, dachte ich, drausen mögen mir
auch wenig Wachtmeister und Gendarmen seyn, schleuderte
den Gendarmen und Benzel auf den Boden von mir weg und
sprang zum Fenster hinaus ins Weite.« Nach Becker »dauerte
der ungleiche Kampf« etwa eine Viertelstunde. Dann erst
machte sich Schinderhannes »mit Benzels Hülfe aus Adams
Händen los, streifte seinen Wammes ab, trat ein Fenster ein
und sprang hinaus«. Adam hatte währenddessen die Stubentür
»mit dem Rücken besetzt gehalten«, aber vergeblich. Schinderhannes war entkommen: »Mich hat er so nicht gegriecht«
(Mainzer Zeitung). Adam »schleifte Benzel'n an den Haaren auf
die Haustreppe« (Becker). Hinter dem »schon dreißig Schritte«
entfernten Schinderhannes pfiff und rief er her: »Kamerad! es
ist nur Ein Spitzbub von Genadarm hier.« Schinderhannes, laut
Mainzer Zeitung im Gerichtssaal: ». . . hätte ich gewußt, daß er
allein war, warlich, auch Benzel wäre durchgekommen.« Der
jedoch bekam, nach Becker, eine solche »Ohrfeige von Adams
kräftiger Hand«, daß er fast ohnmächtig wurde; sie machte
»dem Spiel ein Ende«. Als Adam den Vorfall im Gerichtssaal
»erzählte und bemerkte, er hätte beim Eintritt in die Stube gerufen: Spizbuben ergebt euch!, wendete er sich mit den Worten
gegen den Schinderhannes: ›Ich hoffe, er wird mir diesen Aus-

druck [Spizbube] nicht übel nehmen.‹ Die Höflichkeit des Gendarmen erwiedernd, antwortete Schinderhannes: ›Ganz und gar nicht, Herr Gendarme!‹«

Becker berichtet abschließend, daß erst nach Schinderhannes' Flucht und Benzels Überwältigung der Brigadier »in seinen Mantel gewickelt, mit Pistolen in der Hand« erschien. Die Ordnungshüter stellten im Haus Flinten, Pistolen und Schinderhannes' Jagdtasche sicher und transportierten Benzel zur Identifizierung ab.

Eine Gegenüberstellung Benzels mit dem schwerverletzten Ely fand am 20. April statt. Ely wiederholte unter Berufung »auf seinen Glauben mit erhabener Stimme und merklich alterirtem Gemüth öfters und mehrmalen«, daß Benzel auf ihn geschossen habe. Dann sank Ely »in eine Art von einer Ohnmacht«.

Benzel indessen »läugnete platterdings, den Schmul Ely zu kennen«. Sein Lebtag wollte er ihn nicht gesehen haben; und eine kleine Ungenauigkeit griff er auf, die Sache mit dem »Büchsenranzen«: »... der gegenwärtige Büchsenranzen [sei] nicht dabei gewesen, als der Schmul Ely seie geschossen worden, und er kenne den Büchsenranzen nicht.« Mit anderen Worten: Wenn ihm die Schüsse auf Ely unterstellt würden, Ely sich aber nicht an den Büchsenranzen erinnern könne, der ihm, Benzel, gehören solle, dann könne er, Benzel, gar nicht auf Ely angelegt haben, weil der Büchsenranzen neu sei und damals überhaupt nicht hätte gesehen werden können. In diesem Stil fuhr Benzel fort und tischte die abenteuerlichsten Geschichten auf.

»Er seie unter den Mainzer Rekruten unter den Jägern, welches ein frisch aufgerichtetes Freikorps seie, gewesen, unter welchen er drei Monat gewesen, sich an ein Weibsmensch gehengt und bei Großzimmern, ohngefähr zwölf Stunden von Würzburg, chappirt; er seie ungefähr drei Wochen zu Dieburg bei dem Bruder des Weibsmenschen, an welches er sich gehängt habe, geblieben, der Bruder dieses Weibsmenschen seie ein Musikant, heiße mit seinem Namen Mathes, nach dem Zunamen hätte er nicht gefragt, von da wäre Befragter über den Rhein hierher zu gegangen, um seinen Taufschein zu holen, bei Simmern unter Dhaum hätte er sich irre gegangen, indem er vermuthet, das Schloß Dhaum seie das Kirner Schloß, er wäre auf den Eichener-Hof gekommen, weil er sich verirrt habe, dort seie er von dem Gendarmen Adam arretirt worden. Es seie noch einer daselbst gewesen, den er nicht gekannt habe, welcher sich auf die Flucht begeben; welches und alles übrige er bereits ausgesagt habe. Die Nacht zuvor, ehe er auf den Eichener-Hof gekommen, seie er Nachts gegen zwölf Uhr bei Sobernheim passirt, weil nun die Thore geschlossen gewesen und er kein Zehrgeld gehabt, so hätte er sich auf den Mist obig Sobernheim über dem Weg hingelegt, wo er bis des Morgens geschlafen und fortgegangen seie. Die Nacht zuvor habe er zu Rüdesheim über dem Rhein in einem Hause, mitten im Dorfe, wo man von Mainz her hinein komme, in einem Hause über Nacht gelegen, wo der Mann zapfe, einen Knecht, auch eine Frau und Kinder gehabt habe, woselbst er acht Batzen verzehrt habe. Es wäre eben Markttag zu Bingen gewesen, wo er mit einem Nachen herüber gefahren seie und, ohne angeredet zu werden, passirt seie, in Bretzenheim habe er sich am Mittwoch acht Tage an einem Beckerhause, welches mitten im Ort linker Hand liege, vor zwei Batzen Weck gekauft, und damit seie er bis auf den Eichener-Hof gegangen, weil er kein Geld mehr gehabt habe.«

Seine Geschichten retteten Benzel nicht. Er kam ins Gefängnis und las »in der Bibel und in seinem Gesangbuche und sprach doch nie ohne Wohlgefallen von seinen Verbrechen. Selbst als er mit Schinderhannes herumzog, ging er eines Sonntags mit Gefahr, ergriffen zu werden, in ein Dorf, um das Abendmahl zu nehmen.«

Am 24. Februar wurde dieser fromme Kamerad Bücklers hingerichtet. Unmittelbar vor seinem Tod »ließ er alle Verbrecher, welche damahls im Militair-Arresthause gefangen saßen, vor sich kommen und ermahnte sie zur Besserung«. Er nahm ihnen das Versprechen ab, »nie seinen Tod zu rächen«, falls sie freikämen. Keinen seiner Komplicen hatte Benzel verraten, »weil seine Religion ihm verbiethe, arme Wittwen und Waisen zu machen«. Auf Schinderhannes war Benzel bis zuletzt schlecht zu sprechen, weil der an jenem 12. April durchs Fenster gesprungen war, »ungeachtet er [Benzel], dem derselbe Weg offen stand, ihn [Bückler] zuerst aus den Händen des Gendarmes gerissen«.

Schinderhannes, »ohne Hut«, wie Becker hervorhebt, in die Aprilnacht entkommen, lief nach Sulzbach: ». . . lechzend vor Mattigkeit . . . verschlief [er] seine Angst in den Armen der Liebe.«

12
Liebe, Lüste, Leiden

Nun wird sie endlich auftreten, eines Musikanten Tochter, die »auch etwas Musik verstanden und ihrem Vater auf Märkten und Kirchweihen« mit ihrer Schwester Brot verdienen half: Juliana Blasius, des Schinderhannes »Beischläferin«, seine »angebliche Frau«, sein »Weibchen«. Der Frankfurter Kriminalrat Dr. Siegler und der Mainzer Untersuchungsrichter Wilhelm Wernher bedachten sie, vom hohen Roß moralischer Entrüstung und juristischer Amtsgewalt herab, mit eindeutigen Vokabeln. Von Anfang an sollte Klarheit herrschen über diese junge Frau.

Kleiner Exkurs zum großen Unterschied

Nicht nur Wernher und Siegler gaben ihrer tiefen Verachtung über das Konkubinat Ausdruck. Auch Friedensrichter Becker nannte generell alle weiblichen Personen, die mit den Vagabunden zusammenlebten, »willige Mädchen«. Eine Umarmung war gleich eine »fleischliche Umarmung«. Und zu der »Leidenschaft« eines Mannes namens Krämer für das andere Geschlecht stellte Becker fest, sie habe »keine Grenzen« gekannt.

Anton Keil, der Autor des zweiten Teils der »Actenmäßigen Geschichte ...« und Öffentlicher Ankläger im Departement Roer, ging noch einen Schritt weiter. Die Mitglieder der »Niederländischen« Bande waren für ihn fast alle »der schnödesten Wohllust ... auf das äußerste ergeben«. Nicht nur, »daß sie Maitressen die Fülle nach sich schleppen, sie gegeneinander vertauschen und gewissermaßen zum allgemeinen Eigenthum der Bande machen, [sie] liegen ... [auch] unaufhörlich in Hurenhäusern«. Bordelle, so stellt Keil fest, waren die Ausgangs- und Endpunkte aller Raubzüge und entsprechend verbreitet »die Zeichen einer schrecklich wüthenden Krankheit« an den Körpern der Räuber.

Friedrich Christian Benedict Avé-Lallemant schließlich, der Autor des berühmten Buches »Das deutsche Gaunertum in seiner socialpolitischen, literarischen und linguistischen Ausbildung zu seinem heutigen Bestande«, hat 1858 ähnliche Feststellungen getroffen: Nach ihm bewegte sich das Gaunerleben »nur im tiefsten sittlichen Elend des niedrigsten Volkslebens ... Bei der Flut und Ebbe des zu- und abziehenden Gesindels lagert sich der Schlamm der verworfensten Entsittlichung in den Wohnungen und in den Gaunerherbergen ... ab.« Der Gauner geht »seiner ungeheuer wuchernden Sinnlichkeit im weitesten Begriffe ungebändigt nach ... Die Genußsucht und Sinnlichkeit des Gauners sowie seine Verschwendung grenzen an Wahnsinn.« Sexualität ist für Avé-Lallemant nichts anderes als »bloße ... Befriedigung tierischer Sinnlichkeit« oder »Lust«.

Diese Vorstellungen sind durch drei Merkmale gekennzeichnet: Sie stammen von Männern; *sie verraten deren Neid auf die Menschen mit der »ungeheuer wuchernden Sinnlichkeit«; vor allem aber waren die Verfasser Angehörige der* höheren Stände. *Entsprechend ihrer gesellschaftlichen Stellung hatte sich ihr sittliches Empfinden entwickelt. Aus dem Bewußtsein heraus, weit über einem Menschen wie Schinderhannes zu stehen, formulierten sie ihre Texte. Nicht nur, daß »fleischliche Umarmungen« voller Ekel konstatiert wurden, man blickte auch verachtungsvoll in die Abgründe »des niedrigsten Volkslebens« hinab. Das Verdikt, dem das Sexualleben der Räuber verfiel, hieß »Sünde« – ein Begriff, mit dem sich Funktion und Bedeutung der Sexualität des »Volkes« kaum hinreichend bestimmen und erklären lassen.*

Margaretha Blasius nicht mitgerechnet, war deren Schwester Julchen Schinderhannes' achte Geliebte. Er hat sie ebensowenig heiraten können wie ihre Vorgängerinnen. Denn der steckbrief-

lich gesuchte Johannes Bückler wäre auf der Stelle verhaftet
worden, hätte er um seine Papiere nachgesucht. Und es ging ja
auch ohne Trauschein, wie Schinderhannes seit dem Spätjahr
1796 aus Erfahrung wußte. Damals waren es die Töchter der
Dupré gewesen, die ihm keine Ruhe ließen: »Der Donner und
das Wetter sollte die Zaupen ... erschlagen, es wäre ihm nicht

Philipp Klein

möglich, hinweg zu gehen.« Eine von ihnen wollte er sogar
»heurathen und sodann mit den Jägern auf die Jagd gehen«,
doch aus diesem Halali wurde nichts. In dem Revier, in dem
Schinderhannes im Verlauf des Jahres 1797 auf die Pirsch ging,
begegneten ihm andere Rehlein, als erstes wohl Elise Werner,
eine »aufblühende Schönheit von kaum 16 Jahren«. Ihr Vater
war »zu Trier gehenkt, ihre Mutter auf der andern Rheinseite
geköpft und ihr Bruder eben dort gehenkt« worden. »Dieses
Mädchen mit der Phrynen-Seele ging nach und nach, wie es
die Laune wollte, aus einer Hand in die andere über.« In Husa-
renuniform war sie mit einem französischen Offizier umherge-
zogen, trennte sich aber von ihm, »weil er schroh und grämlich
war und sie zu heirathen drohte«. Elise verabscheute priesterli-

chen Ehesegen und entfloh in die Arme Rauschenbergers (Plakken-Klos), der sie an Schinderhannes abtrat. In Schneppenbach »feyerte [Schinderhannes] . . . das Beylager mit seiner geliebten Elise Werner, die er gleich nach seiner Flucht von Saarbrücken hier etablirte und standesgemäß unterhielt«.

Ebenfalls in Schneppenbach lernte Schinderhannes dann auch Anna Maria Schäfer kennen, auf die Rauschenberger ein Auge geworfen hatte und die dieser »wüste Mensch ohne Gleichen« für sich reklamierte. Als dessen Werbung fehlschlug, tobte er durchs Haus, zog Tochter und Mutter Schäfer kurzerhand bis aufs Hemd aus und wurde dafür auf dem Baldenauer-Hof erschlagen. Anna Maria, »deren Herz der sanftere Schinderhannes gewonnen hatte«, wurde später zum Tauschobjekt: Um Benzel an sich zu binden, überließ Schinderhannes ihm das Mädchen, das »sehr gut gebildet [und] fleischigt anzufühlen« war. Und nach Benzels Verhaftung schloß sie sich Peter Zughetto an.

Später sind noch andere Namen bekannt geworden: Da war von einer »Namens Catharina« die Rede. Ob sie tatsächlich »die erste Frau von Schinderhannes« war und Catharina Braun hieß, wer Catharina Pfeiffer gewesen ist und wer sich schließlich hinter der Geliebten aus dem Rechtsrheinischen verbirgt – die Chronologie der Bücklerschen Liebesverhältnisse ist einigermaßen verwirrend, und Namen tun nicht viel zur Sache. Wenn der »Donner und das Wetter« ihn erwischten, verlangte Schinderhannes nach einem weiblichen Wesen. Nachdem er mit Franz Stein vier Pferde gestohlen hatte, brachten sie die Tiere nach Hause; Stein bekam den Auftrag, sie zur Weide zu führen, und Schinderhannes nutzte die Zeit, um sich mit Franzens Frau »auf den Speicher« zu legen.

Über die »näheren Verhältnisse« zu den Mädchen befragt, gab sich Bückler sehr zurückhaltend. Während sie »selbst offenherziger in ihrer Beichte waren«, rühmte »er sich niemahls seiner Liebes-Abentheuer . . . die doch notorisch waren. Gewiß aus Schonung für Julie Blasius!«

Ostern 1800 fand die erste Begegnung mit ihr statt, doch ihre Schwester schien das Rennen zu machen. Auf dem Wikken-Hof bei Kirn spielte Nikolaus Blasius mit seinen Töchtern Margaretha und Juliana zum Tanz auf. Schinderhannes stürzte sich in den Trubel und tanzte mit Margaretha. Doch plötzlich bekam er Hemmungen. Er, dem Mut und Entschlußkraft nie fehlten, wenn's um ein neues Mädchen ging, traute sich nicht. Tagelang zögerte er, überlegte, schmiedete Pläne. Dann endlich veranlaßte er den Feldschütz Philipp Klein, Husaren-Philipp genannt, weil dessen Vater »ehemals Husar unter dem Regiment Nassau« gewesen war, zu einem Husarenstreich: Klein erhielt den Befehl, die Blasius-Mädchen einzuladen, »zu mir in den beim Reidenbacher-Hof gelegenen Wald zu kommen«.

Klein suchte die Mädchen, fand sie in einem Wirtshaus und richtete seine Kommission aus: Die beiden sollten »in den Wald, Dollbach genannt, gehen, es wäre . . . da jemand, der mit [ihnen] reden wolle«. Kein Wort davon, was der Fremde wollte, wie er heiße. So weigerte sich Juliana, auf den »eitlen Vorschlag« einzugehen. Aber der Husaren-Philipp ging zur Attacke über, beschwatzte die Mädchen, versprach ihnen goldene Berge, bis schließlich Juliana mit ihrer Schwester aufbrach.

Vierzehn Tage waren seit dem Ostertanz vergangen. Schinderhannes hatte gewartet und nur an Margaretha gedacht. Jetzt stand sie vor ihm und neben ihr – Juliana: »Weil diese mir besser gefiel, so ließ ich Margareth meinem Kameraden Dalheimer.«

Juliana: »Mir machte er den Vorschlag, meine Eltern zu verlassen und ihm zu folgen. Da ich seinen Vorschlag, der vielen schönen Versprechungen ohngeachtet, die er mir unaufhörlich machte, nicht annehmen wollte, drohte er mir, mich umzubringen. Auf diese Art wurde ich mit Gewalt dazu gebracht, diesem Unbekannten zu folgen.«

Als der Untersuchungsrichter Wernher diese Auskunft zu Protokoll nahm, traute er seinen Ohren nicht: Wie denn das möglich sei, »daß ein einziger Mann zwey Weibspersonen habe zwingen können, mit ihm durch ein Land zu gehen, das so bewohnt ist«? Ob sie, Juliana Blasius, nicht noch etwas anderes zu gestehen habe? Nämlich dies, »daß der Reiz des Geldes und die Aussicht eines müßigen und wohllüstigen Lebens sie verleitet haben, einem Menschen zu folgen, den sie schon seit langer Zeit als einen Räuber kannte?«

Nein, das gab Julchen nicht zu. Erst bei ihrer Verhaftung will sie erfahren haben, wer »der schöne junge Mensch« aus dem Dollbach-Wald war. Und sie hatte noch einen anderen Grund: »Ich konnte den Mann nicht verlassen, der Vater zu einem mir gestorbenen Kinde ist.«

Ihr erstes, eine Tochter, kam bei Bruchsal zur Welt und starb; ihr zweites, ein Sohn, wurde im Mainzer Gefängnis geboren. Aber so weit sind wir noch nicht.

Schinderhannes kam auch unter Julchens Einfluß nicht zur Ruhe. Als sie schwanger wurde, hatte dies keinen Einfluß auf ihn. Im Gegenteil: Die ärgsten Taten standen noch bevor – und die Blasius wurde zur tatkräftigen, vorbildlichen Räuberbraut, auf die der Bräutigam »ein Liedchen [dichtete] . . . das auf dem Hundsrücken bekannt genug ist und auf allen Märkten und Kirchweihen gespielt wird«, wie Johann Nicolaus Becker zu berichten wußte. Leider hat er das Lied nicht in sein Buch aufgenommen – »wegen seines etwas cynischen Inhaltes . . .«

Schinderhannes wandte nun eine neue Methode an, um an Geld zu kommen: »Meier Scholem von argenschwang mit seinem Famielie. Ihr dut die welt mishandlen mit eirem thaten. Wiest ihr nicht unsere abtretung, ihr habt aber kein parol gehalten, aber es wiert eich aufkratzen, wen ihr nicht gleich die 10 luetor und [4 × 20 kr?], die an den 5 luetor gefehlt haben, unter den baum bringt, wo der erstbestimmte Blatz war. So latz eich gefallen, das wir zu eich komen und eich umberrummlen mit unser gantzen macht; bringt ihr aber das gelt gleich, so wirt eich nichts gescheen, wenn ihr aleine komt; bringt ihr aber noch mehr [Leute] mit oder macht Sonstwo im ort aufruhr, so last eich gefallen, wie es eich geht; dann wir fühten uns nicht für eich und führ eiren gantzen ort, den ich habe grosen verdrus gehabt mit meinen kumerathen, weilen ich dir die fünf Luetur nach gelassen hab, und das wil ich dier schreiben; den bauer las mir hinweg, den meine Kumerathen wollen nicht . . .«

Dieser Erpresserbrief vom 4. Mai ist nur fragmentarisch

ohne Unterschrift erhalten. Doch die drei Wochen später aus-
gestellte »Quittung« beweist, daß Schinderhannes der Absender war: »Heut [?], dato d. 26ten Mey, zahlt Meyer Scholem an
mich 150 fl und Einen Kr, welches ich quitieren, Johannes
Bückler, und wovon du mir geschrieben hast; von Brief weis
ich und meinen Komerathen nichts; duh uns das zu wißen,
wann der Mann ausgeth der sagt, er hat meinen brief bekomen
von uns, daß dir braucht euch gar nicht zu Scheuen.«

Hervorhebenswert an dieser ersten Briefaffäre ist, daß
Schinderhannes ohne körperliche Gewaltanwendung sein Ziel
erreichte. Der jüdische Händler Salomon Meyer kannte den
Absender offenbar recht gut und wußte, was ihm blühte, wenn
er sich taub stellte.

Noch ehe Meyer seine Restschuld beglichen hatte, inszenierte
Schinderhannes eine neue Unternehmung. Am 15. Mai verbarg
er sich mit Georg Dalheimer und Georg Pick zwischen Kissel-
bach und Liebshausen in einem Hinterhalt, »aber dieser Ort war
übel gewählt«, denn es kam nur ein einziger Jude, »welchem wir
fünf Louisd'or nahmen«. Zwischen Liebshausen und Rheinböl-
len dagegen tauchten gegen Abend fast zwanzig Juden auf: »Wir
hielten sie an und nahmen ihnen drei silberne Uhren und sechs
oder sieben Thaler an Geld.« Für drei beutegierige Burschen war
das zuwenig, aber sie hatten sich diesmal verhältnismäßig zivili-
siert benommen: Nur Dalheimer verschaffte sich durch »einen
Stoß mit dem Flintenkolben« Respekt.

In diesen Tagen erfüllte sich das Schicksal eines anderen Op-
fers: »Der vor einiger Zeit von Räubern attaquirte und blessirte
Bürger Samuel Ely zu Sobernheim« starb am 22. Mai als »ein
wahres Skelett«, das einen Geruch verbreitete, der »allen Umstehenden unerträglich war«.

Wahrscheinlich hat Schinderhannes nicht erfahren, wie jäm-
merlich sein Opfer zwei Monate lang dahingesiecht war. Im
Frankfurter Verhör war von den Todesumständen nicht die
Rede. Schinderhannes hatte für den toten Ely nur Verachtung
übrig, weil der Jude gerufen haben soll, »wer ihm sein Geld
nähme, der nehme ihm auch sein Leben«.

»Geld oder Blut!« – Mit diesem Schlachtruf stürzten sich Bückler, Dalheimer und Pick am 3. Juni bei Niederhausen auf eine Gruppe vom Kreuznacher Markt heimkehrender Juden. Die drei fühlten sich überaus sicher: Sie inszenierten den Überfall am Nachmittag auf freiem Feld, und »das seltsamste bei dieser Geschichte« war, daß sie im »Angesichte von mehr dann zwanzig Menschen« geschah, die in der Nähe arbeiteten, »ohne daß sich diese Räuber nur im mindesten« scheuten »oder in ihrer Prozedur« beeilten. Mit entsicherten Gewehren nahmen sie sich Nathan Löw, Herz Löw und dessen Sohn vor. Diesmal lohnte sich der Aufwand: Insgesamt zweihundertsiebenundsechzig Franken fielen ihnen in die Hände, dazu Krämerwaren im Wert von vierundzwanzig Franken, eine Uhr und einige andere Kleinigkeiten, darunter eine Tabakspfeife. Außer dem blutrünstigen Schlachtruf gaben die Räuber keine Vorwarnung. Schinderhannes schlug Nathan »sogleich mit dem Gewehrkolben auf den Kopf«, so daß der Jude zu Boden fiel und durchsucht werden konnte.

Friedrich Philipp Maurer war einer der Augenzeugen. Der Dreiundzwanzigjährige hielt sicheren Abstand zu den »mit Flinten und Büchsensäcken« ausgerüsteten Mannspersonen. Deren Brutalität hielt Maurer von direktem Eingreifen ab. Nur indirekt versuchte er, Hilfe zu leisten: Er machte den Feldschütz auf die Vorgänge aufmerksam und forderte ihn auf, »gewahr zu werden, was vorgienge«. Aber schon erübrigte sich alles weitere. Die drei Bewaffneten hatten die Juden bereits abgefertigt und entfernten sich.

Beim zweiten Teil der Reisegesellschaft, der bald darauf ausgeplündert wurde, war die Beute geringer. Schinderhannes stand abseits auf »einer kleinen Anhöhe«. Von seinem »Feldherrnhügel« aus sah er, daß ein Jude sich wehrte. Bückler sprang auf ihn zu, zog »eine Pistole aus dem Büchsensacke«, schlug ihm so heftig damit auf den Kopf, »daß eine Kugel heraus[fuhr]«, und kassierte »36 Franken an Geld, eine Tabakspfeife und ein neues Sacktuch«. Schinderhannes behielt die schon in der Winterhauch geübte Praxis bei, zwischen Christen und Juden zu unterscheiden, nur daß er bei Niedernhausen auffälliger verfuhr: Seine Kum-

pane hatten nicht lange gefackelt und auch Jakob Schmidt angegriffen, um ihm eine Uhr aus der Hose zu reißen. Da griff Schinderhannes ein und fragte Schmidt, »wer er sei; und auf die Antwort, daß er aus Grehweiler« stamme, befahl Schinderhannes,
daß Schmidt »die Uhr wieder zurückgegeben werde . . .«

Am 3. Juni trat Bückler zwar nur mit zwei Komplicen auf,
doch er bewies, daß er den Überblick behielt, die Befehlsgewalt
innehatte, sich durchsetzte und mit einer gewissen Vorsicht
Waffen gebrauchte, dann aber rücksichtslos zuschlug. Und
während das Kostüm seiner Helfer aus einer »dunkelblauen
Montur« und Hüten bestand, auf denen »theils grüne Zweige,
theils ein Federbusch aufgestecket« waren, präsentierte sich
Bückler mit einem »dunkelblauen Ueberrock und [einer] man-
chesternen West und Hosen, Bündelschuh und einem dreiek-
kigten aufgeschlagenen Hut«.

Vier Wochen später nahm ein anderer Jude auf seinen Eid, er
sei »vor ohngefähr einem halben Jahr vom Kreutznacher Markt
nach Hause gegangen, Nachmittags ohngefähr vier Uhr, und
zwischen Boos und Thal Böckelheim bei einer Mühle in Gesellschaft von zwanzig andern Juden seien drei Räuber hinter einem Felsen hervor getreten, welche bewaffnet gewesen . . . hätten sie angehalten, visitirt . . . dann hätten sie [die Juden] ihre
Schuhe und Strümpfe ausziehen müssen, und nach einem von
Odenbach und einem von Hundsbach seie geschossen worden,
weil solche entfliehen wollten«.

Anders Schinderhannes: »Ich war [mit Pick und Dalheimer]
auf einem Felsen bei Schloß-Böckelheim, wo wir die die von
dem Kreuznacher Markte kommenden Juden erwarteten; endlich kamen fünf und vierzig Juden und fünf Bauern: Der Plaz,
welchen wir zur Begehung dieses Diebstahls gewählt hatten,
war ein Holweg; ich war hinter dem Felsen versteckt, und Pick
und Dalheimer erwarteten sie beim Ausgang des Wegs. Nachdem sie bei mir vorbei gezogen waren, gieng ich hinter meinem Hinterhalt vor, und Georg Pick und Dalheimer stellten
sich vor sie, so daß sie zwischen uns hielten und sie nicht mehr
weichen konnten.

Nachdem wir ihnen das Geld gefordert hatten und sie keins zu haben geantwortet, so durchsuchten wir sie, fanden aber würklich kein Geld bei den Juden, ausgenommen etliche Kreuzer, welche die armen Juden durch ihren Mackler-Lohn auf dem Markt verdient hatten und welche wir ihnen gelassen haben. Ein Jud von Staudernheim hatte ein Päckchen Waare, welches ich ihme alsobald genommen, aber auf seine Vorstellung, daß er ein armer Teufel seie und nur diese Waaren habe, um sein Brod verdienen zu können, so nahm ich nur zwei Päkchen Tabak und eine Pfeife daraus und gab ihm das übrige zurück. Was die Christen anbetrift, so haben wir selbige nicht berührt.

Nach geschehener Durchsuchung der Juden sagte ich ihnen, ihre Schuhe auszuziehen: welches sie auch thaten; wir warfen die Schuhe untereinander auf einen Haufen und überließen einem jeden, die seinigen zu suchen; während dem die Juden sich wegen ihren Schuhen herum schlugen, gab ich meine Flinte einem von ihnen und stieg hinter den Felsen, um meine Uhren zu holen, welche ich allda habe liegen lassen; in dieser Zwischenzeit wollten einer oder zween Juden sich flüchten: Pick schoß aber auf sie und führte sie im nemlichen Augenblik, als ich vom Felsen herunter stieg, wieder zurük; weiß aber nicht, ob er selbige durch seinen Schuß erreicht hat. Von dieser Geschichte, welche mehr komisch als ernsthaft war, haben wir nichts als den Tabak und die Pfeiffe, wovon ich schon geredet, ein seidenes Tuch und eine lederne Gurte bekommen; ich bemerke endlich, daß wir alle mit Schießgewehr bewaffnet waren.«

Dieser Überfall wird noch heute als Beispiel dafür angeführt, daß Johannes Bückler gar nicht so schlimm war, auch nicht gegen die Juden. Hatte er nicht Mitleid gezeigt gegenüber denen, die mühsam ihr Geld verdienen mußten? Richteten sich seine Aktionen folglich keineswegs gegen die Juden schlechthin, sondern nur gegen die Reichen unter ihnen?

Nüchtern betrachtet, war der Überfall bei Schloß Böckelheim ein ins Komische gewendeter Fehlschlag. Wo nichts zu holen war, hatte selbst der »König des Soonwalds« sein Recht verloren!

13
»Johannes durch den Wald«

Die Asbacher Hütte, etwa zwölf Kilometer nordnordwestlich von Idar-Oberstein entfernt, liegt sehr einsam im Wald und befand sich im Jahre 1800 im Besitz von Ferdinand Stumm. Einem seiner Hammerschmiede, dem Michel Löh, wurde eines Tages ein Schreiben an die Tür geheftet, nachdem vorher Jakob Stein in der Nähe gesehen worden war.

»Hier mit diesen paar Zeilen will ich dem Bürger Stumm zu wissen thun, daß er Johannes Bückler und seine Mitkameraden zwölf Karolinen schicken wird und keinen Kreutzer daran manquiren läßt, dann wir verhoffen, er wird sich keinen Schaden an seinem Leibe seyn, und darbei weiß er auch, daß ihm niemals nichts in den Weg gelegt worden ist, wenn er unsere Bitte gewähren thut, so wird er auch keinen Anstand haben, und wir bitten uns auch aus, daß er weiter kein Geschrei macht, oder diesen Zettel weißt, diese Anforderung schick er uns auf Weiden bei den Bürger Stein, bis Morgen Abend. Johannes Bückler.«

Löh sorgte umgehend dafür, daß der Brief in die richtigen Hände gelangte.

Stumm las die Zeilen und wurde mißtrauisch. Wer garantierte ihm, daß wirklich Johannes Bückler sie geschrieben hatte? Konnte nicht jeder Strauchdieb einen derartigen Erpresserbrief schreiben? So nahm Stumm Feder, Tinte und Papier zur Hand, setzte sich hin und schrieb, »ob er [Schinderhannes] es tatsächlich sei, der die erwähnte Summe verlange«. Am nächsten Morgen schickte er einen Gehilfen mit dem Brief zu Stein. Einen Tag später kam Stein zurück und brachte einen zweiten Brief, der in derselben Handschrift wie der erste geschrieben war: »Gruß und Bruderlieb, jezt hiermit, daß ich selbst diesen Brief geschrieben habe, will ich ihm zu wissen thun, und warum daß wir ihm diese zwölf Karolinen abgefordert haben, das bestehet darinnen, daß wir in einer Noth stekken, und wissen es nicht grad zu greifen, diesen Mann muß er nicht drum ansehen, sondern er ist nur ein vertrauter Mann, und weil ich nicht zu ihm kommen kann, gehet er hier mit diesem Mann, dann wird er zu mir kommen, auf einen gewissen Platz, allda um mich zu sprechen. Verbleibe sein getreuer Freund, Johannes Bückler. Johannes Bückler, Jakob Stein mit Bedenknuß.«

Stumm zögerte nun nicht länger. »Er fürchtete sich nicht zu Unrecht vor diesem Räuberhauptmann«, und dies um so mehr, »als er [Stumm] Eigentümer von mehreren Schmieden in der Umgebung von Birkenfeld war, die alle einsam lagen und die er dem Johannes Bückler und seinen Komplicen nicht aussetzen wollte«. Stumm steckte sich zwölf Karolinen in die Tasche und folgte Jakob Stein. Sie gingen eine Viertelmeile in den Wald hinein. Kein Mensch weit und breit. Wenn ihm jetzt etwas zugestoßen wäre, wenn man ihn angegriffen, überwältigt, malträtiert hätte, er wäre gestorben, ohne daß jemand ihm hätte helfen können.

Bei der »Basten Sägemühle« tauchte Schinderhannes plötzlich auf, ein junger Bursche stand bei ihm. Sofort schickte Bückler seinen Begleiter und Stein fort. Stumm schwieg, blickte den beiden nach, sah Schinderhannes an: Das also war sein Erpresser, der Räuberhauptmann, der die Befehle gab, der die Macht jetzt hatte, der Briefe schrieb, der die Leute zu sich rufen ließ. Stumm griff in die Tasche. Schinderhannes hob die Hand. Stumm hielt die Münzen zurück. Er wollte jetzt sichergehen. Ein für allemal sollte Schluß damit sein. Er wollte nicht, daß seine Arbeiter auch noch unter Druck gesetzt würden, daß er selber zum zweitenmal diesen Weg machen mußte. Schinderhannes versprach, Sicherheitskarten auszustellen. Er bekam das Geld und hielt Wort: Noch am gleichen Tag schickte er Jakob Stein mit den Ausweisen. Ferdinand Stumm nahm sie entgegen und roch, daß »der besagte Stein sehr stark unter dem Einflusse des Alkohols« stand. Stein hatte sich offenbar Mut angetrunken, aber Stumm würde jetzt Ruhe haben, seine Schmieden beaufsichtigen, Geschäfte machen und ungehindert reisen können. Als erster aus der Gegend besaß er einen von Schinderhannes ausgestellten Paß. Kaum drei Monate später aber kam seine Magd zu ihm. Sie war aufgeregt, tat geheimnisvoll, gab ihrem Herrn einen Zettel, und Stumm las Schinderhannes' dritten Brief: »Unter dem Vorwand des Unglücks, das ihm zugestoßen«, forderte er wiederum Geld, diesmal zehn Karolinen. Stumm machte sich mit einem Gehilfen auf den Weg und zahlte wieder.

Erst 1802, als die offiziellen Ermittlungen gegen Schinderhannes angelaufen waren, wagte sich Stumm ins Oberamt Birkenfeld und gab die Vorgänge zu Protokoll, wobei er hervorhob, nicht mehr belästigt worden zu sein, »weder durch Schinderhannes noch durch einen seiner Komplicen«. Außerdem verpflichtete er sich, sobald er wieder zu Hause war, nach den erwähnten Briefen und Sicherheitsausweisen zu suchen, und versprach, sie der Gerichtskanzlei zuzusenden. Doch sind nur zwei der an Ferdinand Stumm gerichteten Erpresserbriefe in den Akten erhalten. Der dritte und der »Sicherheitsausweis« fehlen. Möglicherweise trug dieses Papier schon eine besondere Unterschrift.

Friedrich Hofmann, ein Sattler aus Meisenheim, sagte bei anderer Gelegenheit aus, daß Johannes Leyendecker einmal bei ihm einen Büchsensack in Auftrag gegeben habe. Als der Sack fertig war, holte ein Unbekannter ihn ab. Er war zufrieden mit der Arbeit und zahlte, doch mußte Hofmann eine kleine Ergänzung anbringen: Sie bestand aus fünf aufgenähten Buchstaben, »nemlich: *J. H. D. D. W.*«. Beim Fortgehen erklärte der Käufer, die Abkürzung heiße »Johannes durch den Wald«. Der Erfinder

dieses ebenso romantischen wie zugkräftigen Pseudonyms ist
Leyendecker. »Ohne mein Wissen«, erläuterte Schinderhannes,
habe Leyendecker die Buchstaben auf den Jagdsack nähen lassen und dazu sogar noch drei Kreuze: »Seither habe ich mich
einigemal dieser Unterschrift und der drei Kreuze bedient. Sie
hatte aber weiters keine Bedeutung« – es sei denn die, mit Ho-
kuspokus Eindruck schinden und auf sich aufmerksam machen
zu wollen.

An den Erpresserbriefen hatte Leyendecker ein besonderes
Interesse: Weil »sein linker Fuß etwas kürzer [war] als der
rechte«, konnte er nur mit Mühe den Beweglichkeit erfordern-
den Einsätzen der Bande folgen. In der Nacht zum 14. August
1800 allerdings, kurz nach der Erpressung Stumms, nahm der
Hinkende an der Aktion gegen den begüterten jüdischen Krämer Wolf (Isaak) Wiener in Hottenbach teil.

Daran scheinen die anderen Hottenbacher Juden nicht unschuldig gewesen zu sein; dies jedenfalls geht aus einer Aussage Bücklers hervor. Er hatte alle Hottenbacher Juden wissen
lassen, sie sollten ihm Geld geben, damit sie frei passieren
könnten. Dieser Aufforderung kamen sie nicht nur nach, sie
ließen Bückler sogar wissen, »daß ein gewisser Wolf« ihm
»auch etwas geben könne«. Wie immer das Verhalten der Hottenbacher Juden einzuschätzen ist, Schinderhannes nützte den
Hinweis schamlos aus »und ließ besagtem Juden durch andere
[*andere* Juden oder *andere* Räuber?] andeuten, daß er [Wiener]
mir Geld, Halstücher und einige Päkgen Tabak zuschiken
sollte«.

Wiener dachte nicht daran, darauf einzugehen. Selbstbewußt
und stolz, vielleicht auch weil er sichergehen wollte, daß die
Kontributionen in die richtigen Hände gelangten, antwortete
er, die Räuber müßten schon selber kommen, um zu holen,
was sie verlangten. Das war für Schinderhannes das Stichwort.
Er schickte Jakob Stein »auf Spähe aus«. Nach der Erkundung
kehrte Bückler mit drei oder vier seiner Kameraden bei dem
Wirt Johann Nickel Paulus ein und ließ Trinkbares auftischen.
Paulus wußte, wer bei ihm zu Gast war. Wenigstens Johannes

Bückler erkannte er sofort. Der Wirt fürchtete sich. Hätte er pflichtgemäß die Polizei alarmiert, wäre, seiner Meinung nach, »die Gemeinde Weiden nicht im Stande gewesen, die vier Mann zu packen, ohne daß zu befürchten gewesen, daß das Dorf nachher in Brand gesteckt« worden wäre. Also ließ Paulus »eine halbmäßige Boutel« holen. Die Räuber fingen an zu saufen, und Caspari, der zufällig in der Stube war, zog es vor, zu zahlen und hinauszugehen: Nur kurz hatte er »diese Menschen betrachtet, welche ihm gleich nicht gefallen, weil sie Gewehre bei sich getragen«.

An diesem Augusttag tranken Bückler und Genossen sehr viel. Christian Denig entsann sich, bald »berauscht« gewesen zu sein. Nur in diesem Zustand will er dann bereit gewesen sein, das zu erwartende Raubgut wegzuschaffen. Denig bekam ein zweites Mal Branntwein, so daß er schließlich »gänzlich betrunken ward« und außerhalb von Hottenbach in der Nähe eines Baches hinsank, wo er lange schlief.

Jakob Stein scheint es nicht anders ergangen zu sein: Er hatte den besonderen Auftrag bekommen, mit Julchen Blasius »an einen gewissen Ort [zu] gehen« und dort auf Bücklers Rückkehr zu warten. Zwischen Hottenbach und der Stipshäuser Mühle suchte er sich ein bequemes Plätzchen. Ob er, mit Julchen allein gelassen, tatsächlich schlief, ist sein Geheimnis geblieben. Laut Protokoll lag Stein »ohngefähr anderthalb bis zwei Stund bei dem Mädchen«.

Wer nun die treibende Kraft war – die im Hintergrund wartende Braut oder Wiener mit seiner leichtfertigen, fast anmaßenden Aufforderung, die Räuber sollten nur kommen –, um Mitternacht jedenfalls waren sechs von ihnen zur Stelle. Als erster bekam der Hottenbacher Nachtwächter Johann Adam Kolhas deren Entschlossenheit zu spüren. Eben hatte er »zwölf Uhr blasen wollen, und die erstere sechs geblasen gehabt«, da traten zwei bewaffnete Burschen auf ihn zu mit dem »Bedeuten: blase aus, und demnächst wollen wir dir etwas anders sagen«. Von rechts und links her packten sie ihn »vorn auf der Brust« und zerrten ihn zur Judenschule gleich neben Wieners

Haus. Der Nachtwächter wurde bedroht, er solle »sich nicht unterstehen, den mindesten Lärm zu machen oder [etwas] zu sagen, widrigens er des grausamsten Todes gleich sterben müsse«. Wie versteinert stand Kolhas »aus Furcht und Schrekken« da und verhielt sich still. Was dann folgte: daß »drei bis vier andere Bursche, welche ebenwohl mit Flinten bewaffnet gewesen, [sich] an die Behausung des Wolf Wiener begeben«; daß sie »dem Wiener die Hausthür zu öfnen zugerufen und ihnen Brandwein und Essen zu geben anverlanget«; daß Wolf Wiener »auf dieses Zurufen die Fenster der untern Stube geöfnet und erwiedert: er habe keinen Brandwein und öfne auch die Thüre nicht, weil es zu spät seie«; daß die Bewaffneten daraufhin »auf Oefnung der Hausthüre bestanden« und drohten, daß »sie dieselbe mit Gewalt öfnen würden, wenn Wiener dieselbe nicht [frei]willig aufschließte«, und daß endlich »auf mehrere andere erfolgte Drohungen« Wiener die Haustür aufmachte – das alles konnte Kolhas aus nächster Nähe von der Straße her sehen.

Was ihm verborgen blieb, war die Angst der beiden ältesten Söhne Wieners. Aaron, vierzehn, und Mordje, dreizehn Jahre alt, saßen noch spätabends am Tisch und lernten, als sie plötzlich hochschreckten: Sie hörten auf »einmal mehrere Spitzbuben vor die Hausthüre« treten – und nicht nur das: Es wurden Drohungen laut, die darin gipfelten, daß man Wiener ankündigte, er würde »ein Kind des Todes seyn«, wenn das Haus nicht umgehend aufgemacht werde. Wer draußen polterte und seine Forderungen brüllte, auch das bekam Wolf Wiener zugerufen: »Der Hannes!«

Das fuhr Aaron und Mordje in die Knochen: »In Furcht gerathen«, verlangten sie vom Vater, »er solle die Thüre aufmachen«, sonst würden sie öffnen. Kaum hatte Wolf Wiener das getan, stürmten vier mit Pistolen und Flinten bewaffnete Burschen ins Haus und in die Stube. Der erste, auf den sie sich stürzten, war der Hausherr: Er wurde »an dem Hals ergriffen, mit Schlägen mishandelt und zu Boden geworfen«. Seine krank im Bett liegende Frau Heve bekam eine Pistole über den Kopf geschlagen und blutete stark. »Diese Barbaren« schreckten sogar vor dem »kleinen, noch nicht ein Jahr alten Kind«, das in der Wiege lag, nicht zurück. Und auch Wieners Schwiegereltern, Heve und Isaak Herz, wurden zu Boden gestoßen und »auf der Erde herum gewälzt«.

In Wieners Schlafstube fanden die Eindringlinge »drei Karolinen an Gold, mehrere französische und brabänter Thaler, in Sechsbätzner und viele andere Münz«. Herz büßte fast fünfundsechzig Karolinen in Gold- und Silbermünzen ein. Damit nicht genug, durchstöberten die Räuber alle Zimmer und verpackten in mitgebrachten Säcken Silberbesteck, Becher, grüne und weiße Tücher, »Biber, Kattun, Zitz, Muselin, Kammertuch, Gaß, allerlei Sorten Halstücher, weis und grün gestreiftes Seidenzeug« – Wiener konnte die einzelnen Posten nicht mehr genau angeben. Zwischendurch wurden Flüche gebrüllt, Kommandos geschrien.

Nachdem die Räuber alles, was sie gebrauchen konnten, verpackt hatten, schossen sie viermal in die Luft und zwangen Wiener, seinen alten Schwiegervater und seine Schwiegermutter in den Keller und verlangten Wein. Zu einem Trinkgelage indessen kam es nicht mehr. Der Durst war nur ein Vorwand dafür, sich die Überfallenen vom Halse zu halten. Schinderhannes forderte die Kellerinsassen auf, sie »müßten eine Viertelstunde ruhig bleiben, [dürften] niemand etwas von dem Vorfall sagen«.

Mit Salomon Marx, Schlaumen genannt, Wieners Schwager, der in der Nachbarschaft wohnte, aufgewacht war und inzwischen seinerseits »zehn Louisd'or in Gold und einen Konventionsthaler« sowie eine Uhr hatte hergeben müssen und danach im Nachthemd über die Straße in Wieners Keller getrieben worden war, harrten die Überfallenen aus. Auf eigene Faust etwas gegen die Räuber zu unternehmen, erwies sich als unmöglich. Irgendwann in dem Tohuwabohu war Mordje zum Fenster gelaufen und hatte um Hilfe schreien wollen. Sofort hatte da »ein bewaffneter Räuber gestanden und ihm bedeutet: er solle zurück gehen, oder er schieße ihn«.

Erst als der Lärm abebbte, schlich Wiener auf die Straße und lief zu Friedrich Kayser, dem Agenten von Hottenbach. Der lag im Bett und schlief. Von den Vorfällen der Nacht hatte er nichts mitbekommen.

Wiener weckte ihn und bat darum, »die Glocke zu stürmen«. Solange die Diebe noch nicht weit weg waren, bestand die Aussicht, daß Wieners Waren gerettet werden konnten. Allein, Kayser lehnte ab. Für den Agenten der Gemeinde Hottenbach gab es Gesetze. An die hatte er sich zu halten, auch nachts. Und da diese Gesetze ein Stürmen der Glocken nicht vorsahen, gab der Agent von Hottenbach dem Juden Wolf Isaak Wiener in der Nacht zum 14. August 1800 zur Antwort, »daß es verboten seie, die Glocke zu stürmen« – genau wie einhundertachtunddreißig Jahre und drei Monate später, in der Nacht zum 10. November 1938, Polizeibeamte deutscher Städte sagen sollten, ein Eingreifen der Polizei sei im vorliegenden Fall zwecklos, besondere Befehle hätten Gültigkeit, die eine Hilfe für Juden nicht (mehr) vorsahen. Wiener, obwohl verletzt, lief zum Schulhaus, tat »daselbst die nämliche Aufforderung« und erhielt die Erwiderung, »daß er selbst in die Kirche gehen solle, um die Glocke zu stürmen, indem der Schlüssel in der Kirchenthür stecke«. Davor schreckte Wiener zurück. Seine Begründung: Er sei »noch nie in der hiesigen Kirche gewesen«. War das Ehrfurcht vor dem christlichen Gotteshaus? Hatte er, der nur in die Synagoge ging, die Grenzen erkannt, die seine Religion ihm setzte oder die ihm von den Christen gesetzt wurden?

Salomon Marx hat erklärt, woran sein Schwager Wiener in jener Augustnacht des Jahres 1800 gescheitert ist: Er »erachte, daß die gestohlenen Effekten noch [hätten] gerettet werden können, *wenn die Einwohner von Hottenbach die von seinem Schwager Wolf Wiener anverlangte Hilfe auf der Stelle geleistet hätten,* denn ein großer Theil der Einwohner seie schon versammelt gewesen, als auf die von Wolf Wiener anverlangte Hilfe in einer kleinen Entfernung vom Ort die Räuber noch mehrere Schüsse gethan hätten«.

Schinderhannes und seine Helfer schleppten indessen Wieners »ganzes Vermögen« in sechs Paketen fort, die Familie »nunmehr in einem nahrungslosen Zustand« zurücklassend. Etwa anderthalb Stunden nachdem sich Jakob Stein neben Julchen zur Ruhe gelegt hatte, wurde er durch Schüsse geweckt. »Das sind sie«, rief die Blasius. Stein rappelte sich auf und wurde angewiesen, beim Abtransport zu helfen. Als der Morgen graute, waren die Burschen auf der »ohnweit dem Schmidburger Schloß gelegenen Leienkaul« angekommen. Wachen wurden ausgestellt, und Bückler ordnete an, daß »die Päcke aufgemacht, dieselbe rangiret und die Waaren« weiter weggeschafft werden sollten.

Einen Teil von Wieners Eigentum, zweiundfünfzig Schnupftücher, kaufte Schey Mayer von Mathes Altmeyer. Dem wiederum waren sie von Christian Denig aufgezwungen worden, dessen Frau offenbar wußte, woher die Schnupftücher stammten. Deshalb hatte sie sich mit Christian gestritten, und er, um die Beweisstücke loszuwerden, trug Altmeyer nicht nur auf, »er solle die Sachen an den Schey verkaufen«, er wurde massiv. So ließ Altmeyer sich auf das Geschäft ein, aber nur, wie er später erklärte, weil »Drohung und Furcht« ihn dazu bewogen hatten.

Ein anderer Teil des Hottenbacher Raubs tauchte bei Johann Nickel Henze auf. Eines Morgens fuhr Krämerjoseph, ein Seifen- und Tabakhändler, mit Pferd und Wagen bei Wagner in Oberhausen vor. Joseph wollte sein Pferd beschlagen lassen und bat darum, »ein Kästchen, worin er einige Kleinigkeiten von Mobilien und Waaren habe«, deponieren zu können. Wagner hatte dafür keinen Platz, wollte aber nicht ungefällig sein und verwies Joseph an seine Schwiegermutter. Auch da wurde Joseph abgewiesen, fand aber bei Henze Gelegenheit, die Kiste unterzustellen. Einige Tage danach erschienen »zwei Soldaten mit etlichen Juden«, unter ihnen auch Salomon Marx, der von seinem Schwager gebeten worden war, nach dem Verbleib der gestohlenen Waren zu sehen. Im Beisein Krämerjosephs wurde Frau Henze angewiesen, die Kiste herauszugeben. Zuerst wei-

Julie Bläsius
die Geliebte
des
Schinderhannes
Gebürtig von Badenweiherbach
eine Musikantin=Tochter alt.

»Das muntere Julchen« in Mainz während der Gerichtsverhandlung.
Ein Stich von Karl Mathias Ernst (1758 bis 1830)

gerte sie sich. Doch als »Joseph gesagt: langt die Waaren mir
heraus«, deckte die Henze das Bett auf, schlug die Leintücher
zurück, legte die Kissen beiseite und hob das Unterbett ab:
Zum Vorschein kamen »nun die Waaren in einem Sacke auf
dem Strohe nach Art eines Speisesackes«. Und als Joseph feststellte, »das grüne Zeug fehle noch«, zog Frau Henze auch
dieses grüne Zeug »unten aus der Kiste« hervor.

Krämerjoseph gestand an Ort und Stelle, die Waren Schinderhannes und seiner Bande abgekauft zu haben. Bückler bestätigte dies später. Er setzte hinzu, Joseph habe von ihm
dreieinhalb Louisdor bekommen. Auch »die Ausleerung des
[Wienerschen] Kramladens« gab er zu, widersetzte sich aber
energisch dem Vorwurf, an den Mißhandlungen beteiligt gewesen zu sein: Er habe vielmehr Wiener aus den Händen Leyen-
deckers und Gerhards gerettet. Und was Frau Wiener angehe,
so habe er sie »mit ihrem Kind auf dem Bette sizzen« sehen,
hätte »aber keine Gewaltthätigkeiten an ihr« wahrgenommen.

Mit keinem Wort erwähnte Schinderhannes den Vorteil, den Julchen aus dem Hottenbacher Überfall zog. Nach Wolf Wiener bekam »die Maitresse von Schinderhannes ein Kleid von braunem Kattun, einen Weibsrock von grünem Tuche und ein Müzchen von brauner Seide«.

14

Ein blanker Räuberarsch, ein Weib in Männerhosen und danach Kaffeebesuch

Nach einer dermaßen erfolgreichen Expedition wie der Hottenbacher konnte Schinderhannes sich mit neuen Plänen Zeit lassen.

Einige Wochen lang residierte er nun auf der Schmidtburg. Im damaligen Kanton Kirn, »am äußersten Ende des Rhein- und Mosel-Departements«, nicht weit von Hahnenbach, Bruschied und Schneppenbach entfernt, »liegt das Schloß Schmidtburg in einer wilden einsamen und äußerst romantischen Gegend«. Vor wenigen Jahren erst hatte dort »ein Trierischer Amtmann zu Gericht gesessen«. Als die Räubertruppe einzog, waren ihre Mitbewohner Eulen und arme Taglöhner. Kein Verräter weit und breit. Im Gegenteil: »Die Einwohner gaben [Schinderhannes und seinem Anhang] Nachricht, wenn etwas zu befürchten war.« Einmal meldeten sie, »die Gendarmen kämen, worüber die Räuber ins Gewehr« traten und »in Schlachtordnung ins Thal« marschierten. Doch ein Gefecht mit der anreitenden Kirner Brigade unterblieb, weil die Ordnungshüter keine Ahnung davon hatten, wer sich auf der Schmidtburg verbarg. Und die neuen Herren vermieden es, das romantische Versteck eines Scharmützels wegen aufs Spiel zu setzen. Falls sie die Eulenherberge wider Erwarten doch aufgeben mußten, stand ein Ausweichquartier zur Verfügung: der nahe gelegene Kallenfelser-Hof, »auf einem jähen Felsen« erbaut und »eine treffliche Aussicht in das Thal« bietend, schien der rechte Ersatz zu sein. Doch »in das Haus führt nur eine einzige Thüre, die von der Seite des Berges leicht besezt werden kann, ohne daß man im Hause selbst etwas davon gewahr wird. In diesem Falle konnten zwey Gendarmen die ganze Gesellschaft fangen, denn durch die Fenster ist keine Rettung möglich, weil jeder, der hier einen Sprung wagen wollte, in dem Abhange der Felsen den Hals brechen würde.«

Daß Schinderhannes nicht in die Verlegenheit kam, vorzeitig in den Tod springen zu müssen, verdankt er dem Bauer Ludwig Rech. Er war beileibe kein Cochemer. Johann Nicolaus Bekker lobt dessen guten Ruf, dem allein es zuzuschreiben sei, daß der Kallenfelser-Hof vor Hausdurchsuchungen verschont blieb. Doch Rech war auch nicht furchtlos, vor allem deshalb nicht, weil er bedroht wurde. Schon vierzehn Tage, bevor er Schinderhannes zu Gesicht bekam, besuchte ihn eine alte Freundin von Bückler aus Schneppenbach: die Kupplerin Anna Maria Frey. Sie hatte den Auftrag, einen Schneider zu verpflichten und ein Atelier einzurichten, in dem ungestört gearbeitet werden konnte. Den Kallenfelser-Hof befand sie für geeignet. Ludwig Rech hatte sich damit abzufinden.

Eines Abends polterte jemand gegen die Tür. Rech öffnete, sah fünf bewaffnete Männer vor sich und mußte die ungebetenen Gäste bewirten. Gegen Morgen erst zogen sie ab. Das wiederholte sich mehrmals. Und als Rech versuchte, sich zu verleugnen, stießen sie »mit ihren Flinten wider die Thür«, bekamen erneut ihr Essen, »und zwar unentgeldlich«, und drohten ihrem Wirt, ihn zu erschießen, falls er sich einfallen ließe, auch nur ein Wort zu sagen.

Auf sich selbst angewiesen, schwieg Rech, und er ging sogar mit dem Schneider Nikolaus Hartmann zur Schmidtburg, wo Schinderhannes das Tuch aushändigte und Maß nehmen ließ. Tagelang arbeitete der Schneider in seiner Stube auf dem Kallenfelser-Hof. Doch wurde hier nicht nur die neue Garderobe fertiggestellt. Schinderhannes und seine Kumpane trafen sich dort mit anderen Leuten aus der Umgegend zum Kartenspiel, zu einem Gläschen Branntwein, und Schinderhannes ließ sich

sogar neue Munition bringen. Und weil das Leben in der Abge-
schiedenheit recht langweilig zu werden versprach, legte die le-
benshungrige Räuberrunde einen Tanzabend in Griebelschied
ein. Der Wirt Keßler stellte Wachen aus. »Ich habe sie bezahlt«,
bekannte Schinderhannes, und selbstbewußt setzte er hinzu:
»Da er [Keßler] Wirth ist, konnte er sich nicht wohl davon frei
machen, mich in sein Haus aufzunehmen.«

Niemand konnte das damals in der Kirner Umgebung. Ludwig Rechs Urteil über die öffentliche Sicherheit fiel denn auch
vernichtend aus: »Man habe in hiesiger Gegend fast nichts gethan, um dem wehrlosen Bürger sein Eigenthum zu schüzzen.«
Dementsprechend ist »Schinderhannes mit seinen Kameraden
ganz frech an hellem Tage herumgegangen«, so auch an dem
Tag, als sein neuer Anzug fertig war. Hartmann wollte ihn zur
Schmidtburg bringen »und begegnete unterwegens zwischen
Hahnenbach und Kallenfels dem Räuber und seiner Frau. Auf
der Stelle zog sich dieser mitten in dem gebahnten Wege ganz
nackend aus und ging eine halbe Viertel Stunde auf und nie-
der, indem er sich auf den Hintern schlug und mit heller
Stimme rief: jetzt, ihr Gendarmen, kommt und hohlt den
Schinderhannes!«

Ein Augenzeuge berichtet

*Ob bekleidet oder »ganz nackend« – sich aufs Gesäß zu schlagen war
für Bückler ein Ausdruck unbändiger Freude. Becker berichtet: »Wir
hatten dem Schinderhannes einen Louisd'or mitgebracht, den uns der
Müller Heck aus dem Canton Kirn für ihn gegeben hatte, zur Beloh-
nung, daß er ihm wieder zu zwey gestohlenen Pferden verholfen hatte.
Der Präsident gab ihm das Geld in dem Audienz-Saale, als das Verhör
auf einige Minuten ausgesetzt wurde. Schinderhannes war sehr erfreut
darüber, zählte es mehrere Mahl in seine Hand, zeigte seinen Nachbarn
den Reichthum und schenkte seiner Frau, indem er zu gleicher Zeit sein
Kind liebkoste, einen Laubthaler davon, schlug sich mit der Hand auf
den H . . . und rief freudig aus: nun werde ich lustig seyn!«*

Wie machtlos nicht nur die Kirner Gendarmeriebrigade war, zeigt die erste in der Presse veröffentlichte Fahndung. Am 19. Fructidor VIII (6. September 1800) von Johann Valentin Ignatz Büchel, dem Präsidenten des Peinlichen Gerichtshofes des Saar-Departements in Trier unterzeichnet, erschien sie am 14. Vendémiaire IX (5. Oktober 1800) in Nr. 7 des zu Mainz herausgegebenen *Beobachters vom Donnersberg.* Vorgeladen wurden Jakob Fink, Johann Seibert, Elisabeth Schäfer und »Johann Pickler oder der berüchtigte sogenannte Schinderhannes«, weil sie an »einer auf dem Baldenauer Hofe an dem Nicklas Rauschenberg verübten Ermordung« beteiligt gewesen sein sollen. Von Pickler heißt es, er habe »an dieser Mordthat vorzüglich Antheil« gehabt. Fast drei Jahre war das nun her; vom Amt Bernkastel begonnen, hatte der »Jurydirektor des Bezirkes von Simmern« die Ermittlungen fortgeführt; schließlich war der Vorgang nach Trier zurückverwiesen worden mit dem Ergebnis, daß Pickler »bis hiehin nicht hat ausfindig gemacht werden können«. Als ob es den Mord in Seibersbach, die monatelange Haft im Turm von Simmern und den Wirbel um Scherers und Oelligs sogenannten Giftmordversuch nicht gegeben hätte, fing für Büchel die Fahndung von vorn an. Er »lud« Pickler ein, sich innerhalb von zwei Dekaden (zwanzig Tagen) beim Gerichtshof des Saar-Departements zu melden, damit der Beschuldigte vernommen werden könne. »Im Nichterscheinungsfalls soll nichts destoweniger gegen ihn vorangefahren und darauf verfügt werden, was Rechtens ist.«

Vorsorglich befahl Büchel »allen Vollziehern der Gerichtsbefehle, den Johann Pickler im Betrettungsfalle« nach Trier zu bringen. Der »Aufseher des besagten Justizhauses« wurde angewiesen, den Gesuchten »aufzunehmen und in allem den Gesezzen nachzukommen«. An »alle Inhaber der öffentlichen Gewalt« erging die Aufforderung, »im Falle der Noth mit gewaffneter Hand« vorzugehen, und den »öffentlichen Zeitungen der vier neuen Departementen« wurde auferlegt, die Vorladung einzurücken.

Nichts geschah daraufhin, wenigstens nicht das, was Deut-

sche und Franzosen seit Jahren erhofft, worauf sie mit mehr
oder weniger zulänglichen Mitteln hingearbeitet hatten. Statt
dessen kam es nun zu einem »bei Nachtszeit in einem bewohn-
ten Hause« verübten Diebstahl. Die Täter waren »zwei bewaffnete Personen«, nämlich ein Mann und ein »Weib in Manns-
kleidern«: Schinderhannes und »das muntere Julchen« – sie
soll es zumindest gewesen sein.

Juliana Blasius, die aus Baden-Weierbach stammte, dort aufgewachsen war und Musik gemacht hatte, wird die Leute in ihrem Dorf gekannt haben; sie wußte, wo wer wohnte, ob jemand viel oder wenig Geld besaß, wie beliebt oder unbeliebt
die ansässigen Juden waren. Vielleicht kamen alte Familienfeh-
den hinzu. Ließ sich das nicht ausnutzen? Außerdem: Vor kurzem erst war der Schneider mit der Arbeit fertig geworden.
Hatte er nur Anzüge für Schinderhannes und Seidenkleider für
die Räuberbraut genäht? Könnte nicht auch eine lange »Weibs-
hose« darunter gewesen sein? Aus der zarten Musikantin soll
jedenfalls über Nacht eine entschieden auftretende Person geworden sein. »Herr Bückler und seine Frau« knöpften sich den
schon in der Winterhauch überfallenen Isaak Sender aus
Weierbach vor. Das erste Mal ließ Schinderhannes ihn »in die
Scheuer des Jakob Fritsch«, des Wirtes von Weierbach, rufen,
um zu erfahren, »wo Märkte und auf welchen Tag sie gehalten
werden«; außerdem verlangte er für sich ein Uhrenband und
für Julchen Seide. Beides bekam er. Und am 13. November sollen die drei erneut zusammengetroffen sein, diesmal in Senders Haus. Julchen sei »als Mann verkleidet und mit Pistolen
bewaffnet« gewesen. Mit Schinderhannes habe sie in einer
»fremden Sprache« gesprochen, mit Sender dagegen auf
deutsch: »Nun, du solltest uns ausgelacht haben, wann wir
neulich in der Scheuer wären gefangen worden?« Sie habe Geld
verlangt und hätte zwei Louisdor bekommen. Das schien ihr
nicht zu genügen. Sie sei deutlicher geworden, habe deutscher
als Deutsch gesprochen: »Man sollte allen Juden den Hals abschneiden.« Und daraufhin habe Sender dreiundzwanzig Louisdor gegeben. Während Senders Frau nach oben gegangen sei,

um die Münzen zu holen, habe Julchen mit gezogener Pistole vor Isaak Sender gestanden. Und noch einmal habe sie deutsch geredet: »Wenn deine Frau um Hilfe schreit oder den mindesten Lärm macht, um uns zu verrathen und die Nachbarn zu wekken, so erschießen wir dich auf der Stelle.«

Juliana Blasius stritt während der Voruntersuchung vor Wilhelm Wernher alles ab: »Ich weiß nichts von all diesem . . . Ich erinnere mich dessen nicht.« Sender »mag sagen, was er will, aber ich bestehe darauf, daß dieß nicht wahr ist«. Sender indessen blieb bei seinen Aussagen: Er »hat Uns versichert, daß Julchen diese Beinkleiderrolle sehr gut gespielt habe«.

Schinderhannes nahm sich seiner in die Enge getriebenen Juliana an. Das Zusammentreffen mit Sender habe stattgefunden, nur wesentlich harmloser: »Ich war einmal mit Juliana Blasius im Haus der gedachten Juden, es war aber im Anfang meiner Bekanntschaft mit demselben; er bewirthete uns mit Kaffee, und es geschah sonst nichts; falsch ist, daß gedachte Blasius je als Mann verkleidet war.«

Was den Abend des 13. November anging, so erklärte Schinderhannes: »Es war nicht meine Frau, sondern Peter Dahlheimer [sein ›Schwager‹] von Sonschied, mit dem ich an einem Sonntag Abend an des Juden Haus kam.« Frau Sender habe die Tür geöffnet und die beiden eingelassen. Schinderhannes wollte aber partout Isaak Sender sprechen. Erst nach langem Hin und Her sei er aus dem oberen Stockwerk gekommen. Kaum standen sich die beiden gegenüber, kam Schinderhannes auf den Verhaftungsversuch zu sprechen: Warum Sender ihn »habe wollen arretiren lassen durch Johann Klar von Oberstein?« Eine Antwort indessen wartete Bückler gar nicht erst ab. Gleich machte er die Gegenrechnung auf, aus der Sender entnehmen konnte, um wieviel billiger es gewesen wäre, beizeiten von Mann zu Mann zu verhandeln: Schinderhannes forderte drei Louisdor »statt den achtzehn Gulden, die er [Sender] besagtem Klar gegeben habe«. Darauf sei Sender »ohne Beschwerniß« eingegangen: »Seine Frau gieng in eine Stube obenauf, von wo sie mit einem kleinen Sack zurück kam, sie legte drei Luoisd'or in Silber und eine in Gold auf den Tisch und sagte: das Gesez verbiete ihr, am Sabbat Geld anzurühren. Dahlheimer, da er merkte, daß noch Geld im nemlichen Sak seie, den die Frau des Juden in der Hand hielt, welches von dem andern, das sie auf den Tisch ausgeleert hatte, durch ein Band getrennt war, bemächtigte sich dessen auch und sagte: dieses könnte üns auch dienen; worauf wir den Jud verliesen, der sich noch in meine Freundschaft empfahl; ich sagte ihm, daß so lang er dem besagten Klar Geld zahlte, um mich festzu-sezzen, würde er mir ebenfalls zahlen. Nebst den vier Luoisd'or, welche die Frau auf den Tisch ausgelegt hatte, beka-men wir also noch ohngefähr vier und zwanzig Dukaten und einen Maxd'or.«

Folglich nichts von gespannten Pistolen. Und schon gar nichts davon, daß Julchen dabei war: »Ich bin sogar im Stand darzuthun, daß meine Frau diese Nacht nicht bei mir war«, sagte Bückler, denn »in der nemlichen Nacht war ich mit gesag-tem Dahlheimer zu Mittelbollenbach bei einem gewissen Ek-kar, Goldschmitt und meine Frau war bei einem Jaspishändler zu Vollmersbach, dessen Namen ich nicht weiß«.

Wer hat nun die Wahrheit gesagt: Isaak Sender, der mehr-mals mit Bückler zu tun hatte? Die fortwährend nein sagende Juliana Blasius? Oder Schinderhannes, der sich – wie meistens übrigens – gut erinnerte?

So entschieden Sender während der Voruntersuchung auf seiner Version beharrte, in der öffentlichen Gerichtsverhand-lung gab er zu, »daß er darauf nicht fest bestehen könne und daß seine Meynung bloß auf Vermuthungen beruhe«. Da Jul-chen bei ihrem »standhaften Leugnen« blieb, kam Bücklers An-gaben »noch mehr Gewicht« zu. In dem Verhör, in dem Schin-derhannes so energisch für Julchen eintrat, kamen noch zwei Briefe zur Sprache. Bevor das »Ehepaar Bückler« in Weierbach vorstellig geworden war, soll Johann Wilhelm Schneider ein für Sender bestimmtes Schreiben erhalten haben, in dem zwei Louisdor gefordert wurden. Bückler widersprach erneut. »Nein«, sagte er hochfahrend, der Johann Wilhelm Schneider

»ist der Mann nicht, dem man solchen Auftrag geben kann«.
Und noch selbstbewußter, als sei er in seiner Ehre gekränkt:
»Ich hatte keinen Geschäftsträger nöthig, um Geld vom Juden
Sender zu erhaschen.«

Auch die Briefaffäre vom 6. November wurde nicht völlig
geklärt. Der »Bürger Faktor auf der Gräfenbacher Eisenhütte«,
der Verwalter Philipp Peter Chelius, wurde schriftlich aufgefordert, bis zum 19. November Geld und Branntwein an einen
vorher bestimmten Platz zu bringen. »Johannes durch den
Wald« hatte unterzeichnet. Die schriftliche Drohgebärde beein-
druckte den Adressaten wenig. Durch Mathias Haupt ließ Chelius mitteilen, er verfüge über kein Geld. Weder war Chelius
Fabrikant, noch besaß er Vermögen. Wie die übrigen Arbeiter
lebte er von seinem Lohn. Bei diesem Bescheid blieb er, und
das, obwohl Bücklers Erpresserbrief einen bemerkenswerten
Satz enthält: »Sollte er [Chelius] aber vorgeschriebenes vor
gleichgültig ansehen und nicht befolgen, so sei er versichert,
daß es auf seinem Kopf beruhet, so er's aber befolget, so werden wir wie bisher vor ihm und allen seinen Angehörigen Respekt beobachten.« Das hieß nicht mehr und nicht weniger, als
daß Schinderhannes eine Art Sippenhaft nicht ausschloß.

Durch den Boten Haupt ließ er sich schließlich von der Erpressung abbringen und äußerte, er werde »nun zum erstenmal
Christen angreiffen«. Das war zwar maßlos übertrieben, stellte
aber eine nicht minder harte Drohung dar. Denn Schinderhannes machte nun den Christen Chelius dafür verantwortlich, daß
bei nächster Gelegenheit nicht Juden, sondern Christen das
Nachsehen haben würden.

Am 8. November wurden auf einer Landstraße die Bürger
Karl Anspach und Jakob Hanzmann beraubt. Schinderhannes,
nach dem Brief und dessen Folgen befragt, wußte von nichts,
erkannte weder die Schrift, in welcher der Brief geschrieben
war, noch wollte er etwas mit dem Überfall zu tun gehabt haben.

15
Wider die fanatischen Konterrevolutionäre

Zeigen die Raubüberfälle in Otzweiler und Hottenbach, wie gewalttätig Schinderhannes und seine Leute vorgehen konnten, so deuten die Erpresserbriefe darauf hin, daß »Johannes durch den Wald« sehr wohl aus seinem Ruf Kapital zu schlagen wußte. Zwar konnte er glaubhaft machen, in einigen Fällen zugunsten der Opfer eingegriffen zu haben, und die Schuhepisode oder die Entkleidungsszene ließen ihn eher übermütig als grausam erscheinen. Doch für die Behörden änderten weder die Schwänke noch die »edelmütigen« Interventionen etwas am Kern der Sache. Wenn Becker schon für das Jahr 1798 feststellte: »Mit einem Mahle [war] der *Terrorismus an die Tagesordnung* gekommen«, so galt das für den November 1800 erst recht, und das, obwohl die Behörden nicht untätig geblieben waren.

Nachdem Rudler zum Regierungs-Kommissar ernannt worden war, erließ er am 23. Januar 1798 die Gebietsreform für die vier neuen Departements: »Mit der neuen Organisation erfolgten zugleich alle republikanischen Einrichtungen.« Das bedeutete: Für jeden Ort war nur *ein* Agent, für jeden Kanton *ein* Friedensrichter, für jeden Bezirk *ein* Geschworenen-Direktor, für das gesamte Departement *ein* Ankläger verantwortlich.

Aufgabe des Agenten war es, »in seiner Gemeinde darauf zu achten, daß Ausstreuer von Nachrichten, welche den republikanischen Grundsätzen zuwiderlaufen, *und Ruhestörer* arretirt werden«. Was auf den Straßen, in den Wirtshäusern und in Versammlungen vor sich ging, vor allem aber was »die öffentlichen Prediger in der Kirche« verlauten ließen, hatte der Agent zu überwachen. Im Kanton Sobernheim sollte er außerdem »ein wachsames Auge auf die Polizei seines Ortes« haben, die Einhaltung der Polizeistunde überwachen, »die Verdächtigen sogleich untersuchen, alle Complotte und alles Raisoniren gegen die Republik verhindern«. Der Agent wurde zum Exekutor des Polizeistaates – und das mit der Auflage, er und sein Stellvertreter hätten mit der »National-Ehrenschärpe« zu erscheinen.

Angesichts dieser Vorschrift verwundert die Ergebnislosigkeit so mancher Fahndung nicht. Deshalb sah man sich am 20. November 1798 zu einer neuen Verfügung genötigt: Da ist von »bedenklichen Personen« die Rede, und zwar sind dies »die jungen Leute aus dem Innern«, aber auch die von auswärts, »welche ihrer Pflicht, das Vaterland zu verteidigen, entlaufen sind«. Neben Deserteuren wird vor Ausländern und Priestern gewarnt. Verdächtig sind die »sogenannten heiligen Leute *und Vagabunden*«. Fahnenflüchtige und Umherziehende wurden so mit denen gleichgesetzt, die »unter allen Masken arbeiten«, um »Bürgerkriege zu entzünden« und schließlich »das [fürstliche und geistliche] Joch von Neuem aufzulegen«. Noch deutlicher heißt es in einem Erlaß vom 28. November aus Mainz: Die Räuber und Brandstifter sind *»fanatische Konterrevolutionäre«*. Dieser Einschätzung entsprechend sah ein Gesetz vor, daß »die Beschuldigten, ihre Mitschuldigen, Begünstiger und Anstifter vor einen Kriegs-Rath gezogen und von denselben gerichtet werden« sollten.

Doch wie zu rechtskräftigen Urteilen kommen, wenn die Täter geschützt wurden? Angst vor Raub, Mißhandlung und Tod bestimmte das Verhalten der möglichen Zeugen. Nur die wenigsten waren bereit, der Polizei Angaben über die Aufenthaltsorte der Räuber zu machen. Sei es, daß man dem von den Vagabunden ausgeübten Zwang nachgab, sei es, daß man ihnen insgeheim Sympathien entgegenbrachte – Räuber wie

Schinderhannes erhielten Unterstützung. Diese besondere Art der Konspiration *und* die Guerillataktik der Räuber verurteilten die Bemühungen der Polizei zur Erfolglosigkeit. Was ihr viele Kritiker als »Schläfrigkeit« bei der Fahndung und den Ermittlungen vorwarfen, liegt nur zum Teil in veralteten Methoden begründet. Widersprüchliche Meinungen zu den Zeitereignissen, politische Gleichgültigkeit oder ein unterschiedliches politisches Engagement gaben oftmals den Ausschlag.

Mit der Bezeichnung »fanatische Konterrevolutionäre« waren die Räuber und Brandstifter insgesamt – und keineswegs nur Schinderhannes – aus der Perspektive derer, die sich für die neue »Organisation«, für Demokratie einsetzten, als politische Täter eingestuft und überbewertet worden. Daß man ihrer nicht oder nur sehr schwer habhaft werden konnte, wirft allerdings auch ein bezeichnendes Licht auf die damalige Beamtenschaft. Keil, der Öffentliche Ankläger im Departement Roer, stellte fest: Wenn in »einem Staate eine große Umwälzung wie das Besitzergreifen einer fremden Regierung« bevorstehe, lösten sich »schon im voraus alle seine verschiedene Gewalten« auf. Einerlei, in welchem Ressort die Beamten tätig sind, vor einem Umschwung sehen sie »sich nur noch im momentanen Besitz ihres Ansehens«. Sie erkennen, daß »ihre politische Existenz« schwindet, und »verlieren ihren bisherigen Eifer, ihren Muth, ihr Interesse ... Waren sie im Laufe ihrer Verrichtungen etwas strenge, so wollen sie in diesem Augenblicke ihren Mitbürgern, in deren Classe sie zurückkehren, einen Beweis ihrer Sanftmuth geben und werden gelinder, als sie sollten; waren sie gelinde, so lassen sie die Zügel völlig schießen. Keiner von ihnen will seinem künftigen Nachfolger, von dem er sich verdrungen sieht, den er zu hassen Ursache zu haben glaubt, vorarbeiten, keiner von ihnen will sich für einen neuen Staat aufopfern, der Suspensionen und Absetzungen verkündet.« So »sinken die Staats-Gewalten ... noch vor der erwarteten Epoche zu einem bloßen Nichts herab«. Mit anderen Worten: Die Beamten versehen ihren Dienst bestenfalls nach Vorschrift.

Demgegenüber entwirft Keil ein viel zu optimistisches Bild von den Zuständen *nach* »einer neuen Staats-Veränderung«. Während sich zwischen 1792 und 1798 »von Stund zu Stund die Anzahl und die Kühnheit der Räuber« vermehrt habe, sei seit der Rudlerschen Reform trotz einiger Mängel »die Ruhe auf einige Zeit [wieder] hergestellt« worden. Hatten die Räuber bisher »aus einem benachbarten Ländchen in das andere flüchten und so den Verfolgungen der Orts-Obrigkeiten entgehen« können, so waren aufgrund der Zentralisierung nun die Verhaftungsbefehle des einen Kantons auch im Nachbarkanton vollstreckbar.

Daß die Praxis anders aussah, zeigen die Aktivitäten Bücklers und die Veröffentlichung des Erlasses vom 28. November in Mainz, der die Bekämpfung der Briganten wirksamer machen sollte: Sonderrazzien, Durchsuchung einsam gelegener Mühlen und Gehöfte, Paßkontrollen, Wiederholung der Razzien, Heranziehung besonders republikanisch gesinnter Bürger zu Patrouillen und Beteiligung von Soldaten an den Kontrollmaßnahmen wurden angeordnet. Auch diese Maßnahmen führten zu nichts.

Nachdem bis Ende 1800 keine entscheidenden Erfolge hatten erzielt werden können, entschloß sich der neue Generalregierungs-Kommissar Jollivet am 7. Dezember zu der Radikalkur, »die Räuber durch Furcht zu besiegen«: Schinderhannes und seine Mitschuldigen sollten vor ein Kriegsgericht gestellt werden und »nach dem Gesetz vom 29. Nivos VI. J. [18. Januar 1798] gerichtet . . . werden, welches jeden Diebstahl mit Einbruch mit dem Tode bestraft«. Diese von Ungeduld diktierte, barsche Verordnung ist aus verschiedenen Gründen gescheitert. Die der »26. Militär-Division« zugeteilten Richter in Koblenz, wohin acht damals gefaßte Verhaftete (darunter Zughetto, Seibert, Benzel, Leyendecker und Petry jun.) überstellt wurden, waren »aus Unkunde der deutschen Sprache« auf Dolmetscher angewiesen, welche »die Räuber und die Tatsachen verwechselten«. So zogen sich die Ermittlungen monatelang hin. Als dann endlich das erste Urteil erging, zeigte sich, daß das Kriegsgericht »sich Menschlichkeit gegen Räuber zum Grundsatze gemacht [hatte], die die heiligsten Rechte der Menschheit mit Füßen traten«. Leute, die nachgewiesenermaßen »einen Müller mit Lumpen und Zunder umwickelt und so gebraten hatten«, kamen mit zweiundzwanzig oder auch nur sechs Jahren Kettenstrafe davon, und andere, die mit Waffengewalt in Wohnungen eingedrungen waren, wurden zwar »auf die Galeeren geschickt«, gelangten jedoch nie an Bord, weil sie unterwegs durchgingen und in den Hochwald zurückkehrten.

Hinzu kamen die katastrophalen Zustände im Koblenzer Militärgefängnis. Tagsüber gingen die Untersuchungsgefangenen frei umher, nur abends wurden sie eingeschlossen. Ihre freie Zeit vertrieben sie sich damit, an noch nicht verhaftete Komplicen Briefe zu schreiben und von ihnen Geld zu fordern, »worüber der Gefängniß-Wärter die Quittungen ausstellte«.

Brief Peter Petrys jun. »An den Bürger Treudel, Viehhändler in Rheinbellen ... Koblenz, d. 3. Merz, neunten Jahres [1800]«

»Vielgeliebter Freund!
Hoffentlich werden meine paar Zeilen Sie bei guter Gesundheit antreffen, das wird mir mein Herz erfreuen, vielgeliebter Freund, mit diesen paar Zeilen will ich ihnen zu wissen thun, wie ich hier gehalten bin, nemlich: daß ich an Hände und Füßen geschlossen wegen den Weisfuchs, den Sie bei dem Andreas Lüttger gekauft haben, so bitte ich, Sie werden so gütig seyn, und schikken mir etwas Geld vor meinen Advokaten, ich will es ihnen von Herzen gern wiedergeben, wenn ich meine Freiheit erhalte, dann ich weiß mir nicht anders zu helfen, als mit etwas Geld, wenn Sie mir schikken, so schikken Sie es auf Koblenz in die Mitleidsprison – nun bitte ich, daß Sie meiner nicht vergessen, denn wenn Sie mir kein Geld schikken, so weiß ich mir nicht anders zu helfen, als ich muß es eingestehen, so kommen Sie auch dazu, und werden es bereuen, daß Sie mir kein Geld geschikt haben, dann ich sizze schon zwanzig Monat auf die Anklag und habe Sie noch immer verschont, aber ich

kann nicht mehr, dann es ist mir unmöglich, wenn Sie mir kein Geld schikken, so muß ich sagen, wer den Fuchs bekommen hat, nun haben Sie die Wahl, ob ich Maser muß oder ob Sie mir etwas Geld schikken thun, ich glaube, es ist doch besser, etwas Geld geben als in das Doffes zu gehen.

Ich verbleibe Ihr getreuer Freund Peter Petri, nemlich dem schwarzen Peter sein Sohn.«

Um dennoch die Prozesse gegen die schon verhafteten Schinderhannes-Komplicen – und später auch gegen Bückler selber – sicherzustellen, machte der Justizminister im Thermidor (Juli/August) 1801 den Vorschlag, in Mainz und Köln je ein »Spezial-Gericht« zu errichten; in Köln deshalb, weil auch die Niederländische Bande, die im Rur-Departement operierte, zur Verantwortung gezogen werden sollte. Verhandlungsgrundlage für beide Gerichte war das Gesetz vom 18. Pluvios IX (7. Februar 1801), aufgrund dessen Schinderhannes später verurteilt worden ist.

Gesez über die Bildung der peinlichen Spezialgerichten, dem gesezgebenden Körper vorgeschlagen am 21. Nivos 9 J. und von demselben dekretirt am 18. Pluvios 9. J.

Erster Titel.
Bildung und Organisation des Tribunals.
Art. 1. In den Departementen, wo die Regierung es für nöthig erachten wird, soll ein Spezialtribunal für die Bestrafung der hier unten spezifizirten Verbrechen errichtet werden.
Art. 2. Dies Tribunal soll aus dem Präsidenten und den zwei Richtern des peinlichen Tribunals, aus drei Militärpersonen, die wenigstens den Grad als Kapitän haben müssen, und aus zwei Bürgern, die die zu einem Richter erforderlichen Eigenschaften besizzen, bestehen. Diese leztern so wie die drei Militärpersonen sollen durch den ersten Konsul ernannt werden.

Art. 3. Der Regierungskommissär und die Greffiere des peinlichen Gerichts sollen ihre respektiven Funktionen als Regierungskommissäre und Greffiere des Spezialtribunals verrichten.

Art. 4. Im Falle die Regierung es für nöthig erachten würde, in dem Seinedepartement ein Spezialtribunal zu errichten, so sollen die drei Richter, die nach dem 2ten Artikel im peinlichen Gerichte genommen werden sollen, durch die Regierung aus den zwei Sektionen, woraus es besteht, gewählt werden.

Auch kann die Regierung in diesem Falle einen andern Kommissär als jenen des peinlichen Tribunals ernennen.

Art. 5. Das Spezialtribunal kann blos in gleicher Anzahl zu 8 oder wenigstens 6 Richtern richten. Wenn sich deren 7 in der Audienz befinden, so soll sich der lezte, nach der im 2ten Artikel enthaltenen Ordnung, daraus entfernen.

Zweiter Titel.
Kompetenz.

Art. 6. Das Spezialtribunal soll über die Verbrechen erkennen, welche peinliche oder entehrende Strafen nach sich ziehen, wenn sie von Vagabonden und Leuten ohne Wohnort, und von Personen begangen worden sind, die schon zu einer peinlichen Strafe verdammt waren, wenn besagte Verbrechen seit der Entweichung dieser Verurtheilten, während der Dauer ihrer Strafe oder auch blos vor ihrer bürgerlichen Wiederaufnahme begangen worden sind.

Art. 7. Es soll auch über die Landstreichereien und die Entweichung der Verurtheilten erkennen.

Die Regierung setzte zunächst nur das Gericht in Köln ein (7. Februar 1801). So war Jollivet gezwungen, den in Koblenz sitzenden Teil der Schinderhannesbande rheinabwärts transportieren zu lassen, »über 30 Stunden« weit. Den Befehl dazu gab er am 14. November, die Vorbereitungen begannen sofort.

Ob die Untersuchungshäftlinge vom Schlage der Zughetto, Seibert, Benzel und so fort nun davon Wind bekommen hatten oder ob ihre Vorbereitungen unabhängig davon schon so weit vorangeschritten waren – am 24. November brachen sie abends um sieben Uhr aus. Sechs von ihnen entkamen. Ein größeres Desaster läßt sich kaum vorstellen.

Anmerkung Johann Nicolaus Beckers zu dem Ausbruch in Koblenz

»Das Militair-Gefängniß zu Coblenz liegt am Ende der Stadt. Die Cachots sind an die Stadtmauer angebaut, welche sich an dem Wall senkrecht erhebt. Die Räuber hatten sich ein Messer verschafft, dieses mit einem Feuerstahl zur Säge gemacht und die Dielen, womit die beyden aneinander liegenden Cachots abgesondert waren, durchschnitten und auf diese Weise Nachts Communication bekommen. Die durchgeschnittenen Dielen verklebten sie mit gekäutem Brot. In dem einen Cachot hoben sie den Boden auf, arbeiteten sich unter dem Fundament der Stadtmauer und auf der andern Seite durch den Wall sieben Fuß senkrecht in die Höhe und hatten so den freyen nach dem Stadtgraben zu, der auf dieser Seite gesprengt war. Sie warteten eine stürmische regnerische Nacht ab, um unbemerkt zwischen beyden Schildwachen durchzukommen, die Nachts auf dem Wall standen. Abends nach sieben Uhr ergriffen sie die Flucht . . .«

Nicht nur aus Koblenz trafen Hiobsbotschaften ein. In den Bezirken Simmern, Birkenfeld und Kaiserslautern ging es nicht viel besser zu. Zwar unternahmen die Unterpräfekten Vanrecum, Theremin und Petersen alle nur erdenklichen Anstrengungen, in ihren Bereichen den Räubern und deren Komplicen auf die Spur zu kommen, doch die Polizeigarden versagten: »Das Geschäft war zu sehr getheilt und hing im Einzeln von den Mairen ab, wovon der größte Theil zu gemächlich und indolent war, um sich groß um Räuber zu bekümmern.«

Angesichts der verdächtigen – konterrevolutionären – Teilnahmslosigkeit der niederen Beamtenschaft waren Entschlossenheit und zielstrebiges, überlegtes Handeln dringend vonnöten. Auf den am 20. Dezember 1801 zum Nachfolger Jollivets

ernannten Jeanbon-St.-André richteten sich alle Hoffnungen.
Er hat sie nicht enttäuscht. »Zwey große Gedanken« hat er nach
Becker gefaßt und »ehrenvoll ausgeführt«: neben dem Bau der
Straße Mainz–Koblenz die »Ausrottung der Räuber«. Seit seiner Tätigkeit im Departement Lot als Fachmann im Kampf gegen konterrevolutionäre Aufständische ausgewiesen, forderte
der neue Generalregierungs-Kommissar sofort detaillierte Berichte darüber an, warum die Ausrottung der Räuber bisher
fehlgeschlagen war: »Was aber mehr als alles war: er arbeitete
selbst über diesen Gegenstand, und zwar so geheim, daß auch
nicht einmahl auf seinen verschiedenen Bureaux die Sprache
davon war. Beschlüsse, Instructionen, Briefe, alles schrieb er
mit eigener Hand.«

Anton Keil ging ihm dabei zur Hand. Er unterrichtete Jeanbon-St.-André über die »Quelle der Unsicherheit«, über die
»Räuberwinkel« und die »Taktik und Manier« der Räuber.
Kommt Jollivet das Verdienst zu, das Spezialgericht errichtet zu
haben, so Jeanbon-St.-André und Keil die Einsetzung einer geheimen Kommission. Denn nur wer sich (zum Beispiel als
österreichischer Deserteur) tarnte, konnte Schinderhannes
und die Seinen ausheben. Alle »laut bekannt ... werdende
Maaßregeln« waren von vornherein zum Scheitern verurteilt.
Außerdem mußte eine die Staatsgrenzen überschreitende Aktion ins Auge gefaßt werden.

Hundsbach, d. 10 Germinal 10 [31. März 1802]
Der Maire von Hundsbach an Bürger Günster, President des Tribunal
Correctionel ...

Zwey Einwohner von hier ... haben sich insgeheim erboten, den
Schinderhannes ausfindig zu machen und zu liefern. Es ist mir wahr-
scheinlich, daß beide mehr Kenntniß von ihm haben, auch wol vielleicht
in einiger Verbindung, wo nicht mit ihm, doch mit seiner Bande gestan-
den sind. Inzwischen heißt das Sprichwort, wenn man will Schelme fan-
gen, so muß man Schelme dazu brauchen. Sie thun es auch, wie ich
glaube, nicht aus Liebe zum gemeinen Besten, sondern aus Eigennutz wie

andre Spionen und wollen zuvor wissen, welches der Preis seyn würde, der auf seine Verhaftung gesezt würde. Ich glaube immer, daß dieses der leichteste Weg wäre, diesem Räuber beizukommen und eben dadurch die ganze Bande zu zerstreuen. Denn wie diese Männer sich ihm geäußert haben, sollen verborgene unterirdische Gemächer in einigen Häusern seyn, die auch der strengsten Untersuchung entgehen und alle Unternehmungen der Polizey Garden vereiteln.

16
Würges und die Folgen

Unter den geschilderten Verhältnissen zur Hasenmühle zu kommen, ist leicht. Man schwingt sich aufs Pferd, gibt dem Gaul die Sporen, reitet bald nach rechts, bald nach links und setzt irgendwo über den Rhein. Dann geht es immer geradeaus. Den Weg findet man wie im Schlaf. Und schon ist man »im deutschen Reichslande«. Der Müller, Andreas Kowald, ein alter Bekannter, öffnet die Tür und sagt: »Guten Tag!«

Andreas Kowald, Müllermeister von der sogenannten Hasenmühle bei Schloßborn und kurfürstlicher Untertan, wollte das nicht so ohne weiteres auf sich sitzen lassen. Ein Cochemer sei er? Ein Komplice? Nein, »bloß aus Furcht, von den Räubern mißhandelt zu werden«, weil »bekanntlich seine Mühle ganz allein im Walde liege«, und aus »Furcht, seine Mühle angesteckt zu bekommen«, habe er stillgehalten und sein Haus zur Verfügung gestellt. Ja, das mußte er bekennen. Und auch dies, daß Schinderhannes schon 1799, nach dem Otzweiler Mord, zum erstenmal bei ihm eingekehrt war. Damals habe er »die Schwägerin des Ring, welche sich Katharina nenne«, dabeigehabt – die rechtsrheinische Geliebte? Und zuletzt sei Schinderhannes »mit seiner *angeblichen* Frau« dagewesen. Die beiden seien ihm nicht lästig gefallen. Sie führten »eine eigene Menage«, kochten selber, Schinderhannes holte Branntwein aus den Nachbardörfern oder schickte die Kowald-Buben. Gezecht wurde nie. Überhaupt, er sei verträglich gewesen. Mit Kowald ging er eines Tages nach Frankfurt, um Kaffee, Zucker und Reis zu kaufen. Ein andermal machten sie sich nach Hefterich auf den Weg und brachten zwei fette Schweine mit. Der Metzger kam, ein Schlachtfest wurde veranstaltet. Schinderhannes gab sich als Krämer aus und bewirtete andere »Krämer«. Ging das Schweinefleisch aus, gab es ja noch den Wildbestand der Kurfürstlich Mainzischen und Nassau-Usingischen Waldungen. »Mit dem Wildpret, welches ich in den fürstlichen Waldungen schoß, unterhielt ich meine Familie, und die des Müllers genoß auch davon«, bekannte Schinderhannes. Nein, nein, beteuerte Kowald, Bückler habe niemals Wild auf die Mühle gebracht, und noch viel weniger habe er, Kowald, davon gekostet.

Weiter wußte der Müller nichts, erinnerte sich nur noch einer Einzelheit: »Um der ihm vorgesetzten Behörde zu bestätigen, daß er alles getreulich [angebe], was er wisse«, sagte er: Ein Chirurgus sei einmal gerufen worden, um die »angebliche Frau des Schinderhannes so wie eine andere seines Kameraden, welcher sich damals einen Tag bei ihm [Kowald] aufgehalten, zur Ader« zu lassen. Danach wurde Kaffee aufgebrüht. Gemeinsam trank man ein Täßchen, nach einer Stunde war alles vorbei. Das Ganze wäre kaum der Rede wert, wenn auf der Hasenmühle nicht später nach einer »krumm gebogenen« Flinte gefragt worden wäre, nach einem veritablen Corpus delicti, denn der dazugehörige Riemen wies Blutspuren auf.

In jenem Winter nämlich war Kowalds Haus nicht nur Schinderhannes' Ruhequartier. Es diente »allen verdächtigen Leuten, welche immer gut von dem Müller empfangen wurden, zur Räuberhöhle«. Das gestand Johannes Bückler. Und Andreas Kowald mußte nicht nur zugeben, daß Schinderhannes öfter Besuch bekam, er wußte auch, wer seinem Haus die Ehre gab: Diebe. Und er merkte bald, daß Bückler »bei der Bande das Ruder führe«.

Plötzlich, in der zweiten Dezemberhälfte des Jahres 1800, packten Schinderhannes und Julchen ihre Sachen. »Ich ... führte meine Frau nach Haßloch.« Schinderhannes hatte auf der Hasenmühle ein Angebot bekommen. »Etliche von der Bande des Pickard, unter dem Namen Niederländer Bande bekannt«, waren gekommen. »Sie machten mir den Vorschlag, mit ihnen auf Verrichtung zu gehen.«

Für seine Verhältnisse und in seinem Metier war Picard ein außerordentlicher Mann. Der Öffentliche Ankläger Keil rühmte dessen »vollendetes Räubergenie«. Große, weit ausgreifende Pläne setzte er in die Tat um. Unermeßlich waren die Erträge. Innerhalb von nur zwei Jahren erbeutete Picard »die unglaubliche Summe von mehreren tausend Louisd'or an der Spitze von fünfzig mit Pistolen und Säbel bewaffneter Räuber zu Pferde mit Gewalt unter Feuern und Stürmen aus Städtchen und Flecken«, um sie nachher »im Arme Pariser Freuden-Mädchen großherrisch« zu verschwelgen.

Sich mit diesem Räubergenie zusammenzutun, das reizte Schinderhannes. Er nahm den Vorschlag an, trieb fünfzehn eigene Leute auf, hinzu kamen drei oder vier aus Picards Reihen. Der Treffpunkt war die Hasenmühle. Am 9. Januar 1801 fand dort die Einsatzbesprechung statt. Ziel sollte die Station des »Kaiserl. Reichsposthalters Oberst zu Würges« sein. Doch als die Truppe ihr Versteck verlassen wollte, mußte sie feststellen, daß der Mond zu hell schien. Das war selbst Picard zu riskant. Und »so verblieben alle auf derselben Mühle und verschoben diesen Diebstahl auf die folgende Nacht; sie kam, die Räuber, alle bewaffnet, zogen in einem Trupp von achtzehn bis zwanzig aus, sie zerschnitten zum voraus, mit einer Säge, welche einer unter ihnen mitgenommen, einen Baum; bei ihrer Ankunft in Würges ward mit dem mitgebrachten Baume die Thür eingestoßen; da stürzten alle, drei ausgenommen, in das Haus, mishandelten den Postmeister, plünderten und trugen mit Beute gestopfte Säcke mit sich zurück und schlugen alle ihren Rückweg nach der vorgedachten Haasenmühle ein; einer derselben Räuber, welcher anfänglich an der Thür stehen geblieben und nachher in das Haus gedrungen war und daselbst einige Kostbarkeiten von Gold gestohlen hatte, beharrete unter dem Rückwege darauf, er würde dieselben Kostbarkeiten nicht zu der unter die Gemeinschaft zu theilende Masse legen, worauf ein anderer, welcher diese Rede gehöret, seine bei sich tragende und dem Postmeister gestohlene Flinte auf denselben anschlug; auf die Bewegung, welche von einigen der Räuber bemerket wurde, rissen ihm diese die Flinte aus den Händen, stelleten das Schloß in seine Ruhe und schlugen demselben damit so heftig auf den Kopf, daß der Lauf davon gebogen wurde, welche Flinte dem Haasenmüller gegeben ward. Die Beute ward unter die Räuber getheilt; ein Theil derselben auf der Haasenmühle an einen Juden Namens Esch verkaufet; da aber keiner unter ihnen das gestohlene Silber für seinen Antheil nehmen konnte, so übernahm es einer der Räuber, dasselbe zu verkaufen und das Erlösete unter dieselben zu theilen.«

Dieses Geschäft wickelte Bückler ab, zugunsten seiner Leute – und sehr zum Ärger Picards. Weil er das »Ober-Commando« geführt hatte, wollte er auch den Löwenanteil aus der Beute haben. Statt aber seine Ansprüche offen zu äußern, versuchte er, »seine Untergebenen [zu] übervortheilen, und hatte in dieser Absicht Geld und einige Kostbarkeiten hinter einem Baume versteckt«. Schinderhannes sah das. In einem günstigen Moment schaffte er die Kostbarkeiten auf die Seite. Als Picard das merkte, war es zu spät; Schinderhannes hatte sich längst abgesetzt. Das Räubergenie schwur ihm »fürchterliche Rache«, doch dabei blieb es.

Würges ist zum Begriff geworden: für Schinderhannes, weil er hinnehmen mußte, sich mit einer Statistenrolle zu begnügen. Er war es, welcher »vor dem Hause des Posthalters Wache gestanden«. Das hatte freilich auch sein Gutes: Schinderhannes war unter den Räubern der weitaus bekannteste. Zudem lernte er, wie man die Dorfbewohner einschüchterte: »Da während des Krieges dem Landmanne nichts schrecklicher war als das Getöse herumziehender französischer Marodeurs, so ahmten die Räuber fast beständig in allen ihren Expeditionen dieses Getöse nach.« Sie schrien und grölten, sangen französische Lieder, stießen französische Flüche aus oder schossen wild in die

Luft. Damit hielten sie selbst die mutigsten Dorfbewohner in Schach. Schließlich hatte Bückler die Rammbaummethode kennengelernt.

Für zahlreiche Regierungen kleinster Fürstentümer war Würges Anlaß, die Polizeieinsätze radikal zu verbessern und »gewisse augenblickliche strenge Maaßregeln« zu beschließen. Während Schinderhannes nach dem Postraub seelenruhig »zu Schiff den Rhein wieder hinunter bis Bingen« fuhr, dort an Land ging und den nächsten Raub vorbereitete, trafen sich am 28. Januar die Deputierten von zwölf Zwergstaaten. Als Konferenzort war Wetzlar gewählt worden, die Residenz des Reichskammergerichts, der höchstrichterlichen Instanz im Heiligen Römischen Reich Deutscher Nation. Im Protokoll wird ausdrücklich festgehalten, Anlaß der Konferenz sei die »sich täglich mehrende Unsicherheit und verschiedene seit einiger Zeit geschehene gewaltsame Einbrüche ... besonders aber die Beraubung an dem kais. Posthalter zu Würges«. Wiederum wurden Razzien und Kontrollen in abgelegenen Häusern und Mühlen beschlossen; man vereinbarte, etwaige Täter über die Landesgrenzen hinweg zu verfolgen und sich dabei gegenseitig zu unterstützen; die Bevölkerung wurde aufgefordert, im Falle eines Einbruchs die Glocken zu läuten, Lärm zu schlagen und sich gegenseitig zu helfen; wer dies verabsäume, habe mit Strafen zu rechnen; die Oberbeamten wurden angewiesen, »sich vertraute Personen zu halten«, Spitzel, welche die Furcht der Unterbeamten vor den Räubern brechen sollten. Mit Floskeln, die an internationale Vertragswerke erinnern, gelobten die Deputierten von Wetzlar: »Die Landes-Obrigkeiten verbinden sich hierdurch feyerlich, das in ihren Ländern aufgefangene Gesindel nicht wie bisher hin und wieder üblich gewesene Art über die Grenze zu schicken und dadurch ihren Nachbarn zuzuweisen.«

Im einzelnen legte man nieder, wer Pässe ausstellen durfte; daß und wie sie gedruckt sein sollten; daß sie eine Personenbeschreibung – ein »Signalement« –, ein Dienstsiegel und die Unterschrift des Ausstellers aufweisen müßten; die Gültigkeitsdauer wurde festgelegt... Dies alles, so wurde beschlossen, sollte in der *Reichspostamts-Zeitung* und im *Reichs-Anzeiger* bekanntgemacht werden.

Die Beschlüsse blieben wirkungslos, solange Schinderhannes mit »Kochemern« in Verbindung stand, die über genaue örtliche Informationen verfügten. Einer dieser Männer war ein gewisser Schüler aus Merxheim. Schinderhannes nannte ihn den »alten Rentmeister«. Der Merxheimer Musikant Friedrich Kuhns, Borwes Fritz genannt, sprach genauer vom »ehemaligen Einnehmer«, einem Mann, der in der vorfranzösischen Zeit in Diensten des Fürsten gestanden hatte und gut darüber Bescheid wußte, welche Mitbürger über welche Einnahmen verfügten. Offenbar unterhielt Schüler zum alten Regime noch gute Beziehungen, denn auch in der neuen Zeit lebte er in einem Haus, das zum Merxheimer Schloß gehörte. Dieser Wohnung wegen mußte er Rücksichten nehmen. Nicht alle Leute konnte er so ohne weiteres zu sich einladen. Gegen Weinhändler aber konnte niemand etwas einwenden, weder die Parteigänger des Fürsten noch die »Patrioten«. So bekam Borwes Fritz, weil er viele Leute kannte, den Auftrag, doch einmal die Augen offenzuhalten: Sobald er den Schinderhannes sähe (dessen Vetter Schüler gewesen sein soll), möchte er ausrichten, der Cousin solle gelegentlich vorbeischauen. Es gäbe da etwas, worüber man miteinander sprechen müsse.

Bückler machte sich eines Tages mit dem Dorfmusikanten nach Merxheim auf den Weg. Schüler empfing die beiden hochoffiziell: Er ließ die Gäste in das »für die Fremden bestimmte Zimmer« führen und bewirtete sie, wie es sich gehört, wenn ein Weinhändler im Haus ist. Ein guter Tropfen stand immer kalt. Schüler holte die Flasche, stellte jedem einen Römer hin, zog den Korken, füllte die Gläser: Prosit!

Nach dem ersten Schluck war von nichts Besonderem die Rede. Man sprach, was man so alle Tage spricht: über das Wetter, den Wein, die schlechten Zeiten. Unterdessen vervollständigte sich die Runde: zu dem Rentmeister, dem Musikanten und dem »Weinhändler« stieß ein weiterer ehemaliger Steuereinnehmer: Jakob Sommer. Und schon war die erste Flasche leer. Eine zweite mußte her. Schüler ließ jetzt Branntwein kommen. Und wieder prosteten sich die Herren zu.

»Dies Trinkgelag dauerte bis Mitternacht. Ich war so berauscht, daß ich nicht mehr stehen konnte«, gestand Bückler später. Er erinnerte sich nur vage, jemand habe ihm beim Hinausgehen geholfen und ihn aufs Pferd bugsiert, ein Knecht und Borwes Fritz seien mitgeritten bis Eckersweiler. Da irgendwo versank er in den Schlaf. Als er wieder aufwachte, hatte er eines klar und deutlich in Erinnerung behalten: »Der Rentmeister hetzte mich auf, den Juden zu Merxheim, der die Bauern so plage, einmal zu bestehlen.«

Am 28. Januar, dem Tag der Wetzlarer Konferenz, rückte Schinderhannes gegen Mitternacht mit drei Kumpanen in Merxheim ein: »In dem Ort begegneten wir der Nachtwache, die aus sechs Mann bestand. Sie fragte uns, wer wir seyen und wohin wir gehen wollten. Ich antwortete ihr frei, daß wir den Juden bestehlen giengen, worauf sie uns ohne die mindeste Hinderniß gehen ließ.«

Christian Reinhard, einer der Helfer, behauptete sogar, während er auf der Straße Wache gestanden habe, indes Schinderhannes sich Jakob Bär vornahm, sei der Nachtwächter Schuster vorbeigekommen: »Allein, weit entfernt, Lärm zu machen, munterte er uns auf, fortzufahren.« Erst eine Stunde, nachdem die Räuber wieder abgezogen waren, ertönte die Alarmglocke.

Der Einbruch war nach bewährtem Muster verlaufen: Nachts klopfte jemand an eine Haustür, verlangte zuerst Tabak, dann Geld, sprach mit seinem Begleiter Rotwelsch, drang ins Haus ein, bedrohte die Bewohner, trieb fünfzehn Louisdor auf, räumte Silberbecher und -schnallen ab und packte Kleider ein, während seine Kameraden ihm den Rücken freihielten. Mit Waffengewalt trieben sie alle Leute von der Straße. Erst nachdem die Ruhestörer abgezogen waren, gab es Lärm im Dorf; die Sturmglocke läutete; »mehrere Einwohner [kamen] nach und nach«, um zu sehen, was geschehen war: Jakob Bär lag »ohnmächtig in seinem Blut« auf dem Speicher; seine Frau und sein Kind waren total verängstigt, alle Zimmer im Haus in völliger Unordnung.

In Merxheim trat Schinderhannes nicht mit der gewohnten Kopfbedeckung auf: den dreieckigen Hut hatte er einer »fremden Mannsperson, groß, schön und jung, mit einem hellblauen Rock bekleidet«, abgetreten. Bückler präsentierte sich mit einem großen »Messer im Maul, einer Pistole in der Hand und einer Flinte und Büchsensack auf dem Buckel«. Einer von denen, die den Einbruch sicherten, fiel durch eine »weiße Kappe auf und einen weißen Mantel«. Mochte die Kostümierung gewechselt haben, in der Sache waren sich Schinderhannes und seine Helfer treu geblieben.

Ob die Bewohner von Merxheim ihrer Furcht erlagen und selbst der eigenen Übermacht nicht mehr trauten oder ob die Wut über die neue Zeit sie dazu hinriß, den Dingen freien Lauf zu lassen, damit sie sich totliefen – der Rentmeister Schüler stand als heimlicher Sieger im Hintergrund da. Zwar wurde er »verhaftet und vor das Special-Gericht nach Maynz gebracht, bald darauf aber wieder in Freiheit gesetzt«.

Hatte Schüler, ein fürstlicher Steuerbeamter außer Diensten, die Unternehmung veranlaßt, so machte sich an deren Ende der stellungslose Schullehrer Friedrich Leyrith, der zur Intelligenz gehörte, als Logistiker nützlich: Nach dem Diebstahl schaffte er die Pakete mit den gestohlenen Waren auf das andere Rheinufer und sorgte für Verpflegung. Damit hatte der ehemalige Abdecker Johannes Bückler gleich zwei Leute aus den »besseren Ständen« für sich gewonnen.

Vorübergehend setzte er sich ins Rechtsrheinische ab, zog bis nach Aschaffenburg, wo er Teile der Merxheimer Beute verkaufte. Und um Julchen standesgemäß unterhalten zu können, engagierte er sogar die dreizehnjährige Maria Eva Berg als Magd.

Doch ein ambulanter Hausstand mit Frau und Dienstmädchen wollte unterhalten sein. Schinderhannes konnte sich keine Ruhe gönnen. Im April kehrte er in sein Revier zurück. Die Räuberbande, die sich nun um ihn versammelte, kam schon auf dem rechten Rheinufer zusammen. Sie bestand vorerst aus sieben Mann, darunter wiederum Christian Reinhard. Der achte wurde Georg Friedrich Schulz, den Bückler in Weinheim kennenlernte und der als erster das rechtsrheinische Pseudonym Bücklers nannte: »Schinderhannes kam auf diesen Markt unter dem Namen Jakob Ofenloch von Altenbamberg, begleitet von seiner Frau, er machte den Gängler.« Dieser Gängler schwärmte davon, wie leicht es sei, auf der anderen Rheinseite zu Geld zu kommen, und lud Schulz zum Trinken ein: »Geblendet von seinen Versprechen und von Wein berauscht«, sagte Schulz zu. Mit den übrigen sieben traf man sich in einem Wirtshaus in Klein-Rohrheim und setzte dann bei Hamm über den Fluß.

Schinderhannes wies seine Leute an, sie dürften sich ausschließlich nachts bewegen; tagsüber müßten sie sich versteckt halten, und zwar in Häusern, deren Bewohner er kenne; nur unter dieser Bedingung brauche sich niemand zu fürchten. Drei Nächte lang dauerte der Anmarsch. In der vierten sollte der geplante Einbruch in Laufersweiler stattfinden, mußte aber, weil plötzlich Schnee fiel und zu viele Fußspuren sichtbar waren, auf die folgende Nacht verschoben werden.

Warum führte Schinderhannes seine Leute gerade nach Laufersweiler? Schulz erklärte, Schinderhannes sei »von einigen Einwohnern der Nachbarschaft angezeigt« worden, ein Jude in Laufersweiler habe besonders viel Geld. Christian Reinhard zufolge war der Plan schon in Klein-Rohrheim gefaßt worden, doch: Aber »wir wußten nicht, gegen wen wir unser Unternehmen richten wollten«.

Den entscheidenden Hinweis erhielten die Räuber an einem Lagerfeuer im Wald nahe Kempfeld, nicht weit von jenem Ort also, in dem ein alter Bekannter von Schinderhannes wohnte: der wohlhabende Viehhändler Johann Georg Scherer. Ihn hat Reinhard im Wald gesehen. Schulz dagegen war hundemüde gewesen und sofort eingeschlafen; er wurde erst wieder wach, als die entscheidende Besprechung mit dem Informanten vorbei war, doch Schulz erinnerte sich, Brot und Schnaps bekommen zu haben.

Schinderhannes bestätigte Reinhards Version. Da die Räuber ratlos waren, schickte Bückler einen Boten zu Scherer mit der Bitte um Branntwein und Brot. Beides bekam er. Und eine Stunde später erschien der edle Spender persönlich, begleitet von seinem Bruder und seinem Schwager. Nach dem versuchten Giftmord mit Aqua vitae war es sicherer, mit Leuten aufzutreten, die im Falle eines Falles Schutz boten. Doch die Vorsicht war übertrieben. Schinderhannes wollte nur einen Hinweis: »Ich fragte ihn [Scherer], ob er nicht einen Juden kenne, den wir bestehlen könnten; er nannte uns den von Laufersweiler, bei dem wir viel Geld finden würden.«

Was dieser Rat einbrachte, berechnete Schinderhannes auf »tausend Gulden an Geld« und Waren im Wert von dreihundert Gulden. Isaak Moses, der geschädigte Händler von Laufersweiler, bezifferte allein seinen Verlust an Gold mit »Acht und dreißig Stück doppelte Louisd'ors. Sechzig Stück einfache. An Dukaten vier und zwanzig Stück. Summa 1616 fl. Dreißig Stück Kronenthaler ... 82 fl. 30 Kr.« Scherer hatte den richtigen Tip gegeben und Schinderhannes ganze Arbeit geleistet.

Daß er ein gelehriger Picard-Schüler war, zeigte er in Laufersweiler gleich zweimal: »Die äussere doppelt neugemachte und mit guten Schlössern verriegelt gewesene Hausthür, und zwar der untere Theil derselben, war mit Gewalt aufgesprengt, so, daß der dritte Theil der untern Thür rückwärts im Hausgang zerbrochen dagelegen, vor der Thür befande sich ein eilf Schuh langes vom Zimmermann beschlagenes Stück Eichen-Bauholz, welches die Räuber von dem Bauplatz des Bürgers Henrich Oeu, zwei hundert Gäng von hier, genommen haben.«

Innerhalb des Hauses wüteten die Räuber ähnlich: Ein verschlossenes »Eckschränkelchen« schlugen sie »mit einem in der Stube gelegenen Stück Eichenbord zu Trimmern«; und die »Hauptstube« wurde ebenfalls »mit Gewalt aufgesprenget«. Schinderhannes' eigene, diesmal noch zurückhaltend angewandte Zutat war, daß er und einige seiner Leute mit Lichtern in der Hand ins Haus stürmten.

Außerhalb des Hauses ließ Schinderhannes, getreu seinem

großen Vorbild, Schüsse abgeben, als die Glocken Sturm läuteten. Dadurch wurden »die Bürger zu Leistung der Hilfe« nicht nur »vermuthlich« abgehalten, wie Moses meinte, sondern sie wichen tatsächlich vor der ins Dorf eingedrungenen Horde zurück, die »durch Schreien [und Schießen] ihre Anzahl fürchterlicher machten«, als sie wirklich war.

In einem Punkt unterscheidet sich der Verlauf des Überfalls in Laufersweiler von den Unternehmungen in Merxheim und Hottenbach: Während Jakob Bär sein Haus nicht verließ und Wolf Wiener dazu erst sehr spät Gelegenheit fand und dann noch Skrupel bekam, die Glocken des christlichen Gotteshauses zu läuten, ergriff Isaak Moses gleich zu Beginn des Einbruchs die Initiative. Als er die Räuber in seine Wohnstube eindringen sah, riß er das Fenster neben seinem Bett auf und sprang »im Hemde, so wie er im Bett gelegen, hinaus und auf die Gasse«. Glücklich unten angekommen, eilte er zum Gemeinde-Syndikus und benachrichtigte ihn, lief durchs Dorf und rief: »Es brennt, es sind Spitzbuben in meinem Haus! Hilf! Hilf!« So rannte er zur Kirche und zog eigenhändig die Glocke. Über den Erfolg seiner Bemühungen war Moses freilich enttäuscht. Nichts sei erfolgt, klagte er, »im Gegentheil seien viele Bürger auf [an] der Linde gestanden, ohne die gehörige Hilfe geleistet zu haben«. Denn während des Sturmläutens feuerte die Bande Schüsse ab, und das ließ die Bevölkerung zurückschrecken. Nachdem die Bande den Ort wieder verlassen hatte, kamen die Leute zu Isaak Moses, um »ihm drei Mann Wacht ins Haus« zu legen. Gewiß, nichts konnte damit mehr verhindert werden. Aber ganz so groß wie in anderen Dörfern waren die Gleichgültigkeit und die Furcht in Laufersweiler nicht. Hier kündigte sich an, daß es Gemeinden gab, die nicht alles tatenlos hinnehmen würden.

Die am folgenden Tag eingeleitete Fahndung führte die Gendarmen in die umliegenden Täler, Mühlen und Wälder. Doch lediglich Heinrich Lindenbaum, ein Vater von sieben Kindern, der mit seiner Familie in *einem* Zimmer erbärmlich hauste, wurde verhaftet. Man stellte fest, daß er Musikant und Korb-

flechter war; außerdem ging er »bei schönem Wetter auf den
Maulwurffang«. Er mußte bald entlassen werden, denn in der
vergangenen Nacht war er zu Hause gewesen, und die Über-
prüfung seines Passes ergab, daß der im Register der Mairie
Kirn unter Ziffer 79 ordnungsgemäß eingetragen und »daß das
auf den Paß gedruckte Siegel jenem auf dem Extrait beige-
druckten vollkommen ähnlich« war.

Schinderhannes floh mit seinen Leuten »noch die nemliche
Nacht bis in die Gegend von Sobernheim, von wo wir uns den
folgenden Tag auf die Mühle des Bürgers Bollenbach bei Oberhausen begaben. Wir theilten unsere Beute in dem Lemberg«,
einer Höhle, wo Friedrich Leyrith wieder zur Stelle war, um Essen zu bringen. Danach ging es über den Lerchenhof und
Hamm heim ins Reich, auf die andere Rheinseite.

17
Rechts und links des Schicksalsstroms

Knapp drei Wochen blieb Schinderhannes auf der rechten Rheinseite, dann setzte er wieder über den Strom.

Am 3. Mai wurden vier Juden, die vom Kreuznacher Markt kamen, zwischen Odernheim und Boos »von einem bewaffneten Menschen angefallen«, der ihnen Geld und Seidentücher abnahm. Einer der Juden erhielt mit einem »Flintenkolben einen so kräftigen Schlag auf den Kopf, daß die Flinte davon brach«.

Am 11. Mai zogen wiederum vier Juden vom Kreuznacher Markt heim; sie sahen »einen Menschen an dem Fuße des Pasberges, welcher sich bückte, als sammelte er Holz«. Kurz darauf standen zwei andere »Menschen« da, die ihnen den Weg versperrten; der Holzsammler rief: »Sie [die Juden] sollten ihre Börsen hergeben.« Vom »Schrecken betäubt«, wehrten sich die jüdischen Handelsleute nicht und büßten Geld und Waren ein; einem von ihnen wurde wiederum mit einem »Flintenkolben sehr hart auf den Kopf« geschlagen.

Am 25. Mai hielt sich Schinderhannes wieder in Klein-Rohrheim auf, wo Kirchweih gefeiert wurde. Mit Hofmann, Blum, genannt Blümling, Schmulbalzer und dem Scheelen Philipp ging er zu seinem Stammwirt Mauß.

Er fragte ihn: »Ob wir uns bei ihm ohne beunruhigt zu werden lustig machen könnten?«

Die Antwort lautete: »Ja.«

Schinderhannes sprach kräftig dem Wein zu und wirbelte die Dienstmagd Margarethe durch die untere Gaststube. Da schlossen zwei seiner Begleiter eine Wette ab: Hofmann wollte Philipp »eine Bouteille Wein bezahlen, wenn er [Philipp] sich unterstünde, die Pistole, welche er in seinem Sak trug, auf den Tisch zu legen«.

Kaum waren sich Hofmann und Philipp einig, langte Philipp in die Hosentasche und zog ein blaues Schnupftuch hervor. Langsam faltete er es auseinander – und schon griffen zwei seiner Kumpane ein. »Weg mit dem Schießeisen!« riefen sie. Philipp jedoch wollte sich den Spaß anscheinend nicht verderben lassen. Die Pistole blieb auf dem Tisch liegen. Wenzel nun, ein gemeiner Soldat, der auf Urlaub in seinem Heimatort war und Kirchweih mitfeierte, fand, es sei »unschicklich«, mit einer Waffe so leichtsinnig umzugehen. Er forderte die Kerls auf, die Pistole sofort verschwinden zu lassen. Hofmann und Philipp blieben stur. Was ihn denn das anginge? Wenzel griff zu und nahm die Waffe an sich. In diesem Moment will Schinderhannes eingelenkt haben. »Ziemlich höflich« sei der Soldat Wenzel aufgefordert worden, die Pistole herauszugeben. Wenzel seinerseits habe zugestimmt unter der Bedingung, daß »wir ihm eine Bouteille Wein zahlten«.

Nichts davon in Wenzels Aussage. Einer der Kerls habe ihm die Pistole vielmehr sofort wieder abgenommen.

Schinderhannes nannte als Grund: Er habe gemerkt, »daß dieser Soldat uns blos prellen wollte«.

Die Musik verstummte. Die übrigen Gäste machten den Streithähnen Platz. Doch ein Handgemenge blieb aus.

Die Kerls, so Wenzel, gingen hinaus.

Schinderhannes: »Ich warf besagten Soldaten zu Boden.«

Wenzel berichtete davon nichts. Sofort sei er in die obere Gaststube gelaufen, »um sein Seithengewehr daselbsten zu holen«.

Schinderhannes: »... um Hilfe von seinen Kameraden« zu holen.

Wie auch immer, von Wenzel alarmiert, kamen etwa zehn

Mann heruntergelaufen, unter ihnen der Korporal Franz Kleb. Ob unter seinem Kommando gefochten wurde oder ob jeder auf eigene Faust handelte, die Soldaten trieben die fünf Burschen mit Säbeln und Flinten aus dem Haus. Schinderhannes nannte das den »ersten Angriff«, der indessen abgewiesen worden sei.

Vor dem Gasthaus ging die Keilerei weiter. Der Gastwirtssohn bekam Stockhiebe ab, der Scheele Philipp erlitt Schädelverletzungen, zwei der Soldaten wurden in die Flucht geschlagen.

Plötzlich schrie jemand um Hilfe: »Und da, indem ich um das Eck des Hauses herumgehen wollte«, sah Schinderhannes den Schmulbalzer, »welcher einen Mainzer Soldaten zu Boden geworfen hielt.« Dieser Soldat, der Korporal Kleb, erhielt nach Schinderhannes' Aussage »etliche Streiche«, an deren Folgen er »wahrscheinlich gestorben« sei, wie Schinderhannes ohne ein Wort des Bedauerns erklärte.

Und er rechtfertigte sich damit, »daß die Mainzer Soldaten die Angreifer waren und wir uns in rechtmäßiger Vertheidigung« befanden.

Wilhelm Wernher wertete den Vorfall als Mord. Er sei zwar »ohne Vorsatz« begangen worden, aber ein »freiwilliger Mord« bliebe ein Mord.

Schinderhannes schien geahnt zu haben, in was er sich da eingelassen hatte, denn er wechselte so bald als möglich ins Linksrheinische und machte sich am 29. Juni allein auf den Weg zum Breitsester Hof. Jakob Porn, der gerade Getreide drosch, glaubte, »eine Abtheilung Streiftruppen« sei im Anmarsch, und floh in den Wald.

Dieser Jakob Porn, Mitte Vierzig, Müller von Beruf und deshalb Müller-Jakob genannt, verheiratet und Vater von fünf Kindern, hatte allen Grund, mißtrauisch zu sein. Schon seit längerer Zeit übte er nicht mehr den erlernten Beruf aus. Die Mühle war verkauft worden. Er hatte eine Wohnung gemietet und war dazu übergegangen, zu fuhrwerken und Pferde zu stehlen. Er wurde angezeigt und verhaftet – und floh sechs Tage später, weil man ihn habe hungern lassen. Und wiederum zwei Tage später kam es zu einem Zwischenfall: Als Metzger getarnte Polizisten klopften an seine Tür – die in Wetzlar empfohlene Spitzelmethode wurde angewandt. Kaum hatte er aufgemacht, packten ihn die »Metzger« und mißhandelten ihn, so jedenfalls stellte er es dar. Müller-Jakob fackelte nicht lange, schlug zurück und entkam. Statt seiner blieb seine Frau in der Gewalt der Gendarmen. Während sie in Trier stellvertretend für ihren Mann einsaß, nahm er Gelegenheitsarbeiten an, zuletzt auf dem Breitsester Hof. Sein ältester Sohn Johannes, achtzehn Jahre alt, ebenfalls gelernter Müller, machte sich keine Gedanken, womit sein Vater zu Geld kam. Johannes zog mit der Familie umher, half zu Hause, versuchte zweimal, auf eigene Faust Geld zu verdienen, bis die Mutter verhaftet wurde. Von dieser Zeit an sorgte er für seinen Bruder und seine drei Schwestern. Zuletzt fand er bei Friedrich Edinger auf dem Breitsester Hof Arbeit und Unterkunft.

Erst nachdem Frau Edinger am 29. Juni Jakob Porn davon überzeugt hatte, daß die Leute, welche auf den Hof gekommen, nicht »Metzger« und keine »Streifung« seien, kam Porn zurück. Bückler fragte ihn, ob er keinen Juden in der Nachbarschaft kenne. Porn nannte den Namen Herz Mayer aus Ulmet.

In der gleichen Nacht wurde dessen Haustür »mit einem balkenmäßigen Stück Holz« geöffnet. Während zwei Bewaffnete auf der Straße blieben und Wache hielten, drang Schinderhannes mit vier Leuten ins Haus ein. Mayer und seine Frau leisteten erbitterte Gegenwehr. Dabei wurden sie schwer verletzt und mußten schließlich zusehen, wie die Eindringlinge, von denen Mayer nur Schinderhannes erkannte, Schmuckstücke, Kleidung und Bargeld an sich nahmen. Mayers Gesamtverlust betrug 7248 Francs und 85 Centimes. Obwohl die Überfallenen um Hilfe geschrien hatten und die Dorfbewohner »durch das Anziehen der Glocke auf dem Gemeindehaus sich versammelt gehabt«, leistete niemand Hilfe, »aus Furcht, todt geschossen zu werden«. Nach vollbrachter Tat setzten sich die Räuber auf die Treberhannes-Hütte ab, »wo wir getanzt«.

Fünf Tage später, am 4. Juli, verließen Schinderhannes und seine Kameraden ihr Versteck. Es regnete. Bald waren sie bis auf die Haut durchnäßt und sorgten sich darüber, »daß ihre Schießgewehre nicht mehr in fertigem Stande sich befinden mögten«. Also veranstalteten sie ein Kontrollschießen. Es war abends gegen sieben Uhr.

Um diese Zeit befand sich der »Bürger André, National-Gendarme von der Sobernheimer Brigade«, auf dem Heimritt. Er hörte die Knallerei, hielt an und blickte in die Richtung, in der die Schüsse hallten. Er erkannte undeutlich einige Gestalten und ritt auf sie zu.

Weder Schinderhannes noch seine Begleiter hatten den Reiter bemerkt. Lorenz Peter stach der Hafer: »Wenn doch jezt ein Gendarme käme, ich mögte mich einmal mit einem wezzen«, sagte er.

Schinderhannes wandte sich um und traute seinen Augen nicht. Lorenz Peter flüsterte er zu, »daß er es nun probiren könne, wenn er Lust habe«.

Der Franzose André, der in Deutschland Dienst tat, soll, Bücklers Aussage zufolge, französisch gesprochen haben. Jedenfalls behauptete Schinderhannes, André nicht verstanden zu haben, als er nun zu reden anfing. In dem Moment aber, als André fragte, woher die Burschen kämen und wohin sie unterwegs seien, begriff Bückler sehr wohl, worum es ging. Er gab keine Antwort. Statt dessen fragte er den Gendarmen: »Willst du den Schinderhannes arretiren?«

André verstand offenbar. Seine Antwort: »Wenn er ihn kennte, so würde er ihn auf der Stelle arretiren.«

Die Burschen werden sich angegrinst haben. Und plötzlich hörte Schinderhannes »den Lorenz Peter sein Gewehr anspannen«. Er drehte sich um, fragte, was das solle, da ritt der ahnungslose André fort.

Darauf hatte Lorenz Peter nur gewartet. Er riß seine Flinte hoch und schoß, unter Schinderhannes' »Arm weg, so, daß sein Wammes noch verbrannt worden«, auf den Gendarmen. Am Oberschenkel schwer getroffen, fiel André zu Boden.

Die sieben Mann stürzten sich auf den Verwundeten, allen voran der Scheele Franz. Er kannte André am besten. Der hatte ihn vor Jahren einmal verhaftet und hart angepackt. Jetzt wollte sich Franz rächen. Er lud seine Pistole. Da sprang Schinderhannes dazwischen. »Mit Drohungen und Gewalt« riß er Franz von André fort. Nur zwei Gulden, eine Uhr und den Säbel nahmen die Burschen ihm ab.

Von dem Schuß aufgeschreckt, sahen einige Bauern, die auf dem Feld arbeiteten, herüber: Ein Mann lag am Boden, winkte mit seinem Hut und schrie um Hilfe. Sofort liefen die Bauern zu ihm. Als sie an den Burschen vorbeikamen, sagte einer von ihnen: »Dummelt euch, ihr Bauern, dort unten bekommt ihr einen Gendarm zu begraben.« Und ein anderer, der mit dem »großen dreieckigten Hut«, schrie: »Sagt ihr etwas, daß wir hier heraus sind, und ich kriege euch wieder, so schneide ich euch die Zunge aus dem Halse.«

Davon ließ sich niemand beeindrucken. Ein junger Bursche fing Andrés Pferd ein, ritt los und holte ein Fuhrwerk, mit dem der Verletzte abtransportiert wurde.

Schinderhannes hatte später die Stirn, zu behaupten, er habe »diesem Gendarmen offenbar das Leben gerettet«. Das entspricht zwar den Tatsachen, ist aber paradox genug: Den Schuß nämlich, der André schwer verletzte, hatte Bückler nicht nur nicht verhindert, er hatte ihn vielmehr provoziert, indem er Lorenz Peter dazu aufstachelte, sich an dem Gendarmen zu »wezzen«. Und er genoß es, an dem wehrlos am Boden liegenden und sich vor Schmerzen krümmenden Gendarmen Edelmut beweisen zu können.

Um zu dokumentieren, daß er keinerlei Gewinn aus dem Zwischenfall gehabt habe, wurde Schinderhannes theatralisch: Unmittelbar nach der Tat hatte Lorenz Peter Andrés Säbel bekommen; später ging er an Bückler über. Der aber wollte nicht mehr an den Gendarmen erinnert werden. Mit einer symbolischen Geste habe er »vorsezlich durch einen Hieb in einen Baum« die Waffe »zersprengt und die Stüker Peter Hassinger gegeben«. Der sollte sich »etwas daraus machen lassen«.

Im gleichen Monat nahm Schinderhannes noch einmal Verbindung mit Teilen der Niederländer Bande auf. Er erfuhr, daß es sich lohne, »zu Walldorf einen sehr reichen Mann« zu bestehlen. Als Treffpunkt wurde ein Wirtshaus in der Nähe von Heidelberg vereinbart. Schinderhannes kam mit Jakob Blum, Blümling genannt, dorthin. Zu ihnen stießen sechs »Niederländer«, darunter der Jude Israel David aus Grünstadt, ein Hinweis darauf, daß Schinderhannes' Antisemitismus sich in Grenzen hielt. Insgesamt acht Mann zogen nach Walldorf, »allein ein Trommelschlag, den wir in der Nachbarschaft hörten, machte uns halt machen«. Ein Spähtruppunternehmen ergab, daß Soldaten sich im Ort aufhielten. »Wir gaben also dies Project auf und zogen uns in einen Wald bei Wiesloch zurück.« Bei dem anschließenden Kriegsrat hatte der Jude (!) Israel David die Idee, »einen Juden zu Baierthal zu berauben. Das Project ward ausgeführt mittelst Erbrechung einer mit einem Balken befestigten Thüre.« Der am 11. Juli ausgeführte Raub lohnte sich wiederum. Allein Schinderhannes schleppte einen prall mit Silbergerät gefüllten Büchsenranzen fort. Geschlossen floh die Gruppe in Richtung Mosbach. »Als es anfing, Tag zu werden, theilten wir uns in zwei Partheien.« Mit Blum und zwei Niederländern setzte Schinderhannes seinen Weg fort.

An Bücklers Schilderung fällt auf, mit welcher Routine die Räuber vorgingen, aber genauere Einzelheiten fehlen. Daß der Bestohlene Feist Seeligmann hieß, dessen Frau und Magd »äusserst mißhandelt« wurden und die Eindringlinge wie in Laufersweiler mit brennenden Lichtern das Haus stürmten, ist nur dem Brief des Kurfürstlich-Rheinpfälzischen Kriminalrats Weller zu entnehmen. Schinderhannes schwieg darüber. Einmal deshalb, weil er von den Niederländern erneut zum Wachtposten degradiert worden war; zum anderen dürfte ihm das Fiasko peinlich gewesen sein, mit dem der Einbruch bei Seeligmann geendet hatte.

War die Aktion am späten Abend des 11. Juli nach Plan verlaufen, so drohte am 12. Juli akute Gefahr. Als Bückler »eine Menge bewaffneter Bauern in Bewegung« sah, floh er mit seinen Begleitern. Dabei warfen sie sogar ihre kostbare Beute fort; die beiden Niederländer suchten auf einer Wiese Schutz und wurden bald aufgestöbert. Mit Blum lief Schinderhannes in den nächsten Wald. »Wir wählten einen dicht belaubten Baum, auf dem wir uns verbargen. Sturmglocken ertönten von allen Seiten, und die Abtheilungen von Bauern durchliefen das Gehölz, wo wir verborgen waren, entdeckten uns aber nicht.«

Bis zur Abenddämmerung hielten die beiden in ihrem schwankenden Laubversteck aus. Erst dann wagten sie den Abstieg. Die Erde wieder unter den Füßen, eilten sie nach Woogshausen, fanden auf dem Speicher des Wirtes Fuchs zwei ihrer Kameraden sowie Julchen und flüsterten sich Neuigkeiten zu, als »pfälzische Jäger und fränkische Jäger vom deutschen Orden das Dorf« umstellten. Die durchsuchten systematisch alle Winkel, auch Fuchsens Speicher. Einer der Flüchtlinge wurde gefaßt. Schinderhannes – und offenbar auch Julchen – blieben unentdeckt, weil sie sich tief ins Heu hineinwühlten. Anschließend ging Schinderhannes allein nach Heilbronn, »wo ich Post nahm und ruhig den Schwarzwald erreichte«. Während Blum versuchte, in die österreichische Armee einzutreten, bald aber an die Zivilbehörden ausgeliefert wurde, kehrte Bückler in den Odenwald zurück. In Michelstadt traf er Julchen wieder. Sie erzählte ihm, daß sie inzwischen kurze Zeit in Gefangenschaft geraten, aber freigelassen worden war »auf ihre Aussage, daß sie keine Gemeinschaft mit den andrn [Verhafteten] gehabt habe«. Dies ist ein deutlicher Hinweis darauf, daß Juliana Blasius im Juli 1801 gewußt hat, mit wem sie liiert war, und daß sie später den Untersuchungsrichter Wernher anlog, als sie behauptete, bis zu ihrer Verhaftung keine Ahnung davon gehabt zu haben, mit wem sie Bett und Beute teilte.

18
Dem Höhepunkt entgegen

Einleitender Exkurs zu einer weittragenden Hypothese

In der ersten Hälfte des Jahres 1801 ist Bückler auffällig oft aus der »Fränkischen Republik« ins »Reich« übergewechselt und umgekehrt. Das zeigt, daß er sich der Gefahr, in der er schwebte, bewußt war. Zum anderen aber könnte die Unruhe, mit der er aus der Gegend von Heidelberg in den Schwarzwald und in den Odenwald zog, auch Ausdruck einer Krankheit sein. Auf diese Möglichkeit hat Annette Grünewald aufmerksam gemacht. Während Bücklers mütterliche Vorfahren »unauffällige, aus kleinen Verhältnissen stammende und allem Anschein nach biedere Leute gewesen« seien, stellt sie fest, daß Vater Bückler es weder als Schinder noch als Feldschütz oder als Soldat lange an einem Ort ausgehalten habe. In einer Seitenlinie der Bicklers (Bücklers) sei eine Geisteskrankheit vorgekommen. Und Annette Grünewald fragt sich, ob der Sohn möglicherweise unglücklich veranlagt gewesen oder durch falsche Erziehung fehlgeleitet worden sei – ungeachtet seiner überdurchschnittlichen Intelligenz, die es ihm ermöglichte, sich schnell auf wechselnde Erfordernisse einzustellen.

Diese zweifellos berechtigten hypothetischen Fragen können auch wir nicht beantworten. Wir beschränken uns deshalb auf diesen Hinweis und fahren fort, Bücklers Geschichte zu erzählen.

Anfang September 1801 fand abermals ein Treffen auf dem
Breitsester Hof statt. Schinderhannes hatte nach seinem Abste-
cher in den Schwarzwald Georg Friedrich Schulz und Butla,
den alten Müllerhannes, gefunden und mit ihnen erneut bei
Hamm den Rhein überquert. Die Nächte verbrachten sie in den
Wäldern. In dem bewährten Versteck auf dem Breitsester Hof

Georg Friedrich Schulz

trafen sie Jakob Poorn an, ferner dessen Sohn und den Glaser
Adam Hartmann, Glasers Adam genannt: »Wir fragten diese
drei Individuen, ob sie keinen reichen Juden in dieser Nachbarschaft wüßten, welchen wir bestehlen könnten.«

Der erste Vorschlag, der Schinderhannes unterbreitet wurde,
war der, einen Mann zu berauben, von dem es hieß, er habe
sein Geld unter dem Backofen versteckt. Ein zuverlässiger
Maurer hatte das herausgefunden. In dem Ort aber lagen französische Truppen. Schinderhannes: »Wir entsagten dann unserm Vorhaben.«

Der zweite Vorschlag war, der »Behausung des Bürgers
Moyses Levy [Löb]«, des Krämers von Sötern, einen Besuch ab-
zustatten.

Löbs Haus lag »mitten im Orte, auf der linken Seite sind eine
Reihe Häuser, auf der rechten ist das nächste Haus etwa zwanzig fünf Schritte entfernt, und gegen über ist ebenwohl eine
Reihe Häuser, hinter dem Gebäude sind Gärten mit Zäunen
umflochten und Wiesenland, in der hintern quer Mauer dieses
Hauses finden sich zwei Fenster in der Höhe von vier Schuhe
vom Boden, welche mit Läden un einem Riegel wie auch eisernen Traillien versehen sind«.

Schinderhannes wollte sich ganz offensichtlich nicht mit einem einfachen Einbruch begnügen. Der Schüler Picards war
bestrebt, es seinem Lehrmeister gleichzutun, ihn womöglich zu
überflügeln. So schickte er die Frau des Pächters Edinger vom
Breitsester Hof nach Baumholder, um Wachs zu besorgen.
Nachdem sie zurückgekommen war, wurden Fackeln hergestellt. Am Nachmittag zwischen fünf und sechs brach der
Trupp auf: Schinderhannes, Schulz, Glasers Adam, Müllerhannes, Schmitt, die beiden Porns. Unterwegs legten sie in einem
Wirtshaus an der Neubrücker Mühle eine kurze Rast ein. Daß
»fast die ganze Gemeinde versammelt war«, störte Schinderhannes wenig.

Um so vorsichtiger traf er in Sötern seine Vorbereitungen:
Fünf Kumpane wies er an, außerhalb des Dorfes zu warten. Zusammen mit Schmitt, der den Sötener Tip gegeben hatte, versuchte er, einen ortskundigen Helfer zu gewinnen – vergeblich. Danach inspizierten beide die Zugänge zum Löbschen
Haus. Es ging auf elf Uhr zu. Im Dorf herrschte Ruhe.

Was sie nicht wußten und nicht ermittelt hatten: Seit zwei
Jahren übernachtete Moses Löb nicht mehr in den eigenen vier
Wänden. Nur tagsüber hielt er sich in seinem Haus auf, um die
Geschäfte abzuwickeln. Mendel Löb allerdings schlief nach wie
vor im Haus. Er wollte seinen Besitz nicht widerstandslos Die-
ben überlassen.

Bevor Schinderhannes das Kommando zum Angriff gab, traf
er eine letzte Vorsichtsmaßnahme. Zu oft schon hatte er erfahren müssen, daß die aufgescheuchten Bauern nachts zur Kirche
rannten und Sturm läuteten. Deshalb blockierten er und

Schmitt das Schloß in der Kirchentür mit kleinen Steinen. Danach erst holten sie ihre Kameraden. Zuerst gingen sie alle zur Mühle, stahlen einen Baumstamm, legten ihn vor Löbs Tür und verschwanden wieder in den Gärten hinter dem Dorf.

Kurz darauf züngelten Flammen auf. Fackeln schwenkten durch die Nacht und kamen rasch näher. Häuser tauchten aus der Nachtschwärze und sanken wieder ins Dunkel zurück, bis das Löbsche Haus, auf der rechten Seite mitten im Dorf gelegen, klar und deutlich zu sehen war. Der Fackelzug hielt an. Die Lichter fielen zu Boden, flackerten weiter. Mit dem Baumstamm »versuchten wir, die Thüre einzustoßen, allein sie war so gut versperrt, daß unsere Anstrengungen vergebens waren«.

Schinderhannes wurde unruhig. »Frischauf, Kameraden, zugehauen!« rief er. Es war höchste Zeit, den Einbruch zu beginnen und die Leute einzuschüchtern: »Zehn Mann vorne, zehn Mann hinten!« schrie jemand. Im Fackelschein gelang es, einen Fensterladen einzustoßen.

Schinderhannes, Schulz und Müllerhannes kletterten ins Haus, da stand plötzlich Mendel Löb mit einer Axt in der Hand hinter Schulz. Zu allem entschlossen, schwang Löb die Arme hoch und »führte einen fürchterlichen Hieb, welcher den Georg Friedrich Schulz beinahe getroffen hätte«. Schulz fuhr herum. Knapp dem Tod entgangen, zog er die Pistole und schoß. Mendel, dessen neunter Rückenwirbel durch den Schuß zerschmettert wurde, wie der Arzt später feststellte, wand sich vor Schmerzen und schrie um Hilfe. Nachbarn hörten, daß in Löbs Haus »gräulich gehauen und gelärmt« wurde. »Auch hätten [die Räuber] den Haushund erbärmlich geprügelt, und selber [derselbe] habe fürchterlich gelärmt.«

Was sie in Truhen und Schränken fanden, rafften die Diebe zusammen, warfen die Beute auf die Gasse und sprangen hinterher. »Die ganze Nachbarschaft«, so der Zeuge Jakob Ranf, »hätte gewiß das Spektakel gehört, aber niemand wäre beigegangen . . .« Der Kommandierende – wohl Schmitt, der draußen Wache stand – hatte Löbs Nachbarn ein Alibi verschafft, indem er befahl, »auf jene zu schießen, die die Fenster öffneten«.

Einmal in Fahrt, wollte Schmitt auch das Haus gegenüber er-
stürmen, »indem er muthmaßte, daß der Jud sein Geld und die
besten Effekten« dort versteckt hielt. Doch Schinderhannes
wehrte ab. »Weilen schon zu viel Lärm im Dorfe war«, pfiff er
Schmitt zurück und trieb ihn zur Eile an. Was nicht nötig gewesen wäre: Denn der Küster von Sötern schickte Mendels Bruder Moses Löb, der die Glocken läuten wollte, fort und rechtfertigte sich damit, »er wäre Küster für die Bauern und nicht
für die Juden«. Auch bei anderen Dorfbewohnern holte sich
Moses eine Abfuhr, »weil sie ihr Leben nicht wagen könnten«.

Als alles vorbei war, zogen die Täter Bilanz. »Es ist doch
grausam«, sagte einer, »daß wir so mit dem Juden von Sötern
umgegangen sind.« Und ein anderer meinte: »Es war noch viel
schrecklicher zu sehen, wie wir mit brennenden Wachslichtern
in das Dorf gezogen sind.« Zwei höchst unterschiedliche Be-
wertungen.

Lange Zeit hat Bückler jegliche Beteiligung an dem Einbruch
geleugnet. Erst als er von Wilhelm Wernher in die Enge getrieben worden war, bequemte er sich zu einem Geständnis:
»Wenn ich euch bis auf diesen Augenblick die Wahrheit noch
nicht gesagt habe, so kömmt es daher, weilen mich meine Kameraden zu inständig gebeten haben, diese That zu verheimli-
chen. Ich bitte euch um Verzeihung, daß ich solange ihrem Ansuchen nachgegeben und das Gericht belogen habe.«

Niemand hatte die Täter erkannt, und alles hing davon ab,
daß jeder von ihnen unbekannt blieb – insofern mußte die ver-
schworene Gemeinschaft auch dann noch Bestand haben, nachdem die sieben sich längst getrennt hatten. Das geschah sehr
bald: Noch in der Tatnacht flohen sie gemeinsam bis in die Gegend von Birkenfeld. Als erster setzte sich Johannes Porn ab.
Die übrigen fanden in Hüttgeswasen Unterschlupf und zogen
weiter in die Gegend Am Grauen Kreuz zwischen Wersweiler
und Bischofsdhron. Dort nahm, als zweiter, Friedrich Schmitt,
»der den ersten Gedanken, den Juden von Sötern zu bestehe-
len«, gehabt hatte, auf bemerkenswerte Weise Abschied. Um
sich von der Tat loszusagen und um keine verräterischen Be-

weisstücke bei sich zu haben, verzichtete er auf seinen Anteil an der Beute, »indem er das Kleid des Juden, dessen er sich also bald bemächtigt hatte, weit von sich warf«. Schinderhannes verteilte den Schmittschen Besitz und kaufte sogar noch etwas dazu. Danach ging, als dritter, Glasers Adam seiner Wege.

Ganz löste sich der Söterner Trupp indessen nicht auf. Zufall oder Absicht? Wie dem auch sei, gegenseitige Kontrolle ist besser als Vertrauen in die Verschwiegenheit auch der besten Kameraden. Schinderhannes bekam die Aufsicht zu spüren.

Er, der bekannteste von den sieben, konnte seinem Drang nach Tanz und »Lustigkeit« nicht widerstehen. In Lettweiler feierte er eine Hochzeit mit. Darüber kam es zum Streit. Die Kameraden werden ihrem Anführer vorgeworfen haben, er sei leichtsinnig: Trinkend und tanzend sich in der Öffentlichkeit zu zeigen, das war eine Herausforderung. Schinderhannes mag dagegengehalten haben, das sei seine Sache; er könne sich auf die Leute im Land verlassen. Ein Wort gab das andere, »so daß es zu Thät[lich]keiten kam und sie mich alle verließen«.

Schinderhannes zog sich zurück. Noch am gleichen Tag traf er Schulz, den Mordschützen von Sötern. Mit ihm stürzte er sich in den Trubel von drei Kirchweihen – in Iben, Fürfeld und Eckelsheim. Das war mehr als eine Mutprobe – es war eine Verhöhnung aller, die Schinderhannes sahen und erkannten. Niemand wagte es, die Gendarmerie zu holen.

Gehörte der Küster von Sötern zu denen, die den Juden gegenüber jegliche Hilfe ablehnten, so stellte der Maire von Staudernheim, Will, das gerade Gegenteil dar. Ihm attestierte Rose Löb, die Ehefrau des am 16. September von Schinderhannes, Schulz, Johann Adam Lahr und Krugjoseph beraubten Jakob Löb: »Würde übrigens der Bürger Maire nicht so eifrig gewesen seyn und alles mögliche zu ihrer Rettung gethan haben, so würde sie noch unglücklicher geworden seyn, als sie es jetzt schon wäre.« Nur Will sei es zu verdanken, bestätigte Seckel Löb, Roses Sohn, »daß er nicht um alles gekommen wäre«, und taxierte den Gesamtverlust auf 710 Gulden und dreißig Kreuzer.

Die Methode, deren die Räuber sich in Staudernheim bedient hatten, war die übliche: Mit einem Baumstamm rammten
sie die Haustür auf, stürmten mit Fackeln in die Zimmer und
forderten Geld. Sie drückten den schlaftrunkenen Löbs sogar
Lichter in die Hände, damit sie den Eindringlingen den Weg
wiesen. Um besonders furchteinflößend zu erscheinen, trug
ein Einbrecher »ein Messer in der Hand und eins im Maul«.
In ihrer Reaktion auf die Gewalttätigkeit unterschieden sich
die Löbs von vielen ihrer Leidensgenossen: Als sie aus dem
Bett hochfuhren und sahen, wer vor ihnen stand, unterließen
sie jegliche Gegenwehr. Während Rose und Egele, Seckels
Mutter und Frau, sich still verhielten, bot Löb jun. den Räubern an, »sie sollten in das Haus gehen und suchen, was sie
fänden«. Sofort nahmen sie die Gelegenheit wahr, rissen Kis-
senbezüge von den Betten, gingen in die Stube und sackten alles ein, was dort lagerte. Unterdessen machte Seckel Löb, der
mit seinem Vater von einem der drei Räuber im Schlafzimmer
festgehalten wurde, den Vorschlag, er wolle den anderen Räubern zeigen, wo das Geld liege. Auf diesen Trick fiel der Wächter herein: Er ließ Seckel gehen, der, vor der Stubentür angekommen, flüchten wollte. Doch vergebens. Er wurde zurückgedrängt. Diese Situation wiederum nutzte der Vater aus. Er
sprang aus dem Fenster und rettete sich in den Hof des Nachbarn Schneeberger. Seckel überlegte nun nicht mehr lange. Er
sprang dem Vater nach, bekam einen Schlag auf den Kopf und
arbeitete sich, trotz einer stark blutenden Kopfwunde, in
Schneebergers Hof vor. Hier wurde er ein letztes Mal gepackt.
Der draußen postierte Wächter erwischte jedoch nur sein
Nachthemd. Löb riß sich los, ließ »das ganze Hemd fahren«,
lief nackt ins Dorf, wurde von Schüssen in den Arm getroffen
und erreichte schließlich das Haus des Maire Will, »welcher
aber schon auf gewesen und gleich auf die Straße gegangen
seie, um die Leute zur Hilfe aufzufordern. Bei dem Jäger Diez
habe der Maire eine Flinte ergriffen und damit nach den Dieben schießen wollen, allein da ihm dieselbe versagt, hätten die
Diebe zwei Schüsse nach dem Maire gethan. Als nun endlich

mehrere Leute zusammen gekommen, wären die Diebe, die nicht über eine Viertelstunde im Haus gewesen wären, entflohen.«

Dazu hatten sie allen Grund, denn die Staudernheimer, angeführt von ihrem Maire, der mit blankem Oberkörper, nur mit der Hose bekleidet, hinausgelaufen war und das Kommando übernahm, verfolgten die Räuber und erhielten sogar noch Verstärkung aus zwei Nachbargemeinden: Durch das Sturmgeläut alarmiert und von Boten zu Hilfe gerufen, eilten die Bürger von Abtweiler und Meddersheim herbei. Sie durchsuchten die Wälder der Umgebung und kontrollierten die Straßen. Auch wenn das zu nichts führte – die Staudernheimer Ereignisse zeigen, daß es auf die mitreißende Entschlossenheit eines einzelnen, auf dessen Pflichtbewußtsein, Einsatzbereitschaft und Mut ankam. Dem im Schutze der Nacht flüchtenden Johannes Bückler dürfte spätestens bei dieser Gelegenheit klargeworden sein, unter welchen Umständen er möglicherweise schon bald in die Fänge der Häscher geraten würde.

Er ließ sich von neuen Taten nicht abhalten, zumal er immer wieder auf die indirekte Hilfe von Leuten rechnen konnte, die für Juden keinen Finger krümmten. So konnte er am 1. November einen beachtlichen Erfolg verbuchen: In Erbesbüdesheim verlor Salomon Benedikt »Geld, Silber und Montirungsstücke, ohngefähr im Werth von zweitausend Gulden«. Obwohl aus seinem Haus laut um Hilfe gerufen wurde, ließen die Mitbürger ihn im Stich. Der Nachtwächter Jakob Lawall wurde mit Schußwaffen und Drohungen in Schach gehalten, und er hörte den Satz: »Wir sind vom Korps des Schinderhannes und wollen den Juden holen.« Das »Korps« war nicht nur mit einem Baumstamm und Pechfackeln gekommen. Benedikt sah einen der Täter, der »einen Wachsstock mit acht bis zehen brennenden Kerzen« hielt. Und »einige hätten schwarze Gesichter gehabt«.

Diese Methode, sich mit Ruß oder »zerstoßenem Pulver« Nase, Stirn und Wangen zu schwärzen, verfeinerte Schinderhannes: In Erbesbüdesheim hatte er sich »mit der nämlichen

Farbe einen Schnurrbart aufgemahlt«. Die Schminkkünste wurden nicht nur aus Übermut oder der abschreckenden Wirkung wegen angewandt. Wichtiger war den Korpsbrüdern: Sie wollten unerkannt bleiben.

Salomon Benedikt indessen hatte aufgepaßt. Er beschrieb denjenigen, der bei ihm »in der Stube ohne Fackel« gewesen war, folgendermaßen: »... von mittelmäßiger Statur, nicht ganz vollkommenen Angesichts, blonden Haaren, einen langen Rock an und einen schwarzen runden Hut aufhabend. Dieser beschriebene habe ein Messer in der Hand, eine kurze gezogene Büchse unter dem Arme, dann zwei Pistolen und ein Handbeil unter dem Rocke gehabt, welche Instrumente alle derselbe auf den Tisch legte und nur das Messer in der Hand behielt.«

Der Messerheld wurde schon am Tag nach der Tat identifiziert: Es war Schinderhannes. Dagegen, daß seine Opfer achtgaben, vermochte Bückler auch mit dem runden Hut nichts auszurichten.

Durch eine Unachtsamkeit verrieten sich die Räuber: Einer von ihnen mochte selbst während der Unternehmung nicht aufs Rauchen verzichten. Salomon Benedikt: Einer der Diebe »habe ein Stük Papier aus dem Sacke gezogen, einen Theil abgerissen, damit seine Pfeife Toback angezündet und den übrigen Theil auf den Boden fallen lassen«. Dieses Stück Papier verbrannte nicht vollständig. Auf dem erhaltenen Fetzen blieben die Worte leserlich: »Hof Iben, [und] die Namen der allda wohnenden Kloninger, Müller, Hassinger.«

Der zuständige Friedensrichter konnte mit den Personennamen wenig anfangen. Er vermutete, »daß dieses Papier von dem Hofe Iben ist, daß die Diebe es dorten bekamen, daß sie allda ihre Niederlage haben oder gar dort wohnen. Dieser Verdacht macht es nothwendig, auf den benannten Hof, der nicht in gutem Rufe stehen solle, zu möglicher Empfangung der Diebe, solche Kundschaften auszustellen und solche Maaßregeln zu ergreifen, welche der Wichtigkeit der Sache angemessen sind und die Erhaltung der allgemeinen Sicherheit erfordert.«

So angemessen diese Schlußfolgerungen waren, die empfohlenen Maßregeln blieben ohne Erfolg.

Schon am 14. November holten die Räuber in einer Stärke von neun Mann zu einem neuen Schlag aus. Das Opfer wurde ihnen wieder von einem gut informierten Komplicen genannt: Gustav Müller riet, Joel Elias zu berauben, weil »er viel Geld für Rübsaamen, welchen er erkauft hätte, zu Haus haben müsse«. So gern sich Schinderhannes beraten ließ, so sehr zögerte er diesmal. Elias nämlich wohnte in Obermoschel, einem »beträchtlichen Marktflekken«, den Bückler nicht kannte. Unumwunden gab er zu, daß er sich fürchtete. Erst als Gustav Müller versicherte, »daß die Einwohner dem Juden nicht zu Hilfe kommen würden«, und nachdem er die eigene Mitwirkung und die von anderen Leuten aus Lettweiler zugesagt hatte, willigte Schinderhannes ein, doch er traute den Versprechungen noch immer nicht: »Bevor wir in den Flecken giengen, hoben wir das kleine Thörchen aus, um unsren Rükzug zu sichern.«

Nachdem Elias' Tür mit dem Baumstamm geöffnet worden und Schinderhannes mit drei anderen in das Haus eingedrungen war, floh Joel Elias auf die Straße und lief, »mit nichts als mit dem blosen Hemde« bekleidet, zum Friedensrichter Schmidt: »Es stunde auch nur einige Augenblicke an, daß die Bürgerschaft auf allen Straßen erschien und theils bewaffnet, theils unbewaffnet dem Joelischen Haus zuströmte; allein bei ihrer Ankunft waren die Räuber entflohen.«

In Obermoschel brauchte kein Stadtoberhaupt einzugreifen, um die Bürger zu alarmieren. Ein Mädchen, Elias' mutige Tochter, weckte den Schullehrer Wiesweiler; der nahm kurz entschlossen sein Gewehr und eilte mit anderen zum Tatort. Schulz wurde unsicher. Sofort warnte er Schinderhannes und dessen Begleiter. Prompt rannten die Räuber, kaum hatten sie die Warnrufe gehört, aus dem Haus, und »unter fürchterlichen Fluchen und besondern Worten, ›wer kommt, dem schießt auf den Kopf; der soll die Krenk kriegen, der sich um einen Jud wehren will‹«, flohen sie, schossen planlos in die Nacht, verletzten sich sogar gegenseitig und verschwanden durch das obere Stadttor.

»Zwei wehrhafte Prügel, wovon der eine ein Apfelbäumchen und der andere ein Eichenstämmchen ist«, ließen sie zurück. Diese Beweisstücke gaben dem Friedensrichter zu denken. Je länger und genauer er sie betrachtete, desto bekannter kamen sie ihm vor. Er versuchte sich zu erinnern, bis er nicht mehr zweifelte, sie »vor ohngefähr vierzehn Tagen bei einem Hallgarter oder Dreiweiher Bürger gelegentlich einer bei dahiesigem Friedensgerichte gehabten Angelegenheit gesehen zu haben. Dieses bewog uns, eine abermalige Aufforderung an den Maire zu erlassen, mit einer Anzahl von fünf und zwanzig bis dreisig gut bewaffneten jungen Bürgern den Räubern nachzueilen, und Falls er sie nicht mehr erreichen könnte, einstweilen die Dreiweiher und Hallgarten zu umstellen und solange besetzt zu halten, bis wir das eigentliche Verbrechen konstatirt und von der Qualität der gestohlenen Sachen genaue Kenntniß erhalten haben würden, damit wir alsdann im Stande wären, mit gewünschtem Effekt eine Hausvisitation vorzunehmen.«

Das Ergebnis des eilig anberaumten Ortstermins stand im umgekehrten Verhältnis zur Besetzung des Fahndungstrupps und zum Wortreichtum des Friedensrichters Schmidt: Zwei Munizipalräte, zwei Bauern, zwei Nationalgendarmen und »des Friedensrichters Huissier« taten noch am 14. November, was sie tun konnten: »Wir haben auch wirklich uns bei Tage nicht allein in die Stuben, Keller, Speicher, Scheuer, Stallungen, Hausböden, Küchen und Holzschopfen auf den Dreiweihern begeben und genaue Visitation gehalten, sondern auch alle in denen Gebäuden befindlichen Kisten und Schränke öfnen lassen und durchsucht, allein leider nicht das mindeste, was zu denen dem Bürger Joel Elias entwendeten Effekten gehörte, angetroffen. Wir haben ferner den apfelbäumenen Prügel quaestionis jedem als rechtschaffen anerkannten Bürger in Hallgarten vorgezeigt und ihn aufgefordert, gewissenhaft zu gestehen, ob er denselben nie gesehen, bei wem er ihn gesehen und wer der Eigenthümer desselben seie, allein auch hierüber konnten wir keine Aufschlüsse, welche uns in gegenwärtigen Sachen hätten dienlich seyn können, erhalten.«

Enttäuschungen mußten so beide Seiten hinnehmen. Schinderhannes und seine Kumpane hatten nur fünfzig Gulden, zwei silberne Becher, eine silberne Salzkanne, eine mit Silber beschlagene Meerschaumpfeife und eine französische Taschenuhr erbeutet – für neun habgierige Diebe so gut wie nichts. Und der Friedensrichter fand weder das Geld noch die gestohlenen Gegenstände, noch kam er mit dem »apfelbäumenen Prügel quaestionis« weiter.

Becker hat auf die Ursache dieses Mißerfolgs nachdrücklich hingewiesen: In Obermoschel war Schinderhannes mit Leuten verbündet, die einen festen Wohnsitz hatten. Im Gegensatz zu den Deserteuren, Bänkelspielern und Gelegenheitsarbeitern, die je nach Laune und Bedarf von Ort zu Ort zogen, fiel auf die Seßhaften kaum ein Verdacht, in nahe gelegenen Orten Verbrechen zu begehen. Wenn dergleichen ans Licht kam, verloren sie ihren Ruf und ihre materielle Existenzgrundlage. Ließen sie sich dennoch dazu überreden, mitzutun, mußte Schinderhannes das Risiko eingehen, daß sie Geständnisse ablegten. So bevorzugte er im allgemeinen Vagabunden: »...nur die einzige Rücksicht, in Fällen der Noth sichere Zufluchts-Oerter zu haben«, brachte »ihn bisweilen zu solcher Kameradschaft«. Obermoschel war ein solcher Notfall: Schinderhannes fürchtete sich vor dem ihm fremden Ort; er war unentschlossen und verließ sich auf die – falsche – Einschätzung der Seßhaften, dem Joel Elias werde niemand helfen. Daß Bücklers »ehrbare« Helfer aus Lettweiler schwiegen, obwohl für sie viel auf dem Spiel stand, war nach Beckers Einschätzung und Erfahrung von Schinderhannes »sehr gut berechnet, denn wir haben keinen Fall, daß trotz aller Versprechungen von höhern Behörden ein verdächtiger Einwohner irgend eines Dorfes dahin hätte gebracht werden können, auch da, wo es ihm leicht möglich gewesen wäre, zur Ergreifung der Räuber behülflich zu seyn, wenn er ein Mahl mit ihnen auf einen Strauß gezogen war«.

Das trifft besonders auf Gustav Müller zu. Er sorgte dafür,

daß Schinderhannes und fünf seiner Kameraden in drei verschiedenen Lettweiler Häusern unterkommen konnten. Bückler bezog bei Gustavs Bruder Jakob Quartier, doch wohnte er dort nicht allein. Zehn Tage nach dem Überfall in Obermoschel hatte in Koblenz der früher erwähnte Massenausbruch aus dem Militärgefängnis stattgefunden. Unter denen, welchen die Flucht gelungen war, war Johann Leyendecker, der hinkende Schuster. Im Winter nahm er Verbindung zu seinen Kameraden aus glücklichen Tagen auf; auch der Schwarze Peter fand sich wieder ein.

Gerade diese beiden Kumpane bürgten für Qualität. Hinzu kam, daß es den Räubern im Januar 1802 schlechtging: »Wir waren von Geld ganz entblößt«, schilderte Schinderhannes die damalige Lage. Vor allen anderen sei Leyendecker ungeduldig und mißmutig geworden. Er sagte: »daß wir . . . stehlen müßten, wenn wir wo [etwas] zu finden wüßten.«

Gustav Müller konnte, wie schon im Falle Obermoschel, mit einer Information aushelfen: »Eines Tages bei Gelegenheit eines Spelzhandels« mit dem Müller Adam Kratzmann in Merxheim wollte Gustav gesehen haben, daß Kratzmann über viel Geld verfügte. Die Räuber beschlossen, der sogenannten Kratzmühle ihre Aufwartung zu machen. Bei Einbruch der Dunkelheit versammelten sich Schinderhannes und Konsorten, verließen Lettweiler und setzten bei Monzingen über die Nahe. Da begann es plötzlich zu schneien. Der Schnee blieb liegen, jeder Schritt hinterließ Spuren. Schweren Herzens entschloß sich der Trupp dazu, in der »Nahmühl«, gleich gegenüber der Kratzmühle, zu nächtigen. Doch am nächsten Tag schneite es weiter.

Schinderhannes, durch die Fehlschläge Ende 1801 vorsichtig geworden, wollte den Überfall nochmals hinausschieben. Nun aber stellte sich heraus, daß er keineswegs der unumstrittene Befehlshaber war, als der er Außenstehenden erschien: »Die Meinung der anderen«, so hat er selber die Situation dargestellt, »überwog.« Und diese anderen setzten sich durch, weil sie die Stärkeren und weil sie »voll Brandwein waren«.

Am Abend des 14. Januar 1802, als die Familie Kratzmann
schlief, schlug kurz nach zehn Uhr der Hund an. Adam wurde
wach, hörte Stimmen vor dem Fenster und stand auf, um nach-
zusehen, was da los sei. Als er zur gegenüberliegenden Stube
ging, in der seine Schwiegermutter Elisabeth Frick und seine
Tochter schliefen, sah er die Tür offenstehen, »und als er in die
Stube gekommen, [traf er dort] fünf mit Flinten, Pistolen und
großen Messern bewaffnete Räuber«. Sogleich packten sie ihn
an der Gurgel, warfen ihn zu Boden und fesselten ihn an Händen und Füßen. In diesem Augenblick kam seine Frau Maria
Christina hinzu. Sie habe, so ihr Mann, »sehr gegrischen, worauf einer derselben sie unter Bedrohungen stille zu seyn geheißen und gesagt, daß sie das Geld hergeben solle, und eben dieses hätten sie auch von ihme verlangt. Mit ihme hätten die
Räuber auch seine Schwiegermutter gebunden und neben ihn
geworfen.«

Schinderhannes blieb der Fall Kratzmann harmloser in Erinnerung: »Wir sind durch die Hausthüre eingegangen, welche
uns durch den Müller oder seine Frau ist aufgeschlossen worden. Wir fiengen an, Essen und Trinken zu begehren, und der
Müller gab uns Kaffee ohne einige Schwierigkeit. Während
dem wir solchen tranken, begehrte Leyendecker ein Paar
Strümpfe, welche man ihm abschlug. Auf dieses ergriffen besagter Leyendecker und Schwarz-Peter den Müller und seine
Schwiegermutter, warfen sie zu Boden und banden ihnen die
Hände.«

Den hilflos daliegenden Kratzmann fuhren sie barsch an:
»Du alter Spitzbub, geb dein Geld heraus!« Kratzmann darauf:
Er habe keins und wisse nicht, »wo zu jetziger Zeit [im Winter]
bei ihm das Geld herkommen sollte«. Die Räuber: »Sie wüßten,
daß er Geld hätte.« Fünfhundert Gulden forderten sie und
zwangen Maria Christina Kratzmann, ein Licht zu nehmen und
mit ihnen im Haus nach dem Geld zu suchen.

Schinderhannes bestätigte das: »Sie gab uns alsobald aus einem Koffer, welcher sich in einem Zimmer gegen demjenigen
über, wo der Müller war, befand, einen Louisd'or in Gold.

Nach diesem führte sie uns in den Keller, wo sie uns einen er-
denen Hafen, welcher leer war, zeigte, sagend: daß sie ihr Geld
in diesem Hafen gehabt hätten, wüßte aber nicht mehr, was
daraus geworden seie. Wir drangen stark darauf, daß sie Geld
in dem Haus haben sollten, und fuhren mit unseren Untersuchungen fort. Sie führte uns in ein Zimmer oben auf, wo wir in
einer Kist oder in einem Schrank fünfzehn Louisd'or in Silber
und etliche Kleidungsstükke fanden.«

Darüber enttäuscht, gerieten die Räuber in größte Wut.
Adam Kratzmann: Sie seien »unter den fürchterlichsten Drohungen auf ihn und seine Schwiegermutter losgefahren, hätten
dieser zuerst zu Erwirkung eines Geständnisses, wo das Geld
verborgen liege, brennenden Zunder auf den Daumen gebunden, und nachher, da diese darauf beharret, daß sie von keinem
Geld mehr wüßte, ein brennendes Licht unter den Arm gehalten und eine tiefe Wunde in selbigen gebrennet, so daß sie seit
dieser Zeit das Bett nicht mehr hätte verlassen können«.

Schinderhannes erinnerte sich wiederum anders: Als er mit
Leyendecker zu Kratzmann und dessen Schwiegermutter zu-
rückkam, sah er, daß »das Hemd der alten Frau brannte«. Bückler beteuerte, nicht zu wissen, »auf welche Art sich dieses zugetragen hat«. Dafür wußte er etwas anderes sehr genau: »Ich
ergriff einen mit Wasser gefüllten Hafen, welchen ich auf sie
ausschüttete, um das Feuer auszulöschen, und schnitt die
Bande [Fesseln] des Müllers entzwei.«

Was die Verletzungen der Elisabeth Frick anging, so handelte
es sich um Wunden »am linken Daumen und unter dem rechten Arm«, doch sollen sie nach der Meinung des Friedensrichters Franz Carl, der die Ermittlungen leitete, nicht so schlimm
gewesen sein, daß ein Arzt hätte zugezogen werden müssen.
Und was die Identifizierung der Täter betraf, so blieben Carls
Bemühungen auffällig ergebnislos.

Maria Christina Kratzmann: »Eine Beschreibung von den
Räubern könnte sie ohnmöglich machen, da in der Furcht und
in dem Schrecken sie keinen derselben genau betrachtet hätte.«

Elisabeth Frick: Keine Aussage.

Adam Kratzmann am 15. Januar: »Er seie, weil er ganz allein wohne, mit seinem Schicksal zufrieden, das ihm begegnet seie, und wolle dasselbe ganz allein tragen; auf den von uns [Franz Carl] weiters an denselben gethanen Antrag, daß er ohne Scheu und Hinterhalt alles pünktlich, was auf das Verbrechen Bezug haben könne, hier deponiren müsse und daß das Gerücht schon zu sehr verbreitet seie, als daß die Sache verschwiegen bleiben könne, und auf die Anfrage, warum er, seine Frau und Kinder bei unserm Eintritt in seine Stube geweinet, und alles in einer Bestürzung und Verstöhrung seie und warum seine Schwiegermutter in dem Bett liege und unterm rechten Arm und auf dem linken Daumen verbrennt seie; antwortet derselbe wie oben, daß er mit seinem Schicksal ruhig und zufrieden sey.«

Und am 17. Januar: »Wegen den Drohungen der Räuber habe er sich nicht getrauet, aus seinem Haus zu gehen, um von dem Vorgang dem Bürger Maire oder Adjunkt zu Merxheim die Anzeige zu machen, habe auch wegen der Mißhandlung, so besonders seine Schwiegermutter und er von den Räubern hätte erdulden müssen, und in der äussersten Bestürzung, in welcher er gewesen, hieran gar nicht gedacht.«

Sowenig die Räuber erbeutet hatten, so erheblich waren die Folgen des Überfalls. Becker berichtet, Kratzmann »war seit dieser Zeit immer kränklich und schüchtern«. Bei der fast zwei Jahre später stattfindenden Gerichtsverhandlung in Mainz konnte er nicht mehr in den Zeugenstand treten. Wenige Tage nach der Eröffnung des Verfahrens starb er. Als Schinderhannes erstmalig zum Fall Kratzmann verhört wurde, leugnete er, damit überhaupt etwas zu tun gehabt zu haben. »Bald darauf sagte er aber ganz unverhohlen, daß er mit dabey gewesen«, allerdings mit der Einschränkung: »Wir [waren] alle dermaßen von Brandwein betrunken, daß es möglich ist, daß ich einige kleine Umstände vergessen haben kann.«

Schinderhannes *wollte* vergessen. Im November 1803 erschien in Mainz eine Zeugin vor Gericht und sagte aus, sie sei »schändlich von ihm mishandelt worden«. Der Prozeßbeobachter, der dies in der *Mainzer Zeitung* berichtete, nannte den Namen der Zeugin nicht, aber es muß Kratzmanns Schwiegermutter Elisabeth Frick gewesen sein. Denn in dem Zeitungsbericht ist von »einem Weibe« die Rede, der »ein brennendes Licht unter den Arm gehalten [worden war], um es zum Geständnisse zu bringen, wo das Geld verstekt liege«.

Schinderhannes' Reaktion: »Er blieb stumm auf diese Beschuldigung und verlohr von diesem Augenblicke an seine gewöhnliche Munterkeit. ›Heute‹, sagte er selber nach diesem Verhöre, ›heute habe ich meine Todtenvögel singen gehört.‹«

19

Letzte Briefe und ein Fehlschlag

Dreiundzwanzig Stunden, nachdem Elisabeth Frick drangsaliert worden war, betrat zwischen acht und neun Uhr am Abend des 15. Januar ein »großer junger Kerl, der mit einer Büchse bewaffnet« war »und einen Jagdsack umhängen gehabt«, die Stube des Bauern Friedrich Gerhard Müller. Der einundsiebzigjährige Müller kam erst gar nicht dazu, den »jungen Kerl« zu fragen, was ihn herführe. Der Bursche seinerseits fragte, ob er sich die Pfeife anzünden könne. Ja, antwortete Müller, und wies auf die Kerze, die auf dem Tisch stand.

Sei es nun, daß der Fremde sich dumm anstellte, sei es, daß er gar nicht rauchen wollte, die Prozedur mißlang. Unversehens fragte der Bursche den anwesenden Adam Gillmann, einen Verwandten des Bauern, ob er Müller heiße. Nein, sagte Gillmann, der dort im Stuhl, das sei Müller.

Der Fremde: »Habt ihr auch den Schinderhannes schon gesehen?«

Müllers Antwort: »Nein, aber gehört hab ich schon von ihm.«

Der Fremde: »So beseht mich recht, ich bin er.«

Im gleichen Moment klopfte er »das Pulver auf der Pfanne seiner Büchse« zusammen, »auch mit einer aus seinem Büchsensack genommenen Pistole [nahm] er die nämliche Operation vor«.

»Diesem vorgängig«, wie es in dem von Müller unterzeichneten Protokoll heißt, habe der Fremde dem Senior »einen Brief zum lesen geben wollen.« Müller schüttelte den Kopf. Da »er bei Tag ohne Brille nicht lesen könne«, sei ihm dies »vielweniger also bei der Nacht« möglich. Der Fremde wußte Rat, indem er »das lesen selbst über sich genommen« und Müller »eröffnet« habe, daß er sowie Adam und Georg Gillmann dreißig Louisdor zu zahlen hätten.

Müller wollte zunächst vorsichtig abwiegeln. Eine solche Summe könne er zur Zeit keinesfalls aufbringen, weil »das Geld sehr rar seie«. Worauf der Bursche entgegnete, »daß er jetzt als Freund käme«. Sollte Müller sich jedoch weigern, »das Geld zu geben, so wolle er ihm das Haus so voll Kerls legen, die wie Teufels aussehen«. Noch heute abend sei die Summe »an den Steg unter dem Birnbaum« zu bringen.

Sofort lief Müller zu Georg Gillmann, der es für angebracht hielt, die Forderung wenigstens teilweise zu erfüllen. Mit Adam übernahm er die Aufgabe, zu dem genannten Treffpunkt zu gehen. Als die beiden den »Birnbaum quaestionis« noch kaum erreicht hatten, rief jemand: »Wer da!« Die Gillmanns blieben stehen und gaben sich zu erkennen. Zwei Männer standen im Dunkeln vor ihnen. Ein dritter hielt sich im Hintergrund bereit.

»Wieviel Geld habt ihr?« fragte einer. Adam hatte in der Aufregung zu Hause vergessen, seine Barschaft zu zählen. Stumm lieferte er sein Geld ab. Derjenige, der mit ihm redete, zählte nach. Ob sie nicht mehr hätten, wollte der Fremde wissen, wartete eine Antwort erst gar nicht ab und durchsuchte die Gillmannschen Hosentaschen. »Ihr seyd brave Bauern«, sagte er, »ihr habt uns aus der Noth geholfen, die Juden müssen euch dieses Geld wieder geben.« Zum Abschied wurden die Gillmanns ermahnt, »keinen Aufruhr im Ort« zu machen, »worauf sie«, so Adam, »versetzt, daß *sie* keinen Aufruhr gemacht hätten, sondern daß sie [die Räuber] es selbst gewesen seien«.

Hat Schinderhannes, vor dem die Leute Respekt hatten und den sie fürchteten, einen Brief, der seine Unterschrift trug, tatsächlich persönlich zugestellt?

»Ja«, gestand Bückler, »Johann Leyendecker, der den Mann [Friedrich Gerhard Müller] kannte, machte den Plan dazu und schrieb den Brief, welchen ich selbst gedachtem Müller brachte.«

Nach Lettweiler zurückgekehrt, schmiedeten die Räuber einen neuen Plan. Ob der entscheidende Tip von Jakob Müller stammte oder von einem anderen Komplicen: Heinrich Zürcher, der Pächter des Neudorfer-Hofes, sollte das nächste Opfer sein. Es hieß, er habe Getreide und Rübsamen, Branntwein und einige Ochsen verkauft und daher viel Geld im Hause. Bevor die Räuber loszogen, vergewisserten sie sich, ob Zürcher seinen Handel tatsächlich schon abgewickelt hatte. Teils, teils, lautete die Auskunft: Zürcher habe verkauft, warte aber noch auf das Geld; in wenigen Tagen würden die Schuldner zahlen. Zürcher bekam eine Galgenfrist.

Als »Ersatzmann« wurde Valentin Bernhard aus Waldgrehweiler ausersehen. Er sei ein sehr reicher Bauer, »habe viel Feinde in der Gemeinde«, deshalb könne »dieser Diebstahl mit viel Leichtigkeit« begangen werden. Nur vor dem Knecht müsse man auf der Hut sein: Der sei »ein Mensch von ungewöhnlicher Stärke«.

Schinderhannes nahm diese Vorschläge und Warnungen gemeinsam mit Christian Reinhard und Johann Leyendecker entgegen, wenigstens behauptete er das später. Anschließend aber spielte er sich in den Vordergrund – das Briefbotenintermezzo hatte ihn wahrscheinlich so sehr in seiner Ehre gekränkt, daß es höchste Zeit wurde, wieder als Alleinherrscher in Erscheinung zu treten.

Schinderhannes: »Ich schickte einen gewissen Krämer Antons Joseph von Feil mit einem Brief an Peter Hassinger von Iben, um ihn einzuladen.« Da Hassinger ablehnte, bemühte Schinderhannes einen zweiten Boten: Philipp Weber wurde »mit dem mündlichen Auftrag« entsandt, Hassinger mitzubringen; in Waldgrehweiler sei seine Anwesenheit unbedingt nötig. Hassinger erschien zwar, weigerte sich aber, an dem Unternehmen teilzunehmen. Statt dessen zog er los, um gleich mehrere Ersatzleute »zu engagiren«. Neben Bückler standen schließlich zwölf Mann zum Einsatz bereit, ein stattliches Aufgebot. Vorher vergingen mehrere Tage, bis die Boten die Auserwählten gefunden, mit ihnen geredet, sie überredet hatten. Diese aufwendigen Vorbereitungen gefährdeten Bückler jedoch nicht, denn er saß wohlbehütet in Lettweiler und wartete.

Peter Hassinger

Am Abend des 11. Februar, wenige Stunden vor dem geplanten Überfall, fand in Schönborn, ein paar Kilometer von Waldgrehweiler entfernt, eine Bürgerversammlung statt, zu welcher der zuständige Maire Erasmus Bernhart eingeladen hatte: »Bei dieser Versammlung schärfte ich es ihnen [den versammelten Bürgern] mit der Wache und hauptsächlich wegen der Polizei ein und erklärte ihnen, daß ich öfters zu ihnen kommen würde und die Nachtwache visitiren werde und die Frevler an die Polizei durch einen Verbal-Prozeß schicken würde.«

Die Entschiedenheit, mit der Maire Bernhart vorging, ist wohl mit den Anordnungen von höchster Stelle zu erklären. Becker berichtet, der General-Regierungs-Kommissar Jollivet habe am 23. Dezember 1801 den Beschluß gefaßt, demzufolge

»eine eigene Polizey-Garde errichtet wurde, um bey Tag und Nacht zu streifen«. Noch wichtiger für die lokalen Maßnahmen war die Neupublizierung des Gesetzes vom 10. Vendemiaire IV. Jahres (2. Oktober 1795); danach waren »die Gemeinden für alle auf ihrem Gebiete begangenen Gewaltthätigkeiten und Räubereyen verantwortlich«.

In der Nacht zum 12. Februar hielten gegen zwölf Uhr Heinrich Arnoth, Georg Bernhard und Philipp Bitz die Nachtwache in Waldgrehweiler. Am Gemeindehaus stehend, sahen sie in einiger Entfernung plötzlich »mehrere Kerls«, die »sich aus dem Dorfe hinaus hinter des Becker Weismann Scheuer« begaben. Kurz darauf kamen »dieselben Kerls mit brennenden Lichtern« hinter Weismanns Scheune wieder hervor. »In ziemlicher Hast« gingen sie »geraden Wegs in der Richtung gegen des Bürger Christian Hahn Wohnhaus in den Hof, wo des Bürger Valentin Bernhard Wohnhaus« stand. Daraufhin weckte die Nachtwache den Maire Metz und den Polizeisergeanten Lembrecht.

Obwohl Lembrecht sah, »daß des Valentin Bernhards Hof durch das brennende Licht erhellt gewesen, so habe er dennoch, ehe er versichert gewesen, was vorgehe, die Glocke nicht anziehen und Sturm läuten wollen«. Als dann aber zwei Schüsse fielen, lief Lembrecht zum Schulhaus, läutete Sturm, die Waldgrehweiler Bürger rückten an.

Den Räubern blieb nur wenig Zeit. Dennoch demolierten sie die Bernhardsche Tür und drangen in das Haus ein.

Die Bewohner kamen mehr oder minder mit dem Schrecken davon. Dem kräftigen Knecht Heinrich Böhmer, der »zween Mann zu packen im Stand« war, wurde die Pistole auf die Brust gesetzt: Er sollte sagen, wo »der alte Spitzbube« sein Geld versteckt hielt. Doch Böhmer wußte von nichts oder spielte den Ahnungslosen. Jedenfalls beruhigte ihn ein Räuber, »daß ihm nichts zu Leid geschehen würde, nur solle er sich nicht von der Stelle bewegen und sich ganz ruhig verhalten«. Gleichzeitig wurde Valentin Bernhard vom Fenster vertrieben, von wo aus er schon um Hilfe geschrien hatte. Sein Sohn fand sich, zusammengeschlagen, auf dem Boden wieder.

An das Aussehen der Räuber konnten sich die Überfallenen hinterher so gut wie nicht erinnern. Einer habe »eine Kappe von schwarzem Lämmerpelz« auf dem Kopf getragen, ein anderer sei »im Gesicht gefärbt und ganz unkenntlich gemacht gewesen« – wahrscheinlich Schinderhannes.

Nach Tagesanbruch erhielt der Polizeisergeant Lembrecht den Befehl, die Spuren der Räuber zu verfolgen. In der sogenannten Hölle, einem unmittelbar bei dem Dorf beginnenden Tal, wurd Lembrecht fündig: Im tiefen Schnee entdeckte er die Spuren von acht Männern, »von denen der eine zugespitzte Schuh oder Stiefel mit langen Absätzen ohne Nägel angehabt« hatte (sogenannte Schnabelschuhe). Am Rödeksgraben hatten sich drei Männer von der Gruppe getrennt. Während die drei sehr wahrscheinlich zur Wolfsmühle gegangen waren, wiesen die Spuren der übrigen über die Höhe bei Eichen durch die Schmittweiler Wiesen zum Wegweiser auf der hohen Straße und von dort dann »durch den Holler gegen Lettweiler«. Die Fährten waren so gut zu sehen, weil bis Mitternacht »die Witterung weicher, nach Mitternacht aber ein leichter Frost eingefallen« war. Der Polizeisergeant folgte der Spur der fünf nur bis zum Dreiweiher-Hof, weil er »in dem daselbst befindlichen Gewälde dieselbe ohnedieß höchst wahrscheinlich ganz aus dem Gesichte verloren haben« würde. Und er machte darauf aufmerksam, daß die Räuber offensichtlich einen Umweg gemacht hätten. Dadurch dürfte der ohnehin zwei und eine halbe Stunde in Anspruch nehmende Weg von Waldgrehweiler bis nach Lettweiler für sie um eine Stunde verlängert worden sein.

Das Gesetz vom 10. Vendemiaire IV wurde nicht nur von Lembrecht überaus ernst genommen, auch der Friedensrichter Krach kam nach Waldgrehweiler. Da unaufhörlich Schnee fiel, kam Krach erst am 13. Februar an, um dann um so gewissenhafter die Ermittlungen voranzutreiben. Er stellte fest, daß die Bernhardsche Haustür »aus zween Flügeln« bestand; daß an dem unteren Flügel Spuren zu erkennen waren, die von einem »heftigen und gewaltigen Stoß« herrührten; daß dieser Stoß mit einem zurechtgeschnittenen Stück eines zwölf bis dreizehn Schuh langen »ganz frischen Erlenbaums« vollführt worden sei; daß »die Thür dem Stoße und Anprellen des zwölf Schuhe langen Baumstückes nicht widerstehen konnte«; daß »durch den aus der Grundfläche des Baumstückes hervorgequollenen braunen und markigten Saftes der Umkreiß desselben, jedoch wegen der Unebenheit der Thüre und der Grundfläche des Baumstückes selbst nicht ununterbrochen und zusammenhängend abgebildet« war; daß die Erle aus dem »Thälchen, die Hölle genannt«, stammte; daß sie »drei und einen halben Schuh hoch vom Boden mit einer Säge abgeschnitten worden« war; und zwar hätten sich – so Krach – die Räuber genau überlegt, warum sie sich einer Säge »zum Abschneiden des befraglichen Baumes« bedient hätten: Erstens hätten sie »das Geräusch zu vermeiden [versucht], welches durch das Fällen des Baumes mit einer Axt oder einem Beile nothwendig verursacht worden wäre«, und zweitens hätte der Baum, wenn er mit einer Axt oder mit einem Beile gefällt worden wäre, keine ebene Grundfläche gehabt, sondern wäre »zugespitzt gewesen«. In diesem – zugespitzten – Falle hätte sich der Baum besser »zum Zertrümmern als zum Aufsprengen der Thüre« verwenden lassen; es sollte aber nichts zertrümmert, es sollte »eine so weite Oeffnung hervor[gebracht werden], daß die Räuber durch dieselbe in das Haus« eindringen konnten.

Krach brauchte achtundachtzig Druckzeilen, um zwei Tage nach dem Einbruch den Tatbestand noch einmal zu beschreiben. Einundzwanzig weitere Zeilen verwendete er darauf, die Beschädigungen an der Haustür aufzuführen: Von den Füllungen der Tür, einem schwachen Riegel, Türgestellen und Gesimsleisten war die Rede und schließlich in den restlichen siebzehn Zeilen davon, daß ein Eckschrank im Hause Bernhard eingestoßen und eine Schublade zertrümmert worden war, aus der etwa zehn Diebe »dreizehen bis zwanzig Gulden« entwendet hatten.

Und wo waren die Räuber? In Jakob Müllers Haus. Da aber blieben sie nicht lange, denn Müller hatte inzwischen erfahren, daß Heinrich Zürchers Schuldner gezahlt hatten. So machte sich Schinderhannes mit seinen Kameraden zum Neudorfer-Hof auf. Am 12. Februar, abends zwischen acht und neun Uhr, kamen sie an, etwa zwölf Stunden *bevor* der Friedensrichter Krach seine Ermittlungen in Waldgrehweiler aufnahm.

Der Pächter des Neudorfer-Hofes lag schon friedlich im Bett, als er ein Klopfen an der Tür hörte. Nichts Böses ahnend, ließ er durch seinen Knecht öffnen – und schon standen vier Mann in seinem Schlafzimmer. Er solle aufstehen, befahlen sie, Essen und Trinken herbeischaffen. Zürcher gehorchte und ließ »eine Bouteille Brandwein mit Käß und Bier« auftischen. Nur einen der vier abendlichen Besucher kannte der Gastgeber: Schinderhannes, der nicht nur selber aß und trank, sondern auch »seinen vor dem Hofe zurück gelassenen Leuten ebenmäßig etwas hinaustrug«.

Bei der Rückkehr in Zürchers Stube wollte er plötzlich unter dem Vorwand, »daß Gendarmen in dem Hof verborgen seyn sollten«, das Haus durchsuchen. Der Pächter beteuerte zwar, nichts mit der Polizei zu tun zu haben, aber Schinderhannes nahm ein Licht und verschwand damit im Nebenzimmer. Triumphierend kam er zurück: »Hier sind die Gendarmen!« Vier Gewehre, eine Pistole und einen Säbel präsentierte er seinen Komplicen. Großmütig gab Schinderhannes dem Pächter die Pistole zurück, wahrscheinlich nicht, ohne sie gebrauchsunfähig gemacht zu haben. Dann verlangte er Geld.

Zürcher machte sich nun nichts mehr vor. Er öffnete einen Schrank und überließ den Räubern »ohngefähr 10 Gulden«. Damit waren sie äußerst unzufrieden. Schinderhannes wollte Zürchers ganze Barschaft. Die Räuber warfen Zürcher zu Boden, fesselten ihn und fragten ohne Umschweife, »ob er nun das Geld, welches er zu Lettweiler eingenommen und wovon er die ihm nicht anständig gewesene Louisd'or in Gold gegen Bezahlung von Silbergeldes, die er nach Lettweiler zurückgesandt hätte, hergeben wolle«.

Zürcher horchte auf. Sofort war ihm klar, daß es zu nichts Gutem führen würde, wenn er »weitere Umstände« machte. So ließ er sich losbinden und ging mit zwei Räubern auf den Speicher. Im Spelz lagen einhundert Gulden und zwölf Karolinen versteckt. Er gab das Geld her und glaubte, die Eindringlinge zufriedengestellt zu haben. Doch in sein Wohnzimmer zurückgekommen, wurde Zürcher erneut gefesselt, »unter der Drohung, daß, wenn er sein übriges Geld, welches er noch versteckt habe, nicht heraus gebe, sie ihm die Pferde nehmen würden«. »Dann nehmt sie«, antwortete Zürcher. Aber die Räuber glaubten ihm nicht. Einer von ihnen, Johann Leyendecker, hielt »ihm ein brennendes Licht unter die Brust«. »Auf diese Peinigung« hin bat Zürcher die Räuber, »ihn los und einige Tage beruht zu lassen, wo er ihnen so viel Geld, als er aufzubringen im Stande sein würde, einhändigen wolle«. Nicht zimperlich, verlangten die Räuber vierhundert Gulden; einer von der Bande ermäßigte die Schuld auf dreihundert und ließ den Pächter seinen Namen auf ein Stück Papier schreiben: So wurde Zürcher »verbindlich« gemacht, »demjenigen, welcher [die Unterschrift] vorzeigen würde, die erwähnte Summe« auszuzahlen.

Nachdem die Räuber auch das Haus noch geplündert hatten, verschwanden sie. Zürchers Dienstmagd, der Maria Sara Hofmann, erklärten sie, ihr Dienstherr habe viele Feinde, »die an diesem Ueberfall schuld seien, und daß sie, die Räuber, noch gnädig mit ihm [Zürcher] verfahren wären; indem es weit ärger hätte« ausgehen können. Schinderhannes kündigte sogar an, die zu nennen, welche ihn informiert hatten, damit Zürcher sich an ihnen rächen könne. Zuerst aber müßten die dreihundert Gulden her.

Eine Woche lang übte Schinderhannes Geduld, dann brachte er sich in Erinnerung. Am 18. Februar bekam Zürcher durch Leonhard Körper einen Brief zugestellt.

»X X X Bedenkt daß.

Heinrich Zürcher, mein Bester, hier mit diesen Paar Zeilen wöhlen wir euch an euer Versprechen erinnern, und wir hoffen, das Tiebel, von dem ihr wat nicht rathen, und den Ueberbringer gleich abzuferdern und weiter nichts zu fragen, weiter wissen wir ihnen nichts zu schreiben. Unterschrieber

    Joh Durch den Wald.

    Herr mens Geist be.

    Herr mein Geist be,

    Wenn nur den lieben Gott

    Wer nur den lieben Gott

    W. W. W. W.

    Wer nur den lieben

    Wer nur den lieben

    Wer nur den lieben

    Johaß Reist heer beer.«

Johann Leyendecker, das »erfinderische Genie«, der schon den Namen »Johannes durch den Wald« kreiert hatte, hatte auch diesmal die Formulierung zu Papier gebracht. Eine verstümmelte, mehrmals wiederholte, mit großen W unterbrochene und in geheimnisvolle Silben mündende Zeile des Kirchenlieds »Wer nur den lieben Gott läßt walten« sollte der Drohung Nachdruck verleihen.

Als Leonhard Körper nachmittags die räuberische Hokuspokus-Lyrik auf dem Neudorfer-Hof übergab, traf er Heinrich Zürcher nicht zu Hause an. Dieser hielt sich in Meisenheim auf, »um das verlangt wordene Geld dort abzuholen«. Seine Frau Christine nahm »ein zusammengelegtes, schmutzig aussehendes Papier« entgegen und fragte den Überbringer, wer der Absender sei. Ein Mann, antwortete Körper lapidar. Christine bat den Besucher, so lange zu warten, bis ihr Mann zurückkehre. Das war Körper offenbar zu gefährlich, zumal Jakob Stephan, ein Taglöhner auf dem Neudorfer-Hof, dabeistand. Er verschwand ohne jede weitere Erklärung.

Nachdem Zürcher zurückgekehrt war, las er den Brief. Noch am Abend des 18. Februar erschien Körper zum zweitenmal. Wieder präsentierte er einen Brief: »Mene frei. Hier übergieb ich Ihnen meine letzten Paar Zeilen, um Euer Versprechen zu

uns empfangen, und ich hoffe, es wird mir kein Aufenthalt gemacht werden, und es braucht weiter keinen Umschweif machen, dann wir haben keine Menschenfurcht.«

Diese Botschaft, die Schinderhannes selbst verfaßt und niedergeschrieben hatte, war wesentlich nüchterner als die erste –
und eindeutiger. Zürcher ging mit dem Boten ins Nebenzimmer und händigte ihm »einstweilen« hundertfünfzig Gulden
aus, wie er sich ausdrückte. Zugleich machte er Körper behutsam klar, daß aus diesem *einstweilen* ein *endgültig* werden müsse:
Zürcher *bat* Körper darum, »bei dem Schinderhannes anzuhal-
ten, daß er [Bückler] ihm [Zürcher] die andere Hälfte schenken
und versprechen möge, ihn künftig in Ruhe zu lassen«, sonst
sei er gezwungen, den Neudorfer-Hof aufzugeben. Körper versprach, alles auszurichten, und fügte ausdrücklich hinzu, er
werde »des andern Tags die Antwort des Schinderhannes überbringen«. Die aber blieb aus. Am 1. April wartete Zürcher immer noch darauf.

An diesem Tag erst erschien der Pächter des Neudorfer-Hofs
vor dem Friedensrichter Joseph Schmidt »Kraft der durch uns
[Schmidt] ertheilten Vorberufung« in Obermoschel, um alle Tatsachen und Umstände mitzuteilen, die den Einbruch vom 12.
und die Erpressung vom 18. Februar betrafen.

Heinrich Zürcher, der weiterhin in Gefahr schwebende Pächter, teilte auch eine Merkwürdigkeit mit, die ihm aufgefallen
war, zumal er soviel Zeit zum Nachdenken gehabt hatte: Bückler mußte sehr gut über Zürchers Geschäfte unterrichtet sein.
Er wußte nicht nur, wieviel Geld Zürcher in letzter Zeit – und
zwar in Lettweiler – eingenommen hatte, ihm war auch bekannt, daß unter diesem Geld Silbermünzen gewesen waren.
Folglich stand für Zürcher fest, daß die Feinde, von denen
Schinderhannes gesprochen hatte, in Lettweiler wohnen mußten, weil »ohnmöglich ein Fremder ohne Verrätherey diese spe-
zielle Verhältnisse« kennen konnte. Außerdem war ja allgemein bekannt, daß Schinderhannes sich sehr oft in Lettweiler
aufhielt. »So bleibe demnach kein Zweifel mehr übrig, daß von
dorther die Verrätherey entstanden sei.«

Diese »speziellen Verhältnisse« waren finanztechnischer Natur und recht kompliziert: Karl Schmidt (in den Akten »Karl Schmidt der dritte« genannt) sagte – ebenfalls erst am 1. April – aus, er habe »im Laufe des gegenwärtigen Krieges der Gemeinde Lettweiler« Kapital vorgestreckt. Da die Gemeinde zum vorgesehenen Zeitpunkt die Rückzahlung nicht leisten konnte, Schmidt der Dritte aber ein Haus bauen mußte, hatte er bei Heinrich Zürcher »eine ansehnliche Summe« aufgenommen. Nach und nach trug er die Schulden ab, zuletzt, kurz vor Schinderhannes' Erscheinen bei Zürcher, einhundert Gulden: »Unter diesen hundert Gulden«, so erklärte Schmidt der Dritte, »seien zwei doppelte und drei einfache Louisd'or« gewesen. Dieser Teilbetrag stammte von Adam Lamb aus Lettweiler. Er hatte ihn von Schmidt dem Dritten geliehen, und dieser forderte das Geld zurück, um seine Schuld bei Zürcher begleichen zu können. »Jedes [Gold]Stück«, so stellte es Lamb dar, sei »zu drei Batzen Agio [Aufgeld] angerechnet worden.« Schmidt der Dritte: Er habe das Geld bei der Rückzahlung von Lamb »zu drei Batzen Agio auf das Stück« annehmen *müssen* und an Zürcher die »Goldmünzen um das nämliche Agio ausliefern *wollen*«. Der aber weigerte sich, »es so hoch anzunehmen«. Schmidt der Dritte mußte sich fügen. »Um keinen Verlust zu erleiden«, gab er die Louisdor-Stücke an Lamb zurück, um Silbergeld dafür einzutauschen.

Von dieser Sache wußten also mit Bestimmtheit Zürcher, Schmidt der Dritte und Lamb, aber auch ein gewisser Peter Weber. Lamb versuchte, sich mit einer längeren Erklärung zu salvieren: Er hatte das fragliche Geld durch den Verkauf einer Kuh an Peter Konrad in Obermoschel erhalten; jedes Geldstück war zu drei Batzen Agio angerechnet worden. Als Schmidt der Dritte die Münzen zurückbrachte, tauschte Lamb sie seinerseits wieder bei Konrad ein. Unterwegs begegnete Lamb »ein Bürger aus Lettweiler, dem er auch die ganze geschichte mit dem Gold« erzählte. Aber wer jener Bürger aus Lettweiler war, konnte – oder wollte – »er ohnmöglich mehr bestimmen, und wenn es ihm das Leben koste«.

Peter Weber nun, Adam Lambs Schwager, gab zu, Schmidt dem Dritten auf dessen Weg zu Zürcher begegnet zu sein und dabei von der hindernisreichen Transaktion erfahren zu haben, und er schwor, »auf keine Weise von diesem Vorfall jemandem etwas erzählet zu haben«.

Doch Peter Weber hatte einen Bruder. Der hieß Philipp und war niemand anders als der Philipp Weber, der vor kurzem erst in Schinderhannes' Auftrag Peter Hassinger für die Aktion in Waldgrehweiler hatte engagieren sollen. Und Philipp Weber hatte am 31. März abends beim Schankwirt Bischoff in Lettweiler die »ausgelassensten und auffallensten Reden« geführt. Er hatte damit angegeben, daß ihm und anderen Leuten »weder Kugel noch Stich schadeten und daß man ihnen sagen solle, wer baar Geld habe, dem wollen sie es holen«.

Nachdem bei Heinrich Zürcher am Nachmittag dieses 31. März schon einmal zwei dunkle Gestalten »mit drohender Miene und ungestümen Gebärden einen Krug Bierwein« verlangt hatten, den sie bekamen und sogar bezahlten, plagte den Pächter den ganzen Tag über »eine bange Ahndung«, die »noch selbigen Abend in Wirklichkeit« überging. Bei anbrechender Nacht klopfte jemand stark an die verschlossene Tür. Zürcher verhielt sich still. Eine Viertelstunde lang klopfte der Kerl, bis ihm die Geduld ausging und »unter Fluchen eine Stimme vor dem Thor gerufen, daß man aufmachen möge«. Zürcher gab seinem Knecht ein Zeichen, sie schlichen zum Hintereingang, sprangen aus dem Haus. Zürcher lief nach Obermoschel, der Knecht nach Lettweiler, um Hilfe zu holen. »Diese seie auch, ehe er [Zürcher] selbiges vermuthete, auf seinem Hofe angelangt.« Doch vergebens – der nächtliche Besucher war verschwunden.

War Philipp Weber dabeigewesen? Zürcher erfuhr es nie, war »jedoch bei sich überzeugt, daß es auf eine abermalige Gelderpressung angesehen gewesen seyn müsse«.

Die Machenschaften in Lettweiler – das Gerede hin und her, die Beteuerungen, nichts weitererzählt, aber alles gewußt zu haben, das auffällige Herumlaufen im Dorf, als Schmidt der

Dritte in Geschäften unterwegs war – all dies kam viel zu spät ans Licht. Zürcher war das Opfer eines Komplotts geworden: Alle beneideten den Pächter, niemand gestand es ein; alle wünschten, daß er bestohlen würde, niemand hatte den Mut, dabei mitzutun. Die Dorfverschwörer suchten jemanden, der für sie handelte. Schinderhannes wurde ihr »Stellvertreter«.

Was immer Schinderhannes mit seinem Anteil an der Beute, die durch zehn geteilt werden mußte, angefangen hat – nach der Erpressung scheint es ihm nicht besonders gut gegangen zu sein. Und da er und seine Leute in Lettweiler und Umgebung nun bekannt geworden waren, suchten sie jemanden, der für sie arbeitete.

Kurz nach Fastnacht 1802 begegnete ihnen die sechzigjährige Margarethe Landfried aus Lettweiler, eine Landkrämerin und Trödlerin. Mit Butter und Leinwand war sie auf dem Weg zum Kreuznacher Markt, da würde sie plötzlich von zwei Männern angehalten. Sie wollten von ihr wissen, »was ich da trüge, und dann forderten mir selbe meine Butter ab; auf meine an sie gemachten Vorstellungen sagten mir aber selbe: ich solle nur ruhig seyn, ich würde dafür bezahlt werden; dabei bemerkte ich, daß nebst den Beiden, welche mich angehalten, noch Andere in einem nahen Busche verborgen lagen . . . dazumal war ich merklich erschrocken. Darauf sagten mir diese Diebe: ich solle nach Rehborn zu Jakob Schweizer gehen, demselben zu sagen: zween reisende Handelsleute, welche schlechte Geschäfte machten und Speise nöthig hätten, forderten daher von ihm, er solle ihnen durch mich: Bratwürste, Käß und Fleisch schikken.« Außerdem wurde Margarethe Landfried beauftragt, bei fünf anderen Leuten in Rehborn Lebensmittel zu besorgen.

Sie entgegnete den Räubern: »Ich hätte das Herz nicht, ihrem Auftrage Genüge zu leisten, indem ich dadurch in Gefahr gerathen würde, verhaftet zu werden: welche meine Vorstellung damit erwiederten: wenn euch die Leute, zu welchen wir euch senden, fragen sollten, wo sich jene, die euch senden, aufhalten, so saget ihnen und ladet selbe ein, sie sollten euch nur fol-

gen: alsdenn wird man Feuer geben.« Margarethe Landfried
gab nach, weil ihre Furcht »den höchsten Grad erreichet hatte«.

Was immer von den Aussagen der Landfried zu halten ist,
bevor sie die Aufträge ausführte, gab sie aus eigener Kenntnis
der Verhältnisse zu bedenken, »Jakob Schweizer habe kein
Geld und könne wegen der Vieheseuche keines haben, welche
ihn vieles Geld gekostet habe«; auch die übrigen ihr genannten
Rehborner Einwohner seien arm. Darauf Leyendecker, der
»Krumme«: »Du lügst, Kanalie! Jakob Schweizer muß Geld haben!« Auch die anderen hätten welches. Margarethe: »Diese
Leute haben kein Geld«, besonders Schweizer nicht, »da ich
vorhin mit meinem Bruder bei demselben nur 50 Gulden
Lehnsweise haben wollte und mich derselbe versichert, er habe
keines«. Die Räuber wurden unsicher, doch Leyendecker – und
nicht Schinderhannes – setzte sich durch: »Diese Dirne ist eine
Lügnerin.«

Margarethe Landfried besuchte ihre »Lieferanten« und versuchte, sie mit dem Fall Zürcher einzuschüchtern. Bei Jakob
Schweizer dagegen fragte sie, ob er einen Brief von Schinderhannes erhalten habe. Nein, antwortete er. Sie: »Nun, dann ist
es gut, dann haben sie den Brief wieder zerrissen.« Und sie ließ
sich nicht entgehen, darauf hinzuweisen, *sie* habe für Schweizer
ein gutes Wort eingelegt, weil er arm sei.

Acht Tage später kam sie erneut zu Schweizer. Nun ging es
darum, »für den Schinderhannes ein Stück Fleisch, einige Wür-
ste und Käse« zu bekommen. Sie erhielt die Lebensmittel
»ohne weitere Umstände« und erzählte im Dorf, damit habe der
edle Spender bei Schinderhannes »große Ehre eingelegt«. Allen
empfahl sie, »ebenmäßig einen solchen Beitrag« zu leisten, damit »nichts Nachtheiliges« gegen sie unternommen werde.

Während die übrigen Rehborner Lieferanten von da an unbehelligt blieben, erhielt Jakob Schweizer zum drittenmal Besuch, diesmal nachts zwischen zwei und drei Uhr am 20. Februar. Nicht Margarethe, sondern drei Kerle klopften bei ihm
an. Einer hielt »ein Gewehr mit gespanntem Hahn ihm entgegen«, ein anderer schaute zu, der dritte übergab einen Brief:

»Jakob Schweizer, wir ersuchen euch um zwanzig Karolin, und wir verhoffen, unser Anspruch wird uns nicht abgeschlagen, den uns ist bekannt, daß ihr uns damit helfen thut und müst, darauf wollen wir euch aber bekannt machen, wenn es nicht aus gutem Willen geschagt, daß wir Instrumenten brauchen, die euch und euren Kindern nicht lieb sein werden. Wir wollen euch zu wissen thun, daß ihr eine halbe viertelstund Zeit dazu gebrauchen derft und nicht mehr, denn bei uns ist keine Zeit zum Vorrath izt, darauf besinnt euch kurz und gut, denn wir mögen vor diesem keine Gewalt und Grobheiten brauchen, und wir euch auch gewarnt haben, daß ihr keine Mittel gebraucht wie euer Nachbar, darauf erfolgt nichts gutes bei uns, dann wir leben ohne Furcht, und wie es euren Nachbarn ergehen wird, das wollen wir euch nicht wünschen, wenn ihr nicht wißt, wer euer Nachbar ist, das sind den Hr. Raumbacher, weiter weiß ich euch nichts zu schreiben, als beobachtet diese par Zeilen, alsdann bleiben wir gute Freunde.

+ + + Johannes durch den Wald.«

Jakob Schweizer besann sich nicht lange: »Um größeres Unglück zu verhüthen«, nahm er zwölf Karolin, ging zur Brücke, wo er vier Männer traf. Während einer abseits stand und versuchte, »immer sein Gesicht zu verbergen«, übergab Schweizer »einem jungen schönen Mann« das Geld. »Ein anderer, etwas ältlicher, von schwarzer Farbe und Haaren«, sagte, Schweizer »habe seine Sache gescheit gemacht«. Die Räuber beanstandeten den Fehlbetrag nicht, waren offenbar froh, wenigstens etwas zu bekommen.

Zum letztenmal schickte »Johannes durch den Wald« einen Monat später, am 20. März, einen Brief, und zwar auf den Montforter-Hof. ».. . Gegen Abend, als man das Licht angesteckt«, so gab Jakob Schowalter zu Protokoll, »seie ein dicker großer Bursche [Georg Mickel] von schwarzem Ansehen, welcher mit einer kurzen Büchse bewaffnet gewesen, einen runden Huth auf und einen dunkelblauen Rock angehabt habe, in seine Wohnung gekommen, habe sich ein Glas Brandwein gefordert, und nachdem er auch das zweite gefordert und getrunken gehabt, habe er ihm [den] Brief, welcher, wie das Ansehen zeige, mit Siegelwachs zupetschiert gewesen, übergeben, worauf er Deponent sich geäußert, daß er nicht wisse, was er mit dem Brief machen solle, und ihn wiederum auf den Tisch geworfen habe. Der fremde Bursche habe ihm hierauf repliziret, daß er, Schowalter, schon erfahren würde, was in dem Brief stehe, und daß er ihm denselben vorlesen wolle. Er Deponent habe dieses nicht abgewartet, sondern den Brief wiederum in die Hände genommen, seine Brille gesucht und den fraglichen Brief mehrmalen gelesen.«

Das Schreiben, von Schinderhannes eigenhändig zu Papier gebracht, war genauso unmißverständlich wie die vorhergegangenen Briefe:

»Bester Freind, hier mitt diesen phar Zeilen wiell ich eig zu wiesen thun, das es mier an zwantzig Kharlühnen fehlen thut, und weill es mier bekand ist, das ihr uns dar mitt hellfen Kennt, dar auf setz ich mein Vertrauen und hoffgun, es wiertt bey ihm nicht fehlen, ietz will ich eich abber zu wiesen thun, das es aus ungzwungnem Wil geschigt, sonst wird man mitel ergreifen, wo eich nicht lieb sein wiert, darauf besind gantz Kortz, dann bei uns ist Kein aufschub, nicht ietz, aber wollen mier eich auch bekand machen, das ihr den überbringer diesen Brief Keine halbe fertel stund auf haltet und gleich das geltt mitt zurik und einer von eich Phersonen mitt zu uns auf weitre abrett – weiter weis ich eich nichts zu schreiben, als beobacht diese phar zeilen und mecht eich weiters Keine besontre umschweif.

Johannes durch den wahltt + + +   dieses merkt
                                                                    was es betheit
                                                                    + +«

Schowalter gab sich der Illusion hin, Georg Michel einige Zeit hinhalten zu können. Der Bursche merkte das: »Er solle nur unten lesen«, sagte Michel, »dann würde er [Schowalter] finden, was es bedeute, es stünden noch mehr von seinen Kameraden um den Hof«, die machten sich nichts daraus, Wohnhaus und Scheune in Flammen aufgehen zu lassen. »Da er [Schowal-ter] nun eingesehen, daß alles Zögern und alle Ausreden nichts helfen, habe er die vor einigen Tägen von dem Verkauf eines paar Ochsen eingenommene neunzehn Karolin und etwas Kreutzer herbei geholt und solche dem fremden Kerl dargezäh-let, welcher aber das Geld unter den Worten ›das geht mir zu lange zu‹ zusammen gescharret, in den Sack gesteckt und so-gleich den Hof verlassen habe.«

Damit endeten Schinderhannes' größer angelegte Unterneh-mungen. Nur sein Vater machte im Namen des Sohnes noch eine Zeitlang weiter. Kurz nach der Erpressung auf dem Mont-forter-Hof besuchte Nathan Wolf, ein Händler aus Hottenbach, den Kempfelder Markt. Zufällig begegnete er Schinderhannes' Vater: »Dieser [alte] Bückler«, so Wolf in einem Verhör, »habe ihm bedeutet, daß er ihm, Zeugen, etwas zu sagen habe.« Wolf verließ mit Bückler den Markttrubel und erfuhr, daß »Schin-derhannes sehr bös gegen die Hottenbacher Juden seie«. Des-halb müßten sie »Geld zusammen schaffen«. »Noch des nemli-chen Tags« müsse Wolf mit dem alten Bückler »zu Schinder-hannes gehen und Geld überbringen, indem es sonsten kein gut thäte.« Da Vater Bückler seinen Forderungen mit »mehre-ren beängstigenden Ausdrükken« Nachdruck verlieh, ver-sprach Wolf, Geld zu beschaffen.

Bei einer so wichtigen Angelegenheit allerdings – es ging ja nicht allein um Nathans Geld oder um das seiner Familie, son-dern um das aller Hottenbacher Juden – zog der junge Wolf seinen Vater ins Vertrauen. Der untersagte jeglichen Kontakt mit den Bücklers. Da half es wenig, daß der alte Bückler den jungen Wolf noch mehrmals an die Forderung erinnerte und zuletzt »recht bös« wurde. Wolf blieb standhaft. Andere »auf dem Markt versammelte Juden« hatten aber von der Erpres-sung Wind bekommen. Nicht annähernd so selbstbewußt wie der alte Wolf, beschlossen sie, »jemand unter ihnen mit dem al-ten Bückler zu Schinderhannes zu schikken«. Begründung: Sie wollten sich »keiner größeren Verfolgung« aussetzen, »weil be-kanntlich Bückler die Geißel der Juden« sei. Wolf Itzig aus Hottenbach »hätte sich daher das Herz gefaßt«, sagte Nathan, sei mit dem alten Bückler in einen Wald gegangen, wo »aller vernünftigen Vermuthung nach« Schinderhannes das Geld in Empfang genommen habe. Sein »Ruf« bewährte sich nach wie vor.

Der des Vaters war um nichts besser: »Der alte Bückler seie eben so gefürchtet worden wie dessen Sohn«, stellte Nathan Wolf fest. Und er mußte gestehen, dem Alten dann doch »Kleinigkeiten an Geld gegeben [zu haben], um von dessen Sohn nicht mißhandelt zu werden«. Offenbar hat Nathan das hinter dem Rücken seines stolzen Vaters getan, und zwar nicht allein, damit die Bücklers Ruhe gaben, sondern weil er – Nathan Wolf – Jude war. Wolf Itzig sollte nicht umsonst allein den gefährlichen Weg in den Wald gegangen sein.

20

Von einem gutmütigen Salineninspektor
und dem Krämer Jakob Ofenloch

Waldgrehweiler, der Neudorfer-Hof, Rehborn, der Montforter-Hof und Lettweiler – Schinderhannes operierte im Frühjahr 1802 fast ausschließlich im Kanton Obermoschel. Wäre es da nicht leicht gewesen, Spione auszuschicken und in den Dörfern – vor allem in Lettweiler – Erkundigungen einzuholen, damit am Tage X im Morgengrauen eine Gendarmeriepatrouille überraschend anrücken konnte? Christian Ammann meinte aus eigener Anschauung, zwar seien »gutgesinnte Bürger aus Lettweiler sehr gekränkt«, ja empört über Schinderhannes' Aufenthalt in Lettweiler gewesen, doch hätten sie »das Herz nicht gehabt, etwas zu verrathen«, weil sie befürchteten: »Wenn die Gönner und Verheimlicher des Schinderhannes« gerichtlich eingezogen und in der Folge wieder freigegeben würden, daß ihnen dann »die schlimmsten Folgen« bevorstünden.

Bückler war zu dieser Zeit nicht mehr ganz so selbstsicher, wie die Leute meinten. Insgeheim plante er seine Rückkehr »in die menschliche Gesellschaft«: »Lange Zeit nährte ich schon die Hoffnung in mir, dieses schimpfliche Leben endlich zu verlassen, und Bürger Lichtenberger, Inspector der Salinen in Münster, wird bescheinigen können, daß ich mich an ihn gewendet habe.«

Lichtenberger hat dies in einem langen Brief an Keil bestätigt.

Der Salineninspektor war eines Holzeinkaufs wegen mit sei-

nen Lieferanten in einem Wald zusammengekommen. In der
Nähe eines einsam gelegenen Bauernhofs sah er bewaffnete
Posten, die plötzlich Pfiffe ausstießen. Wie sich später heraus-
stellte, fürchteten die Männer, die Besucher seien verkleidete
Gendarmen. Von dem Hofpächter erfuhr Lichtenberger, die Po-
sten gehörten zur Bande des Schinderhannes.

»Meine Verlegenheit in dieser Lage übersteigt jede Beschreibung. Umzingelt von acht Räubern, wovon mehrere als Mörder und alle als entschlossene Menschen bekannt waren, versehen mit einer Uhr, silbernen Schnallen und einer neuen
Jagdflinte, mußte ich alles Unangenehme, selbst den Tod,
fürchten. In dieser schrecklichen Lage faßte ich den Entschluß,
mich dem Räuber-Hauptmanne, der mir entgegen kam, zu nähern, denn er hatte sich, bey allen durch seine Bande verübten
Grausamkeiten, minder grausam gezeigt. Auch war er in frü-
hern Zeiten, als er noch bey Nagel in Bärenbach diente, öfter in
meinem Hause in Weyerbach. Ueberdies hatte seine Julie, als
Tochter eines armen Mannes von Baden-Weyerbach, sehr viele
Allmosen von mir empfangen. Er empfieng mich freundlich,
und ich sprach gegen eine halbe Stunde mit ihm in Beyseyn einiger Bauern von Alten-Bamberg. Ich erstaunte über die Frey-
müthigkeit des Räubers, über seine offene ruhige Miene, die
gewöhnlich den schwarzen Verbrecher flieht und welche um so
mehr auffiel, da der durch schreckliche Mordthaten gebrand-
markte schwarze Peter neben ihm stand, der einem Maler zum
Ideale der teuflischsten Bosheit dienen könnte und der mit
Harppen-Blicken meine Uhr und Schnallen betrachtete und
ohne des Schinderhannes Gegenwart sicher seine schlechte
Flinte gegen meine bessere würde vertauscht haben. Jetzt erfuhr ich die Wahrheit der Aussage des Schinderhannes, daß
seine Bande ohne ihn weit schrecklicher sey als unter seinem
Commando. Der schöne, im vollkommensten Ebenmaaß gebildete Körper des Schinderhannes, seine ruhige, unbefangene
Miene, sein edles Betragen gegen mich und meine Gefährten
bestärkten mich in der Idee, daß Schinderhannes kein so sehr
verstockter Bösewicht sey, daß er nicht noch gebessert werden

könne. Mit dieser Idee vereinigte sich die Erinnerung an seine Verwandten, die zum Theil als wohlhabende, alle aber als rechtschaffene Menschen bekannt sind und welche, besonders seines Vaters Bruder, Bückler zu Mittel-Collenbach, diesem leichtsinnigen Hannes scharf zugeredet hatten, ein besserer Mensch zu werden. Ich erinnerte mich jetzt recht lebhaft, daß Hannes seinem in Göttschied, Cantons Herstein, dienenden jüngern Bruder etliche Mahl Geld gegeben und ihn dabey nachdrücklich vor dem Diebstahle gewarnt hatte.

Dieß bestimmte mich zu dem Versuche, den Schinderhannes von seinem Räuber-Handwerke zurückzubringen und das bey ihm noch befindliche Gefühl für Menschlichkeit, Recht und Gerechtigkeit zu erwecken.«

Als Lichtenberger tags darauf den Steuereinnehmer Perard von der Begegnung unterrichtete, wollte der Schinderhannes sofort gefangensetzen lassen. Lichtenberger widersetzte sich diesem Vorschlag. Nicht daß er die Gefährlichkeit der Bande unterschätzte, doch wollte er sich nicht dadurch »erniedrigt haben«, den unter die Guillotine zu bringen, der ihm »nicht nur [seine] Habseligkeiten, sondern auch das Leben gelassen hatte«. Lichtenbergers Gegenvorschlag lautete, über einen Mittelsmann, den Bürger Brüges, bei Jeanbon-St.-André »Pardon auszuwirken« – unter der Bedingung, daß er, Schinderhannes, seine Bande auflösen und sich selbst stellen sollte. »Ich selbst wollte den Hannes zur Rückkehr in die bürgerliche Gesellschaft zu bestimmen suchen ... Anfänglich schien man geneigt, dem Hannes Pardon zu geben, und ein Mann, dessen einsame Hütte er bey seinen nächtlichen Streifereyen manchmahl besuchte, den ich aber seiner persönlichen Sicherheit wegen nicht nennen darf, übernahm diesen äußerst delikaten Auftrag, jedoch ohne mich zu nennen. Der erste Versuch schlug fehl, indem Schinderhannes geradezu erklärte: jetzt [im Frühling] würden die Wälder belaubt, folglich [sei] er mit den Seinigen gegen Nachstellungen gedeckt.«

Bevor Lichtenbergers Kontaktperson den zweiten Versuch unternehmen konnte, erneuerte und verschärfte Jeanbon-St.-

André, seit kurzem Generalregierungs-Kommissar in den vier westdeutschen Departements, den Beschluß seines Vorgängers Jollivet: »An die *untergeordneten* [in der Provinz amtierenden] Beamten ergiengen die *strengsten* Befehle in Betreff der *Streifzüge* und der Aufsicht über das herumziehende Gesindel.« Daraufhin fand im Kanton Alzey in der Nacht vom 1. zum 2. April eine »allgemeine Streife« statt, bei der unter anderem Johannes Müller, auch Müllerhannes oder Strohhüttenhannes genannt, verhaftet wurde. Im Kanton Obermoschel dagegen ging Friedensrichter Schmidt gezielter, wenn auch ungleich bürokratischer vor.

Für jeden Verdächtigen ließ er gesondert gleichlautende Haftbefehle ausstellen. Nach dem allgemeinen Hinweis, die jeweilige Person sei »nach gesezmäßiger Art« vorzuführen, enthielten diese Haftbefehle den Namen und den Beruf des Beschuldigten, sein wahrscheinliches Alter, die Körpergröße und sogar die Haarfarbe sowie die »ihm [oder ihr] zugemuthete Beschuldigung, daß er [oder sie] ein[e] Mitschuldiger[e] des berüchtigten Räubers Schinderhannes seie«.

Kurz nach dem 1. April liefen bei Schmidt die Erfolgsmeldungen ein. Der jeweilige »patentirte Huissier des Friedensgerichts zu Obermoschel« zeigte an, daß er sich »in den Wohnsiz« des/der Beschuldigten begeben hatte, welchem/r er, »mit ihm (ihr) selbst redend, den Vorführungsbefehl, wovon ich Träger war, notifizirt und ihn (sie) zugleich aufgefordert, mir zu erklären, ob er (sie) gesonnen sei, dem bemeldeten Befehle zu gehorsamen und sich vor dem erst gedachten Bürger Schmidt, gerichtlichen Polizeipräsidenten, zu stellen?«

Auf alles waren die »Gönner und Verheimlicher des Schinderhannes« wohl gefaßt, nur nicht darauf, im Zuge einer so genau geplanten und fast zeitgleich ausgeführten Fahndung in ihren Wohnungen gestellt zu werden. Auf die an sie gerichtete Frage erklärten sie sich bereit, »augenblicklich zu gehorsamen«. Sie wurden nach Obermoschel gebracht, wo Schmidt sie zum erstenmal verhörte. Einige legten Geständnisse ab, andere wurden auffallend weitschweifig und widersprachen sich in ihrer

Redseligkeit. Von einer dritten Gruppe konnte Schmidt feststellen: »Ob zwar gleich der Beschuldigte in der Hauptsache
immer in negativis bestanden, so ist jedoch durch den öffentlichen Ruf mehr als hinlänglich erwiesen, daß derselbe, wo nicht
complice, doch ganz gewiß fauteur [Anstifter] des berüchtigten
Räubers Schinderhannes sei.«

Jeanbon-St.-André verfügte nunmehr in aller Eile am 7./8.
April die Etablierung des »Peinlichen-Special-Tribunals« in
Mainz, zu dessen Präsident Wilhelm Wernher ernannt wurde.
Und es erging der Befehl, die Verhafteten »dem in Mainz nie-
dergesetzten Spezialgericht zu überantworten«. Am 12. April
trafen sie dort ein. Matthäus Westhofen, der Concierge des
»Arresthauses der Gemeinde Mainz«, quittierte unter diesem
Datum, daß Leonhard Körper, Jakob und Gustav Müller, Philipp Weber, Margarethe und Adam Landfried eingetroffen
seien. Dann wurden die Verhöre fortgesetzt. Die Aktenberge
schwollen an, aber die Komplicen konnten noch immer nicht
ihrem Anführer gegenübergestellt werden.

Wo war Schinderhannes?

Als Wilhelm Bollenbach am Abend des 12. April in Oberhausen an der Nahe »in seinem Stall etwas handiret«, kam
Bückler plötzlich zur Tür herein. Er forderte den Bauern auf,
herauszukommen. Bollenbach gehorchte – und traute seinen
Augen nicht: »Fünfzehn wohl bewaffnete Mann [sah er] ganz
militärisch in Reihe und Glieder gestellt.« Schinderhannes gab
das Kommando, »das Gewehr zu präsentiren, welches dieselben auch gethan hätten«. Bollenbach darauf: »Gehet nur hin,
ihr werdet bald die Krenk krigen.« Schinderhannes: »Wir
fürchten uns nicht.« Doch die Bande verschwand auffällig
schnell wieder. Bollenbach war »die große Anzahl von Leuten
[aufgefallen], welche diesmal der Schinderhannes bei sich gehabt«, eine Anzahl, die Christian Ammann noch steigerte. Er
war der Ansicht, Schinderhannes kommandiere »dreihundert
und fünfzehn Mann, mit denen er hingehe, wo es ihm gefalle«.
Solche Phantastereien schätzte der Friedensrichter Karl in Meisenheim richtig ein: Es sei ausgemacht, schrieb er, »daß unter

den zu Kauf herumgetragen werdenden Nachrichten viele Mährchen und Verläumdungen sind«, Märchen freilich, welche nur zu gern kolportiert und für bare Münze genommen wurden.

Das Gerücht über die Stärke seiner »Truppe« verschaffte Bückler so viel Achtung, daß er ungestört den zweiten Amnestieversuch in die Wege leiten konnte. Vier Wochen nach dem ersten Besuch in jener einsamen Waldhütte erschien er dort wieder. Diesmal, so Lichtenberger, war Schinderhannes »mit Mühe den Verfolgungen der Gendarmen entflohen. Ueberdieß waren jetzt viele seiner Hehler im Canton Ober-Moschel verhaftet. Jetzt also fanden die Vorschläge, sich zu bessern, bey ihm Eingang, und er versprach, seine ganze Bande aufzulösen, wenn man ihm pardonniren und ihn unter das Militaire aufnehmen wolle. Er fügte hinzu: man soll nie mehr einen schlechten Streich von mir hören.

Bald darauf erhielt ich die Nachricht, der Staat könne einen Räuberhauptmann nicht begnadigen. Ich zog mich daher zurück, ließ aber dem Schinderhannes rathen, nie mehr das linke Rhein-Ufer zu betreten … Er nahm bey dem Manne in der einsamen Hütte, der ihn auf gute Wege geführt hatte, rührenden Abschied und versprach ihm, unter Vergießung reueiger Thränen, vom Diebstahle abzulassen.«

War Lichtenberger nur ein naiver Träumer? Hat er sich aus falscher Dankbarkeit und Sentimentalität mit dem Amnestiebegehren ausgerechnet an Jeanbon-St.-André gewandt? Das Treiben des Räuberhauptmanns empfanden nicht nur die französischen Behörden als Herausforderung. Viele Bauern, Müller, Händler und Handwerker hatten unter Schinderhannes leiden müssen. Da war es für Anton Keil, den Öffentlichen Ankläger im Departement Roer, und den ehemaligen Friedensrichter von Kirn und jetzigen Sicherheitsbeamten im Bezirk Simmern, Johann Nicolaus Becker, ebenso selbstverständlich wie für die Friedensrichter Fölix (Oberstein), Schmidt (Obermoschel) und Leth (Stromberg), »mit unerschütterlicher Thätigkeit die Räuber« weiter zu verfolgen. Hinzu kam allerdings, daß die herrschende Gewalt sich durchsetzen mußte: Gerade den Franzosen war daran gelegen, in den vier westdeutschen Departements Verhältnisse herbeizuführen und zu garantieren, welche ein Leben ohne Furcht vor Raub, Plünderung und Mord ermöglichten. Wenn Lichtenberger demgegenüber Schinderhannes empfahl, das »linke Rhein-Ufer« zu meiden, dann entlarvt dieser Ratschlag den Ratgeber: Seine Anhänglichkeit und Dankbarkeit waren vermutlich – nicht – nur naiv und sentimental, sondern auch von einer antifranzösischen Haltung bestimmt. Da der Salineninspektor sein Schreiben an Keil für den »öffentliche[n] Gebrauch« freigegeben hatte, konnte er nicht offen sprechen. Also wich er geschickt in allgemeine Idealisierungen aus: Schinderhannes hatte nach Lichtenberger beispielsweise einen »schönen, im vollkommensten Ebenmaß gebildeten Körper« und eine »ruhige, unbefangene Miene.«

Wie unbefangen und edel war Johannes Bückler nach seinem zweiten Versuch, »in die menschliche Gesellschaft zurückzukehren«, tatsächlich?

In der Nacht vom 25. zum 26. April ließ er sich von Peter Grünewald, dem Allenbacher-Peter, nach Hundsbach zum Stall des Bauern Karl Schwenk führen: »[Peter] gab mir auch eine Pflugs-Schaar, um die Thüre zu sprengen; aber ich hatte nicht nöthig, mich derselben zu bedienen, dann ich gieng in die Scheuer durch ein in der Wand befindliches Loch. Von da stieg ich in den Stall hinunter, wo ich das Pferd nahm und durch die Thüre wieder aus dem Stall ging.« Über Rehborn führten sie das Tier nach Eckelsheim, wo sie es bei dem Samenhändler Konrad Grothe, einem »Mensch, der ohne Vermögen gut lebt« und dem Schinderhannes kein Unbekannter war, unterstellten. Allein setzte Bückler seinen »Weg gegen Hamm fort«, um dort einige Gesinnungsgenossen zu treffen. An einem Dienstag wurde Schinderhannes von den Seibels über den Rhein gerudert. Er ging zu dem bereits bekannten Wirt Mauß nach Klein-Rohrheim, traf dort Christian Reinhard und den Schwarzen Peter sowie Grothe, der ihnen das Pferd brachte. Die Brüder Adam und Theodor Seibel hatten das Tier »an den Nachen an-

gehängt und durch den Rhein schwimmen gelassen«. Ein Jahr
später erhielt Karl Schwenk sein Eigentum zurück, als Schinderhannes keine Verwendung mehr dafür hatte. Einstweilen
aber war er, der nun im Rechtsrheinischen unter dem Namen
Jakob Ofenloch als Krämer herumzog, auf den Gaul angewiesen. Viele Leute, denen er begegnete und mit denen er Handel
trieb, wußten genau, mit wem sie es zu tun hatten, aber niemand sprach darüber. Die Stützpunktkette von Eckelsheim
über Hamm nach Klein-Rohrheim hatte sich bewährt. Lichtenbergers Empfehlung, »nie mehr das linke Rhein-Ufer zu betreten«, schien ein Volltreffer zu sein.

Jeanbon-St.-André und Keil gaben indessen nicht auf. Die
Verhaftungen in den Kantonen Obermoschel und Alzey erwiesen sich als wichtige und notwendige Teilerfolge der eingeleite-
ten Maßnahmen. Als Keil zwei Jahre nach Abschluß der Räu-
berjagd Bückler mit dessen Lehrmeister Picard verglich, kam er
zu dem Ergebnis: »Beschränkter, schwachsinniger, zaghafter«
erschienen die »Matadore der Schinderhannes-Bande« gegenüber den Niederländern. »Kleiner, kurzsichtiger, armseliger
[waren die] meisten Entwürfe und Anschläge [der Leute um
Schinderhannes], geringer, unbeträchtlicher ihre Beute, weniger ausgedehnt ihr Raubtheater.« Während Picard zwischen
Friesland und Bayern operierte und von der Seine bis nach
Hessen und Niedersachsen Dörfer und Städte in Angst und
Schrecken versetzte, bald in Paris und Arras, Brüssel und Ant-
werpen, bald in Nimwegen und Aurich, Hamm und Köln, bald
in Ansbach und Donauwörth zuschlug, trieb sich Schinderhannes »in dem engen Bezirke von Trier bis Frankfurt und Mannheim herum« und zum Schluß gar nur noch in der Umgebung
von Lettweiler. Verglichen mit Picard »erscheint sein Gegenbild
Schinderhannes im Gebürge als ein eben nicht ungewöhnlicher
Buschklepper«. Und Becker resümierte: »Wenn man das Ganze
kalt überblickt, so bleibt am Ende nichts als ein armseliger Poltron von Straßenräuber übrig.«

Warum dann all die Anstrengungen, diesen »Buschklepper«
und »Poltron« zu fassen? Weil er zu einem Politikum geworden

war! Solange Schinderhannes sich in Freiheit befand, blieb die westlich des Rheins herrschende Macht in Frage gestellt.

Im Frühjahr 1802 war der bereits erwähnte Geheimbericht fertiggestellt. Diese Bestandsaufnahme enthielt, der aktuellen Lage entsprechend, nicht nur Einzelheiten darüber, was im französischen Einflußgebiet vor sich ging, sondern auch ausführliche Angaben »über den Zustand der Polizey in den angrenzenden deutschen Ländern« östlich des Rheins. »Die ganze reine Wahrheit«, die dabei herauskam, »die strafbare Schläfrigkeit manches deutschen Beamten« und Schinderhannes' Verbindungen mit »der großen Räuberbande in Deutschland« wurden ausführlich dargelegt. Der Bericht wurde nach Paris gesandt und daraufhin eine »Mission in Deutschland« beschlossen, welche an die Beschlüsse von Wetzlar vom 28. Januar 1801 anknüpfte: »Der Minister der auswärtigen Angelegenheiten trug dem Residenten der Republik in Frankfurt auf, in einer Note die benachbarten Reichskreise einzuladen, uns aus allen ihren Kräften während unserer Sendung zu unterstützen. Diese Note, welche bittere Vorwürfe enthielt ... machte große Sensation in Deutschland.«

Das entscheidend Neue an der »Mission« war Keils Erkenntnis, »daß Schinderhannes nur auf dem rechten Rhein-Ofer gefangen werden könnte«. So entschloß sich Jeanbon-St.-André, »einen Mann, der das Räuberwesen aus dem Grunde kannte, mit eigenen Vollmachten jenseits des Rheins zu schicken. Seine Wahl fiel auf den Br. Keil.« In Begleitung seines Sekretärs Diefenbach trat Keil seine Inspektionsreise an. Er besuchte alle Gefängnisse in den deutschen Grenzstaaten, um sich an Ort und Stelle über die Inhaftierten zu informieren; soweit sich unter ihnen Personen befanden, welche von den Franzosen gesucht wurden, wurden Auslieferungsanträge gestellt. Außerdem sollten alle Schlupfwinkel erkundet und auf die Einhaltung der überregional geltenden Paßvorschriften gedrungen werden. Ihre besondere Aufmerksamkeit aber richteten die Emissäre »auf Schinderhannes und die gefährlichsten Haupträuber der niederländischen Bande«.

Als Keil und Diefenbach, von Neuwied und Frankfurt kommend, im Mai 1802 das Gefängnis in Bergen inspizierten, wurde ihnen dort ein Mann vorgeführt, der ihnen bekannt vorkam:

»Sie nahmen ihr Signalement zu Hand und geriethen alle beyde in dem einen und dem nähmlichen Momente auf die Vermuthung, der Vorgeführte, der sich so und so nannte, sey niemand anderst als der Räuber, nach dem sie Jahrelang getrachtet hatten, der das Ziel ihrer Reise war, der berüchtigte Fetzer. Sie riefen ihm diesen Nahmen zu, aber der Inquisit lächelte und wollte so nicht heißen. Br. Keil, der sich zu erinnern wußte, daß Fetzer geheime Merkmale an sich trage, Narben am Hals und an dem Schenkel, die ihm von venerischen Krankheiten übrig geblieben waren, ließ den Vorgeführten untersuchen, und siehe da – die erwarteten Zeichen fanden sich an seinem Körper. Kein Zweifel war mehr übrig, der verschmitzte Räuber-Chef war in den Händen der Justiz. Das Läugnen war umsonst, er war erkannt und mußte bekennen, daß er Mathias Weber vulgo Fetzer sey.«

Auf ähnliche Weise mußte an einem anderen Ort ein gewisser Jakob Schweikard gestehen, wie er mit bürgerlichem Namen hieß.

21
Chronik einer Verhaftung

Keil und Diefenbach mußten sich mit der Identifizierung und Festnahme Fetzers begnügen und schweren Herzens hinnehmen, daß ein »Herr Fuchs«, ein »äußerst thätiger Beamter«, »churtrierischer Hofgerichtsrath und Amtsverwalter zu Limburg an der Lahn«, den Fang machte, den sie sich erhofft hatten.

Am 31. May 1802

»durchstreifte Herr Fuchs ... morgens bey Tagesanbruch mit einem Commando von Niederselters aus die Gegend von Hausen, Eisenbach und Haintgen. Als er ungefähr noch eine Viertelstunde von Wolfenhausen war, sah er 300 Schritte links außer der Straße einen Menschen an einem Kornfelde herausgehen, der ihm fremd zu seyn schien. Er betrachtete ihn aus dieser Entfernung, läßt das Commando halten, nimmt den Stadtmüller von Niederselters mit sich und reitet auf den fremden Menschen zu. Er nähert sich ihm bis auf 10 Schritte, winkt ihm, heranzukommen. Der Fremde folgt mit Anstand. Er war gut gekleidet, hatte einen runden Hut auf, die vordern Haare hingen die Stirne herab bis auf die Augen, die hintern Haare waren in einem kurz gestutzten Zopf gebunden, der Backenbart lief ihm von den Ohren unter dem Kinn bis an den Hals fort. Er trug ein mehr gräulicht als hellbläuliches kurzes Kami-

sol, lange schließende Hosen von hellblauem Tuche mit weißen runden Knöpfen, zwischen den Beinen mit schwarzem Leder ausgeschlagen, Schuhe und eine schwarze Fuhrmannspeit-
sche mit rothem Leder am Stiel gestickt. Herr Fuchs fragte den
Fremden, wo er her wäre und was er hier zu thun hätte; er antwortete, er sey aus der Weilbach und wolle zu Wolfenhausen
Ziegel kaufen, dort oben, auf einen Ort zeigend, habe er seine
Fuhr stehen. Wenn ihr Ziegel in Wolfenhausen habt kaufen
wollen, erwiderte ihm der Amtsverwalter, so wird euch auch
der Ziegler kennen, kommt also mit, und wenn der Ziegler
euch kennt, so entlasse ich euch wieder. Hierüber ward der
Fremde etwas betroffen, aber noch betroffener ward er, als
Herr Fuchs ihn um seinen Paß fragte; ich habe keinen nöthig,
weil ich aus hiesiger Gegend zu Hause bin, war seine Antwort.
Der Amtsverwalter faßte ihn hierbey scharf ins Auge, merkte
deutlich seine Verlegenheit, ergriff ihn mit dem Stadtmüller
unter dem Ausrufe: Ihr seyd ein Spitzbube, und übergab solchen dem auf sie wartenden Streifcommando. Kaum war der
Gefangene bey demselben angelangt, so zog er eine gelbe Ta-
batier heraus und präsentirte den Soldaten öfters Tabak, und
nahe an Wolfenhausen sagte er leise zu einem derselben:
Wenn du mich entspringen läßt, so gebe ich dir ein gutes
Trinkgeld; dieser aber antwortete: Es hilft dir nichts, wenn ich
dir Luft mache, denn alle meine Kameraden haben scharf geladen. Der Fremde wurde nun nach Wolfenhausen geführt, wo
sich der Wiedrunklische Lieutenant mit seinem Streifcommando befand; dieser erkannte den Gefangenen für den nähmlichen, der ihm kurz vorher entsprungen war; er verlangte daher und erhielt die Ueberlieferung desselben. Der Lieutenant
ließ ihn binden und nach Runkel führen, wo der Fremde sich
unter den Nahmen Jakob Schweikard bey einem kaiserlichen
Werber hat engagiren lassen.«

8. Juni 1802

»Als Jacob Schweikard schon einige Tage in dem kaiserl. Werbhaus zu Limburg, wohin er von Runkel abgeführt worden, be-
wacht und nicht mehr als jeder andere Recrut eingeschränkt
war, entdeckte ... Johan Adam Zervas aus der langen Hecke
(ein Ort, wo sich immer Raubgesindel aufzuhalten pflegt) dem
Amtsverwalter Fuchs, daß der Jacob Schweikard der berüchtigte Schinderhannes sey; der Vertraute rieth zu gleicher Zeit,
seinen Bruder, den Recruten Johann Georg Zervas, und dessen
Beyschläferinn, die sogenannte Lisel – Schwester des schwarzen Christian Reinhard, der gleichfalls Recrut war –, über die
Person des Jacob Schweikard zu vernehmen. Herr Fuchs und
der kaiserliche Hauptmann Schaefer vernahmen diese zwey
Personen über diese wichtige Entdeckung, die Angabe des
Adam Zervas wurde bestätigt, und als man noch das Signalement des Schinderhannes, welches wir in den kölnischen Beobachter nebst Notitzen über denselben hatten einrücken lassen,
dieses Blatt in der Hand, mit der Person des Jacob Schweikard
verglich und jenes sehr genau auf den Recruten paßte, so hielt
man sich überzeugt, den berüchtigten Räuber zu besitzen.
Man traf nun sogleich alle Anstalten, um seine Entweichung
unmöglich zu machen; der verkappte Schweikard wurde unter
dem Vorwande geschlossen, daß er desto sicherer in das Werbhaus nach Frankfurt gebracht werden könnte; man ließ auch
noch den Recruten Ebel schließen, um den ersten nicht auf den
Gedanken zu bringen, daß er erkannt wäre: Schweikard
glaubte, der Hauptmann befürchte seine Desertion, er both
ihm daher zur Sicherheit eine Gürte mit Geld an, die er um den
Leib trug und in welcher sich hundert und einige Gulden befanden; allein, dieß Anerbiethen wurde nicht angenommen.
Während man ihm die Ketten anlegte, fragte er, ob auch der
schwarze Christian geschlossen würde, und als man ihm diese
Frage mit Nein beantwortete, brach er in ein lautes Gelächter
aus. Der schwarze Christian wurde gleichwohl noch den nähmlichen Abend in Ketten gelegt, der Recrut Ebel aber entfesselt.«

10. Juni 1802

»Schinderhannes wurde nebst anderen Recruten unter Begleitung des churtrierischen Militairs und mehrerer Limburger
Jagdliebhaber nach Wisbaden transportirt; als er zu Kirberg ankam, wurde er fester an seinen Kameraden, den schwarzen
Christian, angeschlossen, bey welcher Operation dieser letztere
sehr tumultuirte. Schinderhannes blickte gedankenvoll unter
sich und sprach nur selten etwas; nur als einer der Limburger
Freywilligen, der Handelsmann Verhofer, sich vor ihn hin-
stellte und ihm starr ins Gesicht sah, wurde er unwillig und
fragte denselben mit festem Tone: Herr! bin ich Ihm Etwas
schuldig, daß Er mir so ins Gesicht schaut?

Auf der sogenannten Blatte, eine Stunde vor Wiesbaden,
nahm eine Compagnie Jäger den Transport in Empfang; in
Wiesbaden both die Beyschläferinn des Schinderhannes dem
kaiserl. Feldwebel Wagner drey Caroline an, um ihren Mann
nicht durch Cassel-Maynz gegenüber zu transportiren. Schinderhannes selbst bemerkte, er habe eine große Furcht vor den
Franzosen, von denen gewiß einige in Cassel seyn würden. Als
unser Held von Wiesbaden abgeführt wurde, rief er im tiefsten
Schmerzen aus: O weh! nun bin ich verloren! der an ihm ge-
schlossene Christian sang aber laut: Ha! ha! haben wir dich einmahl!«

12. Juni 1802

Ankunft in Frankfurt am Main. Kriminalrat Dr. Siegler gibt zu
Protokoll: »Daß er sich zu gehorsamster Befolgung des...
Auftrags noch diesen Vormittag in das kaiserliche Werbhaus
begeben und daselbst dem Herrn Oberst-Wachtmeister Lamboi
und Herrn Kriegs-Sekretaire von Mastiane die von der französischen Behörde zu Mainz vor einiger Zeit mitgetheilte Signa-
lements des Schinderhannes und mehrerer Complicen zur
Vergleichung requirirtermaßen zugestellt haben, mit der Erklärung, daß die Antwort auf das obgemeldete Requisitionsschrei-

ben, welches wegen Kürze der Zeit noch nicht expedirt werden können, noch heute nachfolgen würde.

Hierauf wäre ... zuerst der Jakob Schweikard vorgeführt worden, welcher anfangs geläugnet, bald aber mit der Bitte, ihn nur nicht an die Franzosen auszuliefern, gestanden, daß er eigentlich Johannes Bückler heisse und der vom Pöbel genannte Schinderhannes sey und daß der mit im Werbhaus arretirte Christian Reinhard schon seit mehreren Jahren sein Kamerad und ein Mitschuldiger von ihm sey.

Den Zerfas hingegen hätte derselbe als keinen Mitschuldigen kennen wollen.

Der ebenfalls vorgeführte Christian Reinhard habe aber so wie der gleichfalls befragte Zerfas von nichts, das sie sich zu Schulden kommen lassen, wissen wollen; letzterer aber wurde für verdächtig gehalten, weil dessen Verlobte nicht in Abrede stellen konnte, daß sie die Schwester des Christian Reinhard sey.

Da nun die kayserliche königliche Werbungs-Direktion die Auslieferung dieser drei Bursche samt ihren Weibern an die Zivil-Behörde zu nähern Untersuchung anerboten, mit dem ausdrüklichen Vorbehalt jedoch, daß der Zerfas an die Werbung wieder zurükgegeben würde, wenn weiter nichts gravirliches gegen ihn an den Tag käme, so wurde, bewandten Umständen nach, von dem jüngern Herrn Bürgermeister, auf des Herrn Kriminal-Raths erstatteten mündlichen Bericht, die anerbotene Auslieferung acceptirt und sofort noch diesen Nachmittag das ... Antwortschreiben dem kayserlich-königlichen Werb-Commando überreicht, auch durch ein hinlängliches Militaire-Commando aus hiesiger Stadt-Garnison der Schinderhannes und seine Maitresse, der Reinhard und sein Weib, der Zerfas und seine Verlobte in dem kayserlichen Werbhaus abgeholt und nach Vorschrift ... jede Person besonders wohl verwahrt, der Schinderhannes und Reinhard kreuzweiß, der Zerfas aber einfach geschlossen.«

14. Juni 1802

»In Gegenwart des jüngern Herrn Bürgermeisters Senatoris Doctoris Mezger und Herrn Kriminal-Raths Doktoris Siegler hat man anheute zur vorläufigen Vernehmung den Arrestanten Jakob Schweikard vor Amt bringen lassen.« Nachdem ihm die Fesseln abgenommen worden waren, nannte »Schweikard« auf die Ermahnung hin, die Wahrheit zu sagen, seinen bürgerlichen Namen und sein Pseudonym sowie sein Alter: »Ohngefähr zwei und zwanzig bis drei und zwanzig Jahr... Er sei zwar noch unverheurathet, allein mit dem Weibchen, welches bei ihm sei, seit zwei Jahren bekannt und verlobt.«

Auf die Frage, »warum er sich denn bei den Kaiserlichen« Schweikard genannt habe, antwortete er: »Dieses hätte Bezug auf seinen vorherigen Lebenslauf, weil er sich nicht getraut, den Namen Johannes Bückler beizubehalten, und hätte er sich auch nicht gleich den Namen Jakob Schweikard beigelegt, sondern sich Jakob Ofenloch genannt, und nur erst, wie er bei den Kayserlichen engagirt worden, jenen Namen angenommen. Er sei auch unter dem Namen Schinderhannes, wie er wohl gewust, allgemein bekannt gewesen... Indessen wäre er bereit, so wie er es versprochen, seine ganze Lebensgeschichte ganz offenherzig und der Wahrheit gemäß zu bekennen, nur bäte er auf das inständigste, daß man ihn nicht auf das linke Rheinufer an die Franzosen ausliefern möchte, sondern daß man ihn hier bestrafen möchte. Als man denselben hierauf wiederholt zu seiner freimüthigen Erzählung seiner Lebensgeschichte, unter Zusicherung, seine Bitte an einen hochedlen Rath gelangen zu lassen, ermahnte«, erzählte Johannes Bückler die erste Fassung seiner Biographie.

15. Juni 1802

Beschluß, die Arrestanten Bückler und Reinhard dem französischen »National-Kommando« am nächsten Tag zu übergeben.

Bei Schinderhannes wurden beschlagnahmt: »Zwanzig und ¾ Niederländer Kronen. Ein halber französischer Thaler. Ein Konventions Thaler, an Münz zwölf Gulden in einer ledernen Gurt. Ferner ... eine Schreibtafel mit desselben Heuraths Consens und ein Gebetbuch, ein Feuerstahl, ein Messer, ein schwarz seidenes Halstuch mit rothen Streifen.«

16. Juni 1802, morgens vier Uhr

Übergabe der Gefangenen an die französischen Gendarmen. »Mit Schinderhannes saßen auf dem nähmlichen Wagen seine Maitresse, der schwarze Christian, ein Jude von Rödelheim

Mainz, 16. Juni 1802:
»Heute wurde der in unserer Gegend so bekannte Schinderhannes, nebst 2 seiner Gehülfen, Weber und Reinhard, der Maitresse des ersten und den Weibern der letzten ... von Frankfurt hier eingebracht.«

Nahmens Amschel und der berüchtigte Räuber Fetzer. An dem
Wagen wollte das eine Rad unter Wegs nicht mehr fort. Es
stockte; sieh doch, Kamerad! sagte Fetzer: So ist es auch mit
unserm Lebensrade; mir dünkt, es ist ins Stocken gerathen und
will nicht mehr fort. Geh, geh, antwortete Schinderhannes, was
wirds viel seyn; mit sechs, acht Jahren Galeeren hoff' ich,
durchzukommen. Ich nicht, erwiderte der tiefer blickende Fetzer, ich glaube, es geht uns beiden um den Kopf.«

Mainz, am gleichen Tag

». . . Der Ruf jenes Räuberanführers hatte eine grosse Volksmenge auf der Rheinbrücke und den Strassen, durch welche er
geführt wurde, zusammengezogen. Sein Anblick wie sein Betragen verrieth weder Wildheit noch Trotz.«
 Erstes »Summarisches Verhör« in Mainz vor dem »Jurydirektor des Bezirks Mainz«, Umbscheiden.

18. bis 23. Juni 1802

Fortsetzung der Verhöre durch Umbscheiden.
 »Er [Schinderhannes] wisse zwar sehr gut, daß er Verbrechen
begangen und Strafe verdient habe und seye auch bereit, dieselbe mit Standhaftigkeit zu übernehmen, nur wünsche er, daß
es keine Todesstrafe seyn möge: Wenn man ihn versichere, daß
er mit dieser nicht belegt werden solle, so seie sein Erbieten
und fester Entschluß, alles das getreulich und ohne den mindesten Hinterhalt anzuzeigen, was zu Entdekkung der Verbrecher, welche schon seit mehreren Jahren sich auf dem rechten
und linken Rheinufer herumtrieben, und zu derselben Arreti-
rung dienlich sey.
 Auf diese Erklärung haben wir, der unzerzeichnete Jurydirektor, beschlossen, daß dieselbe dem General-Regierungs-
Kommissair in den vier Departementen übersendet werden
sollen.«

Am 19. Juni 1802,

»nachmittags drei Uhr«, griff Wilhelm Wernher, »durch Ordonnanz des Präsidenten unterm gestrigen Tag mit dem Verhör des Johann Bückler, Schinderhannes genannt, beauftragter Richter«, in die Ermittlungen ein.

22

Die Stunde der Justiz

Die gesamte Voruntersuchung gegen Johannes Bückler und dessen Mittäter lag in den Händen eines Mannes, des schon oft erwähnten Johann Wilhelm Wernher, von dem Becker feststellte, er sei »als der Centralpunkt des ganzen« zu betrachten. In der Zeit vom 19. Juni 1802 bis zum 18. März 1803 hat Wernher in vierundfünfzig Einzelsitzungen den Hauptangeklagten vernommen und ihm fünfhundertundfünfundsechzig Fragen gestellt. Hinzu kamen täglich Verhöre mit anderen Verdächtigen oder Zeugen und die Gegenüberstellungen dieser Personen mit Schinderhannes. Fast alle Einvernahmen leitete Wernher persönlich. So erwarb er sich genaueste Kenntnisse nicht nur über die Vorbereitungen und den Hergang der einzelnen Taten, sondern auch über das weitverzweigte Netz sämtlicher Komplicen. Achtundsechzig von ihnen konnte Wernher im Laufe der Zeit mit Hilfe der zuständigen Friedensrichter und Gendarmerieposten in der Provinz ausfindig machen, verhaften und, sofern das Spezialgericht zuständig war, nach Mainz transportieren lassen.

Wer war dieser so erfolgreiche Mann?

Am 4. Februar 1767 war Johann Wilhelm Wernher als Sohn des Herzoglich-Zweibrückischen Regierungsrates Wilhelm Wernher in Zweibrücken geboren worden, in einer Stadt also, die damals »ganz besonders mit Frankreich verbunden« war, wie der Sohn Wilhelm in seiner Biographie über den Vater hervorhebt. Johann Wilhelm erhielt den ersten Unterricht »bei einer französischen Madame«. So lernte er von Kind auf Französisch. Im Zweibrücker Gymnasium gehörte er »augenscheinlich zu den besten Schülern«, worauf »die lange Reihe von Prämien in allen Fächern« sowie die »lobenden Inskriptionen der Direktoren« hinweisen. Im Alter von sechzehn Jahren bestand Wernher das Maturum. Nach einer kurzen Übergangszeit in der Grafschaft Birkenfeld-Sponheim, wo er als Hilfskraft arbeitete, studierte er zuerst in Straßburg Jura und Geschichte. »Das römische Reich deutscher Nation war selbst fast schon der Historie anheimgefallen, man fühlte, daß andere Anordnungen bevorständen. Reichsrecht und Reichspraxis, Bestand der Territorien, dieses bunte, vielverschlungene, künstliche Bild unseres Vaterlandes bedurfte auf jedem Zoll der Anknüpfung an die Vergangenheit, um verstanden und nicht geradezu ungerecht gewürdigt zu werden. Selbst das Privatrecht, sich aus dem Ineinandergreifen des eingebrachten römischen und erhaltenen oder fortgebildeten germanischen Rechts komponierend, war in seinen praktischen Sätzen nur die Zusammenstellung der Endpunkte historischer Untersuchungen.«

Wernher wechselte die Universität, beendete sein Studium in Mainz und kehrte 1787 nach Zweibrücken zurück. Dort wurde er, wie er 1815 in seinem Lebenslauf »Meine politische Laufbahn« schrieb, »zum Accessisten bei der Regierung ernannt«. Stolz hat er später darauf verwiesen, dieser Posten sei der einzige gewesen, um den er sich beworben habe; »alle späteren Aemter ... seien ihm ohne Bewerbung angeboten worden«. Von 1789 an arbeitete er als »wirklicher Secretarius und besonders in Archival-Geschäften und geschichtlichen Ausarbeitungen«. Er ging dem »alternden Archivar in seinen Arbeiten« zur Hand, war als Historiker tätig, wahrscheinlich um »die verwickelte Geschichte der Dynastengeschlechter und der Circumscriptionen der Gaue aufzuklären«, und das in einer Epoche, in der »die amerikanische Revolution ... den politischen Sinn gezündet [hatte] und die ersten Bewegungen der französischen Revolution . . . wie ein Wetterleuchten« am Horizont erschienen.

Als 1792 der Erste Koalitionskrieg ausbrach, floh die Familie Wernher mit den Fürsten, Beamten, der Geistlichkeit, dem Adel, den Juden und Geldleuten – so der Sohn Wilhelm – nach Kastellaun. Von dort aus hielten die Beamten »die Regierung für die von den Franzosen zur Zeit nicht besetzten Landestheile« aufrecht. »Außerdem amüsirte man sich mit einem Leichtsinn, der erst später vor dem Ernst der Zeiten schwand, jagte, fischte, krebste, und selbst die Frauenzimmer nahmen an diesen Vergnügungen unmittelbaren Antheil.«

Johann Wilhelm Wernher blieb in Zweibrücken und wurde 1793 zum Stadtschultheißen ernannt. Er war für Justiz, Polizei und Verwaltung verantwortlich. »Bei dem Wechsel der Truppen«, schrieb er in seinem Lebenslauf, »war ich der einzige von allen Räthen und Beamten, der auf höchsten Befehl zurückblieb und alle Justiz- und Verwaltungssachen in Stadt und Ober-Amt Zweibrücken Jahre lang allein besorgte. Von den Franzosen war ich eine Zeitlang außer öffentlicher Thätigkeit gesetzt, nachher wieder als Agent bei der Municipalität in Zweibrücken, sodann durch die Wahl meiner Mitbürger und mit Genehmigung der französischen Regierungs-Commission als Richter des Cantons Zweibrücken und als Mitglied des Appelations-Gerichts angestellt.«

Wernher war kein Jakobiner wie etwa der Apotheker Carl Oellig, sondern erfüllte eine Aufgabe, welche ihm die alte Obrigkeit übertragen hatte. Als eine Art Statthalter seines Fürsten im französisch besetzten Zweibrücken war er aber auch kein Fürstenknecht, der blindlings Obstruktion betrieb. Er nahm eine Mittlerstellung ein: sich auf Befehl in den Dienst der zurückgebliebenen Einwohner stellend, vertrat er deren Belange und hatte gleichzeitig die Forderungen des Besatzungsregimes zu erfüllen – eine äußerst heikle Aufgabe. Der Sohn hat das Lavieren des Vaters rechtfertigend beschrieben: »Mit der Revolution und ihren Partisanen hielt er keine Genossenschaft, umgekehrt trat er oft mit Entschlossenheit dem Gesindel der

Patrioten, aus verdorbenen Handwerkern und verlaufenen Schreibern bestehend, entgegen, ohne darin von der französischen Militärbehörde beirrt zu werden, die selbst jene Leute verachtete. Schwerlich hat er aber auch den Spion und gewiß nicht den Denunciant für die deutschen Behörden gemacht. Er sorgte für die ihm anvertraute Stadt, für den honetten Bürger und Bauersmann und bemühte sich, dieselben über die schwere Zeit mit dem geringsten Schaden hinwegzubringen.«

Einen solchen Mann konnten die Franzosen gut gebrauchen. Denn »während dieser kritischen, gefährlichen Zeit von 1794 bis 1798« strebten beide Seiten – die Stadtbewohner wie die Besatzung – aus unterschiedlichen Gründen das an, wofür Wernher Experte war: Ruhe und Ordnung. Sie hat er »gehandhabt«, wie er schrieb, und die »Kriegslasten soviel als möglich gemildert und keine Schulden gemacht«. Bezeichnend für diesen hochqualifizierten, praxisorientierten Juristen ist die Bemerkung, andere sollten beurteilen, ob er dadurch »dem Lande nützlich gewesen sei«.

Offenbar war er, bevor er dies niederschrieb, Anfeindungen ausgesetzt gewesen, die wohl darin bestanden haben dürften, daß man ihm Kollaboration vorwarf. Wernher ging darauf nicht direkt ein, stellte aber zu seiner Verteidigung fest: »Man wird mir wenigstens den Vorwurf des Eigennutzes nicht machen, indem ich manche lukrative Stelle, die mir von französischer Seite angeboten wurde, ausschlug und auf dem Posten ausharrte, den mir mein rechtmäßiger Souverain anvertraut hatte, obschon die Umstände nicht erlaubten, meinen Gehalt zu bezahlen, den ich noch dermalen von jener Zeit zu fordern habe.« Mit anderen Worten: Obwohl er ehrenamtlich gearbeitet hatte, verübelte man es ihm, vier Jahre in leitender Stellung unter französischer Oberhoheit tätig gewesen zu sein. 1798, »als das [deutsche] Land auf französische Art organisirt wurde«, befürchtete Wernher »in Zweibrücken Collisionen mit den neuen französischen Beamten«. In dieser Situation beschloß er, nach Mainz zu gehen, und zwar wiederum »nach vorheriger Erlaubniß meines Souverain«.

Wernher war alles andere als ein politisch fortschrittlicher Mann. Dem Ancien régime verhaftet, hielt er sich von den neuen Ideen der Zeit fern. Der Sohn hat ausdrücklich darauf hingewiesen, dem Vater hätten 1798 drei Möglichkeiten offengestanden: entweder die Emigration, wodurch er »das zahlreiche Gefolge vertriebener Diener [des] Herzogs, der selbst in

Wilhelm Wernher (1767 bis 1827),
der Untersuchungsrichter bei den Vorermittlungen: »Er leitet die Procedur,
die er mit eisernem Fleiße instruirt hat, und gibt der Audienz dasjenige Leben,
welches sie für das Publicum interessant macht.«

fortdauernden Geldverlegenheiten war«, nur vergrößert hätte; oder »seinem Eide untreu ein Amt vom Eroberer anzunehmen« oder »in den Privatstand zurückzutreten«. Wernher wählte die letzte Möglichkeit, siedelte nach Mainz über und heiratete dort 1799 Julie Bruch, die Tochter eines Zweibrücker Apothekers. »Ich beschäftigte mich mit der Advokatur.« Dabei leistete er erneut Dienste, die ihm »auf Befehl Sr. Königlichen Majestät von Bayern durch den verstorbenen Rath von Rheinwald empfohlen wurden«. Wenn der Sohn hervorhebt, vor allem die wirtschaftliche Lage der Familie habe den Vater dazu veranlaßt, eine Tätigkeit auszuüben, die »politisch unverbindlich« gewesen sei, so widerlegen Wernhers nächste Aufgaben diese Einschätzung. »1798 wurde ich als supplirender Richter bei dem Tribunal des Departements ernannt. Im Jahre 1802 erhielt ich ... die Mission, bei den jenseitigen Regierungen die den Mainzer Hospizien gehörigen Revenuen, Capitalien und andere Zuständigkeiten zu reklamiren.« Gerade diese grenzüberschreitende – quasi »außenpolitische« – Aufgabe zeigt, daß die Franzosen wußten, wen sie für sich einsetzten, einen Vertrauten nämlich des Zweibrücker Herzogs und des Königs von Bayern, einen Mann, der über entsprechende Informationen, vielleicht sogar Vollmachten verfügte.

»In demselben Jahr ward ich von Herrn Jeanbon St. André als Specialrichter zu Mainz ernannt und in dieser Qualität durch Consular-Beschluß vom 2. Thermidor 10 bestätigt; ich führte die Untersuchung gegen Schinderhannes ...«

Es wäre falsch, auch diese – wenn nicht die wichtigste, so doch spektakulärste – Aufgabe des Juristen Wernher politisch deuten zu wollen, in dem Sinne, Fürsten oder Könige hätten auf das Verfahren gegen den »Konterrevolutionär« Johannes Bückler indirekt Einfluß nehmen wollen, indem sie ihren »Statthalter« in den Justizapparat einschleusten. Als Schinderhannes im Mainzer Gefängnis saß, stellten sich für alle Seiten zunächst schwierige Ermittlungsprobleme. Sie zu lösen, bedurfte es eines Sachverständigen, der »in der Praxis [mit] der Bildung des neuen französischen« Rechts vertraut war. Das wird Jeanbon-St.-André zu seiner Wahl bewogen haben, zumal Wernhers »Schreibstube – étude« in dem Rufe stand, »eine vorzügliche Schule zur praktischen Ausbildung eines Juristen« zu sein.

Als Schinderhannes am 19. Juni 1802 zum erstenmal dem Untersuchungsrichter vorgeführt wurde, trat Bückler einem Mann »von gedrungenem Wuchs, trefflicher Brust« gegenüber. Wernher war »stark und gewandt, ein trefflicher Fußgänger ... von gerader Körperhaltung, so daß er größer aussah, als er wirklich war«. Für diesen Mann mit den lebendigen Bewegungen, einem ungewöhnlichen Gedächtnis und einer raschen Auffassungsgabe galt die Ausrede »ich kann nicht mehr, ich bin erschöpft« nicht. Schinderhannes – und alle anderen Verdächtigen – mußten zusehen, wie sie vor diesem Juristen bestanden, der »gern und oft verletzend neckte«, der »in seinem Aeußern, seinen Redeformen und seinen Spässen nicht selten die Regeln des Anstandes und der feinen Sitte verletzte« und der weder Zuneigung noch Abneigung verbergen konnte.

Ob Schinderhannes diese nicht eben von Rücksicht und Besonnenheit zeugenden Umgangsformen zu spüren bekommen hat, ist nicht bekannt. Die Protokollniederschriften beschränken sich auf die Wiedergabe der Antworten, die, falls der zu klärende Einzelfall das erforderlich machte, sehr umfangreich ausfielen. Stets sind sie genau und nüchtern. Wernher hatte schon im unmittelbaren Vorfeld des Prozesses Rechtsstaatlichkeit zu garantieren. Alle Bürger waren vor dem Gesetz gleich. Am Ende jeder Befragung hatte auch der Citoyen Jean Bückler Anspruch darauf, daß ihm seine Aussagen noch einmal vorgelesen und »auf deutsch ausgelegt« wurden. Nötigenfalls konnte er sie widerrufen und verbessern, und »nachdem er also seine Antwort berichtigt hatte«, leisteten Bückler, Wernher und der jeweilige Protokollführer (Kommis-Greffier) ihre Unterschriften. Ungeduld, ja Unwillen wird Schinderhannes nur erlebt haben, wenn er sich herauszureden versuchte. Dann griff Wernher weiter zurückliegende Fragen und Antworten wieder auf, stellte plötzlich Zusammenhänge her und wies auf Widersprüche hin. Je länger die Voruntersuchung dauerte, desto öfter kam dies vor. Beckers auf den späteren öffentlichen Prozeß gemünzte Feststellung, Wernher »kennt das Ganze in seinem kleinsten Detail, und die Bande verzweifelt, sobald er seine Stimme erhebt«, dürfte auch für die Zeit der Verhöre zutreffen.

Die Erfolge des Untersuchungsrichters gehen aber nicht nur darauf zurück, daß er in monatelanger Arbeit einen tiefen Einblick gewann.

Wie der Sohn berichtete, erhielt Wernher auch dadurch umfassende Geständnisse, daß er Schinderhannes »die Gnade des ersten Consuls für seine Aufrichtigkeit in Aussicht stellte!« Bückler klammerte sich an diesen Strohhalm. Er gestand das meiste, stellte vieles richtig, bekannte schließlich auch das, was er zu Anfang verschwiegen hatte, und bewies dabei Intelligenz und ein erstaunlich gutes Gedächtnis. Das Verhältnis zwischen

Julie Friederike Charlotte Wernher, geb. Bruch (1777 bis 1822), die dem Schinderhannes religiöse Schriften ins Gefängnis schickte

dem Häftling und seinem Untersuchungsrichter scheint vertrauensvoll gewesen zu sein: Schinderhannes belieferte Wernher mit Notizen über die Gaunersprache, und Wernhers Frau »schickte dem Schinderhannes religiöse Schriften ins Gefängnis«.

Wollte Julie Wernher damit dem arg in Bedrängnis geratenen Gefangenen Trost spenden? War es nur eine Geste, die ihr in ihrer gesellschaftlichen Stellung gut zu Gesichte stand? Oder steckte ihr Mann dahinter, der eine lückenlose Klärung aller Taten anstrebte und sich von einer religiösen Beeinflussung des Gefangenen Hilfe versprach?

Wie auch immer Bückler zur Einsicht gelangte, »unendlich

viele, mehr oder weniger strafbare Verbrechen begangen« zu
haben, am 18. März 1803 gab er noch einmal eine »Skizze seines Lebens«, und zwar mit dem ausdrücklichen Appell an die
»Menschlichkeit« seiner Richter und die »Weisheit« seines Ver-
teidigers, »ob sie Mittel darinn [in dem Lebenslauf] finden können, die Strenge des Gesezzes zu mindern«. Schinderhannes
schilderte folglich die sozialen und politischen Umstände, unter denen er aufgewachsen war, wies auf schlechte Vorbilder
und den Einfluß zwielichtiger Existenzen hin, die ihn »miß-
braucht« hätten, nannte eine Strafe eine »gerechte Züchtigung«,
eine frühe Unterschlagung einen »Fehler«. Aber er bestand darauf, daß man ihm »doch keine Grausamkeit vorwerfen« könne:
»Wann meine Mitschuldigen deren begangen haben, so that
ich alles, was von mir abhieng, um sie davon abzuhalten.«

Schließlich sagte er:

»In dem aufrichtigen Geständniß meiner Verbrechen ersah
ich das einzige Mittel, selbige, in soweit es von mir abhieng,
auszusöhnen und die Uebel, welche ich der Gesellschaft zugefügt habe, zu verbessern; ich überlasse denjenigen, die mich
urtheilen werden, zu erwägen, ob ich diese Verbindlichkeit,
welche ich mir aufgelegt, erfüllt habe; und welches auch mein
Schiksal seyn mag, ich werde mich ihm mit Standhaftigkeit
unterziehen; nur zu unglüklich, wenn es mir nicht mehr
erlaubt ist, der Gesellschaft durch rechtschaffene Handlungen
Unterpfänder der Aufrichkeit meiner Reue geben zu können.«

Dies sind die letzten Worte Bücklers aus der Voruntersuchung. Stammen sie überhaupt von ihm? Daß Bückler am Ende
des Verhörs bestätigte, »daß solches treulich niedergeschrieben
seie [und] Wahrheit enthalte«, heißt nicht: Dies sind auf Punkt
und Komma meine Worte, meine Sätze. Es bedeutet lediglich:
Die Worte und Sätze enthalten das, was ich ausdrücken wollte.
Anders gesagt: Wernher wird Schinderhannes zu Formulierun-
gen überredet haben, die später juristisch verwendbar waren.
Allgemeine, auf religiösen Gefühlen beruhende Tiraden wären
vor Gericht belanglos gewesen.

Wernher hatte sein Ziel erreicht, zum Teil mit fragwürdigen Mitteln. Er präsentierte einen geständigen, desillusionierten Hauptangeklagten, dem man pro forma die Hoffnung auf Gnade erhalten hatte. Alles weitere mußte das Gerichtsverfahren bringen.

Sieben Monate vergingen, bis der Prozeß eröffnet wurde. Bücklers Mitangeklagte konnten erst nach und nach verhaftet werden; drei starben in Untersuchungshaft, einer wurde verrückt. Sämtliche schriftlichen Verhöre – nicht nur die in Mainz aufgezeichneten, sondern auch die Jahre zuvor in der Provinz protokollierten – mußten im Druck vorliegen. Das Gericht konstituierte sich unter dem Präsidenten Rebmann. Dazu gehörten der Öffentliche Ankläger Tissot, die Anklagejury (dreiundzwanzig Mitglieder), die Urteilsjury (zwölf Mitglieder) und zwei Dolmetscher. Die Anklage benannte einhundertsieben-

Die Mainzer Jakobiner im Akademiesaal des Kurfürstlichen Schlosses in Mainz. Hier fand die öffentliche Verhandlung gegen Bückler statt: »Es erweckte sonderbare Empfindungen, in diesem prächtigen Marmor-Saale, wo in den Zeiten des Glanzes und der Verschwendung Kastraten und Maras gesungen hatten, nun die Stimmen von Räubern und Meuchelmördern erschallen zu hören.«

unddreißig Zeugen, die neun zugelassenen Verteidiger mindestens noch einmal soviel »aus drey Departementen, womit wahrer Unfug getrieben ward«.

Der sensationelle Charakter des Prozesses beruhte nicht allein auf der Berühmtheit des Hauptangeklagten. Auch das zu erwartende Gerichtsspektakel (Popularklage, Beweispflicht der Parteien sowie die Vorschrift, die Verhandlung öffentlich und mündlich zu führen) zog das Publikum an.

Der Saal, welcher den bevorstehenden Zuschauerstrom einigermaßen fassen konnte, war der »Academie-Saal im ehemaligen churfürstlichen Schlosse«. Zehn Jahre zuvor (1792/93) hatte hier der Mainzer Jakobinerklub getagt. Männer wie Dorsch, Forster, Hofmann und Wedekind hatten hier gesprochen. Forsters Frau Therese und ihre Freundin Caroline Böhmer (Schlegel-Schelling) hatten den Reden zugehört. »In diesem prächtigen Marmor-Saale, wo in den Zeiten des Glanzes und der Verschwendung Kastraten und Mara's gesungen hatten« und wo Mozart aufgetreten war, würden »nun die Stimmen von Räubern und Meuchelmördern erschallen«.

Kurz vor Prozeßbeginn gab Gerichtspräsident Rebmann in der *Mainzer Zeitung* einige Vorschriften bekannt: Jeder könne dem Prozeß beiwohnen, »jedoch werden alle Kinder am Eingange abgewiesen«. Zur »Ordnung verwiesen« werde jeder, der »durch Lärmen, Rauchen, Mitbringen von Hunden, Beifalls- oder Mißfallensbezeugung, Geschrei etc. die Ruhe und Ordnung stören« sollte; falls die Betreffenden den Weisungen des »Huissiers nicht augenblicklich« Folge leisteten, würden sie, dem peinlichen Gesetzbuch entsprechend »und nach Befinden mit 24stündiger, 3tätiger oder noch längerer Einthürmung bestraft werden«. Niemand durfte den Teil des Sitzungssaales betreten, der den Prozeßparteien vorbehalten war. Aus Sicherheitsgründen blieb »die Gallerie dem Publikum im Allgemeinen verschlossen«. Ausnahmen wurden gemacht für öffentliche Angestellte und Fremde; Eintrittskarten konnten die Angestellten bei der Gerichtsverwaltung, die Fremden bei der Armenanstalt erhalten; die Gültigkeitsdauer betrug einen Tag.

IOHANN BÜCKLER
genannt: Schinderhannes.

Mit hoher Erlaubnis nach der Natur gezeichnet im Gefängnis zu Mayn
und gestochen von N. Th. Ernst.

Johannes Bückler. Ein wenig bekanntes Portrait

Eine Sondergenehmigung bekam der Mainzer Künstler Ernst. Auf dessen »durch gute Freunde unterstütztes Ansuchen erhielt [er] ganz einzig die Erlaubniß, den Schinderhannes, seine Julie und seine Mitschuldigen nach der Natur zu zeichnen«.

Mit ihm nahm einer der ersten Bildreporter in einem Gerichtssaal seine Arbeit auf. Schinderhannes störte das nicht, im Gegenteil: »Auf die Bemerkung eines der Angeklagten: daß da jemand sie abmale, erwiederte Schinderhannes: ›Laß du den Mann gehen, ich habe ein ehrliches Gesicht, das sich nicht zu scheuen braucht; wer sich fürchtet, mag sich umkehren.‹«

Im *Mainzischen Intelligenzblatt* (Nro. 12) und in der *Mainzer Zeitung* (Nro. 29) ließ Ernst Annoncen einrücken. Er versprach seinen Kunden, bis zum Exekutionstermin »die interessantesten Portraits« (»Schinderhannes, seine Julie mit dem Kind an der

Brust«) in Kupfer »so sauber [zu] stechen, daß es der Arbeit
nach würdig sein wird, in Glas und Rahm[en] aufbewahrt zu
werden«. Subskribenten erhielten bei Abnahme von zehn Kup-
ferstichen ein Freiexemplar. Den Verkauf übernahmen Ernst
und der »Brgr. Anton Schmitt, nächst dem ehemals römischen
Könige wohnhaft«. Den Preis je Blatt nannte der Künstler noch
nicht, »weil es auf die Anzahl der Subskribenten ankömmt«.
Die aber versprach, hoch zu werden.

Am 24. Oktober begann der Prozeß: »Morgens um neun Uhr
ward die ganze Bande, je zwey und zwey an den Händen gefesselt und hintereinander an eine einzige lange Kette festge-
schlossen (nur einige Weiber und Kranke saßen auf einem Wagen), aus den Gefängnissen nach dem Schlosse gebracht. Ein
Corps Fußvolk und vier Gendarmerie-Brigaden hatten ein Vier-
eck um sie geschlossen. Der Zug gieng langsam und feyerlich
unter einer unzähligen Menge Menschen längs dem Ufer des
Rheins, und es war ein sehr interessanter Anblick, jenen trotzig
oder muthig und diesen nach seinem stillern oder mehr tücki-
schen Character mit gesenktem Blicke wandelnd zu sehen.
Schinderhannes zeichnete sich wieder vor allen aus. Er führte
den Reihen an, und sein Blick durchlief mit Heiterkeit die Tausenden der um ihn versammelten Menge.«

So erlebte Becker das Anfangsspektakel. Und Weizel, ein Ju-
rist, damals Herausgeber der *Mainzer Zeitung,* schilderte in seinem Blatt den gesamten Prozeßverlauf. Seine Artikel wurden
vom *Frankfurter Staats-Ristretto* nachgedruckt.

»Den Hut queer gesetzt, in einem ganz reinlichen Anzuge,
grünem Collet und langen grünen Beinkleidern, wandelte er
[Schinderhannes] so flüchtig und heiter dahin, als wenn es zum
Tanz gehe. Mehrere, die ihn hier zum erstenmal sahen, ver-
wunderten sich über seine Jugend. Einmal hörte man eine
Stimme: ›Der junge Kerl, und schon ein solcher Verbrecher!‹«

An seinen Vater gefesselt, betrat Schinderhannes den Ge-
richtssaal. Der alte Bückler, »ein Tuch um sein sinkendes
Haupt gewunden«, kam kaum von der Stelle und mußte von
Gendarmen auf seinen Sitz gehoben werden. Schinderhannes

störte das nicht. »Als die ganze Bande ihren Einzug gehalten und sich zu beyden Seiten des Tribunals auf das für sie bestimmte Gerüst gelagert hatte, sprang er schnell auf den für ihn bestimmten Sitz und betrachtete mit Wohlgefallen seine Spießgesellen und alles das, was nur für ihn da zu seyn schien und für dessen König er sich wahrscheinlich wohl halten mochte.« Zuerst hatte Schinderhannes auf der obersten Bank Platz genommen. Er verließ sie, kurz bevor das Gericht den Saal betrat, und setzte sich unten hin: »Auffallend war es«, schrieb Weizel, »den Vater eine Reihe anfangen und den Sohn sie schliessen zu sehen«, der, einem Gerücht zufolge, sich diesmal »durch seinen Verteidiger an den ersten Konsul gewendet haben [soll], um Gnade zu erhalten«.

Um elf Uhr eröffnete Rebmann das Verfahren. In französischer Sprache las er die Anklageschrift vor, ein anderer Richter löste ihn ab, zwei Dolmetscher wiederholten den Text in deutscher Übersetzung. Die Eröffnungsprozedur nahm eineinhalb Tage in Anspruch.

In der zweiundsiebzig Seiten umfassenden Buchausgabe wird als Verfasser der Anklageschrift angegeben: der »Bürger Tissot, Regierungs-Kommissär und öffentlicher Ankläger bei dem peinlichen Gerichte des Departements vom Donnersberg«. Becker dagegen reklamiert die Autorschaft für Johann Wilhelm Wernher: »Man nennt [ihn]... als den Verfasser.« Was heißen dürfte: Wernher hatte Tissot zu- und vorgearbeitet.

Die Entstehung der Räuberbanden wird auf »die stürmische Unordnung und die Verwirrung während dem letzten Kriege« zurückgeführt; dadurch seien »die Bande der Gesellschaft locker, die Gesetze, welche die öffentliche Ordnung behaupten, verletzt« worden; »Verbrechen [wurden] nicht bestraft«, »die Verwegenheit des Verbrechers wuchs«.

»In diesen unglücklichen Zeiten« entstanden »jene gehaßten Räuberbanden«, welche »Schrecken unter der Landbevölkerung verbreitet haben«. Nicht nur die »Sicherheit der Personen und des Eigenthums« war untergraben, sondern auch »diejenigen Gefühle... welche die Menschen an ihr Vaterland knüpften«.

Welches Vaterland der Öffentliche Ankläger gemeint hat, steht außer Zweifel. In der großen Anzahl »der Verbrecher, der Hehler und der Spionen«, diesen »verborgenen Anhänger[n] [und] untergeordnete[n] Werkzeuge[n]« der Räuber – vor allem des Schinderhannes, dem »Anführer der Bösewichte ... Urheber aller Verbrechen« –, sieht er ein Komplott gegen Frankreich am Werk: »Durch ihre [der Hehler und Spione] treulosen Verbindungen griff dieser *politische* Krebsschaden immer mehr um sich.«

Die Fahndungs- und Verhaftungserfolge wurden, was auch den Tatsachen entsprach, der französischen Seite zugeschrieben, und das natürlich mit dem gehörigen Pathos und in propagandistischer Manier: »Der tiefen Weißheit und der unwiderstehlichen Stärke der fränkischen Regierung war es vorbehalten, Ordnung und Ruhe in unsere unglücklichen Gegenden zurückzuführen.«

In seiner Biographie über Wernher folgt dessen Sohn diesen Gedanken. Für den Untersuchungsrichter, den eigentlichen Verfasser der Anklageschrift, bedeutet dies, daß er sich hatte in Dienst nehmen lassen. Er war – bei aller Fürstentreue – ins Lager des Gegners übergewechselt, für den Ausgang des Prozesses aber nicht verantwortlich. Vielmehr mißt Wernhers Sohn der neuen Gerichtsordnung die entscheidende Bedeutung zu: Der Spezialgerichtshof war »zusammengesetzt aus Zivil- und *Militär*personen, ein gesetzlich außerordentliches Mittel zur Repression dieser außerordentlichen Zustände«. In des Wortes exaktem Sinne war der *Spezial*gerichtshof ein *Sonder*gericht.

In diesem Buch war des öfteren von dreiundfünfzig Straftaten des Schinderhannes die Rede. Nicht alle sind so wichtig, daß sie hätten erwähnt werden müssen. Eine jedoch, die erste laut Anklageschrift, ist hier nachzutragen:

»Johann Bückler führte seit fünf bis sechs Jahren eine umherirrende Lebensart, ohne ständigen Wohnsitz, ohne Handtierung und ohne daß er auf das Bürgerregister irgend einer Gemeinde aufgetragen war; woraus erhellet, daß der genannte Bückler als Vagabond angesehen werden muß.«

Nach den seit der Wetzlarer Konferenz geltenden strengen Paßvorschriften stand mit dem ersten Anklagepunkt eine Verurteilung Bücklers fest, und da zweiundfünfzig weitere, zum Teil schwerste Vergehen hinzukamen, blieb nur noch offen, ob ihn die schwerste Strafe treffen würde oder eine nicht ganz so schwere, die aber nach Lage der Dinge so sehr milde gar nicht mehr ausfallen konnte. Schon vier Tage vor der Urteilsverkündung war alles entschieden: das *Frankfurter Staats-Ristretto* meldete am 16. November: »Zu Mainz sind 28 Särge für Johann Bückler und Consorten bestellt.« Das waren acht zuviel, was immerhin zugunsten des Gerichts anzuführen wäre, das vor einer einmaligen Kulisse verhandelte.

»Die Neugierde, diesen Menschen zu sehen, ist unbeschreiblich und unbegreiflich zugleich. Zu Wasser und zu

Der Holzturm in Mainz, Schinderhannes' letztes Gefängnis

Land, zu Pferde und zu Fuß, in Wägen und auf Karren strömte seit 2 Tagen die Menge aus einem Umkreise von 12 Stunden herbey. Die Eingangsbillette in den Sitzungssaal waren schon den ersten Tag, an dem sie vertheilt wurden, vergriffen. Sie sollen am Ende bis zu einem Preiß von ein Louisd'or, gesteigert worden seyn. Damen und Herren, die es sonst nicht zu ihrer Bestimmung rechnen, zu dulden und zu hungern, hielten die ganze Sitzung aus, in welcher die Urtheile gesprochen wurden, und die von 9 Uhr des Morgens bis Abends 6 Uhr währte. Auch bey dieser Gelegenheit liessen die Menschen einen Blick in das menschliche Herz thun. So lange die Todesurtheile gesprochen wurden, herrschte eine tiefe Stille der Aufmerksamkeit. Die Urtheile, welche nur Kettenstrafe aussprachen, boten schon weniger Interesse dar, und der Haufen zog sich nach den Thüren zurück. Da aber denen Befreyung angekündigt ward, welche das Gericht nicht für schuldig erkannte, da fand die Stimme der Gnade kein freundliches Ohr mehr.«

Hätten die Regisseure des Prozesses sich eine bessere Reaktion des Publikums wünschen können? Das Gericht bewies doch, daß es – je nach Beweislage – Rache nehmen und Milde walten lassen konnte. Gegenüber den Todesstrafen für zwanzig Angeklagte wurde in sieben Fällen auf vierundzwanzigjährige, in drei Fällen auf zweiundzwanzigjährige, in einem Fall auf vierzehnjährige, in drei Fällen auf zehnjährige, in je einem Fall auf acht- und sechsjährige Kettenstrafen erkannt; drei Angeklagte kamen mit zweijähriger Zuchthausstrafe, ein Angeklagter mit fünfmonatiger Zuchthausstrafe und zwei mit Verbannung davon. Zwanzig Freisprüche wurden verkündet.

Während Vater Bückler zu zweiundzwanzig Jahren Kettenstrafe verurteilt wurde, von denen er nur wenige Wochen verbüßte – er starb am 16. Dezember 1803 –, gehörte Julie Blasius zu denen, die mit zwei Jahren Zuchthaus davonkamen. Schinderhannes, der während der Verhandlung »warmen Antheil« am Schicksal seines Vaters und seiner Geliebten genommen hatte, tat unbewußt noch ein übriges, um dem Prozeß die gewünschte Wirkung zu geben: »Ich habe das Mädchen verführt, sie ist unschuldig, sagte er oft in den letzten Tagen seines Lebens, wenn ihm der Tod vorschwebte.« Das wirkte um so mehr, als Julchen am 1. Oktober einen Sohn zur Welt gebracht hatte, das Kind, dem, »im Sturme des Verbrechens empfangen und im Kerker zur Welt gebohren, [wenigstens] eine Mutter übrig blieb«.

Schinderhannes und Julchen mit dem im Gefängnis geborenen Sohn.
Ein Stich von Karl Mathias Ernst: »Da ... die Anzahl der Portraits
zu groß ist . . . so bin ich entschlossen, die interessantesten zuerst,
nämlich – den Schinderhannes, seine Julie mit dem Kind an der Brust,
in einem Oval vereinigt, sauber zu stechen . . .«

Rebmann wußte, daß Julchen unangemessen bestraft worden war. Für den Gerichtspräsidenten gehörte sie zu der Sorte Mädchen, die »anfänglich nichts weiter gewesen als durch Sinnlichkeit und warmes Blut verführte Dirnen«, aber später vom »Leichtsinn zum Verbrechen« übergingen. Nur dem glücklichen Zufall, daß Julchens Teilnahme an verschiedenen Taten Bücklers durch »einige Zeugenaussagen zweideutig [zweifelhaft]« wurde – »und vielleicht auch einiger Nachsicht für ihre Jugend« –, schrieb Rebmann es zu, daß sie so glimpflich davonkam. Nach der Strafverbüßung besuchte sie ihren Richter.

»Gute Menschen«, so Rebmann, »die auch schon für ihr Kind gesorgt hatten, erboten sich, sie als Magd bei sich zu behalten; aber dieses prosaische gemeine Leben war ihr gar bald zuwider, und sie verließ es, um, Gott weiß! wohin zu gehen.« Julchen ging in ihren Geburtsort zurück. Aus der einstigen Räuberbraut wurde die Ehefrau des Gendarmen Uebel. Nach dessen Tod heiratete sie einen Vetter. Als Frau Blasius starb Julchen Blasius am 4. Juli 1851. Franz Wilhelm, Schinderhannes' und Julchens Sohn, starb als Unteroffizier der österreichischen Armee.

Rebmann hat in dem von ihm geleiteten Prozeß eine großangelegte Abschreckungsmaßnahme gesehen. Lange Zeit, nachdem das Verfahren abgeschlossen war, glaubte er feststellen zu können, daß »höchstens einzelne Räuber an den Grenzen zwischen Frankreich und den Ländern des Rheinischen Bundes« noch umherstreiften. Viele seien »geschreckt durch das Schicksal ihrer Gefährten«. Doch dies traf nur für »unsere Departemente« und die angrenzenden Gegenden zu, wie Rebmann erkennen mußte, ein Grund mehr für ihn, hervorzuheben, daß der »Gerichtshof des Departements vom Donnersberg«, dem er vorgesessen hatte, sich schmeicheln dürfe, »der Sicherheit aller Eigenthümer dieser Gegend einen wesentlichen Dienst geleistet zu haben, indem er beim Eintritte der gegenwärtigen gerichtlichen Organisation die Bande des Schinderhannes . . . aus der menschlichen Gesellschaft entfernte«.

Wie Wernher über die von ihm eingeleitete Stunde der Justiz später urteilte, ist nicht überliefert. In seinem Lebenslauf erwähnt er nur, die Untersuchung gegen Bückler geführt zu haben, um dann fortzufahren: ». . . nachdem [Schinderhannes] abgeurtheilt war, gab ich meine Demission, weil ich von nun an die Stelle [eines Untersuchungsrichters] als ein Canonicat ansah.«

Nachtrag zu dem Angeklagten Nr. XXXVIII

In der Anklageschrift gegen Schinderhannes wurde die Unternehmung in Laufersweiler ausführlich berücksichtigt, und zwar nicht nur, soweit Bückler beteiligt war. Auch gegen Johann Georg Scherer erhob Wernher schwere Vorwürfe: Scherer habe die Räuber zu dem nächtlichen bewaffneten Diebstahl »aufgereizt und aufgemuntert«. Und angeblich habe er sich sogar erboten, »das von diesem Diebstahle herrührende Silber an sich zu kaufen«.

Scherer reagierte darauf auf seine Weise: Er hörte nicht auf zu wiederholen, daß er den Schinderhannes gar nicht kenne, und nannte alle Beschuldigungen – besonders die von mehreren Zeugen gegebenen Darstellungen des Treffens im Wald beim Lagerfeuer – »eine abscheuliche Lüge«. Als er damit nicht mehr weiterkam, hakte er bei den Aussagen von Schulz ein: Der hatte – wie auch Reinhard – von einem Treffen der Räuber im Wirtshaus zu Klein-Rohrheim erzählt. Also behauptete Scherer, »daß die Sprache von dem Diebstahl zu Laufersweiler schon gewesen, als die Bande noch auf dem rechten Rheinufer war«. Außerdem hatte Schulz ja im Wald geschlafen. Also hatte er niemanden sehen können, folglich auch Scherer nicht. Da mochte – wer auch immer – behaupten, was er wollte, Scherer blieb dabei, völlig unschuldig zu sein.

Abgesehen von seinen Dementis und Gegenbeweisen, bearbeitete er auch noch einen Zeugen. Als im Untersuchungsgefängnis in Mainz Ausbesserungsarbeiten fällig waren, mußte der Zeuge Husch für einige Zeit seine Zelle verlassen. Er wurde bei Christian Reinhard einquartiert und erzählte ihm, Scherer habe sich im Gefängnis an Schulz herangemacht und ihm auf die Seele gebunden, zu schweigen. Damit Schulz dichthielt, habe Scherer ihm eine Pfeife und Tabak besorgt und ihm zu Branntwein und zusätzlichen Mahlzeiten verholfen. Die beiden standen bald sehr gut miteinander. Und um auch den letzten Mitwisser unter Kontrolle zu bekommen, wurde Husch von Scherer mit »einigen sechs Frankenthalern« bestochen. Zur Rede gestellt, spielte Schulz den Ahnungslosen. Scherer aber, der sofort merkte, woher der Wind wehte, gestand, er habe »wirklich einige Wohlthaten an besagtem Schulz verübt; aber ohne irgend ein absichtliches Interesse, und bloß als Allmosen«. Und als Reinhard zuletzt noch angab, »Scherer [sei] vor einiger Zeit an

die Thüre seines Gefängnisses gekommen, um zu fragen, wo Schinderhannes seie«, blieb Scherer dabei, »daß alles, was in Betreff der
Geschichte, die in dem Wald vorgefallen seyn soll, gegen ihn gesagt
worden, gänzlich falsch seie«.

Das gegen Scherer zusammengetragene Belastungsmaterial schien
erdrückend. Doch der »überall gekannte« Angeklagte Nr. XXXVIII
gehörte nicht umsonst zu »einer der wohlhabensten Familien seiner Gegend«. Er vertraute seinen Fall dem »trefflichen« Advokaten Bürger Parcus an: »Er war der einzige unter allen Vertheidigern, den man mit Lust
hören konnte.« Für Schinderhannes und die übrigen Hauptangeklagten
vermochte niemand mehr, Entlastendes ins Feld zu führen. Um so über-
zeugender gelang es Parcus, einem brillanten Redner, Argumente zu finden, die für seinen Mandanten Scherer sprachen. Obwohl »von dem
ganzen zahlreichen Auditorium bereits verurtheilt« und obgleich selbst
die »Richter fühlten, daß er nicht rein war«, bekam das Publikum seine
»größte Sensation«, als Scherer freigesprochen werden mußte. Denn es
hatte an unbezweifelbaren Beweisen gegen ihn gefehlt, »die doch nur allein ein peinliches Urtheil begründen können«. Kaum war dieser (neben
Schüler und Leyrith) dritte Helfer Bücklers aus den gehobenen Ständen
entlassen, drängte er sich, wie Becker kommentiert, »an das Blutgerüst
und sah die übrigen mit Wohlgefallen schlachten. Diese empörende und
alles menschliche Gefühl bis in die tiefste Tiefe erschütternde Handlung
charakterisirt ihn besser als alle peinliche Proceduren.«

Schinderhannes als Kopf und Rumpf

Am Mittag des 21. November 1803, »bei neblichter nasser Witterung«, wurden die zum Tode Verurteilten unter den staunenden Blicken einer vieltausendköpfigen Menge hingerichtet. »Nachdem einige guillotinirt waren«, fiel einem anonymen Augenzeugen auf, daß »das blutige Beil stark . . . zu dampfen« anfing. Bei der in Mainz verwendeten Guillotine, so berichtet er, »war hinter der eigentlichen Maschine ein lederner Sack ohne Boden angebracht, durch welchen die Köpfe in den untern verdeckten Raum fielen. Einige [Todeskandidaten] bemerkte ich, die, wenn sie hintergeschoben wurden und auf den Sack mit dem Gesicht kamen, sich zu entsetzen schienen. Sie suchten den Hals in die Höhe zu richten, aber jedesmal fiel in demselben Augenblick das Beil. Vorn war eine Klappe angebracht, durch welche der Rumpf ebenfalls in den untern Raum geworfen wurde. Aus diesem quoll häufig das Blut bald von allen Seiten hervor.« Sofort sprangen die Henkersknechte mit einem Becher hinzu, »in dem sie das herausspritzende Blut auffingen, das sie dann Umstehenden zu trinken gaben«. Dafür jedenfalls verbürgt sich Carl Rauchhaupt unter Berufung auf einen anderen Ungenannten, der den Vorgang gesehen haben will. Rauchhaupt war um so mehr von der Episode überzeugt, als nach dem »Volksaberglaube . . . das Trinken von Blut hingerichteter Verbrecher die Fallsucht heilen soll«.

Der anonyme Augenzeuge zog das Fazit: »Diese Menschen

fielen der Gerechtigkeit, aber einer *strengen* Gerechtigkeit. Doch
bescheide ich mich sehr gern, daß die öffentliche Sicherheit
dieses Opfer heischte.«

Doch damit nicht genug: In dem Moment, da die blutigen
Köpfe durch den »ledernen Sack ohne Boden ... in den untern
verdeckten Raum fielen«, wurden sie von zwei dort postierten
Medizinstudenten, den »hoffnungsvollen Jünglingen« Größer
und Pittschaft, aufgefangen. Die beiden hatten die Anweisung
erhalten, »zu erforschen, ob noch Bewußtseyn und Empfindung
vorhanden sey«. Im Auftrag der »Medizinischen Privatgesellschaft zu Mainz«, der neben anderen der Mainzer Chemiker
Professor Nikolaus Karl Molitor, ein Stadtphysikus, mehrere
Doktoren und Geburtshelfer, ein Stadt- und ein Landwundarzt,
ein »Pharmaceutiker« und ein »Materialist« (Drogist) angehör-
ten, machten Größer und Pittschaft Bewußtseins- und Empfin-
dungsexperimente, wie sie dem damaligen Stand der Wissen-
schaft entsprachen. »Einer der beyden Herrn Kandidaten nahm
den Kopf, sobald er vom Schaffot gefallen war, in beyde
Hände, und nachdem sie ihn genau betrachtet und sahen, daß
er nicht die mindeste Verzerrung im Gesichte noch an den Augen, die halb geschlossen waren, äußerte, rief ihm der andere
bald in das eine, bald in das andere Ohr, während dem derjenige, so den Kopf hielt, auf den Erfolg genau acht hatte. Allein,
es wurden nicht die geringsten Veränderungen wahrgenommen. Bey dem zweyten Kopfe wechselten die beyden Herren
ihre Verrichtungen; allein, auch bey diesem bemerkten sie
nicht das mindeste.

Bey noch fünf andern Köpfen wurde derselbe Versuch wiederholt, in dem man ihnen Worte in die Ohren schrie: Hörst
du mich? Allein, man bemerkte ebenfalls nicht die geringsten
Bewegungen an den Augen noch sonstige Zeichen an dem
Kopfe, die das Vernehmen der zugerufenen Worte ausgedrückt
hätten. Die Augen der abgeschlagenen Köpfe waren alle starr,
bey einigen offen, bey andern geschlossen. Bey einigen Köpfen
(bey denen man aber den eben beschriebenen Versuch nicht
anstellte) bemerkte man Zuckungen in den Gesichtsmuskeln.«

Die Hingerichteten wurden sodann in eine Hütte geschafft. Jeweils etwa vier Minuten, nachdem das Richtbeil Kopf und Rumpf voneinander getrennt hatte, öffnete ein Mediziner die Leichname und bereitete durch »Einspritzung und Zubereitung der Hirne, Nerven und Muskeln« verschiedene andere Experimente vor. In der Hauptsache ging es darum, die Wirkung der Elektrizität und des »galvanischen Agens« auf tote Körper zu erforschen. Voltasche Säulen standen bereit, Leidener Flaschen und eine Elektrisiermaschine. Den Reizen der Voltaschen Säule ausgesetzt und mit den Zink- und Kupferpolen verbunden, zuckten die Muskeln, die Gesichter zogen sich zusammen, die Zähne knirschten. Bei einem anderen Versuch, der erst zweiundzwanzig Minuten nach dem Eintritt des Todes durchgeführt werden konnte, wurden Gehirn und Rückenmark galvanisiert. Eine Kupfersonde wurde in den Mastdarm eingeführt: »Der auf dem Bauche gestreckt liegende Körper richtete sich durch Anstemmen der Hände auf dem Brette in die Höhe, und die Luft wurde mit einem eigenen, dem röchelnden Athem ziemlich ähnlichen Geräusche aus seinen Lungen getrieben.«

Schließlich wandte sich die Privatgesellschaft noch Untersuchungen am menschlichen Auge zu. Es wurden Staroperationen vorgenommen und Linsen präpariert. Dabei fand man, sie seien weicher als gewöhnlich, teilweise sogar bröckelig.

Die wissenschaftlichen Ergebnisse der Experimente sollen hier nicht erörtert werden. Wichtig für unseren Zusammenhang ist zunächst, daß die Hingerichteten zum Gegenstand wissenschaftlicher Neugier gemacht wurden. Die Mitglieder der Privatgesellschaft waren sich der Problematik ihres Tuns durchaus bewußt. Sie wußten auch, daß die Todesstrafe eine »im Grunde unnütze Strafe« war. Aber da die Exekution rechtmäßig erfolgt war, hielten die Forscher es für »klug und human«, die Köpfe und Rümpfe »einer nützliche[re]n Verwendung zu überlassen«, als sie »auf dem Richtplatze der Luft, [der] Zeit und den Raubtieren preiß zu geben«. Handelte es sich doch *nur* um »Verbrecher«! Bei den Versuchen ging es darum, den Zeitpunkt des Todes genauer zu bestimmen: Der klinische

Tod tritt nicht im Moment der Hinrichtung ein, sondern kurze Zeit später.

Das bestätigte auch Jacob Fidelis Ackermann, der zu Anfang erwähnte Jakobiner. Er war Arzt, Physiologe und Anatom an der Universität Mainz und arbeitete am 21. November im »anatomischen Saal«. Zu der Frage, »ob Empfindung und Bewustseyn noch in dem von dem Rumpfe getrennten Kopfe zugegen sey, bemerkt B.[ürger] Ackermann nur, daß auch hievon nicht die geringste Anzeige bemerkt wurde. Alle Krämpfe und Verzerrungen der Gesichtsmuskeln waren stark und allgemein, und ihre Dauer nur nach der Dauer des Geschlossenseyns der Kette bestimmt, wurde diese geöffnet, so hörten auch diese sogleich auf und hinterliessen keine weiteren Bewegungen; noch weniger waren diese Bewegungen so verkettet, daß sie wie im lebenden ein schmerzhaftes Gefühl ausgedrückt hätten. Es scheint also, daß Bewußtseyn und Empfindung bald nach der Trennung des Kopfs von dem Rumpfe in ersterem erlöschen müsse.«

Mit weiteren Einzelversuchen, die Ackermann anstellte, konnte er – wie seine Kollegen von der Privatgesellschaft – den Zuschauern vorführen, wie der Körper eines Hingerichteten »in die heftigsten Zuckungen [geriet]. Das Rükgrad bog sich heftig und hob sich vom Tische auf. Die beiden Arme entwanden sich den Händen einiger Gehilfen und wurden mit vieler Kraft gegen den Körper angezogen, alle Muskeln des Gesichts wurden heftig verzerrt, und die Kaumuskeln schlugen mehreremalen die Zähne mit einem wiederholten und starken Geprassel zusammen.« An einem Kopf zeigte Ackermann die »Zusammenziehungen der Gesichtsmuskeln, der Zunge, der Kaumuskeln ... Die Muskeln der Augen rollten das Auge wild in seiner Höhle.«

Zwischen Ackermann und der Privatgesellschaft kam es in der Folge zu einem heftigen Streit, weil die Gruppe um Molitor es unterlassen hatte, in ihrem Bericht Ackermanns Augenlinsen-Experimente zu erwähnen. Diese Versuche sollten dazu dienen, eine galvanische Therapie gegen den grauen Star zu entwickeln. Ackermann sah sich um seinen Anteil an der Forschung gebracht. Wütend griff er zur Feder und veröffentlichte am 26. April 1804 in der *Mainzer Zeitung* seine »Rüge eines sonderbaren Plagiats«: »Eine Gesellschaft von Aerzten, Badern, Barbierern, Gewürzkrämern versammelte sich . . . auf dem Hinrichtungsplaze des Schinderhannes und seiner Mitschuldigen in einigen Krämerbutiken und dachten bei dem großen Zusammenfluß der Menschen an diesem Orte, sich den Ruhm großer Forscher und ausgezeichneter Köpfe zu erringen, wenn sie nach der izt einmal hergebrachten Mode die Köpfe und Rümpfe der Guillotinirten an ihren galvanischen und elektrischen Apparaten tanzen liesen . . .«

Auch der mit diesem Zeitungsbeitrag eingeleitete Streit zwischen den Wissenschaftlern soll hier nicht weiter erörtert werden. Aber Ackermann gibt mit seiner Beschreibung der vor einer großen Menschenmenge »an ihren galvanischen und elektrischen Apparaten« tanzenden Räuber das entscheidende Stichwort: Mochten die Fachleute nach ihren Experimenten die Ergebnisse noch so gewissenhaft protokollieren und ihren nüchternen Feststellungen ebensolche Schlußfolgerungen anfügen, dem auf Sensationen erpichten naiven Publikum mußte es so erscheinen, als seien die Räuber nicht wirklich tot. Hatten die Professoren Molitor und Ackermann es nicht bewiesen? Selbst als Leichen blieben die gefürchteten Diebe und Unruhestifter in Bewegung, bäumten sich auf, rollten mit den Augen und gaben unheimliche Laute von sich.

Ob auch der in Kopf und Rumpf geteilte Schinderhannes an den Apparaten zappelte, ist nicht überliefert. Fest steht jedoch, daß er in Ackermanns anatomischem Saal war. Dort entdeckte ihn der anonyme Zuschauer: »Die Brust des Schinderhannes war so eingedrückt und hatte auf der Mitte eine Höhlung, daß man fast eine Hand hinein legen konnte; nach der Behauptung der Aerzte würde er vielleicht binnen zwei Jahren an der Schwindsucht gestorben seyn.«

Wäre Johannes Bückler den Folgen einer Krankheit erlegen oder als Soldat in der kaiserlichen Armee untergetaucht, sein

Verschwinden wäre von vielen mit Erleichterung zu Kenntnis genommen worden, andere hätten ihn im Lauf der Zeit vergessen. Aber daß der jahrelang gesuchte, mit großem Polizeiaufwand verfolgte, als politische Herausforderung empfundene und als Konterrevolutionär überschätzte Räuberhauptmann vor Hunderten von Zuschauern den Prozeß gemacht bekam, schließlich vor Tausenden zur Guillotine gefahren und geköpft wurde und daß selbst seine Leiche noch Aufmerksamkeit beanspruchte – das trug zur Unsterblichkeit bei.

Aktueller Nachtrag zu einem Fackelzug

Die Umbruchkorrekturen waren gelesen, da geriet Schinderhannes erneut in die Schlagzeilen: In der rheinland-pfälzischen Haupt- und Räuberenthauptungsstadt Mainz formierte sich einhundertachzig Jahre nach Bücklers Hinrichtung ein ursprünglich spaßhaft gemeinter Fackelzug. Eine »Bürgerinitiative« machte auf ihr Begehren aufmerksam, die erhaltenen Gebeine des Schinderhannes in die Stadt seiner Exekution zu überführen. Sie sollen nämlich in der Heidelberger Anatomie aufbewahrt werden. Mögen zeitgenössische Quellen und die Forschungen Gunter Manns und Franz Dumonts auch gegen die Echtheit des Heidelberger Skeletts sprechen – unbewiesene Behauptungen haben der Sache des Johannes Bückler nie geschadet. Der Mainzer Oberbürgermeister Jockel Fuchs legte sich für die Heimführung der Räuberreste ins Zeug. Im Stadtarchiv könnten sie in einer Vitrine Platz finden. Auch ließe sich eine Schinderhannes-Gedenkstätte einrichten, im Holzturm etwa, wo Bückler zuletzt als Gefangener saß. Denn ist er am Ende nicht doch als Hunsrücker Robin Hood einzustufen? Auch dieser Streit kam kürzlich wieder auf, ein Streit, der keiner zu sein braucht: Bücklers Gewalttaten sind ebenso unbestritten wie die politischen Zustände und sozialen Gegebenheiten, die ihn motiviert haben mögen.

24

Besichtigung einer Räubergalerie

Während einige der Räuberleichen zu weiteren medizinischen
Untersuchungen in Mainz blieben, andere aber »nach den zunächst gelegenen [französischen] Universitäten befördert« wurden – die sterblichen Überreste blieben nicht an Ort und Stelle,
wie Elwenspoek behauptet –, gaben die Behörden die zu einer
Kettenstrafe Verurteilten am 22. November 1803 zur Besichtigung frei. Der anonyme Augenzeuge hat sich auch dieses
Nachspiel nicht entgehen lassen:

»Sie saßen nach der Reihe auf einem erhabenen Gerüste von
Bretern und waren im Rücken mit den Aermen angebunden.
Ueber jedem stand auf einem Bogen Papier, der auf ein Bret geheftet war, sein Name, sein Wohnort, sein Verbrechen und
seine Strafe. Vor dem Gerüste saß auf einer Art von Kasten auf
einem Lehnstuhle der kranke Vater des Schinderhannes, der zu
22 Jahre Kettenstrafe verurtheilt war. Er ist ein Mann nicht viel
über funfzig Jahre, lebt aber dem Anschein nach keinen Monat
mehr ... Seine Verbrechen bestanden in Parthirereien mit ge-
stohlnen Sachen und hauptsächlich in Erpressungen, indem er
den Leuten mit seinem Sohne gedroht hatte. Auf der einen
Seite saß auf dem Kasten seine Frau, die Mutter des Schinderhannes, und auf der andern seine Tochter, ein reinliches und
gut gebildetes Mädchen von 15 Jahren. Beide saßen bloß da,
um dem Alten Gesellschaft zu leisten. Das Mädchen bewies
dabei eine auffallende Gleichmuth. Die Frau gieng von Zeit zu

Zeit weg und brachte dem Manne einmal etwas zu essen, ein andermal einen Trunk Wein. Sie nahmen es auch an, wenn man ihnen etwas reichte. Das Mädchen dauerte mich sehr, bei aller äußern Gleichmuth fühlte sie doch gewiß tief das Trostlose ihrer Lage. Die Arme!

Die andern, 12 an der Zahl und just so viel, als die Breter, worauf sie saßen, fassen konnten, schienen, bis auf wenige, nach ihrer lächelnden Miene sehr zufrieden, der Guillotine entgangen zu seyn. Einer indessen, Peter Weber, der die Ehre hatte, oben an zu sitzen, haranguirte die Umstehenden: ›Ich bin kein Spitzbube! Ich habe keinen Menschen etwas gestohlen! Das sind ungerechte Richter! Die bestehlen die Nation alle Tag!‹ und was dergleichen schöne Redensarten mehr waren. Die Guillotinenknechte drohten ihm, seine eigne Gesellschaft verwies ihm das Schmähen, aber er schrie, bis er müde war. Mitunter gab er Physiognomieen, denen die Natur einen abschreckenden Stempel aufgedrückt hatte. Unter andern fiel mir Lothar Baumann auf, der ehemals Waldförster war und mit den Räubern in Verbindung gestanden hatte. Er war ein Mann nahe an fünfzig. Seine Physiognomie war äußerst gedrängt und kräftig, furchtbar ohne einen diebischen Zug. Jetzt saß er da, ein Bild der dumpfen Verzweiflung; er bewegte nicht die kleinste Muskel, verzog während einer Stunde nicht einmal die Lippen, ganz im qualvollen Innern mit den Schrecken seines Schicksals beschäftigt, und gewiß war es schrecklich! Vier und zwanzigjährige Kettenstrafe in einem französischen Hafen sind eine Ewigkeit in der Hölle. Von einer andern Seite zeichnete sich Peter Petri durch sein diebisches Gesicht und seine Munterkeit aus. Er ist nicht älter als 19 Jahr, der Sohn des schwarzen Peters, von dem man nicht gewiß sagen kann, wo er hingekommen ist, und auf 14 Jahre verurtheilt.«

Der Räuber, wie er im Buche steht

Nachdem der französische General-Regierungs-Kommissar Jeanbon-St.-André die verschärfte Fahndung nach Schinderhannes eingeleitet hatte und der Öffentliche Ankläger Keil und dessen Assistent Diefenbach zu ihrer Rundreise aufgebrochen waren, hatte es nicht nur für die linksrheinische Presse ein absolutes Publikationsverbot in Sachen Johannes Bückler gegeben. Auch in den an die vier deutschen Departements angrenzenden rechtsrheinischen Gebieten war die Zensur wirksam. Man wollte vermeiden, daß Einzelheiten darüber durchsickerten, wohin Keil und Diefenbach fuhren, welcher Methoden sie sich bedienten, welche Erkenntnisse sie gewannen.

Am 21. Februar 1802 erschien im *Frankfurter Staats-Ristretto* dennoch der erste Artikel über Schinderhannes. Dies war kein Verstoß gegen die Zensur, denn Keils erklärtes Ziel, Bückler im Rechtsrheinischen zu fassen, machte es notwendig, die Bevölkerung über den Gesuchten aufzuklären. Dieser Absicht folgte das Frankfurter Blatt, indem es nach einem kurzen Lebenslauf eine Personalbeschreibung Bücklers veröffentlichte. »Er [Schinderhannes] hat einen schlanken Wuchs, gewandten Körper, kurze blonde Haare, die er bald im Zopfe trägt, bald auf dem Rücken hängen läßt, ein schönes rundes Gesicht, ist etwas pockennarbig, 5 Schuhe 6 Zoll hoch und ungefähr 28 Jahre alt. Er ist jetzt sehr gut und geschmackvoll gekleidet und giebt sich bald für einen Kaufmann, bald für einen Kurzwaaren- oder Erdengeschirrhändler aus und führet sehr oft einen Esel bei sich, der auf beiden Seiten bepackt ist. Auf dem linken Rheinufer erschien er meistens in Jäger-Uniform, mit einer kurzen doppelten Büchse und einem Jagdsacke versehen . . .«

Zwar folgt im Anschluß an diese Einzelheiten kein Aufruf zur Mitfahndung, doch kann das Signalement kaum anders verstanden werden, als daß die Leser in die Lage versetzt werden sollten, den Flüchtigen zu erkennen und so der Polizei sachdienliche Hinweise zu geben.

Kaum war nun aber der lange Gesuchte verhaftet, identifiziert und nach Frankfurt transportiert worden, griffen die Autoren zur Feder. Fast siebzig Jahre später merkte A. Vollert in dem von ihm herausgegebenen *Neuen Pitaval* an, Schinderhannes habe »nur um deswillen so grosse Berühmtheit erlangt, weil er der Räuber ist, wie er im Buche steht, wie das Volk sich den Räuber vorzustellen pflegt«. Was vor allem bedeutet: Schinderhannes lebt nicht als der fort, der er gewesen ist, sondern ihm wurde eine zweite Existenz beschert – er ist das, was über ihn geschrieben wurde.

Den Reigen der Publikationen eröffnete das *Mainzische Intelligenzblatt,* das in der Nro. 55 am 12. Juni 1802 über Schinderhannes' Gefangennahme berichtete, die Auslieferung nach Mainz ankündigte und dann feststellte: »Im Gefängniß ist er munter und äußert nicht die geringste Besorgniß wegen der Zukunft.« Da er »eigentlich keinen Hauptmord auf sich habe«, könne man ihn auch nicht zum Tode verurteilen. Besonders wichtig war dem Intelligenzblatt: »Sein Haß und seine Rache habe sich nur auf Juden bestrekt, nach deren Blut habe [er] gedürstet . . . Oftmals habe er wucherische Menschen rein ausgeplündert, aber mit diesem Raub auch wieder durch den Krieg verunglückte Bauernfamilien unterstüzt . . .«

Und das *Frankfurter Staats-Ristretto* griff den Fall mit einer Artikelserie wieder auf, die am 16. Juni mit der Meldung über die Auslieferung an die Franzosen nach Mainz eröffnet und am 7. Juli abgeschlossen wurde: Der »durch das Gerücht und durch die Täuschungen der Ferne so romanenhaft ausserordentlich u. groß erschienene Räuberhauptmann [ist] in der Nähe nur ein sehr gemeiner Dieb«. Man war bemüht, an die Stelle von »Erdichtungen« nun »sichere Nachrichten« zu setzen. Im Gegensatz zu der weitverbreiteten Vorstellung, Schinderhannes sei ein »großmüthiger Räuber« gewesen, wurde jetzt festgestellt: »Blos sein Einverständniß mit den Bauern der Gegenden, in denen er hausete, brachte ihm diesen Ruf zu Wege, denn diese hatten natürlich ein unverkennbares Interesse, seine Entdeckung dadurch zu erschweren, daß sie ihre Furcht und seine Furchtbarkeit so groß wie möglich schilderten. Dieß war die Ursache, warum Schinderhannes bisweilen öffentlich und an hellem Tage erschien und, von allen gekannt, unangetastet einherging, wie er denn noch einige Monate vor seiner Einziehung 4 Stunden von Mainz sich auf offenem Markte zeigte.« Das Entstehen der Räuberbande sei durch die Zustände während des Ersten Koalitionskrieges, »als die Armeen an der Mosel und auf dem Hundsrück standen«, begünstigt worden, und die Tatsache, daß Schinderhannes jahrelang unbehelligt bleiben konnte, erkläre sich aus der Guerillataktik, der die Räuber sich bedienten. Während der Kern der Bande nur »aus einer kleinen Anzahl herumstreichender Gesellen bestand«, gab es eine »desto grössere ... Zahl ansässiger Personen, die nur im Falle eines bedeutenden Streichs mitauszogen«. Nach vollbrachter Tat kehrten sie nach Hause zurück und führten ein ruhiges Bürgerleben. Für den Berichterstatter bestand »das Charakteristische dieser Räuberbande« darin, »daß ganze Districte ihr zur Räuberhöhle, Menschen aller Art zu Gehilfen und Häuser jeder Art zur Zuflucht dienten«. Dem vermeintlich ingeniösen Räuberhauptmann habe es »an Muth und Geistesgegenwart« gefehlt, wohl aber habe er die »Dreistigkeit« und eben die Fähigkeit besessen, ein konspiratives »Gewebe« aufzubauen. »Ein kühner Anführer mit solchen Verbindungen hätte in Zeiten der Unruhe aus seiner Gegend eine Vendée schaffen können.«

Schinderhannes' Feindseligkeit gegenüber den Juden wird als »eine Art von Eingeschränktheit und, wenn man so sagen darf, von Mangel an Räuber-Aufklärung« bezeichnet. »Grosse talentvolle Räuber . . . hätten [sich den nie] zu Schulden kommen lassen, wiewohl dieses System ihm andererseits eine Art von Originalität gab, welche seinen Ruf nicht wenig erhöhen half, indem jeder einen Mann von Charakter und von Plan in diesem Judenfeinde zu sehen sich einbildete.« Daß dieser Plan – »zwar die Reisenden fast ohne Unterschied, sonst aber vorzugsweise nur die Juden zu plündern« – eine bewußte Taktik war, stand für den Berichterstatter fest. Die Juden nämlich, so wird hervorgehoben, seien »nicht nur von ihm, sondern auch von vielen Bewohnern jener Gegenden, wegen ihres im Kriege gemachten Gewinnes, gehaßt und beneidet« worden. Aufgrund eines solchen Einverständnisses mit der Mehrheit habe Schinderhannes »so lange Zeit Sicherheit« gefunden und »ganze Gegenden mit dem Schrecken und halb Europa mit dem Rufe seines Namens erfüllt«. In dieser systematischen Demontage des Räuberhauptmanns heißt es schließlich, Bückler sei ein junger Mann, der »in seinen Reden wie in Bildung, Gang und Benehmen ein Bauer war, unfähig, irgendeine andere Form als die ihm natürliche anzunehmen«. Die »mannigfaltigen, geistreichen Rollen, deren Ausführung man ihm beylegt«, habe er nicht spielen können. Er hatte »keinen Begriff von dem von allen Mustern seines Handwerks aufgestellten Grundsatz, daß unter Räubern auch Treu und Glauben herrschen muß und daß keine Gesellschaft, bestünde sie auch aus Räubern, ohne diesen Eckstein aller Gesellschaft Dauer und Bestand haben kann. Er endigte, wie ein gemeiner Dieb endigen mußte.«

Nur eines gestand ihm der kritische Betrachter zu: Schinderhannes habe im Laufe seines Lebens »ziemlich zahlreiche Maitressen« gefunden, und diese zeichneten »sich durch Schönheit unter ihres Gleichen aus«.

Als die Artikelserie geschrieben wurde, lagen längst noch nicht alle Fakten vor, aber immerhin so viele, daß der Autor meinte, den »Täuschungen der Ferne« entgegentreten zu können. Daran hatten Leute wie der Öffentliche Ankläger Keil und erst recht Jeanbon-St.-André größtes Interesse, ließ sich doch jetzt demonstrieren, wen mancher Arglose, falsch Informierte oder geheime Sympathisant unwissentlich oder in voller Absicht unterstützt hatte.

Die Aufsätze im *Frankfurter Staats-Ristretto* bewirkten allerdings wenig. In zahlreichen Flugschriften, Gedichten, Balladen, Romanen, Theaterstücken und angeblich »aktenmäßig« dokumentierten Biographien wurden Leben und Taten des Schinderhannes und seiner »Spießgesellen« ganz anders dargestellt. Es ist unmöglich, hier alle Publikationen zu berücksichtigen. Einige Beispiele mögen zeigen, wie Verleger und Schreiber – mehr noch *Ab*schreiber – die Konjunktur nutzten.

Nachdem Schinderhannes am 16. Juni von Frankfurt nach Mainz gebracht worden war, wobei sich »eine große Volksmenge auf der Rheinbrücke und den Strassen« einfand, erschien in Frankfurt das illustrierte Flugblatt *Authentische Beschreibung der Herkunft des Schinderhannes und schwarzen Jonas . . .*

Am Schluß des Textes heißt es: »Vernunft und Erfahrung spricht laut dafür: es wird kein Bösewicht gebohren; er wird es erst in der menschlichen Gesellschaft.« So sei auch Schinderhannes »nicht [mit] gemeinen Anlagen auf die Welt« gekommen. »Er hätte eben so gut für Menschen- und Vaterlandsrecht streiten können, als daß er gewaltthätig geraubt hat. Und daß er hier raubte und dort wieder wohlthat, beweißt immer noch, daß keine gemeine Seele in ihm wohnte.« Ausschlaggebend für den »Unglücklichen« sei gewesen, daß er »früh gegen Menschen gereizt [ward], die die häusliche Wohlfahrt seines väterlichen Hauses betrügerisch zertrümmerten«. Sofort gegen diese Menschen vorzugehen, wäre »eine edle Rache gewesen«. Schinderhannes' »Gefühl« sei aber fehlgeleitet worden: »Eine ganze Nation, über die er vielleicht mehr als einmal das Verdammungsurtheil hatte aussprechen hören, ward ihm verhaßt.« Darin sei Schinderhannes »fast nicht ungebildeten« Männern gleich gewesen, »die jener Nation nur *einen* Hals wünschen, damit sie mit *einem* Hieb solche vertilgen könnten. Und dennoch kam kein Mordgedanke in seine Seele; dennoch begnügte er sich nur damit, daß er bei Gelegenheit Einzelne beraubte und das Geraubte wieder verschenkte oder Bedrängten damit half, um nur seinen Muth an jenen Einzelnen kühlen und so, wie er glaubte, die älteren Beleidigungen, obgleich an Schuldlosen, ahnden zu können.«

Der vom Autor des Flugblatts verwendete Begriff »Nation« darf uns nicht täuschen. Wie schon erwähnt, hielt Maury, der Vertreter der Geistlichkeit und der Konservativen, während der Judendebatte in der französischen Nationalversammlung an der These fest, »das Wort juif [sei] ... der Name einer Nation, die ihre eigenen Gesetze besitzt ...« Dagegen verstanden die Verfechter der Judenemanzipation die Juden als Individuen und Staatsbürger und betonten, es dürfe »keine Nation in der Nation geben« (Graf Clermont-Tonnèrey). Die im Flugblatt apostrophierte Nation ist also die jüdische. Daß Bückler »bei Gelegenheit Einzelne [aus dieser Nation, also einzelne Juden] beraubte«, wird sogar entschuldigt: einmal damit, daß er »das Geraubte ... verschenkte oder Bedrängten damit half«, und zum anderen mit der Feststellung, er habe mit seinen Unternehmungen gegen Juden »ältere Beleidigungen« geahndet.

Was es mit diesen »älteren Beleidigungen« auf sich hat, wird im Flugblatt mit dem Hinweis auf das Verhalten von Menschen erklärt, »die die häusliche Wohlfahrt seines [des Schinderhannes] väterlichen Hauses betrügerisch zertrümmerten«. Deutlicher heißt es im *Frankfurter Staats-Ristretto,* sein Vater sei in einen Prozeß mit einem Juden verwickelt gewesen, der es wegen einer Schuldforderung so weit brachte, daß der alte Bückler sein Haus in Miehlen verkaufen mußte. »Was aber besonders seinen [des Schinderhannes] Haß gegen die Juden gründete, war, daß er den Verdruß haben mußte, jenen Juden sein väterliches Haus selbst bewohnen zu sehen.« Demnach mußte Schinderhannes als der Rächer seines Vaters erscheinen. Auch im *Intelligenzblatt* war ähnliches zu lesen: Die Juden »hätten seinen Vater durch Wucher arm gemacht, und dadurch sey er zum Dieb, Räuberhauptmann und Mörder geworden«. Viele Leser des *Frankfurter Staats-Ristretto* dürften geflissentlich überlesen haben, was nicht in ihr Konzept paßte: die kurze Bemerkung des Journalisten, Schinderhannes habe die Geschichte mit dem Prozeß und dem väterlichen Haus »mit vieler Naivität« erzählt.

Im Flugblatt wird Schinderhannes aber nicht nur Judenfeindschaft zugeschrieben, sondern auch Selbstlosigkeit, weil er, ähnlich wie es auch im *Intelligenzblatt* hieß, das »Geraubte wieder verschenkte«. Diese frühesten Publikationen weisen Bückler also auch als *edlen Räuber* aus. Und zum Schluß tut der Flugblattautor noch ein übriges: Er appelliert an die religiösen Empfindungen der Leserschaft. Denn der Verbrecher verdiene »nicht unsern Haß, sondern unser *Mitleiden* . . . so wie ja die Religion im Allgemeinen von uns fordert: ›Nie den *Sünder,* aber immer die *Sünde* zu hassen!‹«

Damit waren zum frühestmöglichen Zeitpunkt die für die weitere Überlieferung wesentlichen Motive auf Schinderhannes übertragen worden. Die künftigen Autoren brauchten nur noch zuzugreifen. Und sie griffen zu, mit einer Produktivität und einem Phantasiereichtum sondergleichen.

Noch vergleichsweise bescheiden nimmt sich die erste volkstümlich gereimte Bildlegende aus, die am 2. August 1802 auf einem neuen Flugblatt dem Porträt des »Johannes Pickler, genannt Schinderhannes, Anführer einer Räuberbande« beigegeben ist:

»Als Judenfeind fieng er sein Räuber Handwerk an
Und trieb es Jahre lang frech an der Nah und Glahn,
Unsichtbar ward er drauf!!! Ha! über'n Rhein floh er
Dann der Gendarmerie war nicht zu trauen mehr,
Doch voll war schon sein Maas! Man fieng ihn an der Lahn.
Zurück jezt ueber'n Rhein geführt – was er so sehr
Gefürchtet – Hier in Mainz, Hier sitzt und Beichtet er,
Hier wird er auch den Lohn, der ihm gebührt, ampfahn.«

Daß Schinderhannes Judenfeind war, stand nun fest; daß er »unsichtbar ward«, wurde zwar nicht ausgeschmückt, aber wohl von vielen naiven Gemütern geglaubt: Der im ersten Ka-

pitel zitierte Zeitzeuge Johann Conrad Friedrich berichtet in seinen Erinnerungen, er habe »so viele und seltsame Dinge von
diesem Schinderhannes erzählen hören, daß ich mir ein großes
Genie, einen wahren Wundermann unter demselben dachte«.
Im Volk habe sogar der Glaube geherrscht, er könne »sich unsichtbar machen«. Und daß der »Gendarmerie . . . nicht [mehr]
zu trauen« war, ließ sich politisch, also antifranzösich, ausle-
gen.

Alles, was man Schinderhannes anhängen, und alles, womit
man ihn herausputzen konnte, traf auf ein gut vorbereitetes Publikum. Am 13. Januar 1782 hatte in Mannheim die Uraufführ-
rung von Schillers »Räubern« stattgefunden, bei der das Theater einem Irrenhaus glich, wie ein Augenzeuge berichtete. Er
sah »rollende Augen, geballte Fäuste« und hörte »heisere Auf-
schreie im Zuschauerraum«. Schluchzend fielen sich fremde
Menschen in die Arme; der Ohnmacht nahe, wankten Frauen
zur Tür. »Es war eine allgemeine Auflösung wie ein Chaos, aus
dessen Nebeln eine neue Schöpfung hervorbricht.«

Im Mittelpunkt des Stückes steht Karl Moor, den es vor
»diesem tintenklecksenden Säkulum« ekelt. »Das Gesetz«,
brüllt er, »hat zum Schneckengang verdorben, was Adlerflug
geworden wäre. Das Gesetz hat noch keinen großen Mann gebildet, aber die Freiheit brütet Kolosse und Extremitäten aus.«
Ein ähnlicher Koloß sollte nun auch Schinderhannes werden,
zumal 1782 auf der Titelvignette die Inschrift stand: »In Tirannos!« Dieses nicht von Schiller stammende Motto ließ sich auf
Bückler anwenden. Glichen die Franzosen nicht Tyrannen? Waren die sozialen Feinde des Volkes nicht mit den ausbeuteri-
schen Juden identisch?

Außerdem waren die Leser in ihrem Geschmack und in ihren
Empfindungen durch eine Flut von Ritter-, Räuber- und
Schauerromanen beeinflußt. 1792/93 erschien »Hasper A
Spada. Eine Sage aus dem dreizehnten Jahrhundert« von Carl
Gottlob Cramer (1758 bis 1817). Er steigerte Goethes »Götz von
Berlichingen« ins Grobe, Ordinäre und Wüste. Indem Cramer
viele Schlüpfrigkeiten hinzufügte, sorgte er für den Erfolg, an

Vier Titelblätter volkstümlicher Schriften über den Räuberhauptmann

den dann Christian Heinrich Spieß (1755 bis 1799) mit seinen Büchern anknüpfte. Weiter ist Heinrich Zschokke (1771 bis 1848) zu nennen. Mit dem Roman »Abällino der große Bandit« (1794) trug er wesentlich zu der allgemeinen Begeisterung für das Räuberthema bei. Unübertroffen ist der Erfolg von Goethes Schwager Christian August Vulpius (1762 bis 1827). 1799 veröffentlichte er »Rinaldo Rinaldini. Der Räuberhauptmann. Eine romantische Geschichte unseres Jahrhunderts in 3 Theilen oder 9 Büchern.« Vulpius' Vorbild für seinen Helden Rinaldini ist Karl Moor. Und der Autor nahm, wenn auch nur am Rande, politische Motive in die sonst eher zufällig ablaufende Abenteuerhandlung auf.

Wie sehr Vulpius' Roman und Schillers Drama die Vorstellungen der Zeit beeinflußten, mögen zwei Beispiele zeigen. Da ist wiederum Friedrich, ganz der gängigen Räubermode verhaftet: ». . . meine Phantasie [war] soeben [als Bücklers Hinrichtungstermin herannahte] . . . durch das Lesen des Rinaldo Rinaldini aufgeregt, und obendrein studierte ich die Rolle des Karl Moor aus Schillers Räubern ein. Ich träumte und phantasierte wachend von diesem Helden und dem Schinderhannes.« Und nachdem der Kopf Bücklers gefallen war, »entfuhr« ihm, dem Augenzeugen, ein »tiefer Seufzer«, und er »lispelte: ›Rinaldo Rinaldini ist nicht mehr!‹« Ferner muß Ignaz Ferdinand Arnold (1774 bis 1812) genannt werden. 1802 veröffentlichte er das Buch »Der berühmte Hauptmann Schinderhannes, Bückler genannt. Ein wahrhaftes Gegenstück zum Rinaldo Rinaldini.« Schon der Titel beweist, daß Autor und Verlag sich an den Erfolg von Vulpius anhängen wollten, und das Erscheinungsjahr, das mit dem Entstehungsjahr identisch sein dürfte, wird nicht zufällig gewählt worden sein: Bücklers Gefangennahme hatte den »Fall Schinderhannes« aktuell gemacht. Und 1805 ließ Arnold einen zweiten Schinderhannes-Roman erscheinen: »Der schwarze Jonas, Kapuziner, Räuber und Mordbrenner«.

In der Vorrede gibt sich Arnold seriös: »Die Akten des Schinderhannes und seiner Gefährten waren geschlossen«, schreibt der Autor. »Die des schwarzen Johans ebenmäßig.« Sie seien von einem »vertrauten Freund« des Verfassers exzerpiert worden. »Wir geben sie heraus, in der festen Überzeugung, Criminalisten, Psychologen und – dem lesenden Publikum keine uninteressante Lektüre zu liefern. Die Fakta sind genau nach den Akten wahr, und nichts ist geändert, als daß wir, um das Interesse zu vermehren, den Furchtbaren selbst erzählen ließen!«

Der »Furchtbare« war der 1774 oder 1775 in Berlin geborene Christian Reinhard, den wir in diesem Buch bereits kennengelernt haben. Reinhards Vater, ein preußischer Soldat, starb, als der Sohn noch sehr jung war. Christian kam mit seiner Mutter und Großmutter in die Wetterau. Die Mutter sorgte für den Unterhalt der Restfamilie, indem sie »für die Leute gestrikt und genäht, überdieß auch mit Schnürriemen, die sie verfertigt, und andern kleinen Krämerwaaren Handel getrieben«. Christian lernte »eigentlich nichts«; als Musikant und Fayencehändler zog er »im Darmstädtischen, in der Oberpfalz und auch diesseits des Mains« herum. In der Nähe von Friedberg traf er eines Tages ein Mädchen mit Vornamen Margaretha, »deren Zunamen ihm aber« angeblich unbekannt war. Sie war eine geborene Eberhard, um 1777 in Lothringen zur Welt gekommen und bei fremden Leuten aufgewachsen, die »mit Zundel und Schwefelhölzchen« handelten. Als sie »ein wenig in die Höhe gewachsen«, so gab sie zu Protokoll, »habe sie auch dies Gewerb getrieben«. Auf den ersten Blick hätten »sie sich wechselseitig gefallen, auch gleich einander geheurathet«. Dreimal hat sich Reinhard von verschiedenen Armeen anwerben lassen, dreimal war er desertiert, um die kargen Einkünfte als Porzellanhändler aufzubessern. 1799 lernten sich Bückler und Reinhard kennen, bekamen bald Streit miteinander, trennten sich und fanden später wieder zueinander. Unter dem Namen »der Schwarze Jonas« war Reinhard an den Diebstählen und Einbrüchen in Merxheim, Laufersweiler, Waldgrehweiler und auf dem Neudorfer-Hof beteiligt. Wie Schinderhannes versuchte er zum Schluß, in der kaiserlichen Armee unterzutauchen. Als Beschuldigter trug er die Nro. X im Verzeichnis derer, die mit dem Tode bestraft wurden, und rangierte als zweiter gleich hinter Bückler.

Diesen Christian Reinhard, der, wie aus dem Verhörproto-
koll vom 16. Juni 1802 hervorgeht, nicht schreiben konnte, läßt
Arnold als Ich-Erzähler in seinem Roman auftreten, in dem alles andere jedoch »genau nach den Akten wahr« sei.

In Arnolds »Blutgemälde«, das 281 Seiten umfaßt, tritt »Herr
Bückler« relativ spät, auf Seite 215, auf. Vorbereitet ist die Räu-

Christian Reinhard

berstimmung allerdings schon, und zwar dadurch, daß der
Schwarze Jonas bereits auf Seite 21 an die Uraufführung von
Schillers »Räubern« erinnert: »Auch auf mich und meine Genossen wirkte dieses Schauspiel, als wir es zum erstenmale zu
Heilbronn sahen, mit allmächtigem Zauber ... Wir lasen auf
dem Anschlagszettel: ›Die Räuber!‹ ... Wir krochen unbemerkt durch Schlupfwinkel ins Schauspielhaus und sahen mit
größter Aufmerksamkeit dem Stücke zu.«

Was Jonas und die Seinen gesucht hatten, »fanden wir nun
freilich nicht«. Was hatten sie erwartet? Gebrauchsanweisun-
gen für Raub, Mord und Vergewaltigung? Arnold schweigt sich
darüber aus, um dann allerdings sehr exakt zu sagen, was die
Zeit nach 1782 atmosphärisch bestimmte: »Ein neu Gefühl be-

gann sich bei den Szenen der Räuber in uns zu regen. Alle Knabenfurcht verschwand. Heldensinn durchschauströmte uns, und jeder wähnte sich einen Karl Moor, Schweizer, Kosinsky oder Roller. Wir beschlossen, von Stund' an, ein ähnliches Komplott zu stiften, und schwuren uns mit den gräßlichsten Eiden ewige Liebe und Freundschaft zu.«

Vor diesem Hintergrund spielen sich sodann die Abenteuer, Greueltaten und Scherze des Schwarzen Jonas ab, bis er zur Bande des Schinderhannes stößt.

Im Verlauf seiner Erzählungen treibt Arnold die »Abenteuer« auf die Spitze: »Mädchenbrüste, in einer Kapern- oder Zitronenbrühe oder in Teig gebacken, waren für sie Leckerbissen.« Der Autor setzte solche Mittel bewußt ein, denn den »Schinderhannes konnten wir nie dazu bereden, Menschenfleisch zu essen, wir mogten nun auch sagen, was wir wollten«.

Um Bückler als edlen Räuber darstellen zu können, läßt Arnold ihn entschlossen, manchmal sogar grausam in Erscheinung treten. Der Part des Kannibalen blieb aber dem Schwarzen Jonas vorbehalten. Schinderhannes sollte »schön« sein, einer, der »das tollste Zeug aufs Tapet« brachte, so daß man »sich Wunder von dem Manne« erzählte: »Der Kerl kann hexen und zaubern.« Einmal stellt Arnold ihn auf einem Jahrmarkt vor, wo der »braune Robert« den sonderbaren Einfall hatte, als Guckkastenmann aufzutreten und »zu jedermänniglichem Erstaunen die Geschichte von dem verruchten und verfluchten Räuberhauptmann, Schinderhannes, dem schaulustigen Pöbel im echten Bänkelsängerton vorzukrächzen ... Allhier, liebe Christenleut, ist zu schauen die wahre und wahrhaftige Historie von dem allerwelt ehrvergessenen Spitzbuben, Galgenvogel, Räuber und Diebskönig, Schinderhannes ... Ich sah die saubern Geschichtchen mit an und erkannte in meinem Nebenmanne am Guckloch – den Räuberhauptmann selbst, dem es beliebte, im Aufzuge eines Reffträgers, seine eigene Historie, von einem seiner Genossen aufgeführt, mit anzusehen ... Menschen von Kondizion, die sonst auf dergleichen Pöbelpossen nichts geben, wurden durch die Neugier nach Roberts Guckkasten gelockt, sahen erstaunt den gemalten Schinderhannes an, während er selbst, ohnbemerkt, in höchsteigener Person neben ihnen stand.«

Im 19. Jahrhundert galt Arnolds Roman als Paradebeispiel für die Schundliteratur der Goethezeit. Im Oktober 1803 erschien in der *Mainzer Zeitung* ein Aufsatz, der mit dem Stoßseufzer beginnt: »Wie mannigfaltig sind die Wege zur Unsterblichkeit und zum Nachruhm!« Die Romane und Biographien über Schinderhannes seien »freilich gröstentheils Resultate gewinnsüchtiger Spekulationen, und das große Schöpfrad des Buchhandels wird leider ... getrieben, und die litterärische und artistische Industrie erhält so gut als die der Gewerbe und Handwerke durch den stechenden Sporn der Noth Bewegung und Leben«. Der Verfasser meinte, das Leben Bücklers verdiene »gewiß nicht, aufbewahrt zu werden«, denn »nur der romanenhungrige, durch Ritter-Blut-und-Mordgeschichte genährte Geschmack unseres Zeitalters« werde damit »augenblicklich« gestillt. In anderer Hinsicht allerdings könne das Leben Bücklers »Werth haben«, und zwar »wegen den mannigfaltigen Bizarrerien«.

Arnold dürfte sie bewußt verwendet haben. Am Ende seines Buches druckte der Verlag eine Anzeige mit siebenundfünfzig Buchtiteln ab, dazu einen kurzen Werbetext, in dem es heißt, diese Bücher zeichneten sich »theils durch schöne Form aus, theils tragen sie eine Bedeutsamkeit des Innhalts an sich«. Und weiter wird auf folgendes verwiesen: »Zum Theil stellen [sie] literarische und *politische* Paradoxien des Zeitalters auf und *schwingen die Geisel der Satyre über manches bankerode Haupt.*«

Arnolds literarischer Kannibalismus, die vom Autor dargestellten Exzesse, die sexuelle Potenz, mit denen der Schwarze Jonas und Schinderhannes protzen, und die Grausamkeiten, die den Räubern angedichtet werden – das alles sind maßlose Übertreibungen und eben deshalb rein satirische Darstellungsmittel, um Kritik an der Zeit üben zu können.

Schon 1802 kam bei Gottfried Vollmer, Hamburg und Mainz, im zweiten Band der »Kriminalgeschichten voller Abentheuer und Wunder und doch streng der Wahrheit getreu« die erste Biographie über Bückler heraus. Auf sie näher einzugehen, erübrigt sich: 1977 wurde sie mit Erläuterungen neu herausgegeben. Erfundenes und Erhofftes verband der Biograph mit Beweisbarem: Schinderhannes erscheint hier als ein im ganzen guter Mensch, als »edler Räuber«, der durch »Zufälle, durch des Schicksals launenhaftes Spiel« in seine »Karriere« gezwungen wurde. Seine Gewalttaten gesteht der Verfasser ein, aber stets im Hinblick auf die alles bestimmende Absicht, den Juden, anderen Wucherern und den Feinden des Vaterlandes, den Franzosen und deren Agenten in Deutschland, zu schaden. Seit Erscheinen der »Kriminalgeschichten« war Schinderhannes endgültig eine »vaterländische« Figur.

Im gleichen Jahr wie die »Kriminalgeschichten« erschien das Buch: »Auszug aus der Lebensgeschichte des Schinderhannes, als Räuberhauptmann am Rhein. Verfasst den erstn Merz zu Neuwied von P. K. gedruckt zu Kölln am Rhein 1802.« Diese Publikation wurde in den folgenden Jahren wiederholt in überarbeiteter Fassung nachgedruckt.

Zunächst berichtet der Verfasser kurz über Schinderhannes' Herkunft, um dann den Lebenslauf des Schwarzen Peter einzuschalten. Dessen sexuelles Abenteuer am Straßenrand und der »Verrat«, den ein Jude daraufhin beging, hätten dazu geführt, daß der Schwarze Peter »dem ganzen beschnittenen Geschlechte« Rache schwor. »Grausamkeiten aber hat er sich nie zu Schulden kommen lassen; die Israeliten aber verbreiteten seinen Ruhm, und er wurde bald ein Schrecken der Gegend.«

Zwei Jahre darauf sei Schinderhannes zu ihm gestoßen, »um unter ihm zu dienen, Exzesse, Grausamkeiten und Mordthaten« zu begehen. Er sei der »alleinige Anführer einer Rotte«, »ein entschlossener und verschmitzter Räuber gewesen«, er habe sich aus dem »damals organisirte[n], bald hernach aber wieder zertreute[n] oder aufgelöste[n] Landsturm ... eine Menge Rekruten« verschafft und »sich nicht selten die Miene« gegeben, daß er »zur Herstellung der alten Ordnung der Dinge mitwirke ... Dadurch gewann er diese Art von Menschen, welchen das Leben unter der französischen Regierung und ihren Empfängern [Steuereinnehmern] durchaus nicht behagte und noch lange Zeit nicht behagen wird; und daher kam es, daß er auch nach hergestelltem Frieden den Nachstellungen der Polizei zu entgehen wußte.«

Der Verfasser wies auf mögliche Zusammenhänge hin, schrieb aber gleichzeitig Texte ab, die, wenn die Jahresangabe 1802 stimmen sollte, erst zwei Jahre später herauskamen. Besonders auffällig sind die Stellen, wo seitenlang der Wortlaut aus Beckers »Actenmäßiger Geschichte« aus dem Jahr 1804 ohne Angabe der Quellen übernommen wird, so vor allem bei der Schilderung von Bücklers Verhaftung. Neben Beckers Buch hat der Verfasser den Bericht aus der *Mainzer Zeitung* vom 22. November 1803 und die offiziellen Prozeßakten »Procedure Instruite . . .« herangezogen.

Die 1803 vor Prozeßbeginn erschienenen sechs Foliobände »Procedure Instruite . . .« (gedruckt in der Präfekturdruckerei Pfeiffer und Zabern in Mainz), die sämtliche schriftlichen Unterlagen zum Fall Bückler enthalten, sollten den am Gerichtsverfahren Beteiligten bei der Wahrheitsfindung unter juristischen Gesichtspunkten eine Hilfe sein. Nach Abschluß des Verfahrens jedoch befriedigten die Unterlagen bald gänzlich andere Bedürfnisse. Davon spricht der Sohn Wilhelm Wernhers, wenn er schreibt, die Foliobände seien »eine häufige Lektüre der wißbegierigen Jugend« gewesen, und bald sei aufgrund der Akten eine Biographie über Schinderhannes erschienen.

Besonders wichtig für den »Auszug« sind die »unterschiedlichen Anekdoten zur Lebensgeschichte des Schinderhannes«.

Zu Anfang liegt Schinderhannes, »auf seinem Arm gestützt, unter einer Eiche, sein Hund Sultan guschend zwischen seinen Füssen, rückwärts und vorwärts schnarchen Räuber im Grase«. Melancholisch und schon das sichere Ende vor Augen, beginnt Schinderhannes mit dem Monolog: »O du gute liebe Sonne, schon stehest du am Himmel, leuchtest und wärmest den Guten wie den Bösen; o könnte ich auch so gut zu dir hinsehen,

wie du auf mich her siehest! Wann wirst du mir wohl zum letztenmal scheinen? Schon sehe ich im Geiste jenen schrecklichen
Tag, wo sich Menschen zu tausenden zu einem Blutgerüste
drängen, wo ich bluten werde.«

Da tritt der Räuber Donoro mit der Meldung auf, einhun-
dertneunundneunzig Männer »zittern schon vor Freude, etwas
Neues von dir zu hören«. Schinderhannes bleibt zurückhaltend: ». . . was ist unser Leben, und wie werden wir enden?«
Donoro traut seinen Ohren nicht und fragt, ob so ein Räuberhauptmann spräche, der »sich mit seinem Schwerdt den Weg,
aber auch zugleich den Ruhm bahnte, der ganz Deutschland in
Erstaunen setzte . . .« Immer noch unentschlossen fragt Schinderhannes zurück: »Sind wir Herr über unser Leben, giebt's
nicht dort ein Gericht?« Doch dann krachen Schüsse, und
Schinderhannes befiehlt den Aufbruch: ». . . auf Leben oder
Tod.«

Oberste Richtschnur bei allen nun folgenden Taten ist es,
den Adel, die Reichen und die Klöster zu bekämpfen, die Armen und die Tugendhaften aber zu schonen. Schinderhannes
hilft denen, die schuldlos in Not geraten sind, und er wacht
über die Einhaltung seiner Grundsätze innerhalb der Bande, erlaubt sich aber manchen Spaß. Einem Zöllner steckt er, nachdem der das Weggeld kassiert hat, einen Brief zu: »Herr Haupt-
zollner! So eben passirt Unterzeichneter über den Rhein, Sie
haben sich also nicht mehr vor ihm zu fürchten; als guter
Freund aber räth er Ihnen, nehmen Sie ja nicht mehr Mauthge-
bühr, als Ihre Gesetze erlauben, sonst kommt der und fordert
Rechenschaft von Ihnen, der heißt *Schinderhannes!*«

Im »Auszug« überwiegt die Kolportage: »Tausenderlei Anekdoten« überlagern die Versuche, Bückler authentisch darzustellen. Denn die Episoden, teilweise in der Form von Bühnendia-
logen geschrieben und mit erzählenden »Regieanweisungen«
ergänzt, zielen auf Unterhaltung ab. Durch die Schilderung li-
stiger und witziger Streiche wird Schinderhannes zu einer Figur umfunktioniert, die dem Amüsement dient. Man konnte
sie aber auch benutzen, um der Jugend Moral zu predigen.

Aus den in Frankfurt am 12. Juni 1802 und in Mainz am 18. Juni 1802 und am 16. März 1803 aufgezeichneten Verhörprotokollen geht hervor, daß Bückler sich seiner Schuld bewußt war. In Frankfurt erklärte er, er habe kurz vor seiner Verhaftung »die Absicht gehabt, ein ordentliches Leben zu führen«, und in Mainz räumte er sogar ein, »unendlich viele ... Verbrechen begangen« zu haben. Die *Mainzer Zeitung* berichtete in der Ausgabe vom 22. November 1803, was Schinderhannes von der Guillotine herab sprach: »Ich sterbe gerecht ... Das ist mein letztes Wort.«

Unmittelbar nach der Hinrichtung erschien ein schmales Heftchen, das die »Wahre Abbildung des Schinderhannes« enthält und sieben Seiten Text: »End-Urtheil, welches von dem Spezialgericht zu Mainz den 28. Brümaire 12. J. gegen Johann Bückler, Sohn, genannt Schinderhannes, und ein und sechszig seiner Mitschuldigen ausgesprochen wurde.« In dieser Schrift werden die Namen aller Angeklagten mit den ihnen auferlegten Strafen aufgeführt; dann folgen die aus der *Mainzer Zeitung* bekannten Berichte über die Urteilsverkündung und die Hinrichtung. An die 1802 in dem Flugblatt »Authentische Beschreibung« geäußerte Überzeugung anknüpfend, ein Bösewicht werde nicht geboren, sondern von der Gesellschaft dazu gemacht, lautet das Fazit des »End-Urtheils«: »Gewiß hätte was treffliches aus dem Menschen werden können, wenn er eine bessere Erziehung gehabt hätte.« Diesen aus dem Zeitalter der Aufklärung hervorgegangenen Gedanken hatte auch der Autor der »Authentischen Beschreibung« vertreten. Er schalt in diesem Zusammenhang »über die *elende* Erziehung, besonders auf dem Lande; über den *erbärmlichen* Schulunterricht, den ... die Dorfjugend erhält; über den Menschenhaß, der ihr sogar mit der Religion eingepflanzt wird«.

Obwohl ähnlichen Ansichten verhaftet, schließt das »End-Urtheil« völlig anders, mit Versen, in denen Schinderhannes als einsichtiger Büßer erscheint:

>Ich seh die Schreckensbühne,
Wo ich werd hingebracht.
Ich seh die Guillotine,
Die mir mein Ende macht.
Ich seh' vor meinem Scheiden
Die Menge Menschen an,
Die mich zum Tod begleiten;
O harte Schicksals-Bahn!

So wandre ich dann stille
Zur Guillotine hin;
Mein einz'ger Wunsch und Wille,
Mein ganzer Herzens-Sinn
Sey an die liebe Jugend
Mit diesen Worten hier:
›Befleißigt euch der Tugend,
So sterbt ihr nicht wie wir!‹«

Diese beiden Schlußstrophen gehören zu dem undatierten
»Abschiedslied des Schinderhannes und seiner 19 mit ihm hingerichteten Mitschuldigen«, das auf die Melodie »Ein Lämm-
lein trank von Frischem« geschrieben wurde und mit der Strophe beginnt:

»Aus ist mein junges Leben,
Ein End hat mein Arrest,
Wo ich mit Angst umgeben
Bisher gesessen fest,
In Ketten und in Banden,
Bei Tag und auch bei Nacht;
Bald ist es überstanden,
Bald heißt es gute Nacht!«

An anderer Stelle fordert Schinderhannes die Zuschauer auf,
ihn nicht zu bedauern; es sei viel besser, jetzt und so früh zu
sterben, als alt zu werden.

Vier weitere Abschiedslieder in der gleichen rührseligen, frömmelnden Manier sind uns bekannt. In einem Flugblatt, das »Vor seinem Tode . . . aus dem Gefängnis im Department Donnersberg bey Maynz 1803« herausgegeben wurde, wendet sich Schinderhannes in einem »Beweglichen Abschiedslied« sowohl »an seine Konkubine als auch an seine Kameraden«:

»Jetzt nimmt mein Leben bald ein End,
   Ich fühl des Todes Schritte,
O Weib, vernimm das Testament
   Und meine letzte Bitte,
Verzeihe, was ich dir gethan,
Nichts ist, was mich mehr retten kann.
   Ich muß von dieser Erden
   Hinweggeraffet werden.

. . . O Konkubina, weine nicht,
   Wenn mir das peinlich Halsgericht
Vor mein so viel Verbrechen
Das Leben wird absprechen.«

Und Schinderhannes rechtfertigt sich:

»Mein Schluß war nie, die Menschlichkeit
   Ganz ausser Augen setzen,
Nur was uns konnte machen Beut,
   Nur niemand nicht verletzen;
Geld nur war meine Paßion,
Ich schont und halfe dem davon,
   Der mich ums Leben bathe,
   Daß keiner ihm nicht thate.«

Zum Abschluß fleht der Übeltäter den Beistand Jesu herbei:

>Herr Jesu, steh mir selber bey
Nach deinem Rath und Willen,
Damit mein Ende glücklich sey,
Du kannst mein Herz erfüllen
Mit Trost und Rath in deinem Wort,
Mein Sünden Elend bringt mich fort
Vor Zeit aus dem Getümmel,
O gönne mir den Himmel.«

Die Lieder wurden in kleinen Heftchen oder auf Flugblättern
»von einem, der so herumging«, unter die Leute gebracht. Wie
ernst sie diese Trivialitäten nahmen, läßt sich schwer abschät-
zen. Das gebildete Publikum dürfte über sie gelacht haben, einfachen Menschen mögen sie zu Herzen gegangen sein.

Die Verse dürften von Lehrern oder Geistlichen stammen,
jedenfalls von Leuten, die vom pädagogischen Eros ihrer Zeit
sowie von christlichen Vorstellungen geleitet waren. Zugleich
benutzten sie die Tradition, den Verbrecher zu zeigen, der nach
seiner Bekehrung den Lesern ins Gewissen redet.

Andere Verskünstler, die mehr auf die Sensation aus waren
und in Bückler das Geschäft ihres Lebens witterten, bedienten
ihr Publikum in der Art von Marktschreiern, aber auch wesentlich unbeschwerter und zum Teil spöttisch:

Ächte und wahrhafte Beschreibung von der Verhaft-
nehmung des längst berüchtigten Anführers einer
großen Räuberbande, genannt Schinderhannes, nebst
einem Anhang von Seinem Leben und Thaten.

»Was hört man doch in unsrer Zeit
Für allerhand Geschichten?
Dies Blättchen, Freund! wird euch heut
Etwas davon berichten.
Wer nun gern etwas Neues hört,
Der lese also ohnbeschwert
Dies Blatt – es heißt: was Neues.

Hier kann man von dem Schinderhanns
Und seinen Thaten lesen,
Der ein verruchter Teufelspflanz
Von Jugend auf gewesen.
Ein Spitzbub war er frühe schon
Und eines reichen Bauers Sohn,
Am Niederrhein gebürtig.«

Zum Schluß kehrt der volkstümliche Zeitungsdichter zum Stand der Ereignisse von 1802 zurück und sorgt dafür, daß auch die nächste Ausgabe Käufer findet:

»Was mit dem Wundermanne noch
Sich ferner zugetragen,
Das werden wir die andre Woch
Im zweiten Stücke sagen.
Worinnen alles wird gezeigt,
Was man bisher mit Fleiß verschweigt;
Die Fortsetzung wird folgen.«

War diese Ballade nur zur Lektüre bestimmt, so dürften sich auch die Bänkelsänger das Thema Johannes Bückler nicht haben entgehen lassen. Auf Kirchweihen und Jahrmärkten traten sie auf: Ein Gerüst wurde errichtet, an dem sie die mehrteiligen Bilder, die Moritatentafeln, befestigten. Davor standen auf einem »Bänkel« in der Regel zwei Personen, ein Mann und eine Frau. Sie begann die Darbietung mit einem Einleitungsgesang zur Drehorgel. Dann folgte der Prosateil, vom Mann dargeboten, der mit einem Stock auf die entsprechenden Bilder deutete. Unterdessen verkauften andere Familienangehörige den Zuschauern die entweder im Selbstverlag gedruckten oder von »Spezial-Offizinen« hergestellten Heftchen. Die Darbietung wie auch der Text zum Nachlesen endeten mit einer belehrenden »Moral«. Die bevorzugten Themen stammten aus dem Umkreis von Mord und Totschlag,

Moritatentafel
Rekonstruktion nach zeitgenössischen Vorlagen

Unglück und Naturkatastrophe; aktuelle Bezüge waren meist vorhanden.

Eine originale Moritatentafel über Schinderhannes ist nicht überliefert, nur eine Rekonstruktion aus dem Jahr 1960.

Ebenso fehlt ein vollständiger Text, der von einem Bänkel herab vorgetragen wurde. Albert Henche hat 1926 in der Beilage zur *Emser und Diezer Zeitung* lediglich ein Bruchstück davon mitgeteilt und dazu die Anmerkung gemacht, man habe »auch in . . . Ems . . . noch lang, wenn die Drehorgel spielte und unter der Linde am alten Rathaus die Moritatentafel der Bänkelsänger aufgeschlagen war«, ein Lied hören können, das folgendermaßen begonnen habe:

> »Wollt ihr Spektakel machen,
> So müßt ihr weiter gehn!
> Hier gibt es nichts zu lachen
> Und keinen Aff' zu sehn:
> Es war der Schinderhannes,
> Der Schrecken jeden Mannes –
> Darum wer leicht in Ohnmacht fällt,
> Geh' schnell hinaus, hier geflennt.«

Ob diese aus der Erinnerung wiedergegebene Strophe authentisch ist, läßt sich nicht nachprüfen. Interessant wird sie dadurch, daß Carl Zuckmayer sich an dieses Lied erinnerte, als er sich zum erstenmal literarisch mit der Gestalt des Schinderhannes beschäftigte, die zum festen Bestand seiner Kindheitserinnerungen gehörte. In seiner Autobiographie »Als wär's ein Stück von mir« erzählt er: »Da gab es zum Beispiel eine tiefe, halbverschüttete Sandgrube, abseits der Spazierwege und Schneisen des ›Gonsenheimer Walds‹ . . . von der merkwürdige Röhren und Stollen in die Erde hineinführten – von uns Kindern die ›Schinderhanneshöhle‹ genannt. Sie war . . . völlig unbekannt, und ob sie jemals dem Hunsrücker Bandenführer . . . zum Unterschlupf gedient hatte, scheint mehr als zweifelhaft. Der Name dieser Höhle war ein Geheimnis der Kinder. Vermutlich war sie nichts anderes als eine verlassene Baustelle. Uns ging es darum, in größter Heimlichkeit mit einer Schaufel in die Röhren dieser von Weidenkätzchen umblühten Grube möglichst tief einzudringen – wobei die Hoffnung, etwas zu entdecken und zu finden, eine alte Pistole, ein Messer mit eingerosteten Blutflecken, einen Topf mit Goldstücken oder gar einen Schädel, eine geringere Rolle spielte als die damit verbundene Gefahr.«

Als Zuckmayer unter dem Intendanten Curt Elwenspoek Dramaturg an den Städtischen Bühnen Kiel war, veranstaltete er im Winter 1922/23 »eine Matinee mit dem marktschreierischen Titel: ›Von Zirkus, Karussell und Jahrmarkt, von Schiffschauklern, Gauklern und Vagabunden‹.« Seinem Vortrag gab Zuckmayer den anspruchsvoll klingenden Titel: »Vorstufen des Theaters, die Quellen seiner Revitalisierung«. Er endete mit den Sätzen: »Sie werden Grobianisches hören, Ungehobeltes, Unaussprechliches! Die längst verstorbenen, anonymen Verfasser bitten nicht um Entschuldigung.«

Das Kernstück der Darbietung bildete die »Mainzer Moritat vom Schinderhannes«:

1

Wollt ihr Spektakel machen,
So müßt ihr weitergehn,
Hier gibt es nichts zu lachen
Und keinen Aff zu sehn. –
Es war der Schinderhannes
Von Mainz bis Bingerbrück
Der Schrecken jedes Mannes
Und auch der Weiberstück.
Darum wer leicht in Ohnmacht fällt,
Geh lieber raus aus meinem Zelt.

2

Hier seht ihr ihn im Bilde
Den schwarzen Wüterich!
Was führt er wohl im Schilde?
O, Wandrer, hüte dich!
Es packt dich wildes Schauern,
Mußt über Land du gehn,
Kaum bist du aus den Mauern,
So ist's um dich geschehn.
Wohl an die hundert fromme Mann
Murkst' Hannes ab und lachte dann.

3

Es lebt in einem Flecken
Ein alter Handelsjud,
Der tat im Bett verstecken
Sein ganzes Hab und Gut.
In einer dunklen Winternacht
Stieg Hannes bei ihm ein
Und hat ihn langsam umgebracht;
Man hört ihn schrecklich schrein.
Die Bauern packte wilder Graus
Und keiner traut sich aus dem Haus.

4

Es lebte in Kurhessen
Ein Pfaff in Amt und Ehr,
Der hatte viel gefressen,
Drum war sein Wanst gar schwer.
Als dieser Pfaff alleine
Einst durch den Taunus ritt,
Packt ihn ein Kerl am Beine
Und sprach: »Ich reite mit.«
Dem Pfafflein ward es kalt und heiß,
Es schlug ein Kreuz und kam in Schweiß.

Die Mainzer Moritat vom Schinderhannes. Handschrift von Carl Zuckmayer, 1. Blatt mit dem Entwurf des Autors für eine Moritatentafel

5

Drauf zog ihm der Halunke
Rock, Hemd und Hose aus
Und sprach: »Du fette Unke,
Krauch auf dem Bauch nach Haus.
Die Pfaffen und die Jieden
Das ist mein schlimmster Haß,
Drum sei es wohl zufrieden,
Wenn ich dich leben laß.«
Dann schnitt er ihm mit frevler Hand
Vom Leibe, was er irgend fand.

6

Ein junges Weib vom Lande
Nach Mainz zum Markte ging,
Da kam ein Kerl und nannte
Sie ein poussierlich Ding.
Das Weib, dem dies behagte,
Blieb schäkernd bei ihm stehn,
Da packt er sie und sagte:
Jetzt wollen wir mal sehn!
Als nun das Weib um Hilfe schrie,
Warf er sie um und würgte sie.

7

Drauf stach er mit dem Dolche
In ihren zarten Leib,
An diesen Stiches Folge
Verstarb das arme Weib.
Hier hockt er bei der Leiche
Und beugt sich weit zurück –
Glaubt ihr, daß er erbleiche
Vor ihrem starren Blick?
Nein, Schinderhannes – welch ein Graus –
Säuft aus dem Korb die Eier aus.

8

Es sprach zu den Soldaten
Der Kommandeur von Mainz:
Zu arg sind diese Taten!
Geht hin und haut ihm eins!
Ihr seid ja lahme Simpel
Und traurige Schwadroneur,
Wenn ihr nicht fangt den Gimpel!
Rückt aus und schafft ihn her!
Doch Schinderhannes lachte schrill:
Haha! Wer mich wohl fangen will!

9

Im grünen Baum zu Simmern
Da war kein Schwanz mehr wach;
In dreiunddreißig Zimmern
Vom Hof bis unters Dach
Da schnarchten die Soldaten,
Man hört es weit und breit,
Sie hatten schwer geladen.
Doch Hannes war bereit.
Er schlich herbei, legt Feuer an –
Und es entkam kein einziger Mann.

10

Doch auch dem großen Sünder
Schlug unterm Hemd ein Herz.
Die armen Waisenkinder
Bedauert er voll Schmerz.
Es lebt beraubt des Mannes
Ein junges Köhlerweib,
Dort stieg der Schinderhannes
Oft ab zum Zeitvertreib.
Er schenkte ihr ein Mutterschwein,
Das er geklaut bei Budenheim.

11

Sein schlimmster Spießgeselle
Das war der Plackenkloos,
Und war er stets zur Stelle,
Wo Tod und Teufel los.
Zwei rechte Galgenstricke,
Und jedem drohte schon
Das Fallbeil im Genicke
Als ihrer Taten Lohn.
Sie liebten alle beide
Ein Mädchen wundersam;
Das war dem Kloos gar leide,
Weil er sie nicht bekam.
Doch Hannes machte sich nichts draus
Und schlug dem Kloos im Suff das linke Auge aus.

12

Das war die Ammi Schäfer
Vom Schnepfenbacher Tal,
Ein braungelockter Käfer
Und glatt als wie ein Aal.
Hier seht ihr sie beisammen
Das saubre Liebespaar –
Sein Herze steht in Flammen,
Er kost ihr dunkles Haar.
Doch ach, die süße Liebesnacht
Hat ihm den bittren Tod gebracht!

13

Der Placker unterdessen,
Er säte Teufelssaat:
Er konnte nicht vergessen,
Was ihm der Hannes tat,
Wie er ihn arg mißhandelt
Bei einer Sauferei,
Ihm das Gesicht verschandelt

Und lachte noch dabei!
Er ging zur Ammi, drohte
Ihr mit der Polizei
Und mit dem schlimmsten Tode,
Wenn sie nicht willig sei!
Das Mädchen, das von leichtem Sinn,
Es gab sich dem Verräter hin.

14
Und als am nächsten Abend
Ihr treuer Hannes kam,
Bot sie mit Schnaps ihn labend
Ein Schlafgetränk ihm an.
Kaum lag er dann im Bette,
Rief sie die Feuerwehr,
Die kam mit einer Kette
Und fesselte ihn schwer.
So hat man ihn nach Mainz gebracht,
Bevor er richtig aufgewacht.

15
Mit schwerem Foltereisen
Schloß man ihn fest im Turm.
Er tat die Zähn verbeißen
Und krümmt sich wie ein Wurm.
Doch Ammi unterdessen
Mit Kloos im Wirtshaus hockt.
Sie hat ihn schon vergessen,
Dem sie dies eingebrockt!
Ihr junge Leut, nehmt's euch zur Lehr:
Schlaft nie bei schlechte Menschen mehr!

16

Da kam er vor die Richter
Nach großer Kerkersqual;
Nur finstere Gesichter
Erblickt er in dem Saal.
Und als man ihn befragte,
Ob er bereuen wollt,
Da stand er auf und sagte,
Daß es wie Donner grollt:
Und wär ich jung und hätt die Wahl –
Ich machte alles noch einmal!

17

Man schleppt ihn aufs Schafotte
Im roten Kamisol –
Wir beten fromm zu Gotte,
Daß ihn der Teufel hol!
Der Priester hebt die Hände:
Mein Sohn, bekehre dich
Zum letzten Sakramente,
Daß Gott dir gnädiglich!
Doch Schinderhannes – welch ein Graus! –
Steckt dem Kaplan die Zung' heraus!

18

Da saust das Beil herunter,
Da sprang sein Haupt herab
Und rollte kunterbunter
Den Galgenberg hinab.
Das Blut spritzt aus dem Rumpfe,
Das Volk stand zitternd da,
Und an dem roten Stumpfe
Sich manches Weib versah.
So endigte der Bösewicht,
Und wer ihn kennt, beklagt es nicht.

19
Nun höret noch zum Schlusse
Von einem armen Hund,
Den einst im Regengusse
der Schinderhannes fund.
Er hat ihn aufgezogen
Und gab ihm guten Fraß,
Bis er hineingeflogen
Und in dem Kittchen saß.

20
Als man des Sünders Reste
Nun in die Erde grub,
Da kam der Hund, und feste
Er an zu heulen hub.
Drauf legt er sich dort nieder,
Nahm weder Fleisch noch Brot,
Erhob sich auch nicht wieder
Und weinte sich zu Tod.
Draus lerne, wer's begreifen kann:
Ein Hund ist besser als ein Mann!

Das Ganze war ein Scherz, über den sich die in Kiel um Elwenspoek und Zuckmayer versammelten jungen Ensemblemitglieder um so mehr amüsierten, »als ein Rezensent ganz seriös über die Proben ›echter Volkspoesie‹ einen Essay schrieb«. Tatsächlich hatte Zuckmayer nicht nur die auf Pappkarton aufgemalten Schauerbilder selbst, »mit Feder und Buntstift, entworfen«, auch die »angeblichen ›Volks-Texte‹ (darunter die ›Mainzer Moritat‹) waren alle in den letzten paar Nächten vor der Matinee an meinem Schreibtisch entstanden...« Zuckmayer spricht in diesem Zusammenhang von der »Erinnerung an eine Schinderhannes-Moritat... die ich als Kind im Innern des ›Lennebergturms‹ bei Gonsenheim gesehen hatte«.

So nahm Curt Elwenspoek die »Mainzer Moritat« in seine 1925 zuerst erschienene Schinderhannes-Biographie mit dem

Zusatz auf: »Aus alten Bruchstücken zusammengestellt, ergänzt und vervollständigt von Carl Zuckmayer«. Dieser Bemerkung hat Zuckmayer 1973 energisch widersprochen: Die Moritat sei »keineswegs ›aus alten Bruchstücken oder Vorlagen zusammengesetzt‹, sondern aus Kindheitserinnerung, besonders an Jahrmarktsbilder, von mir neu geschrieben worden . . .« Dies teilte er in einem Brief vom 23. August 1973 aus Saas-Fee dem Verfasser des vorliegenden Buches mit. Wie das von Henche überlieferte Wiesbadener Fragment zeigt, hat Zuckmayer den Anfang ungefähr wortgetreu übernommen, um dann seiner Phantasie die Zügel schießen zu lassen – der Kieler Theaterwinter 1922/23 stand »unter dem Zeichen des Aufruhrs, des produktiven Chaos«. Für die Schinderhannes-Überlieferung bedeutet die »Mainzer Moritat« eine echte »Revitalisierung«. Zuckmayer beutete die Kolportage bewußt aus und trieb die Untaten Bücklers ins Groteske. So verhalf er der Gestalt des rheinischen Räuberhauptmanns auch in Norddeutschland zu Popularität.

Schon im August 1803 kamen Schinderhannes' Abenteuer in einer Bühnenbearbeitung heraus. »Die Räuber am Rhein oder der berüchtigte Schinder Hanns« lautet der Titel eines Schauspiels von J. S. Lechner.

Das Titelblatt enthält den Vermerk: »Es kann diese Komödie von den Laufner Schiffleuten unbedenklich aufgeführt werden. Salzburg, den 11ten Jänner 1804.«

Die Laufener Schiffer betrieben in verschiedenen Gruppen im Isartal und an der unteren Donau seit Mitte des 17. Jahrhunderts ein Volkstheater. Sie hatten keine feste Bühne, sondern traten in Privathäusern auf – im Nebenberuf: »Im Herbste nämlich, wenn der Salztransport aufgehört hat, ihren Beutel zu versehen . . . da werfen . . . [sie] die Ruderstange und Schiffsjacke von sich und . . . nehmen die Larve der Mimen vors breite Gesicht, werfen sich den Fürstenmantel und die reiche Robe der Gräfin um und setzen vom Bord der Salzplätte hinüber auf Thalias Bretter. Da wandern sie dann in Herbst- und Wintermonaten im Lande herum und wagen sich an alles: Schauspiel, Lustspiel, Tragödie, ja selbst an die Oper.«

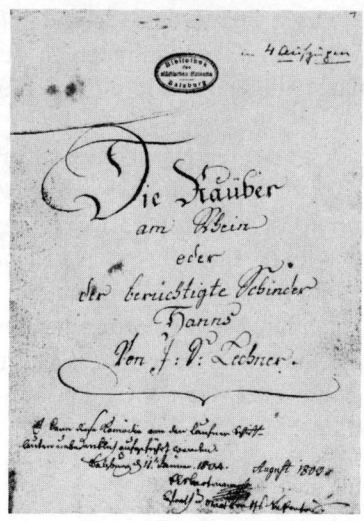

Titelblatt der Handschrift des ersten Schauspiels
über Schinderhannes

Seit dem 6. Dezember 1797 hatten die Laufener Schiffer eine
Vorzugsstellung inne: Während fremden Komödianten der
Auftritt im Bereich des Erzstifts Salzburg untersagt war, genossen die Einheimischen ein Privileg – unter der Bedingung, daß
sie vor den Aufführungen ihre Stücke zensurieren ließen. Jegli-
ches Extemporieren war verboten; es wurde festgelegt, »in
monarchischen Staaten ... [habe das Theater] den moralischen
Stempel zu tragen«; deshalb solle alles unterbleiben, »was die
Sittlichkeit beleidigt ... [und] dem Zwecke des Staates entge-
genarbeitet«; »Fürsten und Obrigkeiten [sollen] schöne Rollen
spielen«. Moralische Gefühle wie »Elternliebe, Kindesliebe,
Edel- und Großmuth« sollten als empfehlenswerte Tugenden
gestärkt werden; »deutsche Männer, Bürger und Bauern [sollt-
ten] auftreten und bürgerliche Tugenden in schönem Gewande
erscheinen«.

Lechners Szenarium fußt auf den »Unterschiedlichen Anekdoten«. Im wesentlichen ging es darum, die schon dialogisier-
ten Episoden spielbar zu machen. Das erreichte Lechner da-

durch, daß er die guten Seiten des »Schinder Hanns« heraus-
strich und viele komische Begebenheiten in den Vordergrund
rückte. Um so nachhaltiger konnte zum Schluß die »Moral«
wirken.

Schon im Titel zeigt der Verfasser, daß er auf der Höhe der
Zeit war: »Die Räuber am Rhein . . .« ist als Anspielung auf
Schiller zu verstehen, den Schinder Hanns gleich im zweiten
Satz zitiert: »Ha! wieder einmal eine Nacht schlaflos durch-
wacht! – wieder einmal den Schneckengang der Stunden unwillig verfolgt!«, um dann auf sein »marterndes Gewissen« hinzuweisen, das ihm keine Ruhe lasse. Nicht er, der Räuber und
Anführer einer Bande, sei der Schuldige, sondern die Menschen: ». . . ich will es ihnen mit blutigen Buchstaben ins Angesicht schreiben, daß sie's sind, die mich zum Räuber machten.«

Er will gegen »die steinernen Seelen« zu Felde ziehen, »deren Herz nur Gewinnsucht zur Bestimmung hat«. So schwören die Räuber »willig und gerne«, was Hanns propagiert:
»Schonung dem Armen, Feindschaft dem Wucher, Schutz
dem Bunde, Aufopferung eines für alle und aller für ein
Bundesglied.« Innerhalb dieser Gemeinschaft herrschen Zucht
und Ordnung: Der »Beleydigte [soll] für seinen Beleydiger«
eintreten, und niemand darf »sich an Armuth vergreif[en]«.
Der übermütige, stolze und ehrsüchtige Baron Wildheim aber
wird, weil er ein »tyrannisches Verfahren gegen seine Gattin«
angewandt hatte, »so lange mit Stricken [gepeitscht], bis er
sinnlos zu Boden« sinkt. Bücklers Judenfeindschaft mildert
Lechner spürbar ab: Als den Räubern unterwegs zwei Juden
begegnen, verliert der »erste Jude, ein ausgemachter Gauner,
der sein Vermögen durch unglaublich hohe Interessen [Zin-
sen] wuchernd zusammen scharrte . . . gleich seine Schatulle,
erhielt aber dennoch aus Großmuth von Hannsen 5 Dukaten
Reisegeld«. Der zweite Jude, »ein Greis von beynahe 70 Jahren, der sein Vermögen durch 30jährige Mühe und sauern
Schweiß redlich erworben . . . kam unangetastet . . . [davon]
und empfing noch dazu eine Sicherheitskarte, um ungehin-

dert seine Reise fortsetzen zu können«. In dem Bestreben, einen edlen Räuber zu zeigen, legt Lechner einem Kameraden von Schinderhannes die Worte in den Mund: »So sind alle seine Thaten ein Gemisch von guthen und schlechten Handlungen.«

So wie im Text des Laufener Spiels die krasse antisemitische Tendenz der vorangegangenen Überlieferungen verschwindet,

Schinderhannes beim Verhör. Volkstümliche Darstellung

verliert sich auch Schinderhannes' ausgesprochene Franzosen-
feindschaft. Dennoch wird am Schluß klargemacht, wer
Schinderhannes verurteilt:

*»Ein Regierungs Kommissär tritt ein, hinter ihm ein Gerichtsdiener
mit Licht.*
Kommissär: Johann Bükler!
Hanns: Hier!
Kommiß.: Man entfessle den Deliquenten.
*Hanns wird entfesselt, steht in einer zwar niedergeschlagenen Stel-
lung, aber nicht verzweiflungsvoll da.*
Kommiß.: Über Johann Bükler den jüngeren ist von einem
Spezial Gerichte des Donnersberger Departement folgendes
Kompetenz Urtheil gefällt worden:
liest: Nachdem Johann Bükler, mit Beynamen Schinderhanns,
von Weiden bey Nastädten auf dem rechten Rheinufer ge-
bürthig, nach seinem eignen Geständnisse und eintrefenden
Beweisen überwiesen ist, daß er, Johann Bükler, 46 Diebstähle,
5 Mordthaten, 17 Strassenräubereyen und 15 Gewaltthätigkeiten an Reisenden und anderen begangen habe, so folgt von
obigem löbl. Spezialgericht das Endes Urtheil, daß er, Johann
Bükler, als ausgezeichneter Mörder, mit einem rothen Hemde
angethan, zum Schaffot geführt und dort durch die Guilotine
vom Leben zum Tode hin gerichtet werden solle. Gegeben zu
Maynz, dem 18ten Novembris 1803.
*Einer der Begleyter reicht dem Kommissär das Stäbchen, welches er
Hansen gebrochen vor die Füsse wirft. Sie gehen an. Hanns wird wieder
in Fessel gelegt.«*
Die Urteilsverkündung gewinnt bei Lechner nur dadurch Bedeutung, daß ein »Regierungs-Kommissär« sie vollzieht; er
dürfte schon an seinem Kostüm als Franzose erkennbar gewesen sein. Jeder weitere Kommentar fehlt. Schinderhannes' letzter Monolog ist allgemein gehalten. Wiederum für die Jugend
bestimmt, klingt das Stück mit einer christlichen »Moral« aus:
»Hanns allein
Hanns: Der Stab ist gebrochen! Nun bin ich von Menschen

gerichtet! O! zum Schauspiel derselben auf dem Schaffot zu sterben!

auf ein Knie sinkend, wehmütig: Aber du ewige Vorsicht, unsterbliche Gottheit! die ich immer durch mein ganzes Leben zurük sezte, bist du auch versöhnt mit meinem Bluthe? Gott der Barmherzigkeit! sieh auf meine Reue, sieh! ich fühle nun, welches Ungeheuer ich war. Nimm mein Bluth zur Versöhnung meiner Missethaten. Aber Ihr Ältern, die ihr eurer Jugend durch böse Beyspiele alle Veranlassungen zeigt, um auszuarten, gegen eure Kinder so nachgiebig seyd, ihnen, da sie noch keine Überlegungskraft haben und das Gute vom Bösen kaum unterscheiden können, allen freyen Willen lasset und ihnen aus zu verblendender Vaters- oder Mutterliebe nichts widersprechen könnet, sie nicht zur Gottesfurcht aneifert und Arbeitsamkeit und folglich nur zum Verderben erziehet, seht nun an mir die Folgen einer vernachlässigten Erziehung. O könnte mein Bluth meine Schandthaten tilgen, wie gerne wollte ich in die Ewigkeit hinüber treten. Weltrichter! Weltrichter! erbarme die meiner.«

So wenig neue Motive Lechner seiner Bearbeitung hinzugefügt hat, so wichtig ist sie der Form wegen geworden: seit 1803/04 war Schinderhannes auch ein Bühnenheld!

1805 brachte Joseph Martin Will, »auserordentlicher Lehrer an der Universität zu Landshut«, ein »Gemälde der Verirrungen des menschlichen Herzens« in drei Aufzügen unter dem Titel »Eduard Buckler sonst Schinderhanns, Räuberhauptmann am Rhein« heraus. An Vulpius orientiert, schrieb Will ein 187 Druckseiten umfassendes, in zwei Bände gebundenes Schauspiel, von dem nicht bekannt ist, ob es jemals aufgeführt wurde.

Neu an dem Willschen Text sind Chorlieder und Duette, die er in die Handlung einstreute. So beginnt sein Stück mit einem »Chor der Räuber«.

»Wenn der Sturm im Walde braust,
Durch die Tannenwipfel saust,
Durch die Thäler heulet,
Wenn der Wandrer zum Kamin,
Bebend, mit erschrocknem Sinn,
Unter Blitzen eilet,
O dann ruht,
Sichs so gut,
Und wir schließen Hand in Hand,
Unser ewig Freundschaft Band.

Schön ist unser Aufenthalt,
Zum Pallast wird uns der Wald
Und zum Bett die Erde,
Wenn die Welt in Schlummer sinkt,
Wachen wir, und lockend winkt,
Rühmliche Beschwerde,
Nimmer ruth
Unser Muth,
Und vor unsrer Tapferkeit
Bebt die Gegend weit und breit.«

Nach diesem Lobgesang auf ein Leben in Wildnis und freier
Natur tritt der Hauptmann auf, um zu betonen, daß er für
Menschlichkeit eintritt. Wer einen Juden im Schlaf töte, nur
weil er Jude sei, oder wer sich einen Spaß daraus mache, einer
verwitweten »männersüchtigen Närrin Liebe und Vermögen«
abzuschwatzen, den bestrafe Schinderhanns, jedoch nicht mit
dem Tode. Er will seine Bande erziehen: »Ihr seyd freye Männer, duldet den nicht unter euch, der ein Sklave seines Eigenthums ist. Sein Blut würde euch besudeln; peitscht ihn durch
die Vorposten!« Weiterhin ist der Autor darum bemüht, einen
Hauptmann zu zeigen, der »der Welt ein Beyspiel [gibt], daß
auch ein Räuber seine Feinde liebt«. Wenn Schinderhanns
auch »schrecklich [gezwungen wurde], das zu werden«, was er
ist, so soll ihn doch »kein Schicksal ... dahin bringen, die Ge-

setze der Menschlichkeit mit Füßen zu treten«. Er »will nicht despotisch herrschen«, sondern seine Leute davon überzeugen, daß »Verzeihen . . . süßer [ist] als Rache«. Schließlich wiederholt Will die bekannte Episode, in welcher Schinderhanns in der Gestalt eines Krüppels den vorbeireitenden Pfarrer narrt, und die Aktion gegen den Grafen Willibald von Rohrbach, der seine Frau gefangenhält, um sich im Schloß, einem »Sammelplatz der Ausschweifungen aller Art«, an den »feilgebothenen Reitze[n] einer schamlosen Buhlerinn« zu ergötzen. Im Verlauf dieses weit in den zweiten Band reichenden Handlungsteils stellt sich heraus, daß die Buhlerin Dortchen ist, Schinderhanns' Geliebte, die der Graf gezwungen hatte, an seinen »verderbenden Schwelgereyen« teilzunehmen. Sie befreit den eingekerkerten Schinderhanns, der den Grafen milde bestraft, dessen Kammerdiener La Fleur aber hinrichten läßt. »Unzertrennlich« sind die Liebenden schließlich wieder zusammen: ». . . ich will dich umschlingen«, sagt Dortchen, »wie die Rebe den Ulmbaum, Mann meiner Seele, in Noth und Tod will ich dich nicht verlassen.«

Schinderhanns, »vor dem einst Distrikte zitterten«, »der keinem rechtschaffenen Menschen was zu Leide thut, nur reiche Wucherer . . . verfolgt«, aus dem »wohl was . . . bessers [hätte] werden können als ein Räuber«, der »wahrhaft christlich . . . gehandelt [hat] und unser aller Wohlthäter« war, will zum Schluß »wieder [Mensch] werden«, »der Reue und der Menschheit leben!«

Was darunter zu verstehen ist, hat Will der zeitgenössischen Presse entnommen: »Morgen mit dem Tagesanbruch ziehe ich fort nach Limburg an der Lahn und nehme Kriegsdienste bey Oesterreich . . . Führt mich mein Glück nur unverletzt nach Limburg, so bin ich Soldat und will in Kurzem mich zu einer Stelle emporschwingen, daß ich mein Dortchen abholen und sie so glücklich machen kann, als sie es in meinen Armen noch zu werden vermag.«

Zum Schluß bekennt Schinderhanns: »Du siehst herab vom Himmel, mein Vater, und du meine gute Mutter, die den Anfang meines Daseyns mit ihrem theueren Leben bezahlte! Seht herab und segnet eueren Sohn, euren unglücklichen verirrten Sohn, der mit reuigem Herzen zur Menschheit wieder zurückkehrt ... o Dortchen, mir wird so wohl und dabey so weh ums Herz, ich wollte, ich könnte in einer Thränenfluth mein Gedächtniß ersäufen. Allmächtiger! wenn dies die Gefühle sind, die in des Menschen Brust sich regen, wenn er reif zu seinem Falle ist, o so richte mich nach deinem Rathschluß ...«

Will knüpfte an den moral-didaktischen Ton der Lieder an, fügte aber der Schinderhanns-Überlieferung zwei Besonderheiten hinzu: Hatte Johannes Bückler in Frankfurt zu Protokoll gegeben: »Ich besuchte die Schulen«, so hat er bei Will »den Gradum als Doktor genommen« und versichert, das Handwerk der Gelehrten habe nicht wenig Ähnlichkeit mit dem der Räuber. Denn wie diese sich »mit fremden Kleidern ... schmücken, so brüsten sich ... [jene] ... mit der Weisheit ihrer Kollegen. Einer schreibt von dem andern ab, setzt die saubere Kopie hübsch in andere Worte, behauptet beim Bart des Diogenes, alles sey sein Werk und sein Vorgänger ein Ignorant gewesen. Und so werfen sie die liebe Wahrheit wie einen aufgeblasenen Ballon aus einer Hand in die andere, jeder zieht ein anderes Kleid an, und jeder behauptet, sie allein zu besitzen.«

Eine andere Besonderheit, mit der Schinderhanns in dem Drama ausgezeichnet wird, geht offensichtlich auf eine Bemerkung im *Frankfurter Staats-Ristretto* zurück. Hatte es dort geheißen: »Ein kühner Anführer ... hätte in Zeiten der Unruhe aus seiner Gegend eine Vendée schaffen können«, so heißt es bei Will, Schinderhanns habe in »Krieg und Elend ... in der Vendée« gestanden und dort »mit den Republikanern [ge]stritten«, was bedeutet, daß Schinderhanns *gegen* die Republikaner focht. Der ansonsten romantisch verklärte Räuberhauptmann, der vor Edelmut trieft, seine Feinde liebt, lüsterne Adlige bestraft und sich dadurch eher als Kombattant der Revolutionäre zu erkennen gibt, soll gleichzeitig ein Gastspiel bei den konterrevolutio-

nären Aufständischen gegeben haben – Joseph Martin Will
brachte ein höchst merkwürdiges Konglomerat zustande, in
dem er alles sammelte, was irgendwo schon über Bückler pu-
bliziert worden war.

Seine Laufbahn als Dramenheld setzte Schinderhannes nur
wenige Jahre später fort. Hatte der Vize-Kirchenvorsteher
Staar in Kotzebues Lustspiel »Die deutschen Kleinstädter«
(1803) noch darüber Beschwerde geführt, daß »unsere Dichter
so wenig Patrioten sind und immer nur Italiener verewi-
gen ... [da] wir doch auch einen ... Schinderhannes [haben]
und wie die großen deutschen Männer alle heißen«, so scheinen sich das ausgerechnet die Franzosen zu Herzen genommen haben. 1829 berichtet das *Berliner Conversationsblatt:* »Gewiß haben die Pariser davon gehört, welchen schwärmeri-
schen Enthusiasmus ihr Cartouche auf den deutschen Bühnen
gemacht hat. Aus angeborener Galanterie haben sie dafür auf
ihrer Bühne den, welchen Deutschland mit Stolz den seinen
nennt, den großen Schinderhannes, auftreten lassen. In einem
nach Schillers Räubern zugestutzten Melodram ... tritt als
Hauptperson Schinderhannes auf. Da das Stück in dem Cirque
olympique aufgeführt wird, fehlt es nicht an Gefechten zu
Pferde.«

1886 stellte ein fahrender Puppenspieler aus Niederöster-
reich den Räuberhauptmann zur Schau. Schinderhannes war
hier »auf den Ton der Komik in den ... Wiener Vorstadtbüh-
nen gebracht« und mußte die lustigen Partien seinem Gegen-
spieler Kasperl überlassen. Da traditionsgemäß für diese Figur
alle Komik reserviert blieb, verbreitete sich um Schinderhannes
und dessen Taten ein melancholischer Ernst. Die vertrauten
Motive mit der vernichtenden Selbstanklage und der Schluß-
mahnung blieben noch erhalten.

1890 wurden auch sie aufgegeben. Das Oberstdorfer Fastnachtsspiel »Johann Bückler genannt Schinderhannes« endet
mit dem »Urteil«: »Dem Hauptmann dieser Räuberbande
spricht unser Gesetz folgende Strafen: Erstens soll er, so lange
als er lebt, des Nachts keine Sonne mehr sehn. Zweitens soll er

auch am Tage keine Sterne mehr erblicken. Drittens, bei diesen Qualen muss er sein Leben lange zubringen, bis er aus Altersschwäche dem Tode nicht mehr entgehen kann. Hiermit breche ich auf diesen Tod den Stab. Die anderen Räuber verdammt unser Februar-Gesetz, den einen früher, den andern später, in das grausame Joch des notigen Ehestandes, wo sie denn ihre noch übrigen Lebenstage unter beständiger Pantoffelherrschaft zubringen müssen. Sollten aber einige die Strafe nicht anerkennen wollen, so können sie sich an das heiratslustige Mädchen-Appellationsgericht wenden, von welchem sie dann gewiss die härteste Strafe zu erwarten haben.« Mit dieser Verurteilung nach dem »Februar-Gesetz« hat die Schinderhannes-Figur reine Ulkfunktion übernommen. »Die Zuschauer waren begeistert; man hatte zu schauen und zu hören, es wurde viel geschossen – das genügte.« In den Jahren 1888, 1895 und 1897 schließlich wurde im Böhmerwald ein Schinderhannes-Schauspiel aufgeführt, dessen Handlung unterbrochen und begleitet wurde von Solo- und Chorliedern, Pantomime, Tanz und Musik. Gerade diese Darstellungsmittel trieben die Stilisierung sehr weit voran.

Je länger der Tod Bücklers zurücklag, desto unkenntlicher wurde die historisch nachweisbare Gestalt. Daran ist nichts Erstaunliches. Bemerkenswert dagegen bleibt, daß Schinderhannes nach wie vor für die Theater attraktiv blieb. Nachdem die durch Schiller in Gang gekommene und von vielen anderen Autoren ausgenutzte Räuberbegeisterung längst abgeebbt war, ging es den Verfassern nur noch darum, eine bekannte Figur szenischen Formen anzupassen, die Ende des 19. Jahrhunderts populär waren. Stellvertretend für alle, die Volkstheater betrieben, hat der niederösterreichische Puppenspieler gehandelt: an den Fäden seines Schöpfers hängend oder von dessen Fingern bewegt, vollführte der Held abgehackte, traumhafte Gesten. So kehrte er – symbolisch – in eine Situation zurück, die schon bei dem lebenden Johannes Bückler erkennbar ist: Wenn nicht willfährig, so doch ohne nachweisbaren Widerstand, hatte er am 18. März 1803 das »aufrichtige Geständnis« seiner Verbrechen gegenüber dem Untersuchungsrichter Wernher abgelegt. Und, soeben in Kopf und Rumpf geteilt, »gehorchten« er und die neunzehn mit ihm Hingerichteten rein mechanisch – wie eine Marionette – den »Befehlen« der Mainzer Wissenschaftler. Der Puppenspieler wiederholte nur, was die Realität vorweggenommen hatte. Die schillernde Gestalt des Schinderhannes ließ sich für beliebige Zwecke einsetzen, mochten sie nun unterhaltender, moralisierender oder »vaterländischer« Natur sein.

Gerade diesem Trend, der sich schon früh abgezeichnet hatte, wollten – nicht zuletzt aus politischen Gründen – Anton Keil und Johann Nicolaus Becker mit ihren umfangreichen »Actenmäßigen Geschichten« verschiedener Räuberbanden entgegenwirken. Keil stellt am Schluß seines Buches fest: »Jeder Leser, der Geduld genug hatte, uns bis hieher ... zu folgen, ein Gemälde anzublicken, das auch kein einziger fröhlicher Zug belebt ... kann nichts sehnlicher wünschen, als daß die Staaten oder doch die Polizey-Beamten ... ernste und durchgreifende Maaßregeln nehmen möchten, dem verderblichen Räuberwesen – der traurigen Reliquie eines verheerenden Krieges – ein endliches Ziel zu setzen.«

Und Beckers letzte Zeilen lauten: »Die Leser in fernen Gegenden werden nun hoffentlich ihre Meynung über den großen Helden, von dem man in einem beträchtlichen Theile von Europa mit Auszeichnung oder wohl gar mit Bewunderung sprach, ändern, und wir wünschen, daß es niemahls größere Verbrecher gegeben hätte oder in die Zukunft geben möchte.«

Daß diese hochgemute Erwartung unerfüllt blieb, lag am »Flair« des Schinderhannes. Als die Darstellungen Beckers und Keils 1804 in Köln in einem Band herauskamen, trafen sie auf Leser, die alles andere, nur nicht rational begründete »Lehren« zur Kenntnis nehmen wollten, sondern Unterhaltung und Anregung für ihre Phantasie suchten. Da mochten die gebildeten und befähigten Juristen noch so deutlich ihrer Verachtung gegenüber dem »Gesindel« – so Becker – oder den »Biographien abscheulicher Menschen« – so Keil – Ausdruck verleihen, die bizarren Sonderbarkeiten dieser Menschen weckten höchstes Interesse.

Beckers »ziemlich vertraute Bekanntschaft mit den Verhältnissen der Bande« hatte zur Folge, daß gerade sein Buch im 19. Jahrhundert des öfteren nachgedruckt wurde. 1830 erschien es unter dem Namen des Kölner Buchhändlers Johann Wilhelm Spitz. Seine »Autorschaft« bestand lediglich darin, daß er den Text redigiert und gekürzt hatte. Beckers Schlußwort an den Leser fehlt bezeichnenderweise. Statt dessen fügte Spitz seiner Ausgabe ein Verzeichnis mit Ausdrücken aus der Gaunersprache an.

Auch Chr. v. Stramberg, der »Nachforscher in historischen Dingen«, wie er auf dem Titelblatt des *Rheinischen Antiquarius* genannt wird, bediente sich ausführlich des Beckerschen Buches. 1851 kommt er unter der Kapitelüberschrift »Criminal-Geschichten« darauf zu sprechen, daß die »Criminaljustiz mit einer verzweifelten Räuberhorde zu ringen« hatte. Stramberg zitiert dort Becker, nennt dessen Namen und setzt die übernommenen Textstellen in Anführungszeichen. 1857 dagegen leitet Stramberg einen umfangreichen Bericht über Bückler mit der Bemerkung ein, er, Stramberg, unternehme es, die »Lebensbeschreibung [des Schinderhannes] so wie die seiner vornehmsten Spießgesellen zu geben«. Der Name Becker wird nicht erwähnt, obwohl der dann über viele Seiten folgende Text mit dem Beckers fast identisch ist. Stramberg merzte die Stellen aus, in denen der ursprüngliche Verfasser »wir« schrieb, setzte an die Stelle der französischen Kalenderdaten die gregorianischen und ordnete den Ablauf des Berichtes straffer nach chronologischen oder nach sachlichen Gesichtspunkten, was Bekker, dem ursprünglichen Autor, unmöglich gewesen war, weil »er in die Presse arbeiten mußte und keine Zeit zum Ausfeilen ... hatte«.

Stramberg erklärt die Entstehung der Räuberbanden mit dem Hinweis auf die »heute noch dichten Waldungen des Soongebirgs«. Damit ruft er nicht nur für das Jahr 1857 wichtige Vorstellungen im Leser wach. Die abgelegene, fast undurchdring-

Aktenmäßige

Geschichte

über das Leben und Treiben

des

berüchtigten Räuberhauptmannes

Johannes Bückler

genannt

Schinderhannes

und seiner Bande.

Authentische Ausgabe nach den Original-Prozeß-Akten.

Herausgegeben

von

Carl Rauchhaupt.

Mit einem Original-Portrait des Schinderhannes und einem
Anhang: Anekdoten, wie sie vom Volksmunde erzählt werden.

1891.
Kreuznach.
Verlag von Ferdinand Harrach.

Titelblatt des Buches von Carl Rauchhaupt

liche Gegend, eine »Landschaft in beinahe unmittelbarer Berührung mit den Thälern des Rheins, der Nahe und der Mosel,
eignete sich vortrefflich für die finstere Thätigkeit einer Räuberbande«. Indem Bückler »die Soon zu seiner Operationsba-
sis« wählte, habe er »Einsicht und Scharfsinn an [den] Tag gelegt«. Diese Erläuterung trifft zum Teil die Bücklersche Praxis.
Stramberg vernachlässigt allerdings die gerade in ländlichen
Gebieten sich auswirkende »Theilung der politischen Meynung«.

1891 kam Beckers Text erneut auf den Markt. Der Verlag
Ferdinand Harrach in Kreuznach veröffentlichte das Buch unter
dem Titel: »Aktenmäßige Geschichte über das Leben und Treiben des berüchtigten Räuberhauptmanns Johannes Bückler genannt Schinderhannes und seiner Bande. Authentische Ausgabe nach den Original-Prozeß-Akten«. Als Herausgeber fir-
mierte ein gewisser Carl Rauchhaupt, der, wie Elwenspoek und
Nacken festgestellt haben, niemand anderer als der Verleger

Harrach selbst war. Auch er redigierte und ergänzte die Darstellung Beckers, doch wäre es unredlich, ihn des schieren Plagiats zu bezichtigen. Er hat seiner Darstellung viele Dokumente aus den Prozeßunterlagen hinzugefügt und am Ende seiner Einleitung ausdrücklich festgestellt, ihm habe »die Bekkersche ›Geschichte der rheinischen Räuberbanden‹ vorzügliche Dienste geleistet«.

Die Absicht, mit der zwanzig Jahre nach dem Deutsch-Französischen Krieg das »Studium dieses Räuberlebens« empfohlen wurde, ist typisch für die Zeit nach der Reichsgründung. Als Deutschland unter Preußen geeint war und nachdem Frankreich längst die entscheidende Niederlage von Sedan erlitten hatte, lenkte Rauchhaupt bewußt den Blick auf Johannes Bückler zurück. Neben dem »culturgeschichtlichen Standpunkte« kam es dem Herausgeber vor allem darauf an, die politische Funktion des Bücklerschen Lebens hervorzuheben: Darin würden wie in einem »vortrefflichen Spiegelbild« die »traurigen Zustände« deutlich, »die zu Anfang dieses Jahrhunderts unser geliebtes Vaterland beherrschten«. Der Umsturz der bestehenden Verhältnisse durch die Französische Revolution, die Nachlässigkeit der Beamten und die dadurch entstandenen katastrophalen Zustände in Westdeutschland »mußten notwendiger Weise die nachteiligsten Folgen auf den Gerechtigkeitssinn der Bevölkerung ausüben« – nachteilig deshalb, weil die Leute schutzlos waren und sich deshalb nicht so verhielten, wie Sitte und Anstand und die Gesetze des Staates es verlangten, sondern so, wie die aktuelle Lage es gerade erforderte. Wenn »ganze Gemeinden vor den Räubern zitterten« und deshalb versuchten, Freundschaft mit ihnen zu halten, »kann man da eine gleiche Furcht Leuten verargen, die auf einsamen Höfen wohnten und überhaupt keinen Schutz hatten?« So betrachtet, handelte das Volk richtig, wenn es sich mit Schinderhannes arrangierte, auch wenn es von ihm heißt, er sei kein »besonders tapferer Mensch« gewesen und habe es nur verstanden, »sich mit einem Nimbus zu umgeben«, zum Beispiel mit dem, »die Handelsjuden« zu sich kommen zu lassen, um ihnen Geld abzupressen. Das »imponierte ... dem Volke gewaltig«.

Rauchhaupt bestätigt die Figur des Schinderhannes in den bekannten Funktionen als Nothelfer gegen Franzosen und Juden. Deutlicher als andere Autoren zeigt er Verständnis für das Verhalten der Bevölkerung. Im Rückblick von fast hundert Jahren hatten die Deutschen, zumal nach der Kaiserproklamation von Versailles, richtig gehandelt. Auch für diese Tendenz ließ sich das Material verwenden, das Becker in anderer Absicht bereitgestellt hatte und das Rauchhaupt nicht nur mit Dokumenten ergänzte, sondern mit vierzehn Druckseiten Schinderhannes-Anekdoten, »wie sie vom Volksmunde erzählt werden«.

War Johannes Bückler fast neunzig Jahre lang ein Thema für Kriminologen und volkstümliche Belletristen gewesen, so wurde er 1890 für würdig befunden, in die »Allgemeine Deutsche Biographie« aufgenommen zu werden. Schüler, der Verfasser des Schinderhannes-Artikels, genierte sich allerdings, das Lebensbild »eines gemeinen Verbrechers« nachzuzeichnen. Man könne Schinderhannes »kaum als einen genialen Räuber bezeichnen«, doch sei er »aus einer großen Anzahl von seinesgleichen der populärste geworden«. Aus diesem Grunde und weil »das Räuberthum, dem er angehört ... eine so eigenthümliche sociale Krankheitserscheinung jener Zeit« gewesen sei, dürfe er in der »Allgemeinen Deutschen Biographie« berücksichtigt werden.

Schüler paßte sich damit ganz dem »Auf Veranlassung Seiner Majestät des Königs von Bayern« und »durch die historische Commission bei der Königl. Akademie der Wissenschaften« herausgegebenen Werk, in dem er schrieb, an. Nach Maßgabe der ihm zur Verfügung stehenden Quellen ist Schüler eine faktengetreue Wiedergabe des Lebens Bücklers gelungen. Einzelheiten können hier übergangen werden. Hervorhebenswert ist lediglich der Vermerk, Schinderhannes sei »nach dem ... Kirchenbuche [von Miehlen] am 25. Mai 1783« geboren worden, eine Datierung, die, wie wir gesehen haben, falsch sein dürfte.

In den folgenden achtundzwanzig Jahren sind über Schinderhannes keine wichtigen Publikationen erschienen. Auch das 1918 von Ferdinand Harrach im eigenen Verlag herausgebrachte Buch »Das Räuberunwesen in der Rheingegend unter französischer Herrschaft«, dem diesmal ein Literaturverzeichnis beigegeben wurde, stellt keine nennenswerte Leistung dar. Es handelt sich um eine stark – auf zweiunddreißig Seiten – gekürzte und entsprechend umformulierte Fassung der als Quellen genannten Bücher von Becker und Keil.

Erwähnenswert ist allerdings das Schaudern, das Harrach »vor der Verworfenheit der Menschen« äußert, »die vor etwas mehr als 100 Jahren Angst und Schrecken unter unseren Vorfahren verbreiteten«. Der Autor vermißt jeglichen »Funken von Großmut oder sonst edlen Gesinnungen« bei den Räubern; »der Armen und Bedrückten« hätten sie sich nicht angenommen, es sei denn, nachdem »sie sich anderweitig genügend entschädigt« hätten. »Recht und Gesetz« sei für die Räuber nur »ein vager Begriff« gewesen; das »Gefühl der Kameradschaft« hätten sie nicht gekannt, nur das »des Egoismus und der Angst, verraten zu werden«. Für die 1891 abgedruckten Anekdoten hatte Harrach 1918 nur noch die Bemerkung übrig: »Besonders über Schinderhannes ... [gehen] im Volksmunde lustige Stückchen ... herum«. Die aber sollten nicht erzählt werden, sondern das, »was aktenmäßig feststeht ... ohne jede Ausschmückung«. Möglicherweise hatte das mit der Papierknappheit im Jahre 1918 zu tun, vielleicht aber auch damit, daß Harrach den hartgeprüften Zeitgenossen ausschließlich mit dem Rückgriff auf Dokumente zeigen wollte, was die Vorfahren schon alles hatten erleben und erleiden müssen, und zwar sowohl von den Franzosen als auch von den Räubern. Die patriotischen Absichten von 1891 gerieten dabei ebenso aus dem Blickfeld wie die »lustigen Stückchen«.

Vier Jahre nach dem Erscheinen von Harrachs letztem Räuberbuch setzte eine neue Periode in der Schinderhannes-Rezeption ein: 1922 kam der Roman »Unter dem Freiheitsbaum« von Clara Viebig heraus, 1925 legte Curt Elwenspoek die Biographie »Schinderhannes – Ein rheinischer Rebell, nach Akten, Dokumenten und Überlieferungen« vor, und 1927 wurde Carl Zuckmayers Schauspiel »Schinderhannes« uraufgeführt.

Worauf ist diese auffällig häufige Beschäftigung mit Johannes Bückler in den zwanziger Jahren unseres Jahrhunderts zurückzuführen? Clara Viebig, die aus der Eifel stammende Autorin, siedelt die Handlung ihres Romans im Land ihrer Herkunft an. Der Protagonist ist Hans Bast, der Schmied von Krinkhof. Schinderhannes spielt eine Nebenrolle, wird aber oft in das Handlungsgefüge mit einbezogen. Aus ihm ragt eine Episode hervor: Ein Franzose wird ermordet, weil er Basts Tochter, ein deutsches Mädchen, vergewaltigt hat. Andere Franzosen narrt Schinderhannes, der, als Marquis de la Ferrière kostümiert, sich bewirten läßt oder unter dem Namen d'Aubry eine Nacht mit einer fast entkleideten Französin verbringt. Die Räuber bestehlen die Besatzer und begehen »an französischem Gut und an einem französischen Soldaten . . . Frevel«.

Sosehr die antifranzösischen Unternehmungen überwiegen, die Autorin hat auch Überfälle auf sozial Hochgestellte und Juden nicht ausgelassen. Dann ist es Bückler, auf den Viebig demonstrativ aufmerksam macht: »Der Hannes war nicht so schlimm, den Armen tat er kein Leides an, der plünderte nur die Fürnehmen und die Juden. Auf die Juden besonders hatte er's abgesehen – was betrogen die Krummnasen den Bauer auch so!«

Um Schinderhannes schon vom Äußeren her ins rechte Licht zu rücken, vergegenwärtigt ihn die Autorin in strahlender Herrscherpose: »Da stand der Hauptmann . . . die geraden Beine so prall in der Hose wie in einer Haut. Seine Reiterstiefel glänzten, silberne Sporen hatte er dran, und seine Rechte ruhte auf dem schön vergoldeten Knauf eines zierlichen Degens. Er lachte mit blitzenden Zähnen . . .«

Diesem Idealbild eines kraftstrotzenden Mannes entspricht das einer Frau, die, wie Julchen, »das volle Glas« nimmt und es »auf einen Guß« herunterschüttet: »So muß des freien Mannes freie Braut sein! Im Wald . . . in den Erdlöchern . . . brauchte

man eine, in deren Schoß man sein Haupt betten konnte.«
Nicht bang, sondern »schlau wie ein Fuchs und flink wie ein
Wiesel« wird sie geschildert, und ein andermal sitzt sie »aufge-
putzt am Tisch ... Ihre Augen waren blank geputzt, ihre Lippen vom Küssen ganz rot.«

Clara Viebigs Roman spielt in einer Zeit, die nicht nur »wirr
war ... und ohne Aussicht auf Besserung«, sondern auch
durch die überall wehende Trikolore ihr Gepräge erhält: »Wehe
dem Bürger, aus dessen Fenster nicht Fahnentuch flaggt: blau-
weißrot. Die Männer tragen die dreifarbene Kokarde am Hut,
die Frauen haben sie an die Haube gesteckt.« In diesem kurzen
Hinweis klingt Opposition an, die bei der Einführung des Leit-
motivs (Freiheitsbaum) noch zurückhaltend ausfällt. Bei der
Schilderung des Festes zur Gründung der Republik jedoch
schwindet jeder Zweifel an der Tendenz des Romans: »Im De-
kadensaal ... war eine Pyramide errichtet, darauf stand eine
weibliche Statue, das Symbol der Republik; sie hielt in der hän-
genden Rechten das Bündel Stäbe mit dem herausragenden
Beil, ihre Linke hob einen Speer empor, an dem die Freiheits-
mütze steckte. Huldigend verneigten sich die wie in Prozession
an ihr Vorüberziehenden. Aber manch Trierer Auge blickte mit
Schaudern. Da stand zur Seite der Republik noch so ein Weibsbild, mit Helm und Lanze, aber sonst nackt, und das streckte
gegen einen Priester, der im Ornat zwischen kirchlichen Insi-
gnien und heiligen Gefäßen am Sockel der Pyramide zu sehen
war, die Zunge heraus, und bacchantische Kinder, splitterfaser-
nackt, trampelten auf dem Kurhut und auf dem erzbischöfli-
chen Kreuz mit dem Pallium herum.« Die Autorin läßt nicht
unerwähnt, daß man dem Kurfürsten Clemens Wenzeslaus von
Trier »manches verdacht« hatte, aber »der Krummstab war ein
mildes Zepter gewesen«. Die 1792 einrückenden französischen
Truppen werden als »Plundermätze« verhöhnt: Bei ihrem Anblick hatte sich bei jedem »anständigen Menschen, der sein Vaterland liebte«, das Herz umgedreht.

In einem für den Roman wichtigen Monolog, den Clara Viebig dem Friedensrichter Adami in den Mund legt, kommt nicht

nur die Tendenz des Buches noch einmal klar zum Ausdruck, auch der Bezug zu den zwanziger Jahren wird hergestellt: »Die Göttin der Vernunft hatte nicht Vernunft gelehrt, nur Unvernunft. Die Republik, die den Freiheitsbaum aufgepflanzt, hatte Altes umgerissen, aber das Neue, das sie dafür hingestellt, hatte nur lose Wurzeln. Herr Gott . . . käme nur ein Sturmwind und bliese den wurzellockeren Freiheitsbaum um! Auch hierzuland hatten sie ihn umtanzt – Freiheitsbäume auf allen Märkten, junge schlanke Eichen von Eifelhöhen. Freiheit, Gleichheit, Brüderlichkeit! Zum Lachen. Nie waren Menschen unfreier gewesen. Aber noch in Jahrhunderten würde das Volk ja das große Wort ›Freiheit‹ nicht verstehen. Und Gleichheit? Einer wie der andere trieb dahin in der Gier nach Genießen – nur darin war Gleichheit. Und Brüderlichkeit? Kain schlug den Abel tot – der Besitzlose griff ›brüderlich‹ nach dem, was der Besitzende sich durch fleißige Arbeit erworben hatte.«

Mit der Republik, die »Altes umgerissen« hatte, ist nicht die Mainzer, sondern die Weimarer Republik gemeint, mit der »Gier nach Genießen« der Lebenshunger und die Exaltationen der Roaring twenties, mit der Erwähnung Kains und Abels die offen ausgetragenen politischen Auseinandersetzungen jener Jahre, mit dem »brüderlichen« Griff der Besitzlosen nach dem durch »fleißige Arbeit« Erworbenen die sozialen Umschichtungen nach 1918. Und daß die Menschen nie »unfreier gewesen«, bedurfte nach dem Inkrafttreten des Versailler Vertrags keiner Erläuterung.

»Unter dem Freiheitsbaum« ist ein in politischer Absicht geschriebener historischer Roman. Weil er leicht zu lesen ist, dürften viele Leser sich angesprochen gefühlt und rasch verstanden haben, was gemeint war, zumal als am 11. Januar 1923 die Regierung Poincaré fünf schwerbewaffnete Divisionen ins Ruhrgebiet einrücken ließ. Neben dem von der deutschen Reichsregierung offiziell verkündeten passiven kam es auch zu aktivem Widerstand, der einen neuen Nationalhelden hervorbrachte: Albert Leo Schlageter, der im März ein Sprengstoffattentat auf eine Bahnlinie verübte, im April von den Franzosen verhaftet und im Mai hingerichtet wurde – und den sowohl der Kommunist Karl Radek in einer berühmt gewordenen Rede als auch Hitler auf der zweiten Seite seines Buches »Mein Kampf« feierte.

Ebenso wie Clara Viebig spielt Curt Elwenspoek in seiner Biographie auf die politischen Empfindungen der zwanziger Jahre an. Er sah in Bückler zu Recht »den deutschen Räuber schlechthin«. Bei der Quellenkritik wies Elwenspoek das Werk des deutschen Jakobiners Johann Nicolaus Becker als »widerspruchsvolle und tendenziöse Darstellung« zurück und nahm sich vor, das Buch »seines Abschreibers Rauchhaupt zu korrigieren«. Elwenspoek knüpft aber gerade an Rauchhaupt an: »Erschütterungen wie die französische Revolution ... steigern naturgemäß zunächst die allgemeine Verwirrung und leisten allem Kühnen, Wilden, Triebhaften, Rebellischen unerhörten Vorschub ...«

Nicht mit dem konkret nachweisbaren politischen Zwiespalt der Bevölkerung erklärt Elwenspoek die Entstehung der Räuberbanden, sondern mit einer nur ungenau angedeuteten allgemeinen Stimmung und mit dem – schon von Stramberg genannten – Hinweis, daß »dünnbesiedelter, schwer zugänglicher Bergwald« noch ein übriges tat.

Zentral ist für Elwenspoek der Begriff Rebell: Schinderhannes habe nie einen Menschen umgebracht, »kaum einen mißhandelt«. Er sei nicht diabolisch gewesen, sondern »heiter und gemütlich«, und habe keinen geplanten Vernichtungskrieg geführt: »... er ist und bleibt *nur ein Rebell,* einer, der auf seine Art protestiert, der aber zu Kompromissen bereit bleibt und seine ›göttliche Sendung‹ als Landplage möglichst schmerzlos ausüben möchte.«

Was versteht Elwenspoek unter »göttlicher Sendung als Landplage«? Er will wohl sagen, daß es Schinderhannes' Mission gewesen sei, gegen Franzosen und andere »Volksfeinde« zu Felde zu ziehen, ohne dabei allzu brutal vorzugehen. Elwenspoek betont, Schinderhannes behellige nur ausnahmsweise kleine Leute. So habe er sich die »Sympathie der Bauern und

Handwerker« bewahrt und dadurch noch zu steigern gewußt, »daß er als Rebell gegen die damalige französische Staatsautorität und gegen die Gesellschaft der reichen Händler auftrat«.

Wie sehr Bückler von den Franzosen als politische Herausforderung empfunden wurde, wird damit erklärt, daß er »jahrelang aller Bemühungen, die öffentliche Ordnung . . . herzustellen . . . gespottet« habe. Für die Republik habe »seine Vernichtung . . . sich nachgerade zu einer Prestigefrage . . . ausgewachsen«. Schinderhannes habe sich »mit höhnischer Überlegenheit« den Fahndungen entzogen.

In diesem Zusammenhang wird hervorgehoben: »Hier [habe] . . . mehr auf dem Spiele [gestanden] als die Bestrafung eines Verbrechers, [denn] Schinderhannes war ein *politischer* Rebell.« Hinzu kam, daß Schinderhannes die »nationalistischen und antisemitischen Instinkte [einer ausgepowerten Bevölkerung] vor seinen Wagen zu spannen gewußt« habe.

Zu Elwenspoek, dessen Buch ein »beispielloser buchhändlerischer Erfolg« war, stellte Otto Stückrath 1931 fest: Der Autor habe, »die Mentalität der Zeit benutzend, aus dem Verbrecher einen Helden, einen rheinischen Rebellen gemacht«. Deutlicher wies Edmund Nacken 1961 auf die politische Stimmungslage hin, die Elwenspoek ausnutzte: »Vor allem aber gab er dem Hannes Bückler ein Gesicht, das . . . gut in die Jahre nach den separatistischen Putschversuchen von 1923 paßte . . .« Damals war in Aachen und Speyer entgegen aller politischen Vernunft und gegen den Willen der Mehrheit der Bevölkerung versucht worden, eine autonome rheinische und pfälzische Republik auszurufen. Der damit verbundenen heftigen, in blutige Auseinandersetzungen ausartenden antifranzösischen Stimmung entsprach das Bild Bücklers als eines politischen Rebellen.

Carl Zuckmayer kannte den Roman Clara Viebigs nicht, als er sein Schinderhannes-Schauspiel zu schreiben begann. Dagegen las er Elwenspoeks Biographie: ». . . ich . . . habe viel Zeitmaterial daraus verwendet.« Zuckmayers Urteil über das Buch seines Freundes aus gemeinsamen Tagen am Kieler Stadttheater ist weniger abweisend als das von Stückrath und Nacken. Elwenspoek hat »die Gestalt des Bückler schon etwas heroisiert oder romantisch dargestellt . . . Für das Stück habe ich dann die Gestalt genommen, wie sie in der Überlieferung des Volkes lebte, also eine Art von anarchistischem Nationalhelden und Kämpfer für die Armen . . . Mir kam es auf die naive Menschlichkeit an.«

Hat sich Zuckmayer also aus der herrschenden Zeitstimmung herausgehalten? Nicht so gänzlich, wie das aus der angeführten Briefstelle gefolgert werden könnte. Sein Schauspiel in vier Akten ist unter realen geographischen Gegebenheiten angesiedelt: »Das Stück spielt am Mittelrhein, im Hunsrück und in der Festung Mainz, zur Zeit Napoleons«, heißt es in der kurzen Vorbemerkung. »Das linke Rheinufer steht unter französischer Herrschaft, auf dem rechten Rheinufer wird eine deutsche Gegenarmee gesammelt.« In dem von Zuckmayer aufgeputschten Spannungsfeld von französischer Fremdherrschaft und deutscher Gegenarmee ist die Handlung angesiedelt. Zuckmayer merkt weiter an: »Das Historische soll in Kostüm und Masken ebensowenig betont werden, wie es in der Sprache des Stückes und seiner Gestalten der Fall ist.«

Das könnte so verstanden werden, als hätte der Autor einen nicht näher bezeichneten politisch aktuellen Verfremdungseffekt bei den Aufführungen angestrebt, als hätte der Ende der zwanziger Jahre auf deutschen Bühnen auftretende Schinderhannes gegen die Franzosen mobil machen sollen. Tatsächlich aber ging es Zuckmayer nicht um eine Agitpropfigur, sondern um den »anarchistischen Nationalhelden«: Der Dualismus französische Herrschaft–deutscher Freiheitswille ist eine notwendige Voraussetzung für die Handlung – nur aufgrund der Animositäten der deutschen Bauern, Händler und Wirte gegenüber den fremden Truppen ist das ambivalente Verhältnis der Leute zu Schinderhannes möglich. Offene Haßtiraden gegen die Franzosen fehlen. Wenn gegen sie etwas vorgebracht wird, geschieht es mehr in harmlos-derber Art. So wird die französische Vorliebe für Froschschenkel mit dem Ausruf »Die Säu!«

kommentiert. Von einem Mädchen, das »mit de Franzose« läuft, heißt es: »Die sollt ma nit mehr grüße, die Sau!« Ein Räuber bringt zum Ausdruck, ihm seien die Franzosen genauso unsympathisch wie die Gendarmen. Ein Holzknecht: »Was gehn denn uns die Franzose an un die Deutsche un de Krieg un's ganze Drumherum! Damit kann ich mei Bälg nit füttern . . .« Und als Bückler bei der Verhaftung gesagt wird, er sei »ein politischer Verbrecher«, kreuzt er demonstrativ beide Hände, um sich fesseln zu lassen. Gerade an dieser Stelle fehlt eine plakativ hervorgehobene politische »Lehre«. Bücklers Unternehmungen und Antipathien richten sich gegen alle, die nicht zum Volk gehören, und Zuckmayer akzentuiert diese Haltung als Notwehrdenken der geschundenen kleinen Leute: »Gesetz und Ordnung« verlieren in dem Moment ihre Gültigkeit, da es ums nackte Leben, ums Überleben geht. Allen, die sich dabei als hinderlich erweisen – den Reichen, Ausbeutern jeder Art, Juden, Geistlichen und französischen Soldaten –, wird der Kampf angesagt. Ein ebenso globales wie naives »Programm«.

1966 hat der Dichter in seinen Erinnerungen nur allgemein festgestellt, das Schinderhannes-Stück stelle seine »Hinwendung zum Volkston, auch zum Gefühl als einem legitimen Medium des Theaters« dar. In einer 1928 erschienenen Selbstinterpretation beschrieb er wesentlich genauer, worum es ihm ging: Hinwendung zum Volkston heißt Hinwendung zu den Anekdoten und Geschichten über Schinderhannes: Sie »bilden ein grosses, ungeschriebenes Volksepos . . .«

Eine Gestalt wie Bückler, die sich allmählich aus der historischen Wirklichkeit löse, legendär und unsterblich werde, verkörpere immer »die Sehnsucht, die Liebe, die heimlichen Wunschträume und das innerste Wesen eines Volkes, einer Rasse, einer Landschaft, überhaupt der wahren menschlichen Natur«.

Damit redete er keineswegs der damals schon von bestimmten Kreisen hochgeschätzten »Blut-und-Boden-Literatur« das Wort. Im Gegenteil, 1925 nach der Uraufführung des »Fröhlichen Weinbergs«, war ihm der Haß deutschvölkischer Ideolo-

gen entgegengeschlagen, denn er hatte es gewagt, deren Volks-
tums- und Antisemitismusphrasen in einer Volkskomödie ins
Lächerliche zu ziehen. »Der Krach um den ›Fröhlichen Weinberg‹ war nicht einfach ein Schildbürgerkrawall gewesen, über
den man sich hätte lustig machen können. Er hatte die bösen,
unversöhnlichen Fratzen enthüllt, das verzerrte Gesicht einer
nach Haß und Rache lüsternen Rückständigkeit, die im Begriff
war, das deutsche Volk um seine beste und hoffnungsvollste
Zeit zu betrügen, seiner freien Zukunft das Grab zu schaufeln.«
Zuckmayer war nicht bereit, sich mit seinem nächsten Stück
daran zu beteiligen. Er wollte weder geschichtlich beglaubigte
Lehren für die Gegenwart verkünden, noch war er willens, den
ultrakonservativen Volkstümlern das deutsche Volkstum und
die Liebe zur Heimat zu überlassen. Zum Prüfstein wurde für
Zuckmayer die Gestalt Bücklers, und zwar ausdrücklich die des
legendären Schinderhannes: In ihm sah der Dichter »die stärksten Eigenschaften und Wesenszüge« des Volkes verkörpert.
»Losgelöst von allen kleinlichen Mißverständnissen, Ressentiments und Sensationen . . . und befreit von den Bedingungen
seiner Zeit«, wurde Schinderhannes »dem Volk zum idealen
Abbild seiner selbst«.

Aus dieser nachträglichen Beschreibung der Titelgestalt geht
hervor, was sowohl die Theaterszenen als vor allem auch weitere Passagen des Aufsatzes von 1928 bestätigen: Der Dichter
überhöht die Figur des Schinderhannes, er verklärt sie. Zuckmayer wurde von Elwenspoeks Auffassung eingeholt: Bückler
war »keineswegs das, was man heute unter einem Revolutionär
versteht. Er war ein Rebell. Er widersetzte sich« – aus dem
Bauch heraus – »allem, was dem starken, einfachen Leben Abbruch tut. Er hatte bestimmt keine Ideologie. Er rebellierte
nicht aus ›erkannten Mängeln‹, sondern aus der Fülle seiner
Natur. Er hatte nichts von einem ›Volksbeglücker‹. Er war ein
Mensch, der leben wollte, leben konnte und der sich keine Einschränkung gefallen ließ.« Konsequent formte Zuckmayer alles
um, was die Historie zu Schinderhannes überliefert. Reinen
Franzosenhaß scheidet der Dichter aus: »Französische Soldaten

und deutsche Gendarmen durchstreiften damals gemeinsam das Land, um die ›Ordnung aufrechtzuerhalten‹. Deutsche Rheinfürsten und französische Besatzungsgenerale saugten gleichermaßen die Bevölkerung aus und bedrückten sie mit doppelter Steuerlast. Der Mann in der Uniform, der Häscher und Büttel der Staatsgewalt, der Eintreiber und Einprügler der Klassen- und Standesvorrechte, das war der Feind des Schinderhannes, und er trug in der Mehrzahl rote Hosen statt blaue.« Zu Bücklers Antisemitismus merkt Zuckmayer an: »Der Kampf des Hannes Bückler richtete sich in einer primitiven Weise gegen die Anhäufung großer Gütermengen in privatem Besitz. Ein wilder, ungezügelter Ausgleichstrieb befeuerte ihn und seine Kerle. Das traf auf Jude und Christ, auf Pfarrhof und Krämerwagen. Daß er manchmal, in einer Art von einfältiger Schlauheit, den Judenhaß gewisser Schichten zu seiner Propaganda ausgenutzt hat, ändert hieran nichts und braucht uns nicht zu kümmern.«

Die Gestalt, wie sie nicht nur Zuckmayer auffaßt, lebt davon, daß sie außerhalb ihrer geschichtlichen Epoche weiterexistiert und Rundumschläge führt, die sich gegen alles Lebensfeindliche wenden: »Der Schinderhannes, der sich nichts gefallen läßt, der nimmt, was er findet, der hergibt, was er hat, der die Bedrücker hart angeht und gut Freund ist mit allem Volk, der seine Feinde mit einem Lachen abtut, seine Verfolger an der Nase herumführt, der sein Leben riskiert für einen guten Witz und auf den Volksfesten tanzt, singt, säuft, während hundert Gendarmen die Wälder nach ihm absuchen – der Schinderhannes, auf den die Frauen fliegen und der mit seinem Elan, seiner Jugend, seiner wilden Grazie und seiner stählernen Energie die Bande wüster Krakeeler und Marodeure beherrscht und zwingt: so ein Kerl möchte jeder gern sein, und selbst wer bei Tag bis über beide Ohren in Ehrbarkeit steckt, nachts regt sich auch in ihm zuweilen der Drang zum verteufelten Burschen.«

Für den rheinhessischen Autor ist schließlich bestimmend gewesen, daß er einem Menschen seiner Heimat zum Bühnendasein verhalf. Das führte zu einer scharfen Abgrenzung gegenüber allen »arisch« argumentierenden Eiferern: Bückler »verkörpert kein nordisches oder klassisches Heldenideal, sondern ein westliches, südwestdeutsches Lebensideal. Leichtigkeit des Blutes und Stärke der Natur – nachbarlich verwandt dem Volkstum der Franzosen, die durch die Verkettung der Politik damals die Henker des Schinderhannes wurden – und doch in allen Fasern deutsch: in den Wurzeln der Landschaft, in der Weite des Gefühls, in der Begrenztheit seines Wesens und im Trieb, über sich selbst hinauszukommen. Und dann, außer den Kräften seiner Rasse, hat der Schinderhannes die wahren Züge der Volkshelden aller Nationen: echtes Rebellentum, unbedingtes Festhalten am natürlichen Menschenrecht, verzweifelten Widerstand gegen alle schlechten gesellschaftlichen Un-Rechte.«

Carl Zuckmayers Schauspiel wurde am 14. Oktober 1927 am Lessing-Theater in Berlin uraufgeführt und noch im gleichen Jahr zum erstenmal unter der Regie von Kurt Bernhard mit den Schauspielern Hans Stüwe, Lissi Arna, Albert Steinrück und anderen verfilmt. 1958 drehte Helmut Käutner mit Curd Jürgens, Maria Schell, Siegfried Lowitz und anderen den zweiten Schinderhannes-Film. Und das Zweite Deutsche Fernsehen brachte ein dokumentarisches Fernsehspiel.

Der Erfolg der Theateraufführung war beachtlich, wenn auch nicht so durchschlagend wie beim »Fröhlichen Weinberg«. Alfred Kerr lobte die Hauptdarsteller Eugen Klöpfer (Schinderhannes) und Käthe Dorsch (Julchen), kreidete dem Autor aber »äußersten Kitsch« an. Kerr hob allerdings auch hervor, Zuckmayer sei ein Heimatstück gelungen, das »erwünschter ist als Heimatstücke sonst und bisher. Und kräftiger.« Der Autor erinnerte sich, er habe die Leute weinen gesehen. »Aber es war kein rührseliges Heulen, es war Erschütterung.« Ein Zeichen dafür, daß Zuckmayer den Ton getroffen hatte, der dem Geschmack des Publikums entsprach.

Aus einem Abstand von fünfzig Jahren betrachtet, zeigt sich hier ein bedenkliches, ja gefährliches Moment. In dem zitierten Aufsatz erläutert der Dramatiker, wenn ein Schriftsteller ein

Stück ausarbeite, »das heute, im September 1928«, spiele, dann
sei es im »Augenblick ... der Objektivierung zum historischen
Dokument geworden. Wenn [aber] einer ein Stück schreibt, dessen stoffliche Grundlagen 2000 Jahre zurückliegen, und er ist ein
heute lebender, wahrhaft lebender Mensch, so ist sein Stück
notwendig von heute, ein Stück von uns.« Auf den Schinder-
hannes-Stoff angewandt, kommt Zuckmayer zu dem Schluß, er habe »folgerichtig und notwendig« gehandelt, als er den »legendären Schinderhannes ... losgelöst von allen kleinlichen
Missverständnissen, Ressentiments und Sensationen« gestal-
tet habe. Denn »die Bedingungen *seiner* Zeit sind den Bedingungen *unserer* Zeit in allem, worauf es ankommt, nicht wesentlich
verschieden«.

Worauf kam es gegen Ende der Weimarer Republik an? Mit
spitzen Bemerkungen gegen die Franzosen, gegen »den Staat«,
die Kirche und den »Zinsjudd« ließ sich damals immer Beifall ein-
heimsen. Gehörte es zu den Bedingungen gerade der späten
zwanziger Jahre, mit Hilfe der Schinderhannes-Figur dem Antisemitismus »gewisser Schichten« dann doch Vorschub zu leisten?
Appelliert Zuckmayers Theaterstück nicht trotz aller nachträglichen Erläuterungen und trotz aller Abgrenzungen des Autors gegenüber den völkischen Ideologen zu einem guten Teil an hartnäckig weiter schwelende Primitivvorstellungen?

Wie würden einzelne Szenen heute aufgenommen? Bückler
bei Zuckmayer: »Was geht mich an, ob einer Deutsch reddt oder
Türkisch! Wer hier nit für uns ist, der is gege uns un fliegt raus!
... Unser Land wird sauber – un soll sauber bleibe!« Ein Fuhrmann: »Von unsere einheimische Bandite hat noch keiner nie nit
en Bettler oder arme Mann belästigt, nur Kaufleut, Offiziers-
bagage un reiche Judde.« An welchen Stellen würde das Publikum in der Bundesrepublik heute buhen? An welchen applau-
dieren?

»Wir dürfen nie vergessen«, schreibt Georges Bataille in seinem Buch über Gilles de Rais, »daß die legendären Ausdeutun-
gen ... als einzige die Wahrheit verkündet haben.« Das trifft
sowohl auf die Autoren zu, die sich der Legende bedienen, als

auch auf das Volk selbst, das die Legende hervorbringt und in dem sie weiterlebt. Beide bringen ihre Hoffnungen und Wünsche zum Ausdruck. Mit dem Schinderhannes beschäftigen sie sich nicht um seiner selbst willen, sondern um die eigenen politischen und sozialen Erwartungen zu artikulieren. Carl Zuckmayer macht da keine Ausnahme, nur höchstens die, daß er weniger grobschlächtig als andere verfuhr.

Wir haben viele Episoden und Motive aus der volkstümlichen Literatur zitiert, dabei jedoch zwei Anekdoten bewußt ausgelassen. In seiner Sammlung von Sagen, Märchen und Schwänken von der unteren Sieg teilte Heinrich Dittmaier 1950 folgende Geschichte über Schinderhannes' Tod mit:

»Der Sch. war hier im Gau gefangen genommen worden von den Franzosen. Später vom Gericht mit 12 seiner Genossen zum Tod verurteilt worden. Er wurde auch dem Napoleon vorgestellt. Zu diesem sagte der Sch.: ›Du ein großer, ich ein kleiner!‹ Napoleon hat verstanden: ›Er selbst wär ein grosser, und Sch. wäre ein kleiner Spitzbube.‹ Drum hat Napoleon ihn nicht begnadigt. Als nun Napoleon abends mit seinen Generalen zu Tisch saß, da sagte der Napoleon zu seinen Generalen: ›Was mag der damit richtig gemeint haben?‹ Worauf der General sagte: ›Du ein großer Feldherr, ich ein kleiner.‹ Worauf der Napoleon rief: ›Da soll der Kerl begnadigt werden!‹ und schickt einen Boten mit dem Begnadigungsschreiben, welches aber eine Stunde zu spät kam, da er schon vor 'ner Stunde gehängt worden war.«

Dieser stenographisch aufgenommenen Erzählung liegt ein nachweisbares Faktum zugrunde: Schon während der Voruntersuchung hatte der Untersuchungsrichter Wernher dem Schinderhannes »die Gnade des ersten Consuls für seine Aufrichtigkeit [bei den Verhören] in Aussicht« gestellt. Und am 24. Oktober schrieb das *Frankfurter Staats-Ristretto:* »Er [Bückler] soll sich durch seine Vertheidiger an den ersten Consul gewendet haben, um Gnade zu erhalten.« Der Erzähler formt das übermittelte Gnadengesuch in die persönliche Begegnung Räuberhauptmann–Napoleon um. Diese Begegnung und ihre Folgen führen in der Fiktion zur Versöhnung: mit den Franzosen, weil einer ihrer Generale die listig-unverschämte Bemerkung Bücklers so deutet, daß Napoleon ihr zustimmen kann und daraufhin den Exekutionsbefehl aufhebt; und mit Schinderhannes, weil er das Opfer eines Mißverständnisses wird, das zu korrigieren lediglich die Zeit fehlt. Der von Dittmaier befragte Gewährsmann will die Hinrichtung des Schinderhannes offenbar nicht anders als einen bedauerlichen Irrtum gelten lassen. Am Ende steht Harmonie.

Die zweite Anekdote ist schon in der ersten Schinderhannes-Biographie aus dem Jahre 1802 enthalten: »Häufig verhütete Schinderhanns Unheil, das von seinen Kameraden beabsichtet war. Häufig diente er selbst Leuten zur Sauvegarde und sicherte sie gegen die gewisse Beraubung seiner in der Gegend verbreiteten Bande. Ein armes Dienstmädchen, das weinend in dem Wirtshause, in dem eben Schinderhanns zugegen war, erzählte, daß es vierzig Gulden, den sauern Erwerb mehrerer Dienstjahre, bey sich trage und von der Bande des Schinderhanns, die sich seit ein paar Tagen in dieser Gegend verspüren lassen, beraubt zu werden fürchte, begleitete er selbst durch eine Strecke von anderthalb Meilen, verließ dasselbe nicht eher, bis er es in Sicherheit wußte, und entließ dann solches mit der Aeußerung, daß Schinderhanns nicht ganz so schlecht und grausam sey, als ihn die Leute machten, daß er ihr so eben einen Beweis hiervon gegeben habe, da er sie bis hierher begleitet habe, und daß er ihr gerne noch ein Geschenk zum Andenken geben würde, wenn sie nur einen Tag später gekommen, ›denn jetzt‹, sagte er, indem er seine Taschen umkehrte, ›bin ich weit ärmer als du‹, ein Umstand, der dem Herzen dieses berüchtigten Räubers gewiß sehr das Wort spricht.«

Der Biograph distanzierte sich von dieser Episode mit keinem Wort, im Gegenteil: Er »bewies« mit ihr, daß Schinderhannes die Leute vor Übergriffen der eigenen Kameraden schützte.

Im gleichen Jahr tauchte die Episode im »Auszug aus der Lebensgeschichte des Schinderhannes« auf, jedoch im vierten Abschnitt der »Unterschiedlichen Anekdoten«. Dort diente sie der Unterhaltung; auf die Überraschung kam es an, denn Schinder-

hannes gibt sich, nachdem das Mädchen in Sicherheit ist, zu erkennen. Schlüsse daraus zu ziehen, wird den Lesern überlassen,
die das Gelesene, wie ein Blick auf die weitere Überlieferung
zeigt, oft weitererzählt haben. In dem dadurch in Gang ge-
kommenen »Gebrauchs«vorgang wurde die Episode immer
wieder verändert. Heinrich Dittmaier teilt 1950 folgende Variante
mit:

> »Schinderjohannes und die Eiermädchen
>
> Ein Mädchen, das mußte Eier fortbringen
> nach dem Markt. Es mußte durch einen
> Busch, und da hat es dem Sch. seine Bande
> überfallen. Das Mädchen hat geschreit und
> gekrischen, und da kam der Sch. selber, der
> hatte das gehört, und hat dem Mädchen die
> Eier doppelt bezahlt. / Das Mädchen ist heim
> gegangen und hat das daheim im Dorf ver-
> zählt. / Ein ander Mädchen, das aber gar nicht
> nötig hatte, sagte, es wolle auch nach dem
> Markt gehn und sich im Busch überfallen las-
> sen, daß es die Eier auch doppelt bezahlt
> kriegte. / Ein Gesell vom Sch. hatte im Dorf
> spioniert und hatte das gehört und hat das
> seinem Meister verzählt. / Wie nun das Mäd-
> chen in den Busch kam, haben sie's da auch
> überfallen. Der Sch. hat ihm aber die Eier
> nicht doppelt bezahlt. Sie haben es an einen
> Baum festgebunden und haben ihm den Rock
> aufgehoben und haben ihm die Eier einzeln
> gegen den Hintern geworfen.«

Wie wir im biographischen Teil unserer Erzählung gesehen haben, lernte Schinderhannes Margaretha und Juliana Blasius während eines dörflichen Tanzabends kennen. Die Wiederbegeg-
nung zu dritt fand im Dollbach-Wald statt. Dabei scheint der

Freier, falls wir Julchens Aussage trauen dürfen, nicht eben zart mit seiner Angebeteten umgegangen zu sein. Er soll ihr gedroht haben, sie umzubringen, was sie schließlich dazu veranlaßte, ihm zu folgen. Das Leben, das die beiden danach führten, nannte der Untersuchungsrichter Wernher müßig und wollüstig und spielte damit auf die sexuellen Beziehungen Julchens zu Schinderhannes an, die Julchen insofern bestätigte, als sie angab, Bückler sei der Vater ihres – wahrscheinlich kurz nach der ersten Begegnung gezeugten – Kindes gewesen, das bald starb.

Die Erzählung von Schinderhannes und den Eiermädchen und der nach den Akten rekonstruierbare Vorgang weisen einige Parallelen auf: Das Treffen Schinderhannes–Mädchen findet im »Busch« statt; Bückler bestellte Margaretha und Julchen in den Dollbach-Wald. Das Mädchen aus der Erzählung kennt den vor ihr stehenden Mann nicht; Julchen gab vor, Schinderhannes nicht gekannt zu haben. Das Mädchen aus der Erzählung trug einen Korb mit Eiern; von Julchen aber ist nichts dergleichen überliefert.

Es gibt indessen ein Zusammentreffen Bücklers mit einer anderen Frau, das hier weiterhelfen könnte. Kurz nach Fastnacht 1802 wurde Margaretha Landfried, die Landkrämerin und Trödlerin aus Lettweiler – »ein altes Weib« nennt sie Becker –, von zwei Männern auf dem Weg nach Kreuznach angehalten. Sie trug Leinwand und Butter zum Markt; beides mußte die Landfried abgeben. Später wurde sie gezwungen, Schinderhannes und seine Begleiter mit Lebensmitteln zu versorgen. Auch diese Vorgänge sind uns bekannt. In der Erzählung kehrt die Begegnung Schinderhannes–Landfried wieder, nur daß dort aus der alten Frau ein junges Mädchen wird und daß es Eier bei sich hat statt Butter.

Die Erzählung verläßt nun den »authentischen« Rahmen. Daß die Überfallene »geschreit und gekrischen« hat, wie die Landfried also heftig erschrak, bleibt erhalten. Daß sie aber die ihr abgenommenen Viktualien »doppelt bezahlt« bekam, wie es in der Erzählung heißt, ist dem Protokoll nicht zu entnehmen. Die Landfried sagte aus, die »zween Männer« hätten ihr gesagt,

»ich solle nur ruhig seyn, ich würde dafür bezahlt werden«. Mit welchem Betrag, davon erfahren wir nichts. Das in der Erzählung erscheinende zweite Mädchen, das sich die Eier doppelt bezahlen und sich deshalb bewußt überfallen lassen will und daher von den Räubern bestraft wird, ist nicht nachweisbar. Es sei denn, wir fassen die verschiedenen, von der Landfried übernommenen Aufträge so auf, als habe der spätere Erzähler daraus eine zweite Person gemacht. Für diese Auslegung könnte sprechen, daß es in der Erzählung heißt, das erste »Mädchen ist heim gegangen und hat . . . daheim im Dorf« von der doppelten Bezahlung erzählt. Das bedeutet: Der Vorgang wurde zum Gesprächsstoff, den das zweite Mädchen ausnutzte, doch »ein Gesell vom Schinderhannes hatte . . . spioniert«. Für diesen Handlungsteil findet sich bei den Aktivitäten der Landfried insofern eine vage Entsprechung, als sie mehrmals bei verschiedenen Leuten vorstellig wurde und über Bücklers Aufträge sprach. In Lettweiler, einem kleinen Dorf, blieb das kaum unbeachtet. Für Gesprächsstoff war gesorgt.

Was den Schluß der Erzählung betrifft, so bekommen wir wieder festeren Boden unter die Füße. Zunächst ist zu sagen, daß das An-den-Baum-Binden nur eine sinnbildliche Entsprechung der Gewaltandrohung Bücklers gegenüber Julchen im Dollbach-Wald sein kann. Zweitens ist daran zu erinnern: Aus der sechzigjährigen Landfried wurde »ein Mädchen«. Der späte Erzähler brauchte bei der Pointe, auf die er zustrebte, eine junge, körperlich attraktive Frau, deren Gesäß mit Eiern zu bewerfen ungleich erzählenswerter ist und mehr zum Lachen reizt, als wenn es sich um eine alte, erotisch uninteressante Frau handelte. Drittens läßt sich dafür, daß dem Mädchen der »Rock aufgehoben« wird, wieder ein Beleg beibringen. Er stammt aus dem Fall Placken-Klos: Dieser »wüste Mensch ohne Gleichen« zog Mutter und Tochter Schäfer »bis aufs Hemd aus« und verschwand mit den Kleidern. Der Vorfall hat mit Schinderhannes nur insofern zu tun, als er danach mithalf, Placken-Klos zu verfolgen und zur Rechenschaft zu ziehen. In der Erzählung wird die Entkleidungsszene gemildert:

Aus dem Ausziehen bis aufs Hemd wird das Rockaufheben; nicht einer tut das, sondern alle anwesenden Schinderhannes-Gesellen, die auch gemeinsam die Eier werfen. Wesentlich für die Erzählung ist schließlich, daß das Mädchen, das Schinderhannes hintergehen wollte, doppelt bestraft wird: materiell mit der Zerstörung der Eier und ideell damit, daß mehrere Männer ihren nackten Hintern sahen.

Edmund Nacken hat in seinem Dokumentarbericht »Räuber oder Rebell?« (1961) die Volksüberlieferung stark vernachlässigt. Eine Geschichte wie die von den Eiermädchen kannte Nacken gut, hielt sie aber für nicht mehr als eine unterhaltsame Anekdote, wie er in einem Interview mit dem Verfasser sagte. Und den Beginn der Schinderhannes-*Literatur* sah Nacken bloß im Gefolge von Schillers »Räubern« (1781) und Vulpius' »Rinaldo Rinaldini« (1799): »Jetzt reichten sich Sturm und Drang, Naturschwärmerei und Romantik die Hand mit Kolportage und Moritat. Die Literaten bliesen damit in das gleiche Räuberhorn, das den Hunsrückbauern längst vertraut war.«

Diese Bewertung dehnte Nacken auch auf die historische Gestalt des Schinderhannes aus: ». . . unser . . . merkwürdige(r) Held . . . (hat) nur in jener – mit der unsren so merkwürdig verwandten – Zeit des Chaos und des Übergangs zwischen einer bis auf den Grund zerstörten alten und einer nur zaghaft beginnenden neuen Ordnung entstehen« können. So »läge (es) nahe, ihn mit einem allzu sehr mißbrauchten Schlagwort einen ›Halbstarken‹ zu nennen . . . heute würde man ihn ganz gewiß nicht zum Tode verurteilt haben«, man würde ihm eine Jugendstrafe zumessen. Und 1968 (!) war Nacken nach wie vor davon überzeugt, Schinderhannes sei »ein Halbstarker« gewesen.

Anders die marxistische Forschung. Die über Räuber und Rächer »im Volke verbreiteten Lieder und (anderen) Überlieferungen« faßte L. E. Genin 1960 als Teile eines »jahrhundertelangen Kampfe(s) des werktätigen Volkes gegen seine Unterdrücker« auf. Die aus der Mitte des Volkes »stammenden Helden, starke und mutige Menschen, die den Reichtum und die Macht verachteten«, seien immer bereit gewesen, »für die Wahrheit einzustehen«. Indem das

Volk die »freien Menschen« heroisierte, habe es seinen eigenen Protest »gegen Rechtlosigkeit und Unterdrückung« ausgedrückt. Historisch gesehen, stelle dies »ein niederes, noch unentwickeltes Stadium des Klassenkampfes dar, den ein spontaner Rachedurst beseelte«.

Die »Gestalt des Räubers und Rächers«, wie sie dann in der deutschen Volkskunst des 18. und 19. Jahrhunderts erscheint, bewertet Genin »keineswegs (als) eine romantische Abstraktion«. Vielmehr stelle das »Räubertum . . . eine reale Tatsache im öffentlichen Leben des damaligen Deutschlands« dar. Was wir in den biographischen Kapiteln belegen konnten, hebt auch Genin hervor: »Die Bauern in den Dörfern unterstützten die Räuber heimlich und wünschten ihnen Erfolg, denn sie sahen in ihnen die Werkzeuge einer gerechten und edlen Vergeltung.« Im Hinblick auf Schinderhannes läßt diese Betrachtungsweise eines außer acht: längst nicht immer erfuhr er spontanen Zuspruch, sondern mußte manchen Komplicen dazu zwingen, ihm zu helfen. Dabei kam ihm nicht nur soziale Unzufriedenheit zu Hilfe, sondern zuerst die damals aktuelle »Theilung der politischen Meynungen« (Becker) und der Antisemitismus. Wenn Genin in den Liedern, Erzählungen und Volksschauspielen über Schinderhannes »deutliche Fortschritte (entdeckt) . . ., die das Bewußtsein der Bauern infolge ihres Klassenkampfes gemacht hat«, dann trifft dies nur für einige erst im Verlauf des 19. Jahrhunderts entstandenen Texte zu. In den noch zu Lebzeiten Bücklers erschienenen Büchern dominieren eindeutig die Motive Franzosen- und Judenhaß; erst später folgt – dann allerdings recht deutlich – das Motiv der sozialen Vergeltung.

Der britische Sozialhistoriker Erik J. Hobsbawm hingegen spricht Schinderhannes jeden Zug von Sozialprotest ab. Bückler sei zwar der berühmteste, doch nicht der bemerkenswerteste »Bandenhäuptling« im Rheinland gewesen. Von seiner Herkunft her »kam er aus einem mißachteten Gewerbe, (und war daher) traditionsgemäß mit der Unterwelt verflochten . . . Er fand es für seine Public Relations vorteilhafter zu verkünden, daß er nur Juden ausrauben würde, d. h. Händler und Geldverleiher, und die zahlreichen Anekdoten und Volksbücher, die sich mit ihm beschäftigen, schrieben ihm wiederum viele Eigenschaften eines idealisierten Robin-Hood-Helden zu: Die Freigiebigkeit, die Widergutmachung von Unrecht, Höflichkeit, Humor, Schläue und Tapferkeit, die Allgegenwart, die bis zur Unsichtbarkeit reichte ...« Diese Feststellungen sind zwar nicht falsch, aber Hobsbawm fragt nicht danach, warum das Volk den Schinderhannes so idealisierte. Statt dessen bekundet Hobsbawm größtes Verständnis für die Seite der Herrschenden, für »Jeanbon St. André ..., der diesem Gangster das Handwerk legte«.

Ist Schinderhannes nur als Gangster zu verstehen, als »krimineller Räuber«? Ist mit der Darstellung seiner Verbrechen alles über ihn gesagt? Was war dafür maßgebend, daß bis heute Geschichten über ihn erzählt werden? Daß sein Name noch in den Schlagzeilen der Zeitungen auftaucht? Nur das Interesse an der Kriminalität? Oder das Interesse daran, für wen oder gegen wen er zu kämpfen vorgab?

Kehren wir zum Abschluß noch einmal zu der so harmlos erscheinenden Anekdote von den Eiermädchen zurück: Daß diese Geschichte authentische Handlungselemente enthält, darf nicht zu der Einschätzung verleiten, dem Erzähler sei es um einen historisch auch nur einigermaßen exakten Bericht gegangen. So betrachtet, ist die Geschichte wertlos. Die authentischen Spuren beweisen lediglich das Fortwirken der historischen Überlieferung. Die Geschichte ist auch nicht allein von der erotischen, schwankhaften Pointe her zu deuten. Das Interesse, das den Gewährsmann leitete, war offensichtlich von etwas völlig anderem bestimmt: er arrangierte verschiedene vorgefundene Handlungselemente so, daß aus ihnen die »Moral« hervorgehen konnte: seht her, der Schinderhannes übte Gerechtigkeit und hatte dabei noch komische Einfälle. Die Absicht, dies auszudrücken, kann aber nur jemand haben, dessen eigene Lebensumstände ein Manko aufweisen. Er will – erzählend, in der Phantasie – das realisieren, was ihm die Wirklichkeit vorenthält. Die Gestalt des Schinderhannes bekommt dadurch Zeichencharakter. Sie wird zum Symbol. Das bleibt solange erhalten, solange die Probleme bestehen, für deren Lösung Schinderhannes einstehen soll.

Nachweise

Die Beschaffung neuer, bisher nicht verwendeter Unterlagen wäre ohne die Hilfe von Karoline Cauer nicht möglich gewesen. Franz Dumont wies zahlreiche, oft an entlegener Stelle erschienene Veröffentlichungen nach. Christine Kramer hat sich der Mühe unterzogen, einige Texte aus dem Französischen zu übersetzen. Ihnen dankt der Verfasser an dieser Stelle herzlich.

Alle im Text verwendeten Zitate sind durch ».. .« gekennzeichnet. Fehlerhafte oder vom heutigen Gebrauch abweichende Schreibweisen blieben innerhalb der angeführten Stellen erhalten, wurden sonst aber stillschweigend verbessert. Entgegen wissenschaftlicher Gepflogenheit wurde darauf verzichtet, die Zitate durch hochgestellte Ziffern fortlaufend zu numerieren. Der Verfasser ist sich dieser unwissenschaftlichen Verfahrensweise bewußt, bittet aber für diesmal um Nachsicht: Er wollte den Leser, dem am Nachweis der verwendeten Texte weniger gelegen ist, nicht irritieren. Der wissenschaftlich Interessierte findet dennoch den Beleg, und zwar nach Kapiteln und Seiten geordnet und in der Reihenfolge, wie die Zitate im Text erscheinen. Wo die Ergebnisse anderer Forscher übernommen wurden, ist dies durch »vgl.« kenntlich gemacht.

Für die am meisten herangezogenen Quellen gelten folgende Abkürzungen:

Allgemeine Deutsche	= ADB	Mainzer Zeitung	= MZ
Biographie		Procedure instruite . . .	= P
Johann Nicolaus Becker	= B	Rheinischer Antiquarius	= RhA
Frankfurter Staats-	= FSR	Stadtarchiv Kirn	= StA Kirn
Ristretto		Carl Zuckmayer	= CZ

Weitere Abkürzungen sowie die hinter den Kürzeln verwendeten Ziffern werden im Literaturverzeichnis entschlüsselt.

1
Das Schauspiel unter dem Blutgerüst

Seite		Seite	
10 ff.	Friedrich, 102 ff.	13 f.	MZ 24. 11.1803
12 f.	Anonym, 264 f.	14 f.	Anonym, 265 ff.; 267
13	MZ 22. 11. 1803;	15 f.	B 2, 151
	Anonym, 265	16 ff.	Anonym, 274 ff.

2
Von Schindern, Juden und Soldaten

20	PI/1, 258; 254; vgl. Grünewald, 161 ff.; 146	25	PI/1, 255; FSR 1802, 543
21 f.	PI/1, 258 f.; 41	26	vgl. Fuhrmann, 290
22 f.	»Zu den unehrlichen.. .«: Danckert, 9 ff.	27	PI/1, 255; PI/1, 273; PII/2, 775; FSR 1802, 543
23 f.	PII/2, 749; 769; vgl. Grünewald, 149; 155; Nacken (1), 16; vgl. Grünewald, 153; 128; vgl. Nacken (1), 32	28	PI/1, 255
		29	Kirner Steckbrief, StA Kirn A IVc 185; B 2, 2 f.; PI/1, 255
		30	B2, 2 f.; PI/1, 255; 41
		31	PI/1, 41

3
Kriegs- und Räubertheater

36	B 1, 9; Deklaration von Pillnitz, zit. nach Grab, 59 f.	38 f.	Manifest des Herzogs v. Braunschweig, zit. nach Grab, 108 ff.
37	Robespierre, zit. nach Grab, 98 f.	39	Aufruf Dantons, zit. nach Grab, 122; Custine, zit. nach »Deutsche Jakobiner«, Bd. 2, 29
38	Kriegserklärung an Österreich, zit. nach Grab, 101; Dekret der Gesetzgebenden Versammlung, zit. nach Grab, 106	40	Grab, 100; zit. nach Vehse, 219

41 f.	Forster, Bd. 3, 664; 680 f.	47	vgl. Cauer (2), 103 ff.;
43	Goethe, Bd. 27, 190; Hansen, Bd. 3, 12; 13		RhA II/18, 243; 243 f.
44	Hansen, Bd. 3, 13; 19; 62; 64; 65	48	RhA II/18, 270; Hansen, Bd. 3, 848; 847
45	Hansen, Bd. 3, 65	49	Custine, zit. nach »Deutsche Jakobiner«, Bd. 3, 61;
46	Hansen, Bd. 3, 65; Hansen, Bd. 3, 706 f.; 708	50 f.	B 1, 3; B 2, 144
		50 f.	B 1, 3 ff.

4
Diebstahl bei Kerzenlicht

52	PI/1, 196	59	PII/2, 762; 763; 764
53	PI/1, 196; PII/2, 741; 746	60	PII/2, 767; 775 f.; 769
54	PII/2, 742; 743	61	PII/2, 741; Hansen, Bd. 3, 854; 855; 901
55	PII/2, 743		
56	PII/2, 744; 752; 750	62	B 1, 6; 7
57	PII/2, 762; 753	63	B 1, 7 f.
58	PII/2, 753; 758; 757		

5
Bericht über einen todten Körper

64	PII/1, 160; 196	71	PI/1, 308; 288; 287; 288; PII/1, 173
65	PII/1, 159 f.; 157; 188		
66	PII/1, 188; 189; 157; 160; 161; 187	72	PII/1, 180
67	PII/1, 185; 186; 161; 216	73	PII/1, 147; 145; 177
68	PII/1, 216; 211; 169	74	PII/1, 180; 177; 180; 195; PI/1, 294; PII/1, 142; 202; 153; 207; 206
69	B 2, 9; PII/1, 169; 144; B 2, 9		
70	PII/1, 169; 172; 201; 171; 208; 179; 180; PI/1, 299	75	PII/1, 177; 199; PI/1, 219

6
Der Tod des Simon Seligmann

76	PI/1, 288; 256; PII/1, 239	78	PII/1, 233; 234
77	PII/1, 239; 233	79	PII/1, 234; 242; 243; 234

80	PII/1, 235; 236; 235; 236	83	PII/1, 244; 245; PI/1, 30
81	PII/1, 236; 235; 238; 237;	84	PI/1, 30; 30 f.; 230; 31
	244	85	PI/1, 32; 230; 32; 231;
82	PII/1, 244		B 2, 8

7
Von Pferden, peinlichen Verhören und wunderbaren Fluchten

87	PI/1, 1	93	PI/1, 256
88	PI/1, 1	94	PIV, 3
89	PI/1, 1; 421	95	PIII/1, 242
90	PI/1; 421; 7	96 f.	PI/1, 256; Texte zu Müller
91	PI/1, 6; 7; 8; 256; 14		Roemer: Cauer (1); vgl.
92	PI/1, 18; 20; B 2, 11		auch Cauer (2), 119

8
Giftmord mit Aqua vitae

98	PI/2, 950; 951	107	PIII/2, 6
99	PI/2, 941; 965; 926	108	PI/2, 1015; 1016; 1021;
100	PI/2, 958; 961; PI/1, 16;		1017
	PI/2, 1004	109	PI/2, 1017; 1015; 1021
101	PI/2, 958; 961, 1004	110 ff.	zit. nach »Deutsche Jako-
101-103	PI/1, 16; PI/2, 988 f.; 944;		biner«, Bd. 1, 177
	989; 1002; 944, 989	112	zit. nach ebd., Bd. 3, 38
104	PI/2, 1002; 1020	114	RhA II/18, 29 ff.
105	PI/2, 1020	114 f.	zit. nach Ohlmann; vgl.
106 f.	PI/2, 1000 f.		StA Kirn, A IVa 19, II

9
Gegen Juden und Väter

116 ff.	PI/1, 214	121	Robespierre, zit. nach
119 f.	zit. nach Bein II, 43		Ben-Sasson/Ettinger, 28
120	Abbé Maury zit. nach	121 f.	PI/1, 42; Aufzeichnungen
	Ben-Sasson/Ettinger,		eines Ungenannten . . .,
	28		zit. nach Kurt Becker
120 f.	Clermont-Tonnéry, zit.	123 f.	PII/2, 822; 822 f.; 823;
	nach Bein II, 197		PI/1, 231; PII/2, 823

125	PII/2, 823; 730; 714;	133	PI/1, 210; B 2, 18; 17
	PI/1, 220	134	B 2, 18; 19
126	PII/2, 714; PI/1, 210;	135	PII/2, 543
	PII/2, 714; 721, 725	136	PII/2, 545; PI/1, 210; 250;
127	PII/2, 714; 729; 733;		545
	PIV, 20; PII/2, 732	137	PII/2, 545; 556; 557
128	PII/2, 732; 722; 715; 723;	138	PII/2, 555; 557; 556; 557;
	715		556; 557; PI/1, 210
129	PII/2, 715; 716; PIV, 20;	139	PI/1, 210; 1296; 1297;
	PII/2, 716		1302; 1303
130 f.	PII/2, 717; PI/1, 221;	140	PI/1, 1296; 1297; 1302;
	PII/2, 717		1303; PI/1, 210
132	PIV, 63; PI/1, 209 f.; 210	141	PII/1, 557; Freud, 159

10
Flug über den Rhein

142	PI/2, 1482	146	Soboul, 265; 268
143	PI/1, 600	148	B 2, 18; PI/1, 173
144	PIII/1, 56	149	FSR 1802, 551
145	PI/1, 599; 1241; 599; 600		

11
Von einer schönen Uhr, einem Bibelleser
und einem verliebten Räuber

150	B 2, 28; PI/1, 252	158	PII/1, 240; PII/2, 789; 790;
151	PI/1, 211; PII/1, 3		799; 788
152	PII/1, 13	159	B 2, 25; 26; MZ 8. 11.
153	PII/1, 13		1803
154	PIII/1, 222 f.	161	PII/2, 792
155	PI/1, 227	162	PII/2, 792; B 2, 21
156	B 2, 105; 104; PI/1, 246	163	B 2, 22; 27
157	PI/1, 227; 246; PII/1, 785;		
	PI/1, 240		

12
Liebe, Lüste, Leiden

164   PI/1, 61; 537; 179; 42;
        B 1, 41; 11

165   Keil, 7; Avé (2), 8; 10

166   PII/1, 750; 763; B 2, 4; 5; 4

167   B 2, 9; vgl. PI/1, 182;
        PI/1, 584; 595; PIII/2, 87;
        B 2, 147

168   PI/1, 536; 179; 281; 179;
        281; 179; 282

169   PI/1, 281; B 2, 28; Bück-
        lers Erpresserbrief zit.
        nach Nacken (1), 28 f.

170   Nacken (1), 29; PI/1, 248;
        PII/2, 794; 796; PI/1, 42

171   PII/2, 810; 812; 813

172   PII/2, 813; 812; 810; 838

173   PI/1, 235 f.

13
»Johannes durch den Wald«

174   PII/2, 740

175   PII/2, 739

176   PII/2, 739 f.; PIII/1, 232

177   PI/1, 185; 340; 176

178   PII/1, 105; 76; PI/2, 1419;
        PII/1, 102

179   PII/1, 70; 71; 72; 59

180   PII/1, 66; 65; 59; 60; 67; 74

181   PII/1, 68

182   PII/1, 59; 102; 119; 118

183   PII/1, 139; PI/1, 181; 234

184   PIII/2, 108

14
Ein blanker Räuberarsch, ein Weib in Männerhosen und danach Kaffeebesuch

185   B 2, 29; 30; PI/2, 1536,
        B 2, 30

186   B 2, 30 f.; PI/1, 1546

187   PI/2, 220; 1536; B 2, 31; 75

188   Beobachter vom Don-
        nersberg, Nr. 7, 14. Ven-
        demiaire IX

189   PIV, 4; B 2, 33; PI/1, 283

190   PI/1, 284; 283; B 2, 33;
        PI/1, 226

191   PI/1, 226 f.; 227; B 2, 76

192   PI/1, 226; PIII/1, 183; 184;
        PI/1, 218

15
Wider die fanatischen Konterrevolutionäre

193	B 2, 15; RhA II/18, 283		obachter vom Donners-
194	RhA II/18, 283; 284; 285;		berg, 28. Pluviose IX;
	Arnold (1), 116; 115		B 2, 36
195	Keil, 185	200	B 2, 37 f.; 40
196	Keil, 186; B 2, 33 ff.	201	Keil, 388
197 ff.	B 2, 35 f.; PIII/2, 234; Be-	202	zit. nach Kurt Becker, 63 f.

16
Würges und die Folgen

203	PIV, 16; PII/1, 626; 624;	208	PI/1, 198; PI/2, 1144; 1145
	625	209	PI/1, 198; 446; PII/1, 251
204	PI/1, 191; PII/1, 628; 622;	210	PII/1, 252; 255; B 2, 89;
	PI/1, 191; PII/1, 625;		PI/1, 179
	PI/1, 191	211	PI/1, 583; 448
205	Keil, 5 f.; PII/1, 618	212	PII/1, 201; 253; PII/1, 281;
206	PIV, 16 f.; Keil, 325; 326;		278
	PII/1, 638; Keil, 443	213	PII/1, 279; B 2, 90;
207	Keil, 385; PI/1, 446; Keil,		PII/1, 279
	385 f.	214	PII/1, 289; 291; PI/1, 253

17
Rechts und links des Schicksalsstroms

215	PIV, 15; 22; PI/1, 239	219	PI/1, 72; PIV, 12; PI/1, 72;
216	PII/2, 847; PI/1, 239;		PII/1, 530; PI/1, 72
	PII/2, 847	220	PII/2, 533; PI/1, 72
217	PI/1, 239; PIV, 24;	221	PI/1, 214; 215; PII/2, 818;
	PI/1, 194		PI/1, 215
218	PI/1, 194; PII/1, 31;	222	PI/1, 215
	PI/1, 72		

18
Dem Höhepunkt entgegen

223	Grünewald, 156	231	B 2, 102; PII/1, 581; 583; 583 f.
224	PI/1, 232; PII/1, 417	232	PI/1, 253; PII/1, 573; 578
225	PII/1, 417; PI/1, 233	233 f.	PII/1, 578
226	PI/1, 233; PII/1, 434; PI/1, 233; PII/1, 434; 435	234	B 2, 99 f.
		235	PI/1, 206
227	PI/1, 233; PII/1, 432; PI/1, 480; 232; PII/1, 495	236	PII/1, 612; PI/1, 206; 612; 206
228	PII/1, 495; PI/1, 233; PII/1, 566	237	PI/1, 206; PII/1, 612; PI/1, 206; PII/1, 613
229	PII/1, 568; 567	238 f.	PII/1, 610; 612; B 2, 86; PI/1, 206; MZ 16. Brumaire XII
230	PII/1, 567; 580; 584; 580; B 2, 102		

19
Letzte Briefe und ein Fehlschlag

240	PII/2, 815	250	PII/1, 327; 325; 324
241	ebd.	251	PII/1, 342; 347; 342; 347
242	PI/1, 176; 196 D; 199	252	PII/1, 344; 326
243	PII/1, 301; B 2, 39 f.	253	PI/2, 863; 865
244	B 2, 39 f.; PII/1, 306; 308	254	PI/2, 865; PII/1, 373; 374; 373
245	PII/1, 305; 308; 302	255	PII/1, 375; 373; 368
246	PII/1, 302; 303	256	PII/1, 368; 369
247	PI/1, 203; PII/1, 324; PI/1, 203	257	PII/1, 368; PIII/1, 214
248	PI/1, 325; PII/1, 327	258	PIII/1, 214
249	PII/1, 327; B 2, 117; PII/1, 325; 340		

20
Von einem gutmütigen Salineninspektor und dem Krämer Jakob Ofenloch

259	PIII/1, 305; PI/1, 257	263	PI/2, 1433; PI/1, 731; PII/1, 67 f.; PIII/1, 305
260 f.	Keil, 451		
262	PI/2, 1025; 833		

264	PIII/1, 295; Keil, 452 f.;	266	PI/2, 1245; Keil, 5; 6; B 2,
	B 2, 145		27
265	PI/1, 222; PIII/1, 273;	267	B 2, 50; 49 f.; Keil, 389
	PI/1, 180	268	Keil, 392 f.

21
Chronik einer Verhaftung

269	B 2, 51	274	PI/1, 40
270	B 2, 51 f.	275	PI/1, 57; B 2, 54
271	B 2, 52 f.	276	B 2, 54; FSR 1802, 495;
272	B 2, 53 f.; PI/1, 40		PI/1, 76 f.
273	PI/1, 40	277	PI/1, 173

22
Die Stunde der Justiz

278	B 2, 74; vgl. PI/1, 173-257;	289	MZ, 18. 11. 1803; FSR
	Wernher Sohn, 14		1803, 879
279	Wernher Sohn, 15; 16; J.	290	B 2, 73 f.; vgl. Elwen-
	W. Wernher, in: Sohn,		spoek, 159; FSR 1803, 871
	87 ff.; 19 f.; 87; 20	291	B 2, 74; FSR 1803, 871;
280	Wernher Sohn, 25; 87		PIV, 1; B 2, 74
281	Wernher Sohn, 25; 88	292	PIV, 1; Wernher Sohn, 33;
282	Wernher Sohn, 26; 88		PIV, 3
283	Wernher Sohn, 26; 88; 29;	293	FSR 1803, 923; 939
	22	294	FSR 1803, 939; B 2, 147
284	Wernher Sohn, 23; PI/1,	295	B 2, 147; Rebmann, 49
	184; 177; B 2, 74	296	Rebmann, 63; 73; Wern-
285	Wernher Sohn, 33		her, in: Wernher Sohn, 88
286	PI/1, 254; 255; 256; 257	297	PIV, 56; PI/2, 994; 996;
288	B 2, 145; 73; Rebmann,		997
	zit. nach Nacken (2), 243 f.	298	PI/2, 997; B 2, 93; 150

385

23
Schinderhannes als Kopf und Rumpf

299	Mann, 25; Anonym, 267; 268; Rauchhaupt, 182	302	Anonym, 269; Mann, 79; 77
300	Anonym, 267	303	Mann 37; Anonym 271
301	Mann, 27; 32 f.; 27; 28; 27; 26		

24
Besichtigung einer Räubergalerie

305 f.   zit. nach Mann, 24; Anonym, 271 ff.

25
Der Räuber, wie er im Buche steht

307	FSR 1802, 163	314	Friedrich, 102; Zeitzeuge zu Fr. Schiller, zit. nach Wiese, 168; Schiller, Die Räuber
308	A. Vollert, in: Der Neue Pitaval, NS, Bd. 6, 1871, XIII; Mainzisches Intelligenzblatt, Nro. 55, 12. 6. 1802	316	Friedrich, 102; 106; Arnold (2), I
309	FSR 1802, 542; 542 f.; 551	317	Arnold (2), I; PI/1, 60; 46; 62
310	FSR 1802, 543; 558; 559; 546; 547; 559	318	PI/1, 59 f.; Arnold (2), 21 ff.
311	FSR 1802, 495; Authentische Beschreibung. . .	319	Arnold (2), 23; 250; 251; 230; 254; 231 f.
312	Authentische Beschreibung. . .; FSR 1802, 543; Mainzisches Intelligenzblatt, Nro. 55, 12. 6. 1802	320	Arnold (2), 232; MZ, Oktober 1803; Arnold (2), Anhang, 2
313	FSR 1802, 543; Authentische Beschreibung. . .; Flugblatt »Johannes Pickler«. . .	321	MF (2), 26; vgl. zu Auszug: MF (1); Auszug. . ., 5; 6
		322	Auszug. . ., 6 f.; Wernher Sohn, 35; Auszug. . ., 21

323 Auszug . . .; 21; 22; 24

324 PI/1, 41; 254; MZ 22. 11.
1803; End-Urtheil; Au-
thentische Beschrei-
bung. . .

325 End-Urtheil; Abschiedslied, vgl. MF (1) 166 ff.

326 Bewegliches Abschiedslied, MF (1), 159 ff.

327 MF (1), 128; vgl. Hirschberg, 28 ff.; Ächte und
wahrhafte Beschrei-
bung. . ., zit. nach MF (1),
156 ff.; 113 ff.

328 MF (1), 159; vgl. Eichler,
11 ff.

330 Henche; vgl. auch MF (1),
135; CZ (1), 130 f.

331 CZ (1), 130 f.; 366; Mainzer Moritat, zit. nach Elwenspoek, 184 ff.

339 CZ (1), 367

340 Elwenspoek, 184; Brief
von CZ an den Verfasser,
Saas Fee, 23. 8. 1973; CZ
(1), 366; Lechner, Titel-
blatt; zit. nach MF (1),
91 f.

341 MF (1), 93 f.

342 sämtliche Zitate aus Lechner nach der Abschrift im
Archiv des Verfassers

346 Will I/3, 3 f.; I/8; I/9; I/47;
I/51

347 Will I/55; I/58; I/82; I/83;
II/16; II/61; II/72; II/75;
II/80; II/81; II/86; II/89;
II/91

348 Will I/19; II/21; FSR 1802,
551; Will I/85; II/8

350 MF (1), 104; 105

351 Keil, 449

352 B 2, 152; RhA I/1, 339 ff.;
RhA II/6, 446; B 2, 152

353 RhA II/6, 444; 446; B 1, 3

354 Rauchhaupt, I; III; 185 ff.

355 ADB, 281

356 Harrach, 1

357 Viebig, 31; 70; 39

358 Viebig, 70; 54; 5; 6 f.; 7; 8

359 Viebig, 222 f.; vgl. zu
Schlageter: MF, A. L.
Schlageter. . .

360 Elwenspoek, 20; 21; 24;
68; 119

361 Elwenspoek, 119; 148 f.;
150; Stückrath (2), 11;
Nacken (2), 85; CZ (3)

362 CZ (3); CZ (5), 5; 36

363 CZ (5), 91; 41; CZ (1),
423; CZ (6)

364 CZ (1), 422; CZ (6)

365 CZ (6)

367 CZ (6); Kerr, 15. 10. 1927;
CZ (1), 423

368 CZ (6); CZ (5), 52; 8 f.;
Bataille, 7

369 Dittmaier, zit. nach MF
(1), 181; Wernher Sohn,
33; FSR 1803, 859

370 Kriminalgeschichten . . .,
zit. nach MF (2), 62

371 Dittmaier, zit. nach MF
(1), 181

372 B 2, 120

373 PI/1, 863

Literaturverzeichnis

Abschiedslied des Schinderhannes und seiner 19 mit ihm hingerichteten Mitschuldigen; o. J., zit. nach MF (1)

Allgemeine Deutsche Biographie (ADB); siehe: Schüler

Anonym; Wanderungen, Kreuz- und Querzüge eines Reisenden an den Ufern des Rheins mit Episoden; o. O. 1805

Alfred Arnold (1): Bandenbekämpfung im Arrondissement Kaiserslautern unter französischer Herrschaft (ca. 1798-1803); in: Jahrbuch zur Geschichte von Stadt und Landkreis Kaiserslautern, Bd. 16/17, Otterbach 1978/79; S. 114 ff.

Ignaz Ferdinand Arnold (2): Der berühmte Hauptmann Schinderhannes, Bückler genannt. Ein wahrhaftes Gegenstück zum Rinaldo Rinaldini, 1802 (da z. Zt. nicht auffindbar, blieb dieser Roman unberücksichtigt)

Der schwarze Jonas, Kapuziner, Räuber und Mordbrenner. Ein Blutgemälde aus der furchtbaren Genossenschaft des berüchtigten Schinderhannes. Aus seinem Inquisitions-Protokoll gezogen; o. O. 1805; hier zitiert nach der fotomechanischen Neuausgabe, Hildesheim und New York 1972, herausgegeben von Hans-Friedrich Foltin

Auszug aus der Lebensgeschichte des Schinderhannes, als Räuberhauptmann am Rhein. Verfasst den erstn Merz zu Neuwied von P. K., gedruckt zu Kölln am Rhein 1802

Authentische Beschreibung der Herkunft des Schinderhannes und schwarzen Jonas; Flugblatt, 1802

Friedrich Christian Benedict Avé-Lallemant: Das deutsche Gaunertum in seiner socialpolitischen, literarischen und linguistischen Ausbildung zu seinem heutigen Bestande; zwei Teile in einem Band, (Lübeck) 1858; zit. nach dem fotomechanischen Neudruck, Wiesbaden o. J.

Bänkelsang und Moritat, Katalog zur gleichnamigen Ausstellung; Stuttgart 1975

(Johann Nicolaus) Becker: Actenmäßige Geschichte der Räuberbanden an den beyden Ufern des Rheins; Cöln 1804 .

Becker (1): Moselbande

Becker (2): Bande vom Schinderhannes; hier zit. nach dem fotomechanischen Neudruck, Rixdorf o. J.; vgl. dazu: Keil

Dr. Kurt Becker; Schinderhannes und kein Ende (bisher unbekanntes Material aus dem Staatsarchiv Koblenz); in: Mitteilungen des Vereins für Heimatkunde im Landkreis Birkenfeld, Jahrgang 28, September 1965

Fritz Behrend: Ein Oberstdorfer Fastnachtsspiel vom Schinderhannes; in: Zeitschrift des Vereins f. Volkskunde, 12. Jg., Berlin 1902

Alex Bein: Die Judenfrage. Biographie eines Weltproblems, 2 Bände, Stuttgart 1980

Beobachter vom Donnersberg, 14. Vendemiaire IX; 28. Pluvios IX

Bewegliches Abschiedslied . . ; Maynz 1803, nach: MF (1)

Karoline Cauer (1): Erinnerungen an Schinderhannes, in: Heimatblatt für Nahe und Hunsrück, 10. 10. 1970 (StA Kirn A IVc 185)

Karoline Cauer (2): 400 Jahre Kirn, Kreuznach 1980

Werner Danckert: Unehrliche Leute, Bern und München 1963

Deutsche Jakobiner, Katalog zur Mainzer Ausstellung; 3 Bände, Mainz 1981

Heinrich Dittmaier: Sagen, Märchen und Schwänke von der unteren Sieg; Bonn 1950

Ulrike Eichler, Bänkelsang und Moritat; siehe: dort

Curt Elwenspoek: Schinderhannes. Ein rheinischer Rebell. Nach Akten, Dokumenten und Überlieferungen. Neue, sorgfältig überarbeitete Ausgabe, Trier/Mosel 1953

End-Urtheil welches von dem Spezialgericht zu Mainz den 28. Brumaire 12. J. gegen Johann Bückler, Sohn, genannt Schinderhannes und ein und sechzig seiner Mitschuldigen ausgesprochen wurde (wahrscheinlich Mainz 1803)

Shmuel Ettinger: Geschichte des jüdischen Volkes; herausgegeben von Haim Hillel Ben-Sasson, 3. Band: Vom 17. Jahrhundert bis zur Gegenwart. Die Neuzeit, München 1980

Hans-Friedrich Foltin; siehe: I. F. Arnold

Georg Forster: Werke in vier Bänden; 3. Band, Frankfurt/Main 1970

Manfred Franke (MF) (1): Der Schinderhannes in der deutschen Volksüberlieferung, Eine volkskundliche Monographie; Dissertation, Frank-
furt/Main 1958

Manfred Franke (2): Schinderhannes. Kriminalgeschichte, voller Abentheuer und Wunder und doch streng der Wahrheit getreu (Erstausgabe
1802); herausgegeben von MF, Berlin 1977

Manfred Franke (3): Albert Leo Schlageter. Der erste Soldat des 3. Reiches.
Versuch zur Entmythologisierung eines Helden; Köln 1980

Frankfurter Staats-Ristretto: 31. Jahrgang 1802; 32. Jahrgang 1803 (FSR)

Sigmund Freud: Totem und Tabu, zit. nach: Fischerbücherei des Wissens
(147); Frankfurt/Main 1956

Johann Conrad Friedrich: Vierzig Jahre aus dem Leben eines Toten. Hin-
terlassene Papiere eines französisch-preußischen Offiziers; Tübingen
1848/49; zit. nach der Ausgabe Berlin, 1916

Arthur Fuhrmann: Die neuesten Erkenntnisse der Schinderhannes-For-
schung; in: Miehlen, aus 700 Jahren seiner Geschichte, von Edmund
Groß, (Miehlen) 1979

Hellmuth Gensicke (1): Ahnen und Verwandte des Schinderhannes (Johannes Bückler): I . . . väterlicherseits, in: Hessische Familienkunde 9,
1968, Sp. 7 ff.

Hellmuth Gensicke (2): Ahnen und Verwandte des Schinderhannes (Johannes Bückler): II . . . mütterlicherseits, in: Hessische Familienkunde
10, 1971, Sp. 295 ff.

Hellmuth Gensicke (3): Kritische Studien zu Herkunft und Verwandt-
schaft des Schinderhannes (Johannes Bückler), in: Genealogisches Jahrbuch 12/1972, S. 136 ff.

Johann Wolfgang von Goethe: Belagerung von Mainz; München 1962

Walter Grab: Die Französische Revolution. Eine Dokumentation; München 1973

Annette Grünewald: Eine Schinderhannes-Genealogie; in: Jahrbuch für
Geschichte und Kunst des Mittelrheins und seiner Nachbargebiete,
18./19. Jahrgang 1966/1967, Neuwied 1968

Joseph Hansen; Quellen zur Geschichte des Rheinlandes im Zeitalter der
Französischen Revolution 1780-1801; 3. Band: 1794-1797, Bonn 1933; 4.
Band: 1797-1801, Bonn 1938

Ferdinand Harrach: Das Räuberunwesen in der Rheingegend unter französischer Herrschaft; Kreuznach 1918

Albert Henche (Mitteilung des Wiesbadener Fragments) in: Beilage zur
Emser und Diezer Zeitung, 1. Jahrgang 1926, Nr. 7

Ludwig Hirschberg: Moritat und Justiz; in: Bänkelsang und Moritat; siehe dort

Johannes Pickler, genannt Schinderhannes . . .; Flugblatt vom 2. 8. 1802, Abschrift aus dem StA Kirn, ohne Signatur

P. K. siehe: Auszug . . .
(Anton) Keil: Actenmäßige Geschichte der Räuberbanden an den beyden Ufern des Rheins. Zweyter Theil . . .; aus Criminal-Protocollen und geheimen Notizen des Br. (Bürgers) Keil, ehemaligen öffentlichen Ankläger im Ruhr-Departemente, zusammengetragen von einem Mitgliede des Bezirks-Gerichts in Cöln; Cöln 1804; hier zit. wie B 1 und B 2 nach dem fotomechanischen Neudruck; vgl. Becker
Alfred Kerr: Theaterkritik für das »Berliner Tagblatt«, 15. 10. 1927, zit. nach: Rühle

Lebensbeschreibung des berüchtigten Räuberhauptmanns Schinderhannes und einige seiner Spießgesellen; Prag (ca. 1805)
J. S. Lechner: Die Räuber am Rhein oder der berüchtigte Schinder Hanns; Handschrift im Museum Carolino Augusteum in Salzburg; die Abschrift befindet sich im Archiv des Verfassers

Mainzer Zeitung (MZ): verschiedene Ausgaben; zit. nach der Faksimilewiedergabe bei Nacken (2)
Mainzisches Intelligenzblatt: Nro. 55, 12. 6. 1802
Gunter Mann: Schinderhannes, Galvanismus und die experimentelle Medizin in Mainz um 1800; in: Medizin im alten Mainz. Zum 500jährigen Jubiläum der Johannes Gutenberg-Universität. Herausgegeben von Gunter Mann, W. F. Kümmel, Gisela Kuhnert und Volker Rödel; Hildesheim und New York 1977

Dr. Edmund Nacken (1): Räuber oder Rebell? Schinderhannes – wie er wirklich war. Dokumentarbericht nach den Originalakten und anderen Quellen; Simmern 1961
Dr. Edmund Nacken (2): Die wahre Geschichte des Johann Wilhelm Bückler, nachmals bekannt geworden als Räuberhauptmann Schinderhannes. Nach den Mainzer Voruntersuchungsakten und anderen Quellen dargestellt . . .; Mainz 1968
Dr. Edmund Nacken (3): Interview mit MF; Tonband und Transskription im Archiv des Verfassers

Oberstdorfer Fastnachtsspiel »Johann Bückler genannt Schinderhannes«;
zit. nach MF (1)

M. Ohlmann: Der franz. ‹Freiheitsbaum› in Merxheim; in: Nationalblatt
(?), 31. 1. 1941; StA Kirn A I 18

Procedure instruite par le Tribunal Criminel special établi a Mayence pour
le Departement du Mont-Tonnérre . . .; Mayence o. J. (1803); die offiziellen gedruckten Voruntersuchungsakten = P (6 Bände, darin 7 Teile,
aufgeteilt z. B. in I/1 usw.)

Carl Rauchhaupt: Aktenmäßige Geschichte über das Leben und Treiben
des berüchtigten Räuberhauptmanns Johannes Bückler genannt Schinderhannes und seiner Bande. Authentische Ausgabe nach den Original-
Prozeß-Akten; Kreuznach 1891

(Andreas Georg Friedrich) Rebmann: Damian Hessel und seine Raubge-
nossen. Aktenmäßige Nachrichten . . . bearbeitet von einem gerichtlichen Beamten; Mainz 1811

Denkwürdiger und nützlicher Rheinischer Antiquarius . . . Von einem
Nachforscher in historischen Dingen (Chr. v. Stramberg), Bd. I/1, Bd.
II/6, Coblenz 1851, 1857; Bd. II/18, II/19, Coblenz 1870 (RhA)

Günther Rühle: Theater für die Republik 1917–1933 im Spiegel der Kritik;
Frankfurt/Main 1967

Friedrich Schiller: Die Räuber

(Theodor) Schüler: Schinderhannes; (Artikel) in: ADB, 31. Band, 1890, S.
281 ff.

Albert Soboul: Die Große französische Revolution, Frankfurt-Main 1976

Otto Stückrath (1): Zur Entstehungsgeschichte eines Volksbuches vom
Schinderhannes; in: Zeitschrift für Volkskunde, Jahrgang 1936/37, Bd.
VIII

Otto Stückrath (2): Der Schinderhannes und die Schinderhannesliteratur;
in: Der Taunus, 16. Jahrgang 1931

Dr. Eduard Vehse: Geschichte der deutschen Höfe, 45. Band: Die kleinen
deutschen Höfe, Elfter Theil: Die geistlichen Höfe, erster Theil; Hamburg 1859

Clara Viebig: Unter dem Freiheitsbaum, Stuttgart 1922; zit. nach der
Ausgabe für die Deutsche Buchgemeinschaft, Berlin 1922

A. Vollert (Hg.): Der Neue Pitaval. NS Bd. 6, 1871

Johann Wilhelm Wernher: Meine politische Laufbahn; in: Wilhelm Wernher . . .

Wilhelm Wernher (Sohn): Johann Wilhelm Wernher. Sein Leben und seine Thätigkeit; Zweibrücken 1891

Wiesbadener Fragment siehe: Henche

Benno v. Wiese: Fr. Schiller, Stuttgart 1959

Joseph Martin Will: Eduard Buckler sonst Schinderhannes, Räuberhauptmann am Rhein. Gemälde der Verirrungen des menschlichen Herzens; 2 Bände, Frankfurt und Leipzig 1805

Carl Zuckmayer (CZ) (1): Als wär's ein Stück von mir. Horen der Freundschaft; Frankfurt/Main 1966

Carl Zuckmayer (2): Mainzer Moritat vom Schinderhannes; zit. nach Elwenspoek

Carl Zuckmayer (3): Brief an MF, Saas-Fee, 23. 8. 1973

Carl Zuckmayer (4): Brief an MF, Saas-Fee, 11. 11. 1976

Carl Zuckmayer (5): Schinderhannes. Schauspiel in vier Akten; Frankfurt/Main 1956

Carl Zuckmayer (6): Schinderhannes; Aufsatz in: Freiburger Theaterblätter 1928/29, Heft I, S. 3-6; hier zit. nach einer Maschinenabschrift

Weitere Schinderhannes-Literatur ist nachgewiesen bei: Franz Buchholz: Der Schinderhannes in Geschichte, Volksphantasie und Dichtung; Dissertation, Bonn 1952; Elwenspoek und Stückrath (1).

Bildquellenverzeichnis

Personenregister

Ackermann, Jacob Fidelis 42, 302 f.

Adam, Polizeibeamter 159 f., 162

Allenbacher-Peter, vgl. Grünewald, Peter 265

Altmeyer, Mathes 182

Amman, Christian 259

André, Bürger 219 f.

Andres, Christine 104 f.

Andres, Franz 104

Anschuez, Greffier 142

Anspach, Karl 192

Arloff, Bettelvogt 30

Arna, Lissi 367

Arnold, Ignaz Ferdinand 316, 318, 320

Arnold, Philipp 93

Arnoth, Heinrich 244

Artois, Graf 37

Avé-Lallemant, Friedrich Christian Benedict 165

Bär, Jakob 209, 213

Bauer, Konrad 137 f.

Baumann, Lothar 306

Becker, Johann Nicolaus 16, 29, 49, 62, 69, 92, 156, 159 ff., 163 f., 169, 186 f., 193, 200 f., 234, 243, 264, 266, 278, 284, 290, 322, 351 f., 354, 356, 360

Bender, Friedrich 151

Benedikt, Salomon 230 f.

Benedum, Jakob 94 f., 134 f., 156 f.

Benzel, Carl 133 ff., 139 ff., 148, 150 f., 155–163, 167, 196, 199

Berg, Maria Eva 210

Berlandi vom Häuschen, Jakob 80, 82

Bernhard, Georg 244

Bernhard, Kurt 367

Bernhard, Valentin 242, 244, 246

Bernhart, Erasmus 243

Beurnonville, General 48

Bischoff, Wirt 252

Bitz, Philipp 244

Blasius, Helena Margaretha 64, 66 ff.

Blasius, Johann 64 ff.

Blasius, Juliana (Julchen) 14, 164 f., 167 f., 178, 182 ff., 189 ff., 204, 210, 222, 294 ff., 371 ff.

Ortsregister